dtv

premi[...]

W0199599

Klaus Stern
Jörg Herrmann

Andreas Baader

Das Leben eines Staatsfeindes

Deutscher Taschenbuch Verlag

FSC
Mix
Produktgruppe aus vorbildlich
bewirtschafteten Wäldern und
anderen kontrollierten Herkünften

Zert.-Nr. GFA-COC-1298
www.fsc.org
© 1996 Forest Stewardship Council

Der Inhalt dieses Buches wurde auf einem nach den
Richtlinien des Forest Stewardship Council zertifizierten
Papier der Papierfabrik Munkedal gedruckt.

Originalausgabe
Januar 2007
Deutscher Taschenbuch Verlag GmbH & Co. KG,
München
www.dtv.de

Umschlagkonzept: Balk & Brumshagen
Umschlagfoto: Herbert Tobias (VG Bild-Kunst, Bonn 2006)
Satz: Greiner & Reichel, Köln
Gesetzt aus der Excelsior 9,5/11,75'
Druck und Bindung: Kösel, Krugzell
Gedruckt auf säurefreiem, chlorfrei gebleichtem Papier
Printed in Germany
ISBN-13: 978-3-423-24584-5
ISBN-10: 3-423-24584-0

Inhalt

Vor Gericht

Letzte Machtprobe

Epilog

Vorbemerkung

Das vorliegende Buch legt den Fokus auf Andreas Baader selbst. Es ist die erste Biografie. Ziel ist es nicht, die gesamte Entstehungs- und Wirkungsgeschichte der RAF zu erzählen. Das haben viele andere bereits zuvor ausführlich und kenntnisreich getan. Vielmehr geht es um die Auswertung bislang unbekannter Dokumente, Aussagen und Briefe, um dadurch einen neuen, unverstellten Blick auf die Person Andreas Baader zu erlangen. Einen Blick, der nicht erst nach dem Kaufhausbrand einsetzt.

Das Buch ist von zwei Autoren verfasst worden: Klaus Stern befasst sich mit dem Leben von Andreas Baader bis zu seiner Festnahme 1972. Jörg Herrmann beschreibt Andreas Baaders Zeit im Gefängnis bis zum 18. Oktober 1977.

Die Grundlage für den ersten Teil von Klaus Stern bilden zahlreiche Rechercheergebnisse und Interviews, die im Vorfeld des Dokumentarfilms ›Andreas Baader – Der Staatsfeind‹ (ARD, 2002) entstanden sind. Darunter sind viele Interviewpartner, die sich bisher zu Andreas Baader nicht geäußert haben: Familienangehörige, Freunde, Anwälte, Weggefährten seiner Berliner Zeit vor dem Frankfurter Kaufhausbrand, ehemalige RAF-Mitglieder und seine frühere Lebensgefährtin Ello Michel. Beharrlich hatte sie seit 1975 alle Interviewanfragen abgeblockt. Klaus Stern gegenüber hat sie eine Ausnahme gemacht und äußert sich erstmals ausführlich zum Vater ihrer Tochter Suse. Exklusiv werden zudem Auszüge aus den Liebes- und Hassbriefen von Andreas Baader an Ello Michel aus seiner Haftzeit von 1968 bis 1969 veröffentlicht. Zum ersten Mal werden auch Baaders familiärer Hintergrund, die wichtige Rolle seines Onkels Michael Kroecher, eines Tänzers und Schauspielers, Baaders Adoleszenz in München sowie die Jahre in Berlin vor 1968 beleuchtet.

Mit seiner Festnahme 1972 beginnt ein neuer und zugleich letzter Abschnitt im Leben des Andreas Baader. Bis zu seinem Tod wird er das Gefängnis nicht mehr verlassen. In dieser Zeit entwickelt er sich vom Antreiber und Tatmenschen zum strategischen Kopf und PR-Profi der RAF. Diese Zeit von 1972 bis zum »Deutschen Herbst« 1977 und dem Suizid in Stammheim beschreibt Jörg Herrmann im zweiten Teil des Buches ebenfalls unter Zuhilfenahme neuer Dokumente und Recherchen. Er hat in der umfangreichen RAF-Sammlung (ca. 85 Regalmeter!) des Hamburger Instituts für Sozialforschung (HIS) geforscht und mit Justizvollzugsbeamten und Anwälten, mit Zeitzeugen des Stammheimer Prozesses und mit seinen Richtern gesprochen. Der Frage, ob Andreas Baader im Stammheimer Hochsicherheitsgefängnis ein weiteres Kind gezeugt hat, ist er dabei ebenso nachgegangen wie der Frage nach dem Ablauf der Ereignisse in der Todesnacht von Stammheim.

Illustriert wird Baaders Geschichte mit einer Vielzahl von zum Teil bislang unbekannten Fotografien.

Klaus Stern

Prolog

»Hier wird gleich schaaf geschosse« – Die Festnahme

Seit mehreren Tagen verbringt Günther Scheicher die Nächte in einer Polizeiunterkunft in Frankfurt. Nun klopft jemand von außen hektisch gegen die Scheibe seines Zimmers im Erdgeschoss. Er ist gleich hellwach. Sofort soll er im Präsidium anrufen. Es ist ein Tag, auf den er vorbereitet ist. Sie sind da. Es ist kurz vor sechs. Die Operation »Gustav« beginnt.

Ein halbe Stunde vorher startet der Arbeitstag von Günther Zimmermann. Er ist Mitglied der ›Tagesschau‹-Redaktion in Frankfurt. Gemeinsam mit seinem Kameramann soll er nach Dudenhofen bei Hanau fahren, um den Weltrekordversuch eines Dieselwagens auf der Opel-Teststrecke zu filmen. Auch der Formel-1-Fotograf Rainer Schlegelmilch macht sich um diese Zeit auf den Weg. Ihm ist vor fünf Monaten sein Wagen gestohlen worden. Heute Abend kann er seinen Porsche 911 Targa in der ›Tagesschau‹ sehen.

Bei der Abfahrt in der Morgendämmerung vom Gelände des Hessischen Rundfunks sieht Zimmermann im Augenwinkel einen Mannschaftswagen der Polizei mit Blaulicht auf der Bertramstraße vorbeifahren. Da er schon 50 Minuten später auf dem Werksgelände sein muss, ist er unschlüssig, was er machen soll. Im Kühhornshofweg, neben einer Berufsschule, sieht er weitere Polizeiwagen. »1972 war es nichts Ungewöhnliches, wenn fünf Mannschaftswagen morgens um sechs durch die Stadt fuhren.« Dennoch spürt er, dass gerade etwas »Ungewöhnliches« passiert. Und so ruft er mit seinem B-Netz-Autotelefon vor der Abfahrt Richtung Hanau aus seinem VW-Bus den freien Kameramann Klaus Baum an und berichtet dem Schlaftrunkenen, in »Eschersheim muss was los sein«. Er solle allein dort hinfahren und mal schauen, was da passiert. Also macht sich »Katastrophen-Klaus«, so der interne HR-Spott für den oft bei Autobahnunfällen gerufenen Kameramann, auf den Weg. Die ARD-›Tagesschau‹-Redakteure in Frankfurt wissen: Baum liefert nur Bilder, »Texte durfte man nicht erwarten, nur fragmentarische Infos«.[1] Das sollte an diesem Tag reichen.

Die jungen Polizeibeamten Horst Pfannkuche und Karl-Heinz Fischer vom »Mobilen Sondereinsatzkommando« haben jetzt eigentlich schon Feierabend. Der 27-jährige Fischer sitzt übermüdet in einem dunkelblauen BMW 2000 und wartet auf einen abgesprochenen Alarmruf. Der Hausmeister hatte sich am 25. Mai an die Polizei gewandt, um einen »Hinweis« auf »junge Leute, die Gasflaschen transportieren und schwere Autos fahren« zu geben.[2] Seit drei Tagen beobachten Zielfahnder die Garage. Immer von abends sechs bis morgens sechs. Tagsüber liegen Fischer und Pfannkuche in einem »Ruheraum« im Polizeipräsidium und schlafen. Zwei Tage zuvor hatte Fischer mit einem Zweitschlüssel des Hausmeisters die Garage geöffnet, um sich »umzusehen«. Innen stand ein silberner Iso Rivolta. Zuvor hatten BKA-Kräfte mehrere Behältnisse mit »Selbstlaborat«, geeignet zum Bombenbau, gegen Knochenmehl ausgetauscht.[3] Irgendwann morgens um viertel vor sechs schlägt er seinem Kollegen vor, den Einsatz abzubrechen, weil er die zu beobachtende Garage »für tot hält«. Ist sowieso gleich Dienstschluss. Ihre beiden Heckler- und-Koch-MP-9-Maschinenpistolen haben sie wieder in den schwarzen Aktenköfferchen verstaut und rüsten zum Aufbruch.

Der Erste, der etwas Verdächtiges sieht, ist Kriminalhauptkommissar Manfred Pfeiffer. Auch er ist für den »Sondereinsatz« eingeteilt. Ihm fällt ein mit »3 Personen« besetzter Porsche auf, der in »sehr schneller Fahrt« Richtung Eckenheimer Landstraße fährt. Er denkt sich aber weiter nichts dabei. Kurz darauf biegt der Porsche – entgegen der Einbahnstraße – in den Kühhornshofweg. Auf Höhe Hofeckweg wendet der Wagen und hält. Aus dem unbequemen Zweisitzer schälen sich drei Endzwanziger. Der Fahrer ist rotblond und ein wenig pummelig im Gesicht. Zwei gehen zielstrebig zur Garage. Einer bleibt als Sicherungsposten stehen. Wenig später wird von einem Beobachtungsposten »Festnahmealarm« ausgelöst. Als die Polizisten Pfeiffer und Gabriel als Erste eintreffen, wird sofort von dem »dritten Mann« (der sich später als Jan-Carl Raspe herausstellt) auf sie geschossen. Die zwei anderen sind schon in der Garage. Es sind Holger Meins und Andreas Baader. BKA-Präsident Horst Herold liegt derweil in Wiesbaden noch im Bett. Es ist Fronleichnam, der 1. Juni 1972.

Um Holger Meins und Andreas Baader in der Garage zu »binden«, wird ein Audi 100 des Landeskriminalamtes vor die Flügeltür gerollt. Baader und Meins schießen sofort durch das geschlossene Garagentor, die »Holzsplitter flogen«, erzählt Polizist Fischer. BKA-Einsatzleiter Günther Scheicher trifft viertel nach sechs im Hofeckweg ein. Der Kameramann Klaus Baum kommt 15 Minuten später. Er wird von einem Polizisten ein wenig unmotiviert aufgefordert, sich hinter dem Gartenmäuerchen des Nachbargrundstücks zu ducken. »Gehen'se hier hinder die Ecke, gehen'se hier hinder. Es wird nämlich gleich schaaf geschosse.« Er hat nur 50 Meter 16-mm-Film dabei; das reicht gerade für viereinhalb Minuten. Er wird in den nächsten zwei Stunden die Bilder seines Lebens drehen, denn er ist der einzige Kameramann vor Ort.

Regierungskriminaldirektor Scheicher hat inzwischen den Befehl gegeben, dass alle Einsatzkräfte ohne Uniform gelbe Bauarbeiterhelme tragen sollen, um so zu verhindern, »dass ein Kollege den anderen erschießt«. Doch genau das passiert um ein Haar. Als der damals 19-jährige Polizist Dieter Jirik mit seinen Kollegen vom »Überfallkommando« im Hofeckweg eintrifft, hat die Truppe schon eine anstrengende Nacht hinter sich. »Im Bahnhofsviertel haben wir in Notwehr einen Zuhälter erschossen. Die Nutten haben uns daraufhin fast gelyncht. Der Vorgesetzte machte nach dem Schlamassel dann so einen Spruch: ›Jetzt fehlt uns noch der Baader.‹ Die Funkzentrale hat das Überfallkommando für den Einsatz gebrieft. Im Hofeckweg hätten sich Terroristen verbarrikadiert. Die wären aber leicht zu erkennen. Sie hätten alle gelbe Bauarbeiterhelme auf! »Wir sind da mit Blaulicht hingerast, raus aus dem Wagen; ich hatte den Finger schon am Abzug.«[4] Im letzten Moment können die helmtragenden Kollegen dem Überfallkommando verbal und nonverbal vermitteln, dass sie keine Mitglieder der Rote-Armee-Fraktion sind. Der Vorfall ist symptomatisch für das Vorgehen der Polizei an diesem frühen Morgen des 1. Juni 1972. »Das war ein absolutes Chaos, es gab überhaupt keine vernünftige Koordination. Wir hatten auch keine Funkgeräte, um uns untereinander zu verständigen«, erinnert sich der damals 22-jährige Polizist Bernd Schäfer, der auch im Einsatz war.[5]

Der flüchtende Jan-Carl Raspe versteckt sich auf einem unbebauten Grundstück unter einem Holunderbusch. Die Polizisten Irgel und Fahrer Schleicher werden später von einer Anwohnerin auf den liegenden Mann aufmerksam gemacht. »Wir sind dann unbedarft, ohne Schutzwesten, ohne Deckung, dort hingegangen und haben ihn aufgefordert hervorzukommen. Beim Abtasten haben wir eine durchgeladene 9-mm-Pistole gefunden. Wir sind da völlig naiv und leichtsinnig rangegangen.«[6]

Derweil öffnet wenig später Polizist Fischer die rückseitigen Glasbausteine der Garage. Baader und Meins sollen ausgeräuchert werden. Drei Tränengaskörper, in Styropor verpackt, die zeitverzögert zünden, werden hineingeworfen. Wenig später öffnet sich die Garage, Baader schleudert das Tränengas Richtung Polizisten, die im Hof postiert sind.

Noch heute findet Fischer es »phänomenal«, wie die beiden dem Tränengas standhielten. Aus der Garage hören die Beamten laute Klopfgeräusche. Baader und Meins zerstören Wohnungsschlüssel, verbrennen falsche Pässe. Feiertagsaufgeweckte Nachbarn denken an Filmaufnahmen.

Meins und Baader geben nicht auf. Der Hof ist jetzt von circa 60 Polizisten umstellt. Es kommt der Auftritt von BKA-Regierungsdirektor Günther Scheicher, der den Einsatz leitet. Er setzt sich in den Lautsprecherwagen. Wie ein gutmütiger Familienpapa, der seine zwei Bengel, die was ausgefressen haben, dazu bewegen will, die Badtür wieder aufzuschließen, redet er in fränkischem Dialekt auf die Delinquenten ein. »Was wollen Sie dann jetzt noch, wie wollen Sie sich aus dieser Situation befreien. Es gibt keine Chance. Die einzige Chance, die Sie haben, ist, aufzugeben. Werfen Sie die Pistolen in den Hof. Oder andere Waffen (…) Nehmen Sie die Hände hoch und kommen Sie einzeln heraus. Dann passiert Ihnen gar nix. (…) Wir haben mehr Geduld, viel mehr. Und wir sind in der besseren Situation. Unsere taktische Ausgangslage ist die bessere. Je länger Sie warten, desto stärker werden unsere Kräfte. Die sind jetzt schon so stark, dass Sie keine Chance haben. Sie sind noch jung.«[7]

Schnell ist sich Scheicher sicher, dass seine mantraartig vorgetragenen Durchsagen wenig Aussicht auf Erfolg haben. »Ich habe natürlich das Ziel gehabt, die Leute zum Aufgeben zu bewegen! Wenngleich ich die Erfolgsaussicht recht gering eingeschätzt habe, aber ich hab halt auf sie eingeredet und ihnen klarzumachen versucht, dass hier kein Durchkommen mehr möglich ist.« Aber Scheicher verfolgt mit den Ansagen noch ein anderes Ziel. »Ein Drittel meiner Durchsagen galt auch den eingesetzten Kräften, dass die mir nicht irgendwie aus der Kontrolle geraten, so nach dem Motto: Jetzt haben wir sie, und jetzt sollen sie auch dafür bezahlen! Die Emotionen gingen hoch. Wir hatten ja eine ganze Reihe von Polizeikollegen als Tote zu beklagen! Von der Bande totgeschossen.«

Andreas Baader und Holger Meins glauben dennoch an ihre Chance, zu entkommen. Inzwischen ist ein Polizeischützenpanzer vorgefahren, der das Flügeltor der Garage wieder verschließen soll. Was misslingt, da er an den Betonstreben oberhalb des Garagentores hängen bleibt. Andreas Baader und Holger Meins versuchen, die Situation für sich zu nutzen – zur Flucht. Hinter dem langsam rollenden Schützenpanzer läuft zuerst Meins – Baader wartet geduckt – zur hinteren Hofmauer des Garagenhofs, der das Grundstück Hofeckweg 2–4 von dem Grundstück Eckenheimer Landstraße 281 abgrenzt. Doch die Polizei ist auch im Nachbarhaus postiert.

Warum in diesem Moment das Leben der beiden Stadtguerilleros nicht zu Ende geht – ein Wunder! Aus Maschinenpistolen werden sie unter Dauerbeschuss genommen. »Das waren bestimmt über 300 Schüsse. Wir haben in Kauf genommen, dass wir sie töten. Das war von oben auch so abgesichert«,[8] sagt Karl-Heinz Fischer. »Irgendeiner hat angefangen zu schießen, die anderen haben einfach wild mitgeballert. Ich war in dem Moment wie gelähmt und habe mich auf den Boden geworfen. Die Kollegen haben einfach in die Garage reingeschossen. Ein absolutes Chaos«, erinnert sich Bernd Schäfer. Später kann man auf den Tatortfotos 19 Durchschüsse durch das geschlossene Garagentor zählen, wobei einige von Baader und Meins stammen dürften.

Baader ist sich sicher, dass er bei seiner Festnahme »draufgehen sollte«,[9] erzählt er seiner Mutter später. Scheicher sieht das anders: »Na ja, soviel ist nicht geschossen worden (...) Aber immerhin, das war gefährlich bei der Nähe, in der sich unsere Beamten zu den beiden Leuten da befanden, also ich hatte schon Sorge, dass da Polizisten oder auch Baader oder der Meins zu Schaden kommen. Ich wollte nicht, dass denen was passiert. Auch aus einer taktischen Überlegung: wir wollten also keine Märtyrer haben, schon gar nicht aus der Baader-Meinhof-Bande!«[10] Meins trifft ein Streifschuss am Knie. Beide verbarrikadieren sich wieder in der Garage.

Spätestens jetzt wissen sie: Es gibt kein Entkommen. Frau Mauerkirchner beobachtet aus ihrem 100 Meter entfernten Fenster die Szenerie. Auch sie merkt jetzt: Es handelt sich nicht um Filmaufnahmen. Sie sieht Baader nach dem gescheiterten Fluchtversuch auf dem Kofferraumdeckel des Iso Rivolta sitzen. Scheinbar entspannt, lächelnd, mit Sonnenbrille, und ab und an mit seiner »Smith und Wesson«, 9-mm-Parabellum[11] »fuchtelnd«. Dennoch empfindet Polizist Bernd Schäfer den bewaffneten Baader »nicht als Bedrohung. Ich war ganz überrascht, der sah ganz fröhlich aus und rauchte 'ne Zigarette.«[12] Tatsächlich war es wohl ein Lachen gegen die Ausweglosigkeit der Situation. Meins liegt am Boden der Garage.

»Dem Honke hat das gestunken, dass den Baader niemand abgeblitzt hat«, meint Polizist Jirik. Eigenmächtig, ohne Auftrag der Einsatzleitung, so seine Erinnerung – was in die zuvor beschriebene »chaotische« Situation passen würde –, begibt sich Polizeihauptmeister Bernhard Honke in den dritten Stock des gegenüberliegenden Mietshauses, von wo er einen guten Blick in die Garage hat. Er lässt sich ein Gewehr mit Zielfernrohr bringen. Der Frankfurter Polizeipräsident Müller ist zum Einsatzort gekommen und steht nun neben Honke. Günther Scheicher versucht weiterhin, Meins und Baader per Mikrofon zu bearbeiten. Seit den ersten Schüssen sind jetzt über zwei Stunden vergangen. Die 14-jährige Tochter von Frau Mauerkirchner hat inzwischen ihren Fotoapparat aus ihrem Zimmer geholt. Auf dem Film sind noch zwei Bilder.

Das Gewehr mit Zielfernrohr liegt inzwischen in Honkes Hand, er beobachtet den »blonden Mann«. »Wenige Augenblicke nach dem Verschwinden des Blonden im hinteren Teil der Garage erschien er wieder in meinem Gesichtsfeld.(...) Er kam in gebückter Haltung in Richtung Garagenausfahrt. Als er das Heck des silbergrauen PKW erreicht hatte, sah ich deutlich, dass er die Pistole bzw. eine Waffe etwa in Hüfthöhe in der Hand hielt und in den Hof gerichtet hatte. Ich war der Meinung, dass er erneut ausbrechen wollte. Ich brachte das Gewehr in Anschlag und suchte die Hand mit der Waffe (…) Dann gab ich den Schuss ab. Der Mann fiel sofort zu Boden. Über ihn fiel eine Latte, die er vorher zum Hinausstoßen von Tränengasgranaten benutzt hatte und zur Seite gestellt hatte. Ich sah dann, dass er die Latte zur Seite schob.« Lakonisch stellt Honke in seiner Vernehmung fest: »Eine Waffe hatte er dann nicht mehr in der Hand.«[13]

Andreas Baader schreit. Der Polizist hat Baader mit dem Schuss ein handtellergroßes Loch am linken Oberschenkel beigebracht. Der ›Stern‹ wird später vermelden, Baader hätte 40 Prozent seines Blutes verloren, und nur eine sofortige Infusion hätte ihm das Leben gerettet.[14] Andreas Baader kriecht wie eine angefahrene Katze unter den italienischen Sportwagen. Es ist kurz nach 8.00 Uhr. Holger Meins schiebt seine Waffe mit dem Fuß vor die Garage. Er gibt auf. Polizisten schreien: »Rauskomme!« Meins geht auf den Garagenhof und entkleidet sich langsam – wie von Günther Scheicher per Lautsprecher gefordert –, bis er in Unterhose auf dem Verbundpflaster steht. »Wir wollten vermeiden, dass er eine Waffe am Körper trägt und damit irgendetwas anstellt, was uns nicht recht gewesen wäre. Wir wollten auch vermeiden, dass vielleicht eine polizeiliche Geisel genommen worden wäre! Das alles war in dieser sehr prekären Situation ja denkbar.«[15]

Während Holger Meins sich auszieht, drückt die Tochter von Frau Mauerkirchner zweimal auf den Auslöser ihres Fotoapparats. Noch am selben Tag klingelt ein ›Stern‹-Reporter, um O-Töne einzusammeln. Familie Mauerkirchner verkauft die beiden Bilder samt der Rechte für 1000 Mark. Viele Jahre später werden die Fotos zur Vorlage für die zwei Bilder ›Festnahme‹ (1) und ›Festnahme‹ (2) des Malers Gerhard Richter. In dem Zyklus ›18. Oktober 1977‹ setzt er sich in 15 Arbeiten – zumeist bearbeiteten Presse- und Fahndungsfotos – mit der Geschichte der Rote-Armee-Fraktion und der Bundesrepublik Deutschland auseinander. 1995 verkauft Richter das

Werk für drei Millionen Dollar an das Museum of Modern Art.

Inzwischen kursiert das Gerücht, in der Garage sei noch eine dritte Person. Scheicher läuft Meins – der im Polizeigriff abgeführt wird – hinterher, und fragt, wie viel Personen noch in der Garage sind. »Nur der Andreas – und der kann nicht mehr.« Unfreiwillig komisch formuliert ein Polizist, es ist nicht Günther Scheicher, über Megafon: »Der ›nächste‹ bitte, der nächste bitte, kommen Sie einzeln heraus, dann passiert Ihnen gaar nix (…) Zum letzten Mal: Kommen Sie heraus, Sie haben keine Chance mehr (….) Sie haben alles verspielt«.[16] Erst als der Polizist übermittelt bekommt, der Mann mit Sonnenbrille in der Garage könne nicht mehr allein gehen, beendet er seine Bemühungen via Megafon.

Karl-Heinz Fischer bekommt mit drei Kollegen von Günther Scheicher den Befehl, den verletzten Baader aus der Garage zu holen. Der liegt mit dem ganzen Körper unter dem Iso Rivolta. Zu viert wird Baader von den Polizisten unter dem Auto an Schultern und Armen hervorgezogen. Er beschimpft sie als »Drecksäue« und »Faschisten« – und stöhnt. »Mir fiel sofort die komische Winkelstellung seines linken Beines auf. Als wir ihn herauszogen, verhakte sich sein linkes Bein am Auspuff, und aus seiner Kniebeuge fiel seine Smith und Wesson.« An der rechten Garagenwand klebt eine blutdurchtränkte Masse.

Vier Polizisten schleifen Baader wie eine erlegte Jagdtrophäe aus der Garage Richtung Bürgersteig. Auf den Bildern von Klaus Baum sieht man einen Andreas Baader, der bemüht ist, sich trotz seiner schmerzhaften Verletzung keine Blöße zu geben. Seine Ray-Ban-Sonnenbrille hat er weiterhin auf, und er verzieht nur minimal die Mundwinkel, »obwohl er wahnsinnige Schmerzen gehabt haben muss«. Auf dem Bürgersteig bedeutet Scheicher den Polizisten per Handbewegung, sie sollen den Angeschossenen ablegen. »Und ich habe mich ja mit Baader ja sehr intensiv befasst, weil wir immer davon ausgegangen sind, dass er einer der Hauptpersonen der Bande ist. Ich habe alle Bilder von ihm angeschaut aus seiner Schulzeit, aus dem Frankfurter Prozess, aus seiner Berliner Zeit, aber als er dann vor mir lag, also ich hätte nicht schwören mögen, dass das der Baader ist! Obwohl alle meine Mitarbeiter und Kollegen gesagt haben: Das ist der Baader, das ist der Baader!«[17]

In einem Opel Blitz der Polizei wird er entkleidet und die Wunde erstversorgt. Baader hat wenig gemein mit den Fahndungsfotos. Die Haare sind schlecht rotblond gefärbt, er hat buschige Koteletten und einen Kinnbart, darunter zeichnet sich ein kleines Doppelkinn ab. Auf dem Filmrohmaterial sieht man den entkleideten Baader, die Hände über dem Kopf mit Handschellen gefesselt. Kleine Jungs mit Tretrollern und Rentner begaffen die Polizeitrophäe. Als der nackte Terrorist in den Krankenwagen geschoben wird, formt ein Schaulustiger seine Finger zum Victory-Zeichen und hält sie an die Scheibe des Krankenwagens. Andreas Baader dreht den Kopf zur anderen Seite.

Schon kurz nach der Festnahme lässt sich BKA-Präsident Horst Herold per Hubschrauber von Wiesbaden nach Frankfurt fliegen und landet auf dem Sportplatz direkt neben dem Hessischen Rundfunk. Günther Scheicher führt ihn über den Tatort. Herold ist stolz und »euphorisiert«. Er hat nur Angst, dass die Spurensicherer den Tatort »zerstören«. Einige Stunden später bekommt Scheicher einen Anruf im Frankfurter Polizeipräsidium. Bundesinnenminister Hans-Dietrich Genscher ist dran, und »ist recht froh« über die Festnahme von Andreas Baader und seiner Begleiter. »Beschimpft hat er mich jedenfalls nicht«, erinnert sich Scheicher sanft lächelnd.

Auch beim Hessischen Rundfunk ist man stolz über den Scoop, diese Bilder bekommen zu haben. So erinnert sich die ehemalige freie Mitarbeiterin Claudia von Alemann: »Im Haus redeten alle nur über die Verhaftung. Die Bilder waren in jeder Sendung. (…) Die waren stolz, dass sie das so hautnah mitgekriegt hatten. Das Haus vibrierte – ein riesiges Medienspektakel.«[18] Am gleichen Tag laufen die Szenen – was 1972 höchst ungewöhnlich war – selbst auf ABC und NBC in den USA. Ein Freund und BKA-Kollege von Günther Scheicher, der gerade auf Dienstreise in den USA unterwegs ist, sieht die Bilder. Die FBI-Kollegen sind angetan, wie perfekt das BKA scheinbar organisiert ist. Ein eigenes Kamerateam bei spektakulären Einsätzen mitzunehmen – so weit war man beim FBI damals noch nicht …

30 Jahre später kehrt Günther Scheicher, inzwischen 74 Jahre alt, an einem ungemütlichen Apriltag in den Hofeckweg zurück. Er hat sich auf dem Weg zum damaligen Tatort verfahren. Kurzerhand hat der BKA-Sonderkommissionschef a. D. einen Streifenwagen angehalten, der ihn zum Hofeckweg eskortiert hat. Nun steht derjenige, der Andreas Baader zur Strecke gebracht hat, ein wenig verloren im Garagenhof und versucht, die Garage zu identifizieren, in der sich Baader und Meins verschanzten. Der schmale, freundliche Mann, kaum 65 kg schwer, steht in der Kälte, seine Nase läuft und ist rot. Die Gegebenheiten sind ihm fremd und doch vertraut. In der zweiten Garage links neben dem Hauseingang stand der Iso Rivolta. Scheicher lässt seine Finger über die Löcher im Beton am linken Eingangspfosten gleiten; er putzt sich die Nase. Die roten Kreise der Spurensicherung sind auch 30 Jahre später noch deutlich zu sehen, der Putz innerhalb der Kreise ist abgeplatzt. Er mag es nicht glauben. »Das kann doch gar nicht sein. So oft sollen wir geschossen haben?«

Als Rainer Schlegelmilch, der Fotograf, am Abend des 1. Juni 1972 nach Hause kommt, haben bei seiner Frau schon Bekannte angerufen: »›Haste eben im Fernsehen gesehen, der Baader ist mit eurem Auto festgenommen worden.‹ Hab ich nicht geglaubt. Ich dachte, die wollten mich verkackeiern.«[19] »Donnerwetter, die haben aber Geschmack«, denkt sich Rainer Schlegelmilch, als das BKA die Behauptung der Bekannten durch einen Telefonanruf bestätigt. Nur bei der Farbe gibt es Geschmacksdifferenzen: Er ist fachmännisch von »Chromgelb« auf »Aubergine« umlackiert worden. 5100 Kilometer haben die neuen Besitzer in den letzten fünf Monaten zurückgelegt. Und weitere Veränderungen wurden vorgenommen, die gar nicht zum Selbstverständnis von Andreas Baader passen – er hält sich nämlich für einen unfehlbaren Fahrer. Im Wagen befinden sich nun zusätzliche Sicherheitsgurte! Vielleicht liegt das auch daran, dass der Wagen in den letzten fünf Monaten in einen größeren Unfall verwickelt war, wie die Ermittler später feststellen.

Reporter Günther Zimmermann und Kameramann Klaus Baum werden einige Wochen nach den Ereignissen von Fronleichnam 1972 zu ihrem Intendanten Werner Hess gerufen. Der legt ein feierliches Gesicht auf, bittet die beiden auf die Couch in seinem Büro, und setzt zu einer Lobeshymne auf die zwei Mitarbeiter an. »Sehr stolz« sei man beim Hessischen Rundfunk auf die beiden, ausdrücklich wolle man nochmals den vorbildlichen Einsatz »belobigen«. Zum Abschied drückt Intendant Hess den beiden je einen Briefumschlag als »Gratifikation« in die Hand. Zimmermann öffnet ihn später und findet zwischen einem Dankesschreiben einen 50-DM-Schein.

Karl-Heinz Fischer wird in den Wochen nach der Festnahme »herumgereicht«, als einer der Männer, die Baader dingfest machten. »Es ging von einer Feier zur nächsten, das war ein Affentheater.« Innenminister Genscher und Ministerpräsident Osswald schüttelten seine Hand. Im Februar 1973 begegnet er dem Menschen, für dessen Festnahme er so gefeiert wird, noch ein zweites Mal. Andreas Baader wird per Hubschrauber aus dem Gefängniskrankenhaus Düsseldorf in die nordhessische Justizvollzugsanstalt Ziegenhain verlegt. Fischer sitzt als Bewacher mit im Hubschrauber. »Aus irgendwelchen Gründen duzte ich Andreas Baader. ›Kennen wir uns irgendwoher?‹, fragte er. ›Ja, ich war in Frankfurt bei deiner Festnahme dabei‹.« Nach einer Pause entgegnete er nur: »Du bist also auch eine der Ratten.« Wenig später landete der Hubschrauber auf dem Segelflugplatz in Schwalmstadt-Ziegenhain.

Wer war Andreas Baader?

Andreas Baaders Persönlichkeit schillert in zahlreichen und oft widersprüchlich erscheinenden Facetten. Ein verwöhntes Muttersöhnchen, das ohne Vater aufwächst. Ein bisexueller Schönling. Ein Narziss mit maßgeschneiderten Hosen und großem Showtalent zur Selbstinszenierung. Ein durchgeknallter Wirrkopf, der eher zufällig in den Mahlstrom des Achtundsechziger-Aufstandes gerät und dort die Gewalt etabliert. Ein Autoknacker mit Lust am Krawall. Ein Verführer, der intelligente, attraktive Frauen wie Gudrun Ensslin und Ulrike Meinhof für den bewaffneten Kampf gefügig macht. Der autoritäre Anführer der nach ihm benannten »Baader-Meinhof Gruppe«, welche die junge Bundesrepublik fundamental erschüttert und das gesellschaftliche Klima in Deutschland verändert. Ein hochintelligenter revolutionärer Kader, ein exzessiver Mensch. Ein Verbrecher, der seine Kriminalität als revolutionäre Tat ausgab. Ein Top-Terrorist. So weit – so einfach?

Sein Leben ist in Anekdoten, Mythen und Legenden zerfasert, erzählt von denen, die ihn überlebt haben. Aber auch er selbst hat dazu beigetragen, indem er seine Vergangenheit je nach Lust und Laune ausschmückte und anreicherte mit Vorkommnissen und Ereignissen, die so niemals stattgefunden haben können. Dieser Auffassung war auch sein zeitweiliger Verteidiger Otto Schily: In einem Schriftsatz zu der Anklage im Kaufhausbrandprozess 1968 verweist er darauf, Andreas Baader sei bekannt dafür, mit »wichtigen Geschichten« aufzuwarten. Und er wolle nicht ausschließen, dass Baader sich einen »Sport« daraus mache, dadurch den eigenen Bedeutungsgrad zu erhöhen.[20]

Wer war Baader wirklich? Was trieb ihn an? Wie konnte er diese Bedeutung in den 70er Jahren in der Bundesrepublik Deutschland bekommen? Andreas Baader hatte viele Talente, Neigungen und Fähigkeiten. Menschen, die ihm nahestanden, konnten sich ihn in vielen Berufen vorstellen. Würde er heute noch leben, wäre er kurz vor dem Rentenalter. Seine Mutter rühmte sein »Stilempfinden« und hätte sich gefreut, wenn er Innenarchitekt geworden wäre. BKA-Fahnder Günther Scheicher erkannte bei ihm »die Gabe, Menschen für sich einzunehmen«. Armin Golzem, einer seiner späteren Rechtsanwälte, sah ihn »als richtig bürgerlichen Politiker. Obwohl er genau das Gegenteil machte, hatte er die Qualitäten, die man als bürgerlicher Politiker braucht: Er war machtbewusst, sehr zielstrebig, und er war taktisch ausgesprochen gewandt und klug.«[21] Der BKA-Präsident Horst Herold stellt Gemeinsamkeiten mit dem Gefährten von Robespierre während der Französischen Revolution, dem Rechtsanwalt Mirabeau, fest, und findet im Übrigen, die intellektuellen Fähigkeiten von Andreas Baader würden in der historischen Betrachtung und Nachschau zu niedrig eingeschätzt. Als der spätere Generalbundesanwalt Kurt Rebmann, also der oberste Terroristenverfolger höchstselbst, im April 1977 für ein einstündiges Gespräch mit Andreas Baader nach Stammheim fährt, ist er danach angetan von den tadellosen Umgangsformen des Untersuchungshäftlings und bemerkt gegenüber dem Vollzugsbeamten Bubeck: »Also, Herr Bubeck, ich muss schon sagen: So unangenehm ist der doch gar nicht! Macht ja fast einen sympathischen Eindruck!«[22]

Michael »Bommi« Baumann, Exmitglied der »Bewegung 2. Juni«, sieht in Andreas Baader einen »Schaumschläger mit brutalem Verhalten gegenüber Gruppenmitgliedern« und einer »völlig vulgären Sprechweise«, der zu allen »Taten« bereit wäre.[23] Der Europa-Abgeordnete Daniel Cohn-Bendit, der Andreas Baader 1969 in Frankfurt kennenlernte, hält ihn für »größenwahnsinnig« und meint, Baader habe sich als der deutsche Mao Tse Tung auserkoren gefühlt. Für die ›Bild‹-Zeitung ist er 1972 nach seiner Festnahme schlicht »der Mann, der Deutschland in die Luft sprengen wollte«.

Und Andreas Baader selbst, was war sein früherer Lebensentwurf? Eine Ahnung davon vermittelt ein reichlich serviler Brief, den er als 23-Jähriger dem Amtsgerichtsrat Dr. Petzsche schreibt, weil er eine Geldstrafe wegen eines Verkehrsdelikts nicht zahlen will oder kann: »Ich habe im Februar 1966 eine Stellung als Reporter bei einer Presseagentur aufgegeben, um ein Buch über deutsche Kunstkritik zu schreiben. Vom Februar bis jetzt habe ich von einem Voraushonorar in Höhe von monatlich DM 470 gelebt und habe außerdem nur gelegentlich für den Rundfunk gearbeitet. Ich hatte in keinem Monat einen Pfennig mehr, als unbedingt notwendig. Wie sich jetzt zeigt, geht der Verlag in Basel, der mich dieses Jahr schlecht ernährt hat, noch vor Veröffentlichung des Buches in Konkurs und ich habe sicher ein paar Monate keine Möglichkeit das Manuskript andren (sic!) Verlagen anzubieten.«[24] Nichts davon ist wahr. Der Brief unterstreicht die recht hellsichtige Einschätzung seines Klassenlehrers Hötzl im Schulzeugnis von 1956: »Seine Phantasie ist gut entwickelt.«

Aufwachsen
Vater

Der Letzte, der Dr. phil. Berndt Philipp Baader lebend gesehen hat, war Franz Hauck aus Saarlautern. Die beiden kannten sich schon aus russischer Kriegsgefangenschaft; Anfang April 1945 wurden sie in einem Kriegsgefangenenlager bei Stalingrad gemeinsam inhaftiert. Am 22. Oktober 1945 sollten beide, nach dem Rücktransport, in Frankfurt/Oder entlassen werden. Eine russische Ärztin bemerkte den offensichtlich elenden Zustand des ehemaligen Wehrmachtsoldaten und empfahl Hauck, er möge seinen Kameraden in den »Krankenwagen« des Transportzuges bringen, um ihn dort weiterbehandeln zu lassen. Man diagnostiziert Ruhr. In einem Lazarett solle er sich erst erholen, bevor er entlassen würde. In welches Lazarett er kommen sollte, wusste Franz Hauck offensichtlich nicht zu sagen.

Hauck durfte gleich gehen, Berndt Baader blieb. Ab hier verliert sich seine Spur. Am Tag des Verschwindens ist er 32 Jahre alt.[25] Seine Frau Anneliese, geborene Kroecher, drei Jahre jünger als er, suchte noch Jahre nach ihm. Sie hatten am 17. November 1939, also gut zwei Monate nach Hitlers Überfall auf Polen, geheiratet.

Schon drei Wochen nach Kriegsbeginn kommt Berndt Philipp Baader am 26. September 1939 zur Wehrmacht.[26] Er ist einer der 4,6 Millionen deutschen Soldaten, die von Hitler bei Kriegsbeginn mobilisiert wurden.[27] Bis September 1943 ist er in der Fernsprech-Betriebs-Kompanie 9/644 stationiert. Ab September wechselt er in die 1. Nachrichten-Abteilung »Brandenburg«, er bringt es »nur« bis zum Obergefreiten, was nicht gerade als Indiz für eine große Kriegsbegeisterung gelten kann. Die letzten Monate im Krieg ist er bei der 5. Fernsprech-Nachrichten-Abteilung »Brandenburg« eingesetzt. Unter der Feldpostnummer 41 799 meldet er sich im März ein letztes Mal bei seiner Frau Anneliese. Nur vom Roten Kreuz in

Moskau gibt es 1960 nochmals eine Meldung. Darin heißt es, Berndt Baader sei am 23. Oktober 1945 dem »Repatriierungslager zwecks Überführung in die Heimat« übergeben worden. Das Amtsgericht München erklärt ihn am 15. Januar 1955 unter dem Aktenzeichen 2/416/54 für tot. Der Todeszeitpunkt wird auf den 31. Dezember 1945 festgelegt.[28] Die Erkennungsmarke ist bis heute verschwunden.

In den 30er Jahren studiert Berndt Baader Geschichte und Kunstgeschichte in Würzburg, später in München. Die universitäre Geschichtswissenschaft wird in jener Zeit von den Nationalsozialisten zur pseudowissenschaftlichen Beweisführung ihrer Weltanschauungen benutzt. Auf dem Lehrplan der Universität München stehen »Volkspolitik«, »Militärgeschichte« und »Wehrwissenschaft«. Das scheint den in Hamburg geborenen Studenten Baader nicht zu interessieren. Näher stehen ihm die frühe Neuzeit und die bayerische Landesgeschichte. Seine Doktorarbeit befasst sich mit Kunst, Kultur und Alltag am bayerischen Renaissancehof Herzog Wilhelms des V. Als 29-Jähriger schließt er seine Promotion kurz vor Kriegsausbruch ab. Die Dissertation erscheint jedoch erst vier Jahre später in der »Sammlung Heitz«. Im Vorwort geht er auf das späte Erscheinen ein: »Ein Weniges vor Kriegsausbruch konnte ich diese Arbeit vollenden. Der Krieg aber verhinderte bisher die Drucklegung und verhinderte auch, etwa neu erschienene Literatur zu meinem Thema zu berücksichtigen.«[29] Am 12. Juli 1943 signiert er eines der ersten Exemplare, die er vom Verlag bekommt, für seine Frau Anneliese mit der Widmung: »Meiner Gemahlin zugeeignet, die Du an dem Buche nicht wenig Anteil hattest. Berndt.«

Die Historikerin Dorothea Hauser lobt seine Doktorarbeit als »außerordentlich quellengesättigt und auch sprachlich brillant« und meint, dem jungen Historiker Baader hätte eine »vielversprechende akademische Laufbahn« bevorgestanden.[30] Seiner Promotion stellt er ein wenig pathetisch ein Zitat des Kunsthistorikers Jacob Burckhardt voran: »Die Geschichte ist und bleibt mir Poesie im größten Maßstabe, wohlverstanden, ich betrachte sie nicht etwa romantisch-fantastisch, sondern als einen wundersamen Prozess von Verpuppungen und neuen Enthüllungen des Geistes. An diesem Rande der

Welt bleibe ich stehen und strecke meine Arme aus nach dem Urgrund aller Dinge, und darum ist mir die Geschichte lauter Poesie, die durch Anschauung bemeistert werden kann.«[31]

Am 13. Juni 1941 wird Dr. Berndt Baader vom Bayerischen Staatsministerium für Unterricht und Kultus für den »höheren staatlichen Archivdienst« eingestellt. Und das in Abwesenheit, weil er »zurzeit im Heeresdienst« verpflichtet sei. Dennoch erhält er als Verheirateter einen »Unterhaltszuschuss« von »200 Reichsmark«. Kurze Zeit später wird dieser auf 260 Reichsmark erhöht. Im Dezember 1942 wird der Soldat Baader von »seinem Truppenteil in Frankreich zum Antritt seines Vorbereitungsdienstes auf 4 Monate beurlaubt« und vereidigt.[32] In einer »Niederschrift« vom 4. Dezember 1942, morgens um 11 Uhr, schwört Dr. Berndt Baader, er werde »dem Führer des Deutschen Reiches und Volkes, Adolf Hitler, treu und gehorsam sein«.[33] Ob er wirklich je seinen Dienst im Hauptstaatsarchiv angetreten hat, lässt sich indes nicht klären. Denn am 29. September 1944 bittet der »Direktor der Staatlichen Archive Bayerns« den Staatsarchivrat Dr. Schmid, »den Archivreferendar Dr. Berndt Baader zum außerplanmäßigen Beamten mit der Dienstbezeichnung Assessor (K) zu ernennen«, weil er »infolge der Kriegsverhältnisse (…) den Dienst nicht antreten konnte«.[34]

Während seines Heimaturlaubs erlebt das Paar im Frühjahr 1943, wie die Geschwister Scholl nach einer Flugblattaktion in der Münchner Universität hingerichtet werden, und sind entsetzt über die Willkür. Auch Berndt Baader sei gegen die Nazis gewesen,[35] hätte aber aus »Angst« keinen Widerstand folgen lassen. Dabei dürfte es nicht unerheblich gewesen sein, dass seine Frau einen Monat vor der Entbindung steht.

Andreas Baader wird am 6. Mai 1943 in München geboren. Sein zweiter Vorname ist Berndt, nach dem Vater.

Vom Vater gibt es Schwarzweißfotos. Man sieht einen schlanken, hochaufgeschossenen Mann, er trägt einen Trenchcoat und hat den Mund ein wenig zu einem Lächeln geformt. Er wirkt glücklich. Auf seinen Schultern sitzt ein kleiner Junge mit dunklem Teint und hellen Augen. Der Mann könnte 40 sein. Er ist 30. Der Krieg macht älter.

Als Andreas zwei Monate alt ist, flieht die Mutter mit dem Säugling vor den Bomben, die auf München fallen. Die zwei Jahre bis Kriegsende verbringen Andreas und Anneliese Baader bei der Großmutter Hermine im thüringischen Saalfeld. Nach Kriegsende kehrt Anneliese zu Fuß und auf den Trittbrettern überfüllter Züge stehend nach München zurück. In der Jutastraße 8 sucht sie jedoch vergeblich nach Überresten ihrer Wohnung. Die Wohnung mitsamt Bibliothek – die schon Friedrich Philipp Baader, der Vater von Berndt Baader, aufgebaut hatte – ist zerstört.

Sie lässt Andreas bei ihrer Mutter Hermine in Thüringen. Dort wird er seine ersten Lebensjahre verbringen. Anneliese Baader sieht sich nicht in der Lage, für zwei Personen zu sorgen. Ihre persönliche Situation spitzt sich zu. Ab 1946 wird ihr »Unterhaltszuschuss« gestrichen. Offensichtlich akzeptiert sie zunächst sogar widerspruchslos diese Maßname des Kultusministeriums.[36] Vielleicht, weil sie denkt, ihr Mann würde zurückkommen? Und das, obgleich sie alle Mittel der Recherche ausgeschöpft hat: Rotes Kreuz, Innere Mission und diverse Suchdienststellen. Im März 1946 sei sie selbst in Frankfurt/Oder gewesen, um nach dem Verschwundenen zu schauen, schreibt sie in einer eidesstattlichen Erklärung.

Nachdem sie durch die Währungsumstellung »berufslos« geworden sei, lebe sie mit dem »4-jährigen Sohn Andreas Baader in äußerster Not. Ich bitte daher, mir gütigst Unterhaltsbeihilfe zu gewähren. Soweit es bei dem geringen Alter meines Kindes möglich ist, werde ich mich um Verdienstmöglichkeiten bemühen. Doch kommen angesichts meiner häuslichen Pflichten nur wenige zu nützen in Frage. Selbst diese werden keine ganztätige Beschäftigung darstellen.«[37]

Obwohl sowohl der Generaldirektor der Staatlichen Archive Bayerns, Winkler, und auch der Betriebsrat Dr. Rall, Frau Baaders Antrag »wärmstens« unterstützen, wird er kurz und lapidar abgelehnt. Es sei nicht möglich, Verschollenenbezüge zu zahlen, weil eine außerplanmäßige Ernennung zum Assessor »augenscheinlich« in den Kriegswirren nicht erfolgt sei. So sei Berndt Baader auch kein Beamter, bei dem dessen Hinterbliebene Versorgungsleistungen zu erwarten hätten. Da nützte es auch nichts, dass Generaldirektor Winkler auf die

»wertvolle« Dissertation »Dr. Baaders« hinwies, die einen wesentlichen Beitrag zur »bayerischen Geschichtsforschung« darstelle. Als ob der Vermisste doch noch zurückkehren würde, schreibt der Leiter der Behörde, Winkler, weiter: »Die Archivverwaltung dürfte sich von ihm noch weitere beachtliche Leistungen erwarten. Umso tragischer ist die nun entstandene traurige Lage der Familie.«[38]

Die Kindheit

Die Großmutter Hermine gilt als durchsetzungsstark. Die ersten Lebensjahre wächst Andreas gemeinsam mit seinem Cousin Peter bei ihr auf. Mit im Haushalt wohnt Elfriede Cincer, die Schwester von Anneliese Baader. Die sucht derweil in München ihren Mann und eine Wohnung. Anneliese findet ein Zimmer zur Untermiete bei einer Malerin in der Herzogstraße. Die Versorgungslage ist schlecht, sie wird kaum satt. Das »Gehalt« als Trümmerfrau reicht für das Allernötigste. Eine gemeinsame Wohnung für sie und ihr Kind bleibt unbezahlbar. Dorothea Hauser erzählt sie 1997, wie glücklich sie war, dass Großmutter Hermine die Mutterrolle für Andreas' erste Lebensjahre übernommen hat.[39] Nicht nur dies. Als Andreas 1949 sechs Jahre alt ist, organisiert sie in Alleinregie den Umzug von Thüringen nach Bayern. Hermine Kroecher ist zu diesem Zeitpunkt schon fast siebzig. In München kommt es zur Vereinigung der »Großfrauenfamilie« Baader/Kroecher/Cincer. Andreas zieht zur Mutter, die weiterhin bei der Schwabinger Malerin zur Untermiete wohnt. Gleich nebenan findet Elfriede mit Sohn Peter eine Wohnung. Auch Großmutter Hermine zieht mit ein. Darüber hinaus wohnt die Schwiegermutter von Anneliese, Katharina Baader, geborene Herz, in unmittelbarer Nähe.

Hauser gegenüber berichtet Anneliese Baader von der durch die fast vierjährige Trennung entstandenen »Entfremdung« zwischen Mutter und Sohn. Erst langsam findet eine Annäherung statt. Andreas ist inzwischen zu einem außergewöhnlich hübschen Kleinkind geworden. Hellblaue Augen, lange Wimpern, dunkler Teint. Ein aufsässiger, stolzer Prinz. 1949 wird er an der Wilhelmschule in München eingeschult. In der Klasse hat er Probleme, sich unterzuordnen. Ein schwieriger Schüler. Er könnte ja, wenn er wollte, konstatieren die Lehrer. Bei den Mitschülern ist er unbeliebt. Er zeichnet sich durch »Selbstbezogenheit« und Aggressivität aus, zuweilen ist er »träge und hochmütig verschlossen«.[40] Zum anderen kann er aber auch, was man nicht vermutet, besonders altruistisch sein. So entledigt sich Andreas Baader seines Pullovers, als er jemanden frieren sieht.[41] Als ihn mit 12 Jahren heftige Zahnschmerzen plagen, verweigert er die Einnahme von schmerzstillenden Tabletten und den obligaten Gang zum Zahnarzt, um im Selbstversuch zu erkunden, wie viele »Schmerzen er ertragen« kann.[42] Des Weiteren versucht er, der Familie das Weihnachtsfest auszureden, und weigert sich erfolgreich, seinen Geburtstag im Mai zu feiern. Weil er den Religionsunterricht hasst, lässt er sich nicht konfirmieren. Als er auf dem Starnberger See anlässlich eines Bootsausflugs von der Mutter zur Vorsicht angesichts des schaukelnden Bootes ermahnt wird, springt er mit Schuhen und Kleidern zum Schwimmen in den See und paddelt neben dem Boot her. Seine Mutter lässt ihn fünf, statt vier Grundschuljahre absolvieren, weil er noch »sehr verspielt« gewesen sei. Wenn sich aus diesen Anekdoten ein Muster für spätere Lebensjahre herauslesen lässt, könnte man sagen: Er tut immer genau das Gegenteil von dem, was von ihm verlangt wird.

Aber es gibt auch andere Geschichten: Schon als Andreas noch bei der Großmutter in Thüringen wohnt, fahren sie oft nach Röhrenfurth, unweit von Melsungen in Nordhessen. Dort lebt der Bruder von Anneliese, Walter Kroecher, mit seiner Familie. Sie betreiben eine Gastwirtschaft mit angeschlossener Metzgerei direkt bei dem kleinen Bahnhof. Die Metzgerei gibt es heute noch. Reimar Kroecher, der Sohn, erinnert sich, wie Tante Anneliese mit Andreas manchmal »monatelang« zu ihnen zu Besuch kam. Er denkt gerne an seinen Cousin Andreas in jenen gemeinsamen Jahren der Nachkriegszeit. »Andreas war ein sehr heller, findiger Kopf, schnell, pfiffig, mit einem scharfen Verstand. Er war technisch sehr begabt: Wenn irgendetwas nicht funktionierte, gaben wir es ihm, und er reparierte es. Taschenlampen, Radios, alles. Er war ein Pfiffikus. Andreas war Andreas, ein Unikum. Frühreif, geistig sehr auf der Scheibe. Man konnte ihm schon damals nichts vormachen.« Die Sportbegeisterung der Cousins teilt er allerdings nicht. Sonst war er ein wacher Junge. All das, was später in das Kind Andreas hineininterpretiert wird, hätte er damals nicht erkennen können. »Er hatte nichts Extremes, Vermurkstes oder Exzentrisches. Er hatte wohl Schwierigkeiten, Autoritäten zu akzeptieren. Aber das hatten wir alle.«[43] Als Reimar Kroecher mit seiner Familie aufgrund der »schlechten wirtschaftlichen Verhältnisse« in Deutschland 1954 nach Kanada auswandert, wird er seinen Cousin für lange Zeit nicht mehr sehen. Heute lebt der emeritierte Ökonomieprofessor im kanadischen Vancouver.

Obwohl er auf der Grundschule eine Klasse wiederholt, hat Anneliese Baader den strikten Ehrgeiz: Andreas muss Abitur machen. Doch schon in der fünften Klasse bleibt er »wegen Vernachlässigung seiner Hausaufgaben und Schwierigkeiten mit den Lehrern«[44] erneut sitzen. Anneliese jedoch gibt nicht auf und meldet ihren Sohn 1954 auf dem Internat in Königshofen an. Eine Besserung tritt nicht ein. Im Gegenteil. Die schriftliche »Besondere Schulzensur« des Klassenlehrers Braun vom Juli 1956 fällt vernichtend aus: »Der Schüler, der die Klasse wiederholt, hat eine blasse, kränkliche Gesichtsfarbe. Häufig versäumt er wegen Krankheit den Unterricht. Er wohnt im Evangel. Schülerheim. Seine Begabung ist mittelmäßig, die Phantasie rege. Sein Denken wird von einer auffallenden Verträumtheit überschattet. Sein Arbeitseifer und seine Mitarbeit im Unterricht sind äußerst gering; hier fällt er höchstens durch sein vorlautes Benehmen auf. Er macht den Eindruck eines hoffnungslos verwöhnten Kindes, das jeder Schwierigkeit aus dem Weg geht. Die Aussichten für das weitere Studium sind demnach sehr gering.«[45]

Dem ermittelnden BKA-Beamten, der Frau Baader 1971 zu Hause in Grassau am Chiemsee (sie ist inzwischen aus München weggezogen) besucht, um mehr über die »persönliche Entwicklung« ihres Sohnes zu erfahren, erzählt sie die Geschichte des kurzen Internatsbesuchs. Andreas sei immer wieder aus Königshofen »fortgelaufen«, und es habe »Ärger« mit

Lehrern wegen »seiner pubertären Aufsässigkeit« gegeben. Zudem sei er – »für ihn ungewöhnlich – auch mehrmals erkrankt«. Erst durch ihre Zusicherung, wieder nach Hause zu dürfen, wenn er die »Versetzung« schafft, habe er sich »Mühe« gegeben und das Schuljahr überstanden.[46] Und immer häufiger versucht er, sich mit Mitschülern zu prügeln. Zu Hause hingegen herrscht zwischen Mutter und Sohn bestes Einvernehmen. Zwar will Andreas immer »seinen eigenen Willen« durchsetzen, darüber hinaus geht es aber »sehr herzlich«, um nicht zu sagen, »harmonisch« zu – so wird sie später nicht müde zu beteuern.

Anneliese Baader gibt den Plan mit dem Abitur für ihren Sohn nicht auf. 1956 wird Andreas auf dem Maximiliansgymnasium eingeschult. Hier haben schon Max Planck, Werner Heisenberg und Franz Josef Strauß ihr Abitur gemacht. Eine Art Elitegymnasium und eine »autoritäre und repressive Schule«, an der es noch die »Prügelstrafe« gibt. Brillenträger werden bei Vergehen aufgefordert, umgehend die Sehhilfe abzunehmen, damit bei der nun kommenden Ohrfeige die Brille nicht zerbricht.[47]

Mitschüler Harald Maier-Metz hat keine allzu starke Erinnerung an Andreas. Nur eine Begebenheit. Der 13-Jährige hat Geldprobleme, so dass er sich welches zusammenleiht, und zwar von relativ vielen Mitschülern. Auch von Harald Maier-Metz. Als Pfand hinterlässt er den Gläubigern »kleine Matchboxautos«. Am Ende summieren sich seine Schulden auf »7 oder 8 Mark« – was in jener Zeit für Siebtklässler viel Geld ist –, und er kann sie nicht zurückzahlen. Ein Mitschüler beschwert sich daraufhin beim Klassenlehrer, der ihn anschließend vor der Klasse zur Brust nimmt. »Da hat er mir schon Leid getan«, erinnert sich Maier-Metz. Aber dass er sich in jener Zeit »geprügelt« hätte oder »Klassenclown« war – daran kann sich sein Klassenkamerad nicht erinnern. Eher sei er Außenseiter gewesen.

Aber »Klassleiter« Hötzl zeigt eine Grundsympathie für seinen neuen Schützling. »Er besitzt eine überdurchschnittliche Intelligenz, ist fähig logisch zu denken und kritisch zu urteilen. Seine Phantasie ist gut entwickelt.«[48] Doch auch dieses Gymnasium wird nicht lange Lehrstätte von Andreas bleiben. Die Einträge in seinen Personalbogen passen nicht auf eine Seite. Es sind Einträge wegen »dauerhaften Schwätzens«, »fortgesetzter Schlamperei«, »fortschreitender Unterrichtsstörung«, »fortwährender Vergesslichkeit«, und weil er anlässlich des Todes eines Lehrers »ungezogene Bemerkungen« macht. Am Ende bringt er es auf 20 Einträge, die sein Verhalten bemängeln.

Doch sein wohlmeinender Klassenlehrer Hötzl nimmt ihn weiter in Schutz und führt im Duktus der 50er Jahre weiter aus: »Begabungsmäßig wäre er dazu sehr wohl in der Lage gewesen. Dass er aber in der 2. Klasse scheitert, ist am allerwenigsten seine Schuld. Es fehlt dem Buben die starke Hand zu Hause. Der Vater ist vermisst. Die Mutter ist berufstätig, und bringt zu ihrer täglichen Berufsarbeit nicht die Kraft, dem Buben den fehlenden Vater zu ersetzen. Der Junge war nachmittags sich selbst überlassen. Es war da niemand, der ihn zu Ordnung und Zucht und gewissenhafter Erfüllung seiner schulischen Pflichten angehalten hätte.« So stellte man sich Erziehung in den 50er Jahren vor: die Mutter, die eigentlich zu Hause bleiben sollte, und ein Vater, der mit der »starken Hand« dem ungezogenen Rotzlöffel mal was hinter die Ohren geben kann. Unter der Rubrik »Verhalten der Eltern gegenüber der Schule« vermerkt Herr Hötzl hilflos wie lakonisch: »Die Mutter sprach zweimal vor. Angesichts der Ungunst der häuslichen Verhältnisse war freilich guter Rat teuer.«[49]

Unter der Rubrik »Aussicht bezügl. des Vorwärtskommens im Studium« steht schlicht: »Der Schüler hat im Wiederholungsjahr das Klassenziel nicht erreicht und ist in das Berufsleben übergetreten.« Bei der zweiten Aussage freilich irrt sein Klassenlehrer. So »plötzlich in die Klasse, wie er kam, war er auch wieder weg«, erinnert sich Mitschüler Harald Maier-Metz.

Seine Mutter zeigt Beharrungsvermögen. Ein staatliches Gymnasium kommt nicht mehr in Frage. Diesmal bringt sie ihn auf dem Privatgymnasium Dr. Überreiter unter. Und hier hält er tatsächlich drei Jahre aus. Wieder gibt es Lehrer, die ihn trotz dürftiger Leistungen und Verhaltensauffälligkeiten protegieren. Allen voran der Direktor Dr. Überreiter. Anneliese Baader weiß das. »Ja, Dr. Überreiter hat ihn sehr gemocht«.

Anneliese Baader

Ein Seniorenstift im feinen Hamburger Stadtteil Othmarschen. Eine Dame, Mitte 80, sitzt in einem Sessel. Das Einzimmerapartment ist geschmackvoll mit eigenen Stilmöbeln eingerichtet. Im Hintergrund läuft Dvořák auf Klassik Radio. Im Regal steht ein gerahmtes Foto ihres Sohnes. Andreas Baader mit Krawatte. Es ist ein Zeitungsausschnitt aus dem Frankfurter Kaufhausbrandprozess. Anneliese Baader bekommt selten Besuch. Sie kann nach zwei Oberschenkelhalsbrüchen nur mit Hilfe eines Rollators gehen. Früher war sie oft in den Bergen wandern.

Sie leidet bis heute unter den Geschehnissen, die weit zurückliegen. Sie mahnt zu Verschwiegenheit, gibt sich klandestin. »Die wissen nämlich nicht, wer ich bin.« Wahrscheinlich kann die größere Anzahl der Pflegekräfte heute mit dem Namen Andreas Baader sowieso nichts mehr anfangen. Und sie grämt sich über die Darstellung ihres Sohnes in den Medien. »Andreas wird immer als Untermensch dargestellt.« Dabei war er ganz anders. Liebevoll, fleißig. »Einmal hat er mir, während ich in der Arbeit war, einfach so die ganze Wohnung gestrichen.« So war er, für sie als Mutter. Dann erzählt sie anderthalb Stunden. Nach dem Gespräch begleitet sie den Besucher in den Korridor. Beim Verabschieden wird man von ihr kurz am Ärmel festgehalten: »Das wollte ich Ihnen noch sagen, schon als Kind war Andreas immer völlig furchtlos.«

Nicht nur furchtlos, sondern auch mit einer »guten Begabung vor allem auf sprachlichem Gebiet.(…) Schrieb stilistisch und inhaltlich sehr gute Aufsätze«, bemerkt sein Schuldirektor Florian Überreiter 1974 bei einer schriftlichen Befragung durch die Bundesanwaltschaft.[50] Aber ähnlich wie auf dem Maximiliansgymnasium sind die Zeugnisse auf dem Privatgymnasium mit Tadel übersät. Obwohl Andreas nun auch »nachmittags beaufsichtigt« wird, vermerkt Klassenlehrer Esch im Jahreszeugnis von 1958/59: »Das Betragen des vorlauten Schülers gab häufig Anlass zu Beanstandungen; sein unbefriedigender Fleiß brachte nur ausreichende bis mangelhafte Ergebnisse.« Ein anderes Mal werden »Faulheit und Nachlässigkeit«[51] moniert. Nie habe sich Andreas mit den Gegebenheiten abgefunden, immer wieder hätte es »Komplikationen« in der Schule gegeben. Besonders den Religionslehrern hätte er »kritisch gegenübergestanden«.

Besonders stolz ist die Mutter auf das literarische Interesse, was ihr Sohn schon in früher Pubertät zeigt. Dabei interessiert er sich für den Nachlass seines Vaters Berndt. Einige Bücher hatte Anneliese Baader bei ihrem Umzug nach Saalfeld vor den Bomben gerettet. Sie weiß zu berichten, wie begeistert Andreas recht früh in Joseph Bernharts ›Mystik des Mittelalters von ihren antiken Ursprüngen bis zur Renaissance‹ schmökert. Auch Nietzsche hat er zwischen den Fingern. Gerne hört er, wenn seine Mutter mit eigenen Worten die Märchen von Hans Christian Andersen nacherzählt.[52]

Mitte der 50er Jahre wohnt Anneliese Baader mit ihrem Sohn in der Leopoldstraße. »Wir waren ja allein, wissen Sie, wir haben sicherlich einen großen Bekanntenkreis gehabt und sehr viele Freunde. Er [Andreas, Anm. d. Verf.] ist ausgesprochen in einem Künstlermilieu aufgewachsen zwischen Individualisten, frei von bürgerlichen Zwängen, und es war sehr harmonisch. Ich habe gearbeitet, und wir haben uns abends immer gesehen und wir haben immer miteinander geredet über alle Dinge.«[53]

Später wird Anneliese Baader nicht müde, die innige Mutter-Sohn-Beziehung zu preisen. Die Nachkriegsjahre sind von persönlichen Verlusten überschattet, Verlusten in mannigfacher Art. Die Lage der Familie Baader ist exemplarisch für die deutsche Nachkriegsgesellschaft. Viele Frauen haben nicht nur Hab und Gut und die dazugehörige Existenzgrundlage verloren, sondern auch ihre Ehemänner und Söhne. So auch die Schwester von Anneliese, Elfriede Cincer, ihren Mann. Der Cousin von Andreas, Peter, ist ebenfalls Halbwaise. Der Großvater von Andreas väterlicherseits, Friedrich Philipp Baader: gefallen. Selbst der Großvater mütterlicherseits, der »Regierungsbaumeister« Albrecht Kroecher hat sein Leben 1917 im Ersten Weltkrieg für das »deutsche Vaterland« gegeben.[54]

So bleiben von den Erwachsenen der Großfamilie Baader/Kroecher/Cincer nur die Frauen am Leben, mit zwei Ausnahmen: Walter Kroecher, der älteste Bruder von Anneliese, und der drei Jahre jüngere Michael. Dieser Michael Kroecher ist gemeint, wenn Anneliese in einem Interview 1977 etwas kryptisch von »außergewöhnlichen Menschen« erzählt, die »sehr viel mit Kunst« zu tun hatten und mit denen Andreas aufgewachsen sei.[55] Michael Kroecher wird – in Ermangelung des Vaters – zu einer wichtigen männlichen Bezugsperson innerhalb der Familie.

Tänzer

Michael Kroecher wird später, neben seinem 1954 nach Kanada ausgewanderten Bruder Walter, das einzige männliche Mitglied aus der Familie Baader/Kroecher sein, das eines natürlichen Todes stirbt.

Vielleicht verdankt der Onkel von Andreas Baader sein Überleben im Zweiten Weltkrieg einem ungelenk formulierten Brief. In dem Schreiben bietet die »Bühnenvermittlung Chor und Tanz« aus Berlin dem Ballettmeister Pino Mlakar an der Staatsoper München einen »guten und sauberen« Solotänzer an, den man nur »bestens« empfehlen könne. Er sei »1,73 m groß, schlank, braune Haarfarbe« und heiße Michael Kroecher. »Vielleicht ist es Ihnen möglich, einmal eine persönliche Zusammenkunft zu vereinbaren. (....) Heil Hitler! E. Tietz.«[56] Fünf Tage später wird er zum »unverbindlichen Probetanzen« nach München gebeten. Schon am 17. Mai bekommt er per Telegramm die Zusage der Intendanz der Bayerischen Staatsoper.

Einen Monat später, also Juni 1941, zieht er nach München zu seiner Schwester Anneliese Baader und ihrem Mann Berndt in die Jutastraße 8. Es wird eine monatliche Gage von 550 Reichsmark vereinbart, ein hoher Monatsverdienst für Kriegsverhältnisse (der gleich alte, promovierte Berndt Baader bekommt »nur« 200 Reichsmark monatlich, allerdings als Assessor). So »ausgezeichnete Solotänzer« wie Kroecher sind »selten zu finden«, begründet die Intendanz die gut bemessene Gagenvereinbarung gegenüber der »Obersten Theaterbehörde in Bayern«.[57]

Michael Kroecher ist das dritte Kind von Albrecht und Hermine Kroecher. Er wird 1912 geboren, der Bruder Walter 1909, die Schwester Elfriede 1911. Als 1916 Anneliese Nina Kroecher geboren wird, ist sie das Nesthäkchen. Noch im hohen Alter, nennt Michael sie zärtlich »mein Häselchen«. Die vier Geschwister wachsen in einer »kleinen Villa mit Blick auf die Weinberge« in Saarburg – nahe der französischen Grenze – auf. Die Familie ist wohlhabend. Michael erinnert sich an ein »offenes Auto«, das die Eltern schon während des Ersten Weltkriegs fuhren.[58] Der Vater ist Ingenieur. Man fährt öfters nach Berlin, um Verwandte zu besuchen; Vater Albrecht ist Brandenburger. Michael ist gerade fünf, das Schwesterchen Anneliese ein Jahr, als ihr Vater im Ersten Weltkrieg fällt. Anneliese Kroecher, später Baader, erleidet also das gleiche Schicksal – fast im selben Alter – wie ihr Sohn Andreas: Ein Weltkrieg zerreißt die Familie.

Der finanzielle und gesellschaftliche Abstieg der Familie Kroecher beginnt. Verwandte machen Mutter Hermine »Angst«, Saarburg könne bald französisch sein, und drängen sie zum Verkauf der Villa. Die hätten ihr das billig »abgeschwatzt«. Sie verkauft und zieht mit den vier Kindern nach Schwarzberg, in der Nähe vom brandenburgischen Sondershausen. Als die Weltwirtschaftskrise und dazugehörige Inflation kommt, »ist alles weg. Und wir waren arm.«[59]

Obwohl Sondershausen eine »reizvolle kleine Kulturstadt« ist, wie Michael Kroecher sich ausdrückt, hätte sie doch eine »gewisse Enge gehabt«. Er »sehnt sich nach großer weiter Welt«, und weil die Schule für ihn seit jeher eine große »Leidenszeit« darstellt, geht er vor dem Abitur ab. Eine Freundin der Mutter, die Schauspielerin ist, erkennt sein künstlerisches Talent und fördert ihn. Er nimmt Zeichenunterricht und macht erste Gehversuche als Schauspieler. Derweil zieht die Familie erneut um. Diesmal nach Köln. In Köln absolviert er eine Ausbildung als Ausdruckstänzer an der Macarova-Schule. Ein erstes festes Engagement folgt in Wuppertal, später geht er nach Cottbus. Nachdem er einige Monate in Paris verbracht hat, nimmt er ein Engagement als Solist am Theater am Nollendorfplatz in Berlin an.

Nach Kriegsausbruch 1939 werden alle männlichen Mitglieder der Familie Baader/Kroecher/Cincer zur Wehrmacht eingezogen. Nur Michael ist »uk« (unabkömmlich) gestellt. Er scheint die Kriegs- und Hitlerbegeisterung nicht zu teilen. Lediglich vom 26. April 1940 bis 10. August 1940 – also knapp vier Monate – erstreckt sich seine Militärdienstzeit, Dienstgrad »Schütze«. Auf einem Marsch in dem von Nazi-Deutschland überfallenen Polen, »bricht er mit einer Lungenentzündung zusammen« und wird daraufhin bis auf Weiteres erst einmal krankgeschrieben und nach seiner Genesung nicht wieder eingezogen.[60] Die Ärzte im Lazarett sagen, mit »solchen Männern« würde Deutschland »keinen Krieg gewinnen«. Kroecher gilt als zu sensibel.

Schon kurz nach der Vertragsunterzeichnung in München versucht sein Vorgesetzter, der Ballettmeister Pino Mlakar, seine Neuverpflichtung für das eigene Ensemble zu sichern, damit er nicht an die Front muss. »Um die UK-Stellung schon jetzt einleiten zu können, müssen Sie, wie wir von maßgebender Stelle erfahren haben, Ihren Wohnsitz hier in München haben (…) Wir haben nämlich vor, Sie zu bitten, sich womöglich sofort, wenn Sie von Berlin wegkommen können, sich hier in München ein Zimmer zu mieten und sich polizeilich anzumelden, um die Ferienzeit [gemeint sind die Theaterferien, Anm. d. Verf.] für die UK-Stellung in München zu verwarten. Wir sind auch bereit, bis zum Antritt Ihres Vertrages das Zimmer hier zu zahlen.«[61]

Doch für die Ferienzeit hat Anneliese Baaders Bruder schon eine Filmrolle in Budapest in einem Marika-Rökk-Film angenommen. Da er wohl die rechtzeitige Ummeldung trotz Aufforderung versäumt hat, schreibt ihm die Intendanz einen aufgeregten Brief zum Drehort nach Budapest. »Das Staatsministerium des Innern hat wegen Ihrer Reklamation angefragt, bei welchem Wehrbezirkskommando in München Sie sich angemeldet haben. (…) Es liegt die Vermutung nahe, dass Ihre Anmeldung beim Wehrbezirkskommando München nicht erfolgte. Die Intendanz macht Sie darauf aufmerksam, dass Sie dadurch große Unannehmlichkeiten haben können und auch Ihre UK-Stellung gefährdet ist.«[62] Und so kommt es.

Vom Reichsministerium für Verteidigung und Propaganda wird im September die erneute »UK-Stellung« von Michael

Kroecher ausdrücklich abgelehnt, aber mitgeteilt, dass eine »Einberufung Kroechers« nicht »bis zum 31. Dezember 1941 erfolgen« wird.[63] Trotz Aufhebung seiner UK-Stellung wird er vom Fronteinsatz verschont. Warum, bleibt unklar.

In der Folgezeit tanzt er den »Franzl« in Schuberts ›Jahreszeiten der Liebe‹, den »Narren« in Werner Egks ›Joan von Zarissa‹ und den »Prometheus« in Beethovens gleichnamigem Ballett. Auch Carl Orff soll von der von ihm entworfenen Choreografie der Tänze für ›Carmina Burana‹ angetan gewesen sein.[64] Von dem Ballettmeister Pino Mlakar wird er als »ungewöhnlich, geistig darstellender Könner« eingeschätzt.[65] Während seines Urlaubs lässt er sich die Post ins »Adlon« nach Berlin oder ins Hotel Imperial in Wien nachschicken. Er scheint ein privilegiertes Leben zu haben.

Ein weiterer Umstand macht ihn allerdings nicht gerade zu einem Günstling des Nationalsozialismus: Er ist schwul.

Kurz vor der Premiere des Balletts ›Sylvia, die Nymphe der Diana‹ wird das Nationaltheater im Oktober 1943 von alliierten Bombern getroffen und vollends zerstört. Der Umzug ins Prinzregententheater ist auch nur von kurzer Dauer: Am 30. Juli 1944 werden alle Theater in München wegen »totalem Kriegseinsatz« geschlossen.[66] Die Lage Michael Kroechers wird misslicher. Er wird zum Arbeitseinsatz eingeteilt. Doch mit den Mitteln des zivilen Ungehorsams scheint er den »Endsieg« für die letzten Monate des Krieges zu boykottieren. Kroecher erscheint einfach nicht zur Arbeit. Ein Arzt diagnostiziert mal »körperlichen und nervösen Erschöpfungszustand«, dann »eine Druckschmerzhaftigkeit in der Gallenblasengegend«. Später eine »genuine Epilepsie«, die »streng vorgeschriebene Diätkost« und »häusliche Pflege dringendst erforderlich macht«. Negative Konsequenzen scheinen ihm daraus nicht zu entstehen.

Wie und wo er die letzten Tage des Krieges verbrachte, ist nicht überliefert. Aber er überlebt. Mit dem Krieg endet jedoch vorerst seine Karriere als angestellter Solotänzer an der Bayerischen Staatsoper. Dennoch bleibt er in München.

Beruflich scheint er aber im Nachkriegsdeutschland nicht richtig Fuß zu fassen. Er tanzt zwar bei freien Produktionen und entwirft Choreografien für Rudolf Schündler und Walter

Jansen, bei einer erneuten Bewerbung äußert er sich jedoch enttäuscht über sein Dasein. »Wie Sie wissen, bin ich 1946 freiwillig aus der Staatsoper ausgeschieden, um mein Ideal eines unabhängigen und freischaffenden Tänzers zu verwirklichen. Infolge äußerer Umstände ist dieser Traum wohl für lange Zeit nicht realisierbar.«[67]

Anfang der 50er Jahre tanzt er abermals in einem Marika-Rökk-Film. ›Sensation in San Remo‹ – ein seichtes Tanzstück – ist ein Kassenerfolg. Seine Bewerbungen als Ballettmeister bzw. als Solotänzer hingegen scheitern. Er ist 1952 mit 40 Jahren zu alt. Fortan verdingt er sich als »Aushilfstänzer« mit 60 Mark Tagesgage an der Bayerischen Staatsoper. Zwischendrin manipuliert er in der Hoffnung auf mehr Engagements an seinem Geburtsdatum, und macht sich um fünf Jahre jünger.[68] Seine Karriere an der Staatsoper endet traurig. »Aufgrund eines Schreibens an den Herrn Staatsintendanten vom 19. Februar 1966 wurde die Beschäftigung der Aushilfstänzer Kroecher und Seifert ausnahmsweise noch einmal genehmigt.«[69] Am 21. Februar 1966 hat er seinen letzten Auftritt als Aushilfstänzer in ›Dornröschen‹ für 80 Mark Tagesgage.

Parallel versucht sich Michael Kroecher mit Solotanzabenden. Im April 1965 hat er einen Auftritt in der Akademie der Künste am Hansaplatz in Berlin. Zwei Tage vor dem Auftritt landet er gemeinsam mit dem Musiker Dominik Forcht auf dem Flughafen Tempelhof. Sie werden schon erwartet. Wer der schwarzhaarige junge Mann ist, sagt Kroecher nicht. Forcht denkt an einen Liebhaber von Kroecher, da sie sich »sehr herzlich« begrüßen. Dass dies sein Neffe Andreas Baader ist, erwähnt Kroecher erst später. Und Forcht erinnert sich noch an die »sehr flotte« Fahrt durch das vorfrühlingshafte Berlin im »kleinen, offenen, weißen Sportwagen« mit dem »kaputten, brüllenden« Auspuff.[70] Forcht sitzt auf der Notbank im Fond, Baader hat einen »Heidenspass« bei der Fahrt. Ansonsten empfindet er Baader als »absolut nett und zuvorkommend und lustig«. Baader besteht darauf, Forcht zu seiner Unterkunft zu fahren. Forcht geniert sich ein wenig, weil sein Onkel, bei dem er nächtigt, in einer Kleine-Leute-Gegend im Wedding wohnt. Andreas Baader entgegnet klassenkämpferisch: »Blödsinn, es gibt keine kleinen Leute«.

Ello Michel gegenüber schwärmt Andreas von seinem Onkel als »großem Künstler und Tänzer«.[71] Doch er hat Verbesserungsvorschläge: Drei Tage zuvor fand der gleiche Tanzabend in der Münchner Akademie der Künste statt. Andreas fand die Titel »falsch« und änderte prompt Programmnamen und alle Titel. Nun heißt das Programm ›Staub und Visionen‹ und die Titel: ›Ich bin tot und träume‹, ›Ich brenne‹, ›Ich lache und das Grauen sieht mich an‹. Die Typografie des Einladungsflyers konzipiert Baaders Freund Manfred Henkel. Ello Michel, die Freundin von Andreas, schaut bei der Generalprobe vorbei – und ist ernüchtert über den »großen Tänzer«.

Der Tanzabend wird ein Reinfall, wenn man den Rezensionen Glauben schenkt. Die Kritiker sparen nicht mit Häme. »Hauteng von seidenen Trikots überzogen zumeist, manchmal auch mit Schleiern und Tüchlein garniert und lockend wie eine lockere Schöne präsentiert er sich, liegend und aufrecht, ohne den geringsten Aufwand von Technik; und er erzielt damit jenes Händeklatschen, das von Ironie nicht frei ist. Als der ›komplexe‹ Tänzer in der Nummer ›Ich lache und das Grauen sieht mich an‹ gar einen Bauchtanz á la Salome versuchte, wurde gekichert und verhalten gejuchzt.«[72] Überschrieben ist die Kritik mit »Getanzte Komplexe«. Michael Kroecher wohnt anschließend noch zehn Tage in der Badenschen Straße in der Achteinhalb-Zimmer-Wohnung, in der Baader zeitweise mit Ello Michel und Manfred Henkel zusammenlebte. Ello ist zunehmend weniger erfreut über den Verwandtenbesuch. »Das ging mir alles auf den Keks, der war mir zu exaltiert. Der wollte sich nur bedienen lassen. Da habe ich ihn wieder rausgeschmissen«, erinnert sie sich. Andreas begleitet seinen Onkel zum Flughafen.

Später sucht Kroecher die Nähe zu jungen Off-Bühnen in München. 1969 hat er ein Engagement an dem von Ute Emmer geleiteten »Modernen Theater«. Das »Moderne Theater« ist die Konkurrenz zu dem von Horst Söhnlein geleiteten »Action Theater«. Söhnlein war im Oktober 1968 mit Kroechers Neffen Andreas wegen der Kaufhausbrandstiftung in Frankfurt zu drei Jahren »Zuchthaus« verurteilt worden.

Der 23-jährige Henning von Gierke ist Bühnenbildner bei

dem Stück ›Die Reise nach China‹ des französischen Autors Copi. Die Hauptrolle eines 16-jährigen Mädchens (!) spielt Michael Kroecher. »Michael war ein skurriler, herzlicher Mensch; höchst amüsant«, erinnert sich von Gierke. Immer perfekt gekleidet, ein Ästhet, ein Schöngeist und Bohemien und auch tagsüber außerhalb des Theaters stets geschminkt. Übergangslos begann er, Rousseau zu zitieren. Seinem Gegenüber schaute er immer bedeutungsvoll in die Augen. »Was auffiel, war seine extreme Selbststilisierung, nicht dass er was spielte, er war es.«[73] Verwandtschaftliche Gemeinsamkeiten mit seinem Neffen Andreas, was den Stilisierungswillen betrifft, sind nicht zu übersehen.

Bei der Premiere von ›Die Reise nach China‹ im »Modernen Theater« sitzt auch der Macher des »Katzelmacher«-Theaters und Konkurrent Rainer Werner Fassbinder im Publikum. Ihm missfällt, vielleicht schon aus Berufsgründen, die offenbar zu tuntige Darstellungsweise des Hauptdarstellers Kroecher. Mitten im Stück blökt er laut, für alle unüberhörbar, dazwischen: »Was muss Schwulsein traurig sein.« Die Theaterchefin Ute Emmer, auch im Publikum, kontert: »Das müssen Sie ja wissen, Herr Fassbinder.«[74]

Von Gierke hat danach eine »lose Schwabinger Freundschaft« mit Michael Kroecher, wie er es beschreibt. Man besucht sich, trinkt nachmittags gemeinsam »ein Glas Port«, lädt sich zu Partys ein, und irgendwann hat er die Idee, Werner Herzog von Michael Kroecher zu erzählen. Beide besuchen ihn in der Schellingstraße in Schwabing. Schließlich spielt Michael Kroecher 1974 in ›Jeder für sich, und Gott gegen alle‹ – einer Kaspar-Hauser-Verfilmung – den affektierten Lord Stanhope.

Formvollendet und höflich, wie ein Wesen aus anderen Zeiten tritt er am Drehort auf. Werner Herzog erinnert sich an seine »Eleganz und Vornehmheit«, und gleich von Anfang an war klar, wie man ihn behandeln musste: Wie »einen großen Star«. Das sei vom ersten Moment an für das ganze Team klar gewesen. »Das war keine Taktik, keine Absprache: es schien die natürlichste Art, ihm zu begegnen, und ich glaube, er war sehr glücklich am Set.«[75] Um 1974 erzählt er von Gierke beiläufig, dass sein Neffe Andreas Baader heißt, und welch »große Belastung« die Situation für ihn bedeutet.

1976 kreuzen sich die Wege von Andreas Baader und seinem Onkel noch einmal indirekt. In einem Film von Manfred Purzer (›Die Elixiere des Teufels‹) spielt er gemeinsam mit dem späteren RAF-Mitglied Christoph Wackernagel. Kurz bevor dieser abtaucht, mit dem Ziel, den Neffen von Michael Kroecher 1977 aus Stammheim zu befreien. Die Rolle in dem Herzog-Film bedeutet für Kroecher eine Art Durchbruch. Große Regisseure besetzen ihn nun. Er spielt unter Federico Fellini, Dino Risi und Michael Verhoeven. Meist gibt er »abgründige Adelige und Geistliche, nicht selten waren seine Figuren im (Alp-) Traum, bzw. im Unterbewusstsein angesiedelt«.[76]

1981, mit annähernd 70, spielt er in Risis ›Fantasma d'Amore‹ gemeinsam mit Romy Schneider und Marcello Mastroianni. Er gibt einen geheimnisumwitterten Priester, der für Marcello Mastroianni Kontakt mit dem Jenseits und mit seiner verstorbenen Frau (Romy Schneider) herstellt. Zehn Jahre später steht er auf der Besetzungsliste mit Glenn Close in ›Zauber der Venus‹ unter der Regie von Istvan Szabo. Doch meist sind es kaum wahrnehmbare Nebenrollen.

Auch noch mit über 90 versucht er, getreu seinem Lebensmotto zu leben: »Auf Dauer lindert nur Luxus den Schmerz.« Als der Fotograf Daniel Semler ihn 2001 einmal in München besucht, blättert er in einem Fotoalbum von Kroecher. Ihm fällt ein Foto von einer jungen Frau mit einem wohl 13-jährigen Jungen auf. »Wer ist das?«, fragt Semler. »Meine Schwester Nina mit ihrem Sohn Andi.« Ganz naiv fragt Semler weiter. »Und was macht dieser Andi heute?« Kroecher schweigt. Als Semler später noch zwei Mal nachsetzt, rollt er mit den Augen und antwortet mit großem Pathos: »Meine Schwester ist Frau Baader. Frage bitte nie wieder.«

»Andreas erzählte immer ganz warm von seinem Onkel. Ich hatte den Eindruck, dass sie einen ganz engen Kontakt zueinander hatten und Michael Kroecher sehr wichtig für ihn war«, erinnert sich der Freund von Andreas Baader, Holm von Czettritz.

Oft ist Andreas bei seinem Onkel. So auch am 25. Juni 1962.

Schwabinger Krawalle

»Am 25. Juni gegen 19.00 Uhr besuchte ich meinen Onkel Michael Kroecher, in München 23, Wilhelmstraße 3. Ich hielt mich dort etwa eine Stunde auf.« Das sind die ersten Sätze eines Vernehmungsprotokolls von Andreas Baader, das in den frühen Morgenstunden des 26. Juni 1962 auf dem Polizeipräsidium München gefertigt wird. Zuvor war er als angeblicher Rädelsführer der Schwabinger Krawalle von einem Polizeigreiftrupp in der Leopoldstraße/Ecke Ainmillerstraße festgenommen worden. Seine Protestkarriere beginnt mit diesem Datum.

Seit dem 21. Juni tobt jeden Abend rund um die Leopoldstraße eine riesige Straßenschlacht. Später werden diese fünf Tage im Sommer als die »Schwabinger Krawalle« in die bundesrepublikanischen Geschichtsbücher eingehen. Der erste Jugendaufstand in der Bundesrepublik. Wie politisch dieser war – darüber sind sich die Historiker bis heute uneins.

Angefangen hatte es mit fünf jugendlichen Gitarrenspielern, die nach 22.00 Uhr am 21. Juni osteuropäische Lieder auf der Leopoldstraße spielten. Ein Anwohner fühlt sich belästigt. Schon am Vortag war es im Englischen Garten zur Unterbrechung eines improvisierten Gitarrenspielabends mit 50 Zuhörern durch ein »kleines Überfallkommando« der Polizei gekommen. Es blieb friedlich – die Zuhörer gingen freiwillig.

Doch nun liegt nicht nur »Ruhestörung« vor, sondern auch eine »Blockade des Grünstreifens« – wie es im schönen Behördendeutsch heißt – durch mehrere hundert Zuhörer. Darüber hinaus kann der Autoverkehr auf der Leopoldstraße nicht mehr reibungslos fließen. Als die Gitarrenspieler von der Polizei festgenommen und abtransportiert werden sollen, »umringt« das Publikum die Polizei, lassen »Störer« die Luft aus dem Polizeibus und heben »das hintere Ende des Fahrzeugs an«. Die Eskalation beginnt.[77]

Im Ermittlungsbericht steht: »Die Polizeikräfte wurden mit einem ohrenbetäubenden Gejohle und Gebrüll empfangen. (...) Die Gehbahnen beiderseits der Leopoldstraße waren noch von dichten Menschenmassen besetzt. Aus deren Mitte kam immer wieder lautes Geschrei und Rufe wie ›Vopo‹, ›Nazipolizei‹ u. ä.. Auch wurden Bierflaschen gegen die Beamten auf die Fahrbahn geworfen. Einzelne auffällige Störer wurden daraufhin durch kleine Kommandos herausgegriffen und festgenommen. Auch hierbei mußte im Einzelfall zur Brechung des Widerstands vom Gummiknüppel Gebrauch gemacht werden.«[78]

Zwischen 10 000 und 20 000 Personen sind an den »Schwabinger Krawallen« beteiligt. Fünf Tage dauern sie. Täglich sind bis zu 450 Polizisten im Einsatz; mindestens 14 Personen werden schwer verletzt, eine lebensgefährlich. Über 200 Personen werden festgenommen, eine davon ist der spätere Namensgeber der »Baader-Meinhof-Bande«, Andreas Baader.

Dem Polizeimeister Hans Gahn, der als »Melder« einer »Spähertruppe« an jenem 25. Juni eingesetzt ist, fällt ein junger Mann auf, der erregt Polizisten als »Schläger« beschimpft. Gahn ist Augen- und Ohrenzeuge, wie Baader erzählt, er »habe gestern gesehen, wie sie [die Polizei, Anm. d. Verf.] auf unschuldige Menschen einschlugen. Einen Mann haben sie so brutal zusammengeschlagen und dann noch mit den Füßen getreten. Ebenso wurde eine Frau niedergeschlagen, die brauchen ja selbst Prügel, und so was gehörte in die Presse mit Bildern dieser Schläger«.[79] Für die eingesetzten Polizisten steht fest, »dass der Beschuldigte andere Personen gegen die Polizei aufgehetzt hat, weshalb er als aktiv Beteiligter an einem Vergehen des Aufruhrs anzusehen ist«.[80] Die Polizei vermutet einen Masterplan hinter den Krawallen und Personen wie eben Andreas Baader, die ihn steuern. Doch einen Plan gibt es nicht.

Andreas Baader wurde zuvor gemeinsam mit 200 anderen Personen mit einer »Schraubstocktaktik« zwischen Ainmiller- und Leopoldstraße wie ein Herde Jungrinder zusammengetrieben, festgenommen und mittels Mannschaftswagen zum Polizeipräsidium verfrachtet. Auf der Polizeiwache wird der 19-Jährige aus Giesing von dem schon erwähnten Polizeimeister Gahn herausgepickt und als »Aktiver« identifiziert. Und Andreas Baader macht etwas, was er in späteren Jahren nicht mehr tun wird: Er sagt ausführlich aus.

Baader erklärt im Verhör den Polizisten seine Sicht der Dinge und versucht, sich als gänzlich Unbeteiligter zu präsentieren. »Ich sah, dass in der Menschenansammlung Flaschen geworfen wurden. Die Flaschen wurden von einem Pöbel geworfen, der sonst nicht nach Schwabing gehört. Ich war schon am Vortag in der Leopoldstraße, ich bin auch an diesem Abend wieder hin, obwohl ich nicht damit rechnete, dass viel passieren würde.« Scheinbar schuldbewusst, fast unterwürfig und selbstanklägerisch fährt er fort: »Ich hatte nach 8.00 Uhr in Schwabing nichts mehr verloren, ich wohne in Giesing.« Doch am Ende bestätigt er die von Zivil-»Späher« Gahn mitgehörten Äußerungen – die im Übrigen, was das Vorgehen der Polizei anging, weitestgehend zutreffend waren. »Ich habe gesagt, daß das Benehmen der Polizei eine Schweinerei ist, daß es in die Presse muß und daß ich das nicht begreifen kann.«[81]

Die Nacht verbringt er im Polizeigefängnis. Offenbar im Laufe des folgenden Tages macht er eine zweite, längere Aussage und geht mit dem Kriminalkommissar Hieb den gesamten Ablauf des vergangenen Tages durch. »Der Gegenstand meiner heutigen Vernehmung ist mir bekannt und wurde mit mir durchgesprochen. Ich bin bereit, vor der Kriminalpolizei Angaben zu machen. Am 25. Juni 1962 gegen 10.00 Uhr habe ich die elterliche Wohnung verlassen und habe mich zu meiner Freundin, den Namen will ich nicht nennen, begeben, wo ich den ganzen Tag verbrachte.(...) Nun ging ich in die Leopoldstraße und stellte mich nächst dem Nikolaiplatz auf. Ich wußte, dass dort meine Freundin vorbeikommen mußte. Ich verbessere, es sollte dort nicht meine Freundin, sondern mein Freund Holm von Czettritz, wohnt München 23, Blütenstraße Nr. nicht bekannt mit seiner Freundin (...) vorbeikommen.«[82]

Holm von Czettritz möchte eigentlich nicht so gerne über Andreas Baader reden. Außerdem ist er ein wenig verwundert und reserviert am Telefon. Wie man ausgerechnet auf ihn gekommen sei. Aber man könne ja mal bei ihm in Hamburg vorbeikommen, dann lässt sich weitersehen. Ein dunkler Novembertag 2001, das angesagte Karolinenviertel. Der »Graf«, wie er von Bekannten und Freunden genannt wird, wohnt hier schon seit bald dreißig Jahren. Damals war es nur ein Stadtteil und noch kein Szeneviertel. Man geht über enge, schiefe, grün gestrichene Stiegen in den ersten Stock eines schmalen, dreistöckigen Hauses. Die Tür öffnet sich, da steht ein großer Mann um die sechzig mit Glencheckсакko, Hornbrille und

Chucks. Von Czettritz ist zwei Meter und vier. Die Wohnung ist eigentlich ein einziger Raum, Deckenhöhe fünf Meter. Ein Panoptikum aus Barockmöbeln, blinden Spiegeln und einem riesigen Flügel. Hier wurde seit siebzehn Jahren kein Staub mehr gewischt. Und das – oder vielleicht gerade deshalb –, obwohl von Czettritz Ende der 50er Jahre erfolgreicher Vorwerk-Staubsaugervertreter rund um München war. Die Liste seiner weiteren Berufe ist lang: Grafiker, Storyboardzeichner, Art Director und »Werbefuzzi«. Ende der 60er Jahre ist er nach Selbstauskunft der jüngste Creativ Director Deutschlands. Um jene Zeit entwarf er das Erscheinungsbild für Johnny Walker (»Der Tag geht, Johnny Walker kommt«). Jetzt versteht er sich mehr als Maler und gelegentlich schauspielert er ein wenig. Für einen Antiraucherspot der Bundeszentrale für gesundheitliche Aufklärung spielte er einen vom Kehlkopfkrebs gezeichneten alternden Bühnenstar, der in Ermangelung intakter Stimmbänder sich nur noch über einen elektronischen Stimmverstärker mitteilen kann. Nicht frei von Ironie ist der Umstand, dass von Czettritz dem Tabakkonsum nicht unbedingt abgeneigt ist. An normalen Tagen raucht er neunzig Zigaretten. Vielleicht hundert. Wäre der Begriff nicht zu abgedroschen, würde man ihn einen Bohemien nennen.

Er habe Andreas und seine Mutter bei einem »Jour Fixe« bei einer Schauspielerin namens Marianne Sinclair in der Münchner Dienerstraße erstmals getroffen. Holm ist einundzwanzig, Andreas sechzehn. Beide mögen sich spontan. »Wir haben uns eigentlich sehr nett angefreundet, sind viel spazieren gegangen, und haben geplaudert. Er hat mich immer besucht, ich wohnte damals in der Maximilianstraße, eine winzig kleine Wohnung, ein Zimmer. Zur Untermiete bei einem Schneider. (…) Er [Baader] war ein amüsanter Kerl. Unternehmungslustig, er mochte immer sehr gerne Action, was Spannendes, Ausgehen, Bierchen trinken, eigentlich quatschen, viel reden. Auch über philosophische Dinge; nein, er war ein ganz anregender Kerl.«[83]

Warum Andreas ihn aber bei der Polizei »verpetzt«, ist ihm heute nicht ganz klar. In der polizeilichen Vernehmung schildert Andreas Baader scheinbar minutiös den weiteren Ablauf der Nacht. Sein Freund Holm und er seien aus dem »L 68« ins

Programmkino »Occam« gegangen, hätten aber die Spätvorstellung verpasst und seien deshalb in die »Lilo Bar« weitergezogen, um gegen 24.00 Uhr mit dem Dolmetscher Christian Röttlindsdörfer Richtung Leopoldstraße zu gehen. In der Ainmillerstraße beobachteten sie, wie »Halbstarke« Bierflaschen auf Autos warfen. »Plötzlich war die Polizei da und die Leute liefen davon. Auch wir sind weggerannt, obwohl wir keinen Lautsprecher hören konnten. Ich bin deshalb weggerannt, weil ich gestern die furchtbare Misshandlung der Leute durch die Polizei beobachtet hatte. Das heißt, die Nacht vom Sonntag auf Montag. In dieser Nacht hatte ich mich auch um dieselbe Zeit etwa in der Leopoldstraße aufgehalten und dies beobachtet. Ich hatte in dieser Nacht nämlich gesehen, wie ein alter Mann von der Polizei so furchtbar geprügelt wurde, daß man meinte, er wäre tot. Außerdem habe ich beobachtet, wie ein Herr und eine Dame, die aus dem ›Europa Espresso‹ kamen, von der Polizei grundlos niedergeschlagen wurden. Dieser Vorfall hat sich in der Nacht zum Montag etwa gegen 24.00 Uhr zugetragen. In der gleichen Nacht habe ich gegen 3.00 Uhr Herrn Seelmann gesehen, von dem ich weiß, dass er Stadtrat ist, [Hier irrt Andreas Baader: Kurt Seelmann war Direktor des Stadtjugendamtes München, Anm. d. Verf.] wie er in einer Gruppe von ca. 40 – 50 Personen stand und erzählte, wie er selbst von Polizisten geschlagen wurde. Er hat hierzu öffentlich Stellung genommen und das brutale Verhalten der Polizei missbilligt. Dies waren meine Eindrücke von dieser Nacht und dies veranlaßte mich auch, beim Erscheinen der Polizei in der Nacht zum 26. Juni 1962 die Flucht zu ergreifen. (...) Ich habe die reine Wahrheit angegeben und habe mich in dieser Nacht zu keiner als wie der angegebenen Zeit in der Leopoldstraße aufgehalten. (...) Ich bin mir nicht bewußt, daß ich eine strafbare Handlung begangen hätte.«[84]

Auch Holm von Czettritz wird an diesem Abend gejagt. Auf der Flucht vor der Obrigkeit spurtet er mit seiner Freundin hinter einen Bretterzaun und beobachtet durch ein Astloch, wie ein »Krawallteilnehmer« flüchtend vor der Polizei in »unheimlicher Geschwindigkeit seines Rennens« stoppt und bei einer Bushaltestelle sich »ganz brav auf die Bank setzt! Und tat so: Ich warte ja nur auf den Bus. Um sich zu retten, sozusagen. Ich bin ja ein anständiger Bürger!« Nach einem kurzen Moment der Irritation seitens der Polizei, wie man sich nun verhalten soll, sind die Uniformierten sich dann doch schnell einig über die weitere Verfahrensweise. »Die haben ihn natürlich total fertiggemacht, windelweich geprügelt (…) unglaublich.«

Andreas Baader jedoch bleibt weiter in Haft, da »der Sachverhalt nicht aufgeklärt werden konnte und außerdem sich der Vorgeführte über seine Person nicht ausweisen konnte«.[85] Doch im Laufe des 26. Juni nach etwa zwölf Stunden Haft wird er entlassen. Die Ermittlungen laufen gleichwohl weiter, auch gegen Holm von Czettritz, den man ebenfalls noch vernehmen möchte. Da die Polizisten aber seinen Namen falsch buchstabieren (»von Czittritz«) und er zudem »behördlich nicht gemeldet« ist, bleibt er unbehelligt. Baader hilft seine Chuzpe weiter. Auf Vorladungen schreibt er Mitte August eine Postkarte an die Kriminalabteilung 4/9 im Polizeipräsidium, er könne nicht erscheinen, weil er noch bis Oktober in Spanien sei. Ob er sich dort wirklich aufhält, bleibt unklar. Im Dezember 1962 wird das Ermittlungsverfahren – ohne dass es zu einer weiteren Vernehmung kommt – eingestellt. Andere »Unruhestifter« der »Schwabinger Krawalle« haben weniger Glück. 54 von ihnen werden verurteilt. Neben Geld- und Bewährungsstrafen werden auch Gefängnisstrafen ohne Bewährung ausgesprochen. Sechs Teilnehmer verbringen zwischen drei und 13 Monate im Gefängnis. Gegen 143 prügelnde Polizeibeamte ermittelt die Staatsanwaltschaft, doch lediglich ein Polizist wird rechtskräftig zu einer Bewährungsstrafe verurteilt.[86]

Hat die 68er-Revolte an diesen Junitagen in München begonnen? Daran sind Zweifel angebracht. Auch wenn Anneliese Baader in einem Interview 1977 mit dem schwedischen Fernsehjournalisten Hans Hederberg hier den Beginn der Politisierung ihres Sohnes festmacht. »Anfang der politischen Entwicklung? Gar nicht so früh. Auf jeden Fall war er ein Junge, der sich nie so leicht angepasst hat. Der immer gefragt hat. Der immer nachdenklich war. Da war er vielleicht siebzehn. Da waren in München – ich weiß nicht, ob Sie das kennen –, da haben Sänger auf der Straße gesungen, und das hatte einen furchtbaren Widerhall (...) immer mehr haben sich da versammelt und auf der Straße gesessen. Die Polizei wollte die Straßen räumen. Und da sind die Maßnahmen immer schärfer geworden. Da sind sie mit Pferden auf die Leute zugeritten, haben auch ältere Leute, Passanten verprügelt. (...) Da war mein Junge dabei. (...) Und da kam er nach Hause und sagte zu mir: ›In einem Staat, wo die Polizei gegen singende junge Leute vorgeht. Da ist etwas nicht in Ordnung.‹ Das waren seine ersten politischen Äußerungen.«[87]

»Krawall«-Teilnehmer Holm von Czettritz hängt den Bedeutungsgrad tiefer: »Das war eigentlich ein ganz abstrakter Aufstand. Es ging ja um nichts. (...) Ich glaube nicht, dass ihn das politisch geprägt hat, dieser harmlose Schwabinger Krawall.« Vielmehr hätte man sich danach über den Sensationsfaktor der fünf Tage unterhalten und welchen »Spaß« das Katz-und-Maus-Spiel mit den Ordnungshütern gebracht hätte. »Und dass es natürlich unglaublich ist, wie die Polizei sich verhalten hat, das wurde dann eben auch zur Demonstration gegen die Polizei, die das provoziert hat.«[88]

Münchener Jahre

Der 19-jährige Andreas Baader hat viel Zeit. Manchmal scheint er in der Von-Parish-Kunstschule in der Kemenatenstraße vorbeizuschauen, an der er seit 1960 eingeschrieben ist. Allzu oft kann es nicht gewesen sein. Jedenfalls kann sich die damalige Leiterin, Hermine von Parish – als sie eine Ladung des Oberlandesgerichts Stuttgart zum Stammheim-Prozess erhält –, nur unter großer Anstrengung an einen Schüler dieses Namens erinnern (»Es ist für Lehrer immer schwierig, einen Schüler als Persönlichkeit zu erfassen, der sich durch seltenes Erscheinen und Desinteresse auszeichnet.«). Auch Mutter Anneliese Baader goutiert diese Ausbildung nicht. Das sei »ziemlich dilettantisch« gewesen, wird sie später behaupten. Zuvor hat sie sich – zum letzten Mal – wirklich durchgesetzt. Nach den Weihnachtsferien im Schuljahr 1960/61 geht Andreas auf das »teure Aufbau-Internat« Kleines Privates Lehrinstitut Derksen in der Oberauer Straße in Schwabing. Nicht lange. Dort habe er die »Lehrer zum Wahnsinn gebracht«, sagt die Mutter. Darin beweist er Kontinuität. Das offizielle Fazit: »Gemäß Konferenzbeschluss vom 25.2.1961 wurde er wegen unregelmäßigen Unterrichtsbesuchs und ungebührlichen Verhaltens wieder ausgeschlossen«.[89]

In jener Zeit trifft auch der damals 19-jährige Franz Josef Wagner ihn öfters in seiner Stammkneipe »Schelling-Salon« in der Maxvorstadt, unweit der ›Bild‹-Redaktion München, wo Wagner ein Volontariat macht. Mittlerweile liegt hinter Franz Josef Wagner eine erfolgreiche Karriere als Boulevardjournalist. Er war Chefredakteur der ›B. Z.‹ und der ›Bunten‹. Noch heute ist er gefürchteter Kolumnist der ›Bild‹-Zeitung (›Post von Wagner‹). Damals kickerte man zusammen, trank das eine oder andere Bier gemeinsam. Vielleicht, vermutet Franz Josef Wagner, sei zu dem Zeitpunkt bei Baader der Wunsch entstanden, Journalist zu werden. Viele Springer-Volontäre besuchten täglich den Schelling-Salon. »Du sahst ja nicht aus, als hättest du so 'ne rote Bild-Marke auf dem Kopf und würdest (…); hau die Studenten auf den Sack, und so. Nichts!« Neidisch sei Wagner auf ihn gewesen, weil Baader »natürlich viel besser aussah« als er und bessere Chancen bei Frauen hatte. Ansonsten »war das auch so ein Strolch wie ich«.[90] Zu Baaders Clique gehörten einige Schauspieler, wie der 23-jährige Peter Vogel, der schon als Jugendlicher in ›Das fliegende Klassenzimmer‹ und ›Der Pauker‹ gespielt hat.

Befreundet ist Andreas zu diesem Zeitpunkt mit der Tochter des Schauspielers Ernst Brasch (›Das Wirtshaus im Spessart‹, ›Buddenbrooks‹). Ein schönes Paar, findet Holm von Czettritz. Als »Snief«, so ihr Spitzname, von Baader schwanger wird, kommt es zum Zerwürfnis. Sie bekommt das Kind nicht.

Seine jetzt noch großzügiger bemessene Freizeit verbringt er oft bei Holm von Czettritz. Da Holm als freier Grafiker in seiner Wohnung in der Maximilianstraße arbeitet, lässt er sich »gerne« ablenken. Baader kommt nachmittags oft vorbei. Man geht spazieren, redet über philosophische Dinge. »Wir haben uns eigentlich sehr nett angefreundet.« Doch kaum sitzt er in der Wohnung, beklagt er sich, bei Holm »würde nie etwas passieren«. Es wäre »immer so langweilig«. Dennoch kommt er wieder. Abends geht man in »Lilos Leierkasten«, in »Das Nest«

oder ins Programmkino »Occam«. Über das, was Andreas sonst so macht, wird nicht geredet. Und dennoch findet Holm in ihm einen »wachen Typ, lustig, interessiert mit Witz«. Monika Maurer, die heute als Dokumentarfilmerin in Rom lebt, lernt Andreas ebenfalls in dieser Zeit kennen. Auch sie ist nachts oft mit ihm in Schwabing unterwegs. Ihre Erinnerungen sind im Gegensatz zu denen von Holm von Czettritz weniger schmeichelhaft: »Der hatte eine Fresse wie eine Kloake.«

Dennoch verbringt sie gemeinsam mit ihm einen Urlaub. Andreas erzählt Holm stolz, er hätte gemeinsam mit Monika Maurer und einem Bekannten die Villa von Rudolf Augstein im mondänen italienischen Badeort Positano für einige Wochen zur Verfügung. Was gelogen ist. Monika Maurer hat einfach über das Reisebüro ein Apartment gemietet – und ist schon vorgefahren. Andreas kommt mit Peter nach. Schon bei der Ankunft in Positano herrscht schlechte Stimmung. Auf der Hinfahrt nach Italien hatten sich Peter Gelder[91] und Andreas Baader durchgehend gestritten und »angekeilt«. Kaum sind die Taschen ausgepackt, geht der Streit weiter. Monika Maurer ist die Situation unangenehm. Als beide dann auch noch anfangen, sich heftig zu prügeln, zieht sie noch am ersten Tag aus. Peter ist schwul – und verliebt in Andreas. Wohl nur deshalb erträgt er den Spott und die Erniedrigungen, die dieser ihm zuteil werden lässt.

An einem der folgenden Tage lernt Monika Maurer in einem Café den Dramatiker Tennessee Williams kennen, freundet sich mit ihm an und verbringt die Strandtage mit ihm gemeinsam. Andreas Baader versucht sie aus dem Weg zu gehen, was in Positano schwierig ist. Und so liegen Peter und Andreas öfters nur wenige Meter entfernt auf ihren Handtüchern – und streiten. So laut, dass »Tennessee Williams sich über das Tuntendrama, was sich in ummittelbarer Nähe darbot, lustig machte«, erinnert sich Monika Maurer. Erst viel später kapiert Peter Gelder, dass Andreas wohl nie wirklich ernsthaftes Interesse an ihm hatte. »Der fiel aus allen Wolken, als er sah, dass Baader nicht schwul, sondern bi war – wenn das überhaupt. Wie würde man heute sagen: Der fand die Schwulenszene irgendwie schick, geil. Ich würde sagen, der wusste lediglich den offenen Sportwagen von Peter zu schätzen.« Doch trotz aller Demütigungen wirbt Peter nach der Rückkehr aus Italien noch eine Weile weiter um Andreas' Zuneigung.

Als man wieder zurück in München ist, verabredet sich das Trio abends zum Ausgehen. Monika Maurer will die beiden bei Andreas abholen. Als sie klingelt, winkt Andreas ihr freudestrahlend vom Balkon zu. »Ich bin also schon mal auf die andere Straßenseite gegangen, um zu warten, bis beide runterkommen. Peter kam als Erster die Tür raus, und auf dem Balkon sehe ich Andreas, wie er einen Topf mit Geranien nimmt und auf Peter gezielt hinunterwirft. Zum Glück streifte der Blumentopf nur einen Teil des Hinterkopfs.« Die Freundschaft von Andreas und Peter dürfte damit beendet gewesen sein.

Aber Baader zeigt sich weiter gerne in der schwulen Szene. Stolz erzählt er Holm von Czettritz, wie er von dem Schauspieler Charles Regnier zum Essen eingeladen wird und dieser auf ihn abgefahren sei. »Er war schon damals gefallsüchtig.« Gerne spielt er damit, dass Schwule sich in ihn verlieben, um sie daraufhin mit lässiger Geste ins Leere laufen zu lassen.

Ein anderes »Opfer« ist der schwule Fotograf Herbert Tobias, der in den 50er Jahren ein angesagter, gut verdienender Modefotograf ist. Und den man als ebenbürtig mit dem damals noch unbekannteren Helmut Newton ansehen kann.[92] Mit einem Händchen für die Neuentdeckung von Fotomodellen. So spricht er auf dem Berliner Kurfürstendamm ein dünnes blondes Mädchen an, was sich als Christa Paeffgen vorstellt. Zuerst arbeitet die 16-Jährige als Mannequin für den Modeschöpfer Heinz Östergaard, bald ziert sie das Cover von ›Vogue‹. In Fellinis ›La dolce Vita‹ spielt sie sich selbst. Einige Jahre später singt sie bei Velvet Underground und ist Dauergast in Andy Warhols Factory. Jetzt heißt sie schlicht Nico. In den 80er Jahren tritt sie alleine mit einer Begleitband auf. Die Konzerte werden als »umstrittene, düstere Happenings« beschrieben, bei denen die Sängerin ihre Songs zuweilen Andreas Baader widmet.

Herbert Tobias lernt Andreas Baader vermutlich über Charles Regnier in München kennen. Tobias und Regnier sind eng befreundet. Tobias entdeckt Baader als Fotomodell für ein Schwulenmagazin. So entsteht um 1964/65 eine Serie von erotischen Fotografien. Eine davon wird bekannt. Man sieht

Andreas Baader mit nacktem Oberkörper, behaarter Brust, die Arme liegen etwas unschlüssig übereinander. Die Haare kurz, die Stirn in Falten gelegt, schaut ein androgyner, melancholischer – vielleicht auch gelangweilter – Andreas Baader Richtung Kamera. Für den Medienhistoriker und Kenner deutscher Fotografie Rolf Sachsse steht dieses Bild »ikonisch für eine Attraktion der frühen 60er Jahre ..., also für eine Zeit vor der Politisierung, die aber nichtsdestotrotz als Aufbruch oder auch Widerstand zu sehen ist, mit Rock'n'Roll und der frühen Pop Generation«.[93]

Auch Tobias muss mit seinen Aufnahmen sehr zufrieden gewesen sein, so zufrieden, dass er – ein Jahr vor seinem Aids-Tod 1982 – ein männliches Modell suchte, welches Andreas Baader sehr ähnelte. Er positionierte es in gleicher Art und Weise, nur mit mehr Schatten, ließ es die Arme hinter dem Kopf verschränken und den linken Bizeps küssen. Später wird dieses Bild häufig veröffentlicht, um die sexuelle Attraktivität von Andreas Baader zu beweisen. Nur: Der Porträtierte ist nicht Andreas Baader.[94]

Irgendwann vor oder nach dem Fotoshooting muss sich Tobias, wie andere Schwule vor ihm, in Andreas Baader verliebt haben. Und Andreas Baader tut, was er perfekt beherrscht: Er zeigt Desinteresse. So erinnert sich Baaders spätere Lebensgefährtin Ello Michel, wie Herbert Tobias öfters verzweifelt vor der Wohnungstür stand. »Mit dem Tobias war er befreundet, bevor er uns kennengelernt hat. Das war auch ein Theater mit dem Tobias, der hat immer geheult. Nein! Der kam immer. Der hat sich das so zu Herzen genommen, der Andreas hat sich gar nicht mehr um ihn gekümmert.«[95]

Während Holm von Czettritz bei Inselfilm in München als Storyboardzeichner Karriere macht, hängt Andreas weiter in der Luft. Er erzählt, er wolle was mit Journalismus machen. Derweil ist er in von Czettritzs Wohnung in der Hedwigstraße als Untermieter eingezogen. Man sieht sich dennoch seltener, der Kontakt wird etwas loser, denn: Andreas Baader arbeitet. Als Nachtschaffner bei der Deutschen Schlafwagengesellschaft auf der Strecke München-Berlin. Dies scheint ihm aber durchaus peinlich zu sein. Holm bemerkt, wie sein Mitbewohner sich meist geräuschlos aus der Wohnung schleicht, wie er vermutet, damit er ihn nicht in seiner Uniform sieht. Auch später erzählt er niemandem von dieser Tätigkeit.[96] Hier scheint er sich diametral entgegengesetzt zu seinen Gewohnheiten zu verhalten: Sonst renommierte er mit Berufen und Tätigkeiten, die er niemals ausführte; hier schweigt er über den unglamourösen Job.

Als Holm eines Tages durch die Schwabinger Waltherstraße streift, fällt ihm eine leerstehende, vom Krieg zum Teil beschädigte Wäscherei auf, die zu vermieten ist. »Die Miete war saubillig; die Wäscherei war aber eigentlich eine Horrorbude. Ziemlich feucht und baufällig.« Andreas ist von der Idee des Anmietens ebenfalls angetan. »Wir wollten die gemeinsam umbauen; ich fand die Idee einfach apart und ungewöhnlich und hätte Spaß daran gehabt.« Doch bevor der Mietvertrag unterschrieben wird, steht noch ein Besichtigungstermin mit Andreas' Mutter, Anneliese, aus. Sie kommt, sieht die »feuchte« Wäscherei – und ist entsetzt. Sie verbietet dem volljährigen Andreas' mit einzuziehen. »Weil er früher als Kind mal eine Lungenentzündung hatte oder sogar Tuberkulose. Sie hatte also furchtbare Angst, dass er da vor die Hunde kommt!« Und es geschieht etwas sehr Ungewöhnliches im Leben des heranwachsenden Andreas Baader: »Er hat seiner Mutter ganz brav gehorcht«, erinnert sich Holm von Czettritz. Doch die Zeit des Andreas Baader in München neigt sich dem Ende zu. Er zieht bei Holm in der Hedwigstraße aus und geht nach Berlin.

Berlin
Umzug

Gemeinsam mit seinem Cousin Peter zieht Andreas Baader im Juni 1963 nach Berlin. Peter hat sich für das Wintersemester 63/64 an der Freien Universität Berlin für Germanistik eingeschrieben. Andreas scheint den Job bei der Deutschen Schlafwagengesellschaft nach einigen Monaten wieder aufzugeben. Er versucht, seine künstlerische Ausbildung fortzusetzen. Schon allein um seine Halbwaisenrente nicht aufs Spiel zu setzen, schreibt er sich wahrscheinlich im September 1963 in der Heinrich-Zernack-Schule in Berlin Wilmersdorf ein, einer Schule für »Freie und Angewandte Kunst«. Kurze Zeit später fliegt er wieder raus. Nichts Neues. Und versucht es erneut. Der Rektor schreibt: »Andreas Baader meldete sich Anfang Dezember 1963 wieder bei uns und bat uns, ihm nochmals eine Chance zu geben. Er beteuerte, er würde diesmal regelmäßig die Schule besuchen. Wir gaben ihm also nochmals eine Chance, und er kam auch tatsächlich einige Male.« Der Brief war adressiert an die »Finanzmittelstelle München des Landes Bayern«. Diese ist für die Halbwaisenrente von Andreas zuständig. Sobald er keine Ausbildung mehr absolviert, wird die Rente gestrichen. Dies wird wohl der Grund für Andreas Baaders Bitte um Wiederaufnahme gewesen sein.

Der Rektor schreibt weiter: »Danach blieb er wieder weg. Zur Rede gestellt, erklärte er wiederum, er habe Wichtigeres vorgehabt.« Der Schreiber scheint zwischen den Zeilen förmlich vor Wut zu schnauben über seinen ehemaligen Schüler. »Wir teilten ihm daraufhin mit, daß wir uns – und zwar für alle Zeiten – von ihm trennen. Auch diesmal wollen wir kein Geld von ihm haben, da es sich ja um öffentliche Gelder handelt, die für förderungswürdige junge Menschen bestimmt sind.«[97] Die Konsequenz des Briefes: Die Halbwaisenrente wird gestrichen.

Die Malerin

In jener Zeit, also Anfang 1964, lernt er die Malerin Elly-Leonore, kurz: Ello, Henkel-Michel kennen. Sie ist mit ihrem Mann Manfred Henkel, ebenfalls Maler, oft im »KC«, wie sie es ausdrückt, dem »Kleist Casino«, einer alt eingesessenen Schwulen-Bar in der Verlängerung des Kurfürstendamms, unweit der Gedächtniskirche. »Da habe ich ihn zum ersten Mal stehen sehen. Und er kam dann zu uns und hat sich mit uns unterhalten.« Das Trio findet sich untereinander anziehend. Gleichwohl ist es keine Liebe auf den ersten Blick. Eine »ménage á trois« ohne Sex. Obwohl Andreas eine Wohnung in der Schlüterstraße bewohnt, zieht er umgehend bei Manfred und Ello in deren Achteinhalb-Zimmer-Wohnung in die Badensche Straße nach Schöneberg. »Wir haben erst einmal drei Monate zusammengelebt, auch in einem Bett geschlafen zu dritt, da ist nix passiert, wie Freunde halt. Wir [Ello Michel und Manfred Henkel, Anm. d. Verf.] mochten ihn beide gern.« Doch nach kurzer Zeit verändert sich das Verhältnis. Ello und Andreas verlieben sich. Und ziehen in die Wohnung von Andreas in die Schlüterstraße.

Ello Michel wohnt unweit vom S-Bahnhof Charlottenburg. Sie ist eine gefragte Frau. Oft rufen Autoren, Talkshowredaktionen und Filmemacher an, bieten Geld, um zu erfahren, wie »Andreas denn wirklich war«. Und das seit dreißig Jahren. Als Andreas Baader 1977 in Stammheim starb, ging sie mehrere Tage nicht aus dem Haus. Ihr Bruder hatte das geraten. Journalisten belagerten die Wohnung. Seit jener Zeit wiederholt sie ungeduldig, sie wäre »fertig mit dem Thema«, gelegentlich wird sie auch unfreundlich und legt am Telefon schnell wieder auf. Sie möchte nichts über Andreas Baader erzählen. Auch dem Verfasser dieser Zeilen ging es zunächst nicht anders. Als dann doch irgendwann Einlass gewährt wird, steht eine Frau Mitte sechzig in der Tür, die man anhand alter Fotos nicht erkennen würde. »Damals war ich eine sehr schöne Frau«, bemerkt sie kurz, nachdem man in der Wohnung steht. Sie hat eine selbstzerstörerische, lange Drogenkarriere hinter sich: LSD, Mescalin, STP, Captagon, viel Whisky. »Und zur Belohnung noch einen Joint.« Seit 1990 ist sie trocken, sagt sie.

Schon lange lebt sie von Sozialhilfe. Sie spricht langsam. Wenn Ello Michel lacht, sieht man ihre Zähne nicht. Und sie lacht viel. Schon seit längerer Zeit malt sie nicht mehr. Sie lebt allein. In ihrer Drei-Zimmer-Wohnung im Hinterhaus stehen gerahmte Bilder an der Wand. Umgedreht; sie hat sie schon lange nicht mehr angeschaut. Die Kaffeemaschine sprotzt, Ello Michel steckt sich eine Zigarette an, ihr Blick ist müde.

Auch ihr Vater war im Zweiten Weltkrieg. Karl Michel, 1904 in Wiesbaden geboren, wird 1943 von Adolf Hitler persönlich zum Oberstleutnant im Generalstab befördert. Michel arbeitet unter General Olbricht, einem der Verschwörer vom 20. Juli 1944. Er ist der Verbindungsoffizier zum Führerhauptquartier, und so benutzt er oft gemeinsam mit dem späteren Hitler-Attentäter Graf Stauffenberg den Sonderzug zwischen Lötzen und Berlin. Hinter ihm liegt eine steile Karriere. 1925 war er als Polizeianwärter in die niedersächsische Polizeischule Hannoversch-Münden eingetreten. 1935 wird er als Oberleutnant in die neu geschaffene Wehrmacht übernommen. Und wird stetig befördert. Anders als der Vater von Andreas. Seine Vorgesetzten überschlagen sich 1940 in einem Beurteilungsbogen förmlich über die soldatischen Fähigkeiten des Hauptmanns Michel. Er wird als »ganze Persönlichkeit, die sich mit Energie durchsetzt«, beschrieben, oder als jemand gepriesen, der im »Kampf ein Draufgänger ist« und in der »Vorausabteilung« die »treibende Kraft«[98] ist.

Michels Frau Elly lebt mit den fünf Kindern in Berlin Wilmersdorf. Elly-Leonore Michel, genannt Ello, ist das Nesthäkchen. Sie wird 1939 geboren. Obwohl sie ein Kindermädchen hat, ist die Mutter mit den Kindern heillos überfordert. Junge Frauen müssen zur Nazizeit ein »Pflichtjahr« absolvieren, die Tochter von Pastor Niemöller, Brigitte, tut dies bei der Familie Michel. Die Mutter ist streng und unnahbar. »Eine preußische Offiziersgattin«, sagt ihr Sohn Udo. Immer wenn der Vater von der Front nach Hause kommt, beklagt sich die Mutter Elly beim Vater über die »unartigen Kinder«. Der greift anschließend mit der »Klopp-Peitsche« durch, erinnert sich Udo Moser-Michel, der zweitälteste der Michel-Kinder. Kindermädchen und Mutter stehen untätig daneben. Nur die Jüngste, also Ello, züchtigt der Vater nicht. »Deshalb war der Vater unheimlich beliebt bei Ello – schließlich haben wir, die vier größeren Geschwister, immer die Prügel bezogen.«

Als die Bombenangriffe auf Berlin schlimmer werden, geht Elly Michel samt den fünf Kindern im Sommer 1943 nach Dornstetten in den Schwarzwald. In unmittelbarer Nähe wohnt das befreundete Unternehmerehepaar Erwin und Margarete Moser, die die Möbelfabrik »Moser Möbel« ihr eigen nennen. Diese hat über fünfhundert Beschäftigte. Das Verhältnis zwischen den Familien wird eng, sehr eng. Karl Michel und Margarete Moser haben eine »versteckte Liebe«. Erst als Margarete Moser schon über 90 Jahre ist, gibt sie das Familiengeheimnis preis.

Im Dezember 1943 verbringt Karl Michel einige Wochen im Oscar-Helene-Lazarett in Berlin. Er muss sich am Meniskus operieren lassen. Am Krankenbett steht nun öfters der spätere Hitler-Attentäter Graf von Stauffenberg. Über was die beiden sprechen – davon berichtet Michel seiner Frau nicht. Der Gestapo bleiben die Besuche nicht verborgen. Als es schließlich am 20. Juli 1944 zum Attentat auf Hitler durch von Stauffenberg kommt, werden im ganzen Land verdächtige Offiziere der Wehrmacht verhaftet. Auch Karl Michel ist darunter. Er ist gerade an der »Italien-Front« eingesetzt und wird dort am 8. August 1944 festgenommen und von zwei SS-Offizieren ins Gestapo-Hauptquartier nach Berlin gebracht. Er wird verhört und nach eigenen Angaben misshandelt. Nach drei Wochen ist er wieder frei. Ein Prozess wird ihm im Gegensatz zu den anderen Verhafteten nicht gemacht. Seiner Frau erzählt er wenig später, »dass sie von ihm nichts erfahren hätten, auch wenn es noch schlimmer gekommen wäre«.[99]

Nach der Freilassung ist Karl Michel überzeugt, dies sei nicht das Ende seiner Verfolgung. Er sollte Recht behalten. Auch nach seiner Freilassung in Berlin wird er von der Gestapo auf Schritt und Tritt überwacht, zwei Tage später – es ist September 1944 – wird er an die »Westfront« abkommandiert. Als er am Heiligabend 1944 unerwartet bei seiner Frau und seinen fünf Kindern in Dornstetten auftaucht, hat er bereits einen Befehl Heinrich Himmlers bei sich. Am ersten

Weihnachtsfeiertag hat er sich vor einem SS-Standgericht in Triberg einzufinden. Er darf wieder gehen. Doch als er von dort zurückkommt, ist er wie verwandelt, erinnert sich heute sein Sohn Udo Moser-Michel. »Er war bleich, fahrig, und die Abzeichen an seiner Uniform waren verschwunden.« Himmler hat Michel in den sogenannten Kurlandkessel – der im heutigen Lettland liegt – abkommandiert. Zur »Bewährung.« Ein Himmelfahrtskommando, sagt er, sein Todesurteil. Schon am nächsten Tag fährt er über Posen ins heutige lettische Liepaja. Von dort schreibt er am 7. Januar 1945 einen letzten Brief an seine Frau. Am 15. Januar 1945 wacht die knapp sechsjährige Ello morgens auf und sagt: »Ich glaube, Papi ist tot«. So erzählt es die Mutter später. Wenige Tage danach kommt ein Brief von der Front. Da heißt es, Karl Michel wäre im Gefecht, als er an »der Spitze der Truppe voranstürmte«, ehrenvoll »durch einen Kopfschuss« gefallen. Bei der Beisetzung hätte »ein Musikkorps« gespielt, ein »Ehrenzug« hätte den Toten zum Grab geleitet, und an der offenen Gruft hätte es große Reden auf den verdienstvollen nationalsozialistischen Kämpfer gegeben.

Seine Familie zweifelt. Als im Februar sein Fahrer und »Bursche« Oscar Nötzel an die Familie schreibt, teilt er mit, dass er eigentlich nichts sagen dürfe. Nach dem Tod habe man ihm alle Gegenstände von Karl Michel sofort abgenommen, und er dürfe eigentlich nicht schreiben. Dennoch hätte er »ihr viel zu sagen«, wenn er wieder im Westen sei. Das dauert. Erst in den 50er Jahren kommt Nötzel aus russischer Gefangenschaft zurück. Er behauptet, Michel sei von einem eigenen SS-Scharfschützen erschossen worden. Als im April 2001 Udo Moser-Michel nach den Spuren seines Vaters in Lettland sucht, trifft er nur auf ein anonymes Massengrab. Bei der Umbettung vom Militärfriedhof Skrunda auf den neuen Zentralfriedhof Saldus findet die Deutsche Kriegsgräberfürsorge keine identifizierbaren Gebeine, auch nicht die Erkennungsmarke des Vaters. Am 28. Januar 1945 – 10 Tage nach dessen Tod – wird das sechste Kind von Oberstleutnant Michel geboren: Iris. Ehefrau Elly bekommt das Goldene Mutterkreuz verliehen.

Wie Anneliese Baader versucht Elly Michel noch über 20

Jahre später das Schicksal ihres Mannes zu klären. Sie schreibt an ehemalige Kameraden, korrespondiert mit dem Bundesarchiv, beauftragt Rechtsanwälte, streitet um ihre Rente. Wie Anneliese Baader bekommt sie erst in den 50ern eine Rente gewährt. Zuvor lebt sie von Sozialhilfe und den Zuwendungen des »Freundeskreis des 20. Juli«. Ob Karl Michel wirklich gezielt von einem eigenen Soldaten erschossen wurde, wie sein Fahrer Nötzel behauptet, und ob es ein Mitwirken von ihm an den Verschwörungen der Offiziere des 20. Juli gegeben hat, ist bis heute ungeklärt. Jedes Jahr wird die Familie Michel zu den Feierlichkeiten am 20. Juli in den Bendlerblock in Berlin geladen. Ello geht nie hin.

Ihre Mutter Elly Michel bleibt nach dem Krieg allein. Sie wird sich nie wieder binden. Zudem ist sie überfordert mit der Erziehung der sechs Kinder. Und wie selbstverständlich wachsen die drittälteste Tochter Helga und ihr großer Bruder Udo bei der Fabrikantenfamilie Moser in Schramberg auf. Die Familie Moser ist kinderlos. Margarete Moser – weitaus liebevoller im Umgang mit den Kleinen als Elly Michel – nimmt zwei Kinder auf. Die Kinder ihres ehemaligen Geliebten Karl Michel. Ello bleibt bei der Mutter. 1948, als Ello neun Jahre alt ist, kommt es zu einem dramatischen Ereignis. Sie wird von einem Unbekannten brutal vergewaltigt. Als sie in ihrem zerrissenen Blümchenkleid verstört und weinend nach Hause kommt, ist die Mutter entsetzt. Nicht darüber, dass ihr Kind vergewaltigt wurde, sondern wie einem Kind eines deutschen Offiziers so etwas passieren kann. Zur zusätzlichen Bestrafung wird Ello von ihrer Mutter anschließend grün und blau geschlagen.

Danach verschlechtert sich das Verhältnis zusehends. Die Schulleistungen werden miserabel. »Die Mutter wurde einfach nicht mehr fertig mit ihr«, sagt Udo Moser-Michel. Und so entschließt sich Unternehmerfamilie Moser, eins der zwei Pflegekinder auszutauschen. Helga geht zurück zur leiblichen Mutter; die zweitjüngste Tochter Ello wächst nun in der Obhut von Margarete Moser auf. Ello genießt es. »Es war das Paradies auf Erden.«[100] Jeder Wunsch wird ihr von den Augen abgelesen. Es gibt ein Dienstmädchen in der Unternehmervilla. Morgens, vor der Schule, wird von den zwei Pflegekindern erwartet, dass sie Tennis auf dem hauseigenen Tennisplatz spielen. Die Möbelfabrik der Mosers prosperiert. Obwohl sich Ello in Schramberg wohlfühlt, hat sie weiterhin Probleme in der Schule. In der zehnten Klasse wird sie das Gymnasium verlassen, weil sie »zu schlecht« war, sagt sie. Wie Andreas Baader.

Familie Moser erkennt jedoch die künstlerische Begabung und fördert diese. Ello geht bei dem Bildhauer Erich Hauser in die »Lehre«. Anschließend schafft sie ohne Abitur die Aufnahmeprüfung an der Akademie der Bildenden Künste in Karlsruhe und studiert dort fünf Semester. Sie verliebt sich in den Kommilitonen Fred Emmerich. »Ein Bohemien im schlechten Sinne«, wie Udo Moser-Michel sagt. Die Beziehung passt der Familie, besonders ihrer Mutter Elly, nicht. Er sei zu »draufgängerisch« und wäre nichts für »eine Offizierstochter«. Die Mutter wird gar bei dem Professor des Kurses an der Akademie vorstellig und möchte, dass dieser die Liaison unterbindet. Schließlich sei Ello noch keine 18. »Sie war aber nicht davon abzukriegen.« Später löst sich die Verbindung dennoch. »Auch hier war schon zu sehen: Ello hatte eine Schwäche für zupackende Männer.«[101]

Ende der 50er Jahre setzt sie ihr Studium in Stuttgart fort, konzentriert sich mehr auf Werbegrafik. Schon bald hat sie ein Praktikum beim Burda-Verlag und gestaltet Werbung für den Autozulieferer Bosch. Ab 1961 malt sie großflächige Ölbilder. Schon vorher hat sie sich in den Kommilitonen Manfred Henkel verliebt, der, um seinem Idol Francis Bacon näher zu sein, schon mal sechs Wochen nach London fährt und ihn öfters in seinem Atelier besucht.[102] Am 28.Oktober 1960 heiratet sie Manfred auf dem Standesamt in Stuttgart-Möhringen. Auf dem Hochzeitsbild sieht man die Freunde des Hochzeitspaares auf einem altersschwachen Leiterwagen sitzen; Manfred hat einen Zylinder auf. Die Eltern des Paares sind nicht eingeladen. Sohn Robert wird 1962 geboren. Kurze Zeit später zieht die junge Familie nach Berlin.

Schlüterstraße 55

Zwar haben nach dem Mauerbau 1961 viele gutsituierte Berliner ihrer Stadt den Rücken gekehrt, doch bezahlbare Wohnungen sind dennoch rar. Im Gegensatz zu westdeutschen Städten gibt es noch keinen funktionierenden sozialen Wohnungsbau. Und so gestaltet sich für junge unverheiratete, mittellose Pärchen die Wohnungssuche recht problematisch. So ergeht es auch Dieter Marcello und der 19-jährigen Traudel Haas. Er ist Rechtsreferendar, sie Schauspielschülerin am Max-Reinhardt-Seminar. Nachdem auf konventionellem Weg partout keine geeignete Wohnung zu finden ist, klingelt Dieter Marcello auf Verdacht an fremden Türen. Die Zeit drängt, Traudel ist im dritten Monat schwanger. Irgendwann Ende Februar hat er Glück. Ein offensichtlich übernächtigter und unter Restalkohol stehender Mittzwanziger in Unterhose öffnet ihm um zwei Uhr nachmittags die Altbautür im fünften Stock, Schlüterstraße, Ecke Niebuhrstraße. »Nachdem ich mein Anliegen vorgetragen hatte, wurde der mürrische Typ plötzlich super freundlich, fast servil, bat mich in die Küche, bot Kuchen an, und erwähnte, er und seine Freundin würden sowieso in drei Monaten nach Paris ziehen. Alles würde super passen. Wir könnten die Wohnung haben.« Bis zum Umzug nach Frankreich könne man ja noch zusammen wohnen, schließlich böte die Sechs-Zimmer-Altbauwohnung genug Platz für vier bzw. bald fünf Personen.

Einziges Problem: Man müsse einen Mietvorschuss und eine Art Ablöse zahlen. 3600 Mark in bar verlangt der nette junge Mann. Ein neuer VW Käfer 1200 kostet damals 4700 Mark. Von Tanten und Onkels pumpten sich Dieter Marcello und Traudel das Geld zusammen. Ein schwieriges Unterfangen, da die Liaison nicht gerade begrüßt wurde. Glücklich übergaben sie nach zwei Monaten Betteln die 3600 Mark ihrem neuen Mitbewohner, der von sich behauptete, er sei Journalist. Sein Name ist Andreas Baader.

Berlin, Schlüterstraße 55, Frühjahr 2002, eine Seitenstraße entfernt vom Kurfürstendamm. Fünfter Stock, 210 qm. Seit fast 40 Jahren war sie nicht mehr hier. Nun tastet sich Traudel Haas – heute unter anderem die Kino-Synchron-Stimme von Andie MacDowell, Kim Basinger und Cate Blanchett – durch den Flur, auf der Suche nach der Küche. Irgendwie sah alles anders aus. Doch der Mittelpunkt der Küche ist noch da. »Hier war sein Bereich.« Sie deutet auf den alten Wamsler Herd in der Ecke, den die jetzigen Eigentümer an seinem Platz gelassen haben. »Hier stand er immer morgens, nachdem er aufstand, so um zwölf, schlurf, schlurf, und kochte sich seinen Kaffee. Und schrie dann rüber: ›Eeh, eeh, Ello, willste auch 'nen Kaffee …‹ Stets in halb dreckiger Unterhose, wie so'n alter verwahrloster Opa sah er dann immer aus.« Von seiner vielbeschriebenen Virilität ist nichts zu spüren. »Dort vor der Balkontür«, Traudel Haas deutet eine Höhe von ein Meter fünfzig an, lag ein »riesiger hoher Müllberg«, wo sich von Zeit zu Zeit auch Ratten tummelten. Andreas störte sich daran nicht weiter.

Der zu Anfang aufgeschlossene Andreas änderte – nachdem er das Geld hatte – sein zuvorkommendes Verhalten. Er wirkt zunehmend gereizt, launisch und brüllt scheinbar ohne Grund. Leidtragende ist seine Freundin Ello. »Ello war eine total nette Frau, aber immer ziemlich fertig mit den Nerven. (…) Er hat sie auch unheimlich scheiße behandelt, hat sie angeschrien und manchmal, glaube ich, wirklich geschlagen, einfach so. Und Ello tat immer so, als wäre nichts, wie Frauen das oft machen, wenn ihnen so was passiert.«

Manfred Henkel, Noch-Ehemann von Ello, lebt immer noch in der Badenschen Straße mit dem gemeinsamen Kind Robert. Wenn Ello ihren Sohn besuchen will, macht Andreas ihr zumeist eine Szene und will sie nicht gehen lassen. Er ist eifersüchtig und glaubt, Ello will ihn wieder verlassen. Um das zu verhindern, greift er zu drastischen Mitteln. »Einmal wollte ich abhauen, dann hat er mir in die Nase gebissen. Richtig in die Nase gebissen. Die war richtig angebissen. Dann konnte ich nicht mehr aus dem Haus, weil alles voller Blut war.« Wenn Ello Michel das vierzig Jahre später erzählt, muss sie laut lachen. Ein Lachen gegen den damaligen Irrsinn.

Andreas Baader tut nicht nur seiner Freundin weh. Als sie einmal das Haus verlassen möchte, schnappt sich Andreas nach einem Streit plötzlich ein »riesiges Küchenmesser« und schneidet sich damit den rechten Arm auf. »Also richtig aufgeschnitten. Und dann musste ich ihn verbinden! Dann blieb ich wieder da.«[103]

Doch dann gibt es wieder Augenblicke, da ist er wie ausgewechselt, erinnert sich Traudel Haas. Dann grinst er jungenhaft und nuschelt vor sich hin, »Hee, war gar nich so gemeint.« Es gab Momente, »in denen man ihm, obwohl er sich wahnsinnig scheiße verhielt, gar nicht böse sein konnte. So was Unschuldiges, Weiches, Verlorenes hatte er dann im Blick«, sagt Traudel Haas.

Auch Monika Maurer ist inzwischen zum Studium in die Frontstadt gekommen. Auf dem Ku'damm trifft sie Baader wieder. Er sieht aus wie eine späte Ausgabe von Dorian Gray. »Da hatte er so einen Ledertick. Er trug knielange lederne Bundhosen, einen langen Ledermantel und führte zwei schwarze riesige Hunde mit sich.« Ob es seine sind, weiß sie nicht. Er lädt sie zum Kaffee in die Schlüterstraße und zeigt ihr die Wohnung. Sie ist aber zunehmend genervt von ihm, weil man »ihm immer nur die Hälfte glauben konnte«.

In jenem Frühsommer 1964 sitzt öfters ein junger Rechtsreferendar, ein Kommilitone von Dieter Marcello, zum Schachspiel am Küchentisch in der Schlüterstraße. Auch dieser ist wenig erbaut über die Ausfälle des Mitbewohners Baader. Und findet es unverständlich, wie man mit »so einem« zusammenwohnen kann. Noch ahnt der schachspielende Rechtsreferendar nicht, dass es gut acht Jahre später seine selbstgewählte Aufgabe sein wird, den Mitbewohner von Traudel gegen die Bundesrepublik Deutschland zu verteidigen. Der junge Rechtsreferendar heißt Hans-Christian Ströbele.

Heute liegt Ströbeles Abgeordnetenbüro in der Dorotheenstraße 101 im Berliner Regierungsbezirk. Er hat sich vorgenommen, über die RAF keine Interviews mehr zu geben. Kürzlich hat er wieder schlechte Erfahrungen bei einer ARD-Dokumentation gemacht, für die er interviewt wurde. Er fühlt sich als schlichter Stichwortgeber für eine falsche Sache missbraucht und findet das Baader-Bild falsch, das in Deutschland gezeichnet wird. Er war ganz anders. Man müsse doch alles im Gesamtkontext sehen. Die Befreiungsbewegungen in Südamerika, der Vietnamkrieg.... Eine biografische Annäherung greife da viel zu kurz. Dunkel kann er sich dennoch erinnern, wie er Andreas Baader 1964 in dieser »riesigen Wohnung« in der Schlüterstraße getroffen hat. Alle möglichen Leute saßen da in der Küche rum. Nach seiner Erinnerung kam »Andreas Baader in Pantoffeln in die Küche, und bat, die Musik leise zu machen«.

Auf sanften Druck der Verwandtschaft und der Eltern heiraten Dieter Marcello und Traudel Haas im April 1964. Traudel ist inzwischen im fünften Monat. Bei der kärglichen Hochzeitsfeier ist das Hochzeitsmahl eine Erbsensuppe von Aschinger. Bei der Feier ist Andreas auch anwesend. Als Tage darauf Traudels Mutter die in ihren Augen verwahrloste Wohnung sieht, versucht sie, Mitbewohner Baader zur Ordnung anzuhalten. »Der hat sie angeguckt wie eine Giraffe.« Die Wochen ziehen ins Land, doch Ello und Andreas machen keine Anstalten, den Umzug nach Paris vorzubereiten. Nur ungern hält Traudel sich in der gemeinsamen Küche auf, wenn Andreas in der Nähe ist. Tagsüber sieht er »abgewirtschaftet« aus, knurrt sich durch die Wohnung, zuweilen mit einem »blauen Auge« von einer Schlägerei. Für den Tag scheint er nicht geschaffen. Einer Beschäftigung geht er zu jener Zeit nicht nach.

Nach und nach mehren sich die Anzeichen: Irgendetwas stimmt mit dem Mietvertrag nicht. Als die Hausverwaltung für die nächsten Tage die Zwangsräumung androht, glaubt Traudel an ein Missverständnis. Der Hauswirt Robert Biberti – ein früheres Mitglied der Comedian Harmonists – behauptet, gegen die »Mietpartei Andreas Baader« liefe bereits seit geraumer Zeit eine Räumungsklage, da dieser schon seit bald einem Jahr keine Miete mehr gezahlt habe. Schon deshalb habe Herr Baader kein Recht, hier unterzuvermieten »Ich glaubte das nicht«, erinnert sich Traudel Haas. Baader dementiert energisch die Vorwürfe. »Ach, Quatsch, der spinnt, der ist verrückt, das stimmt nicht.« Kurze Zeit später kommt die Polizei mitsamt Möbelpackern. Ello Michel und Andreas Baader werden mit Gewalt aus der Wohnung geschleift – genauer genommen: Sie werden rausgetragen. Die Möbelpacker raffen den Hausrat zusammen. Traudel erinnert sich, Baader hätte noch versucht, eine Schlägerei anzufangen.

Als die Möbelpacker im Begriff sind, auch Hab und Gut von

Traudel und Dieter abzutransportieren – es ist bereits alles in einem LKW verstaut –, steht Marcellos Freund Hans-Christian Ströbele abgehetzt mit einem Schreiben in der Tür. Er hat es geschafft, am Amtsgericht eine einstweilige Verfügung durchzusetzen. Das Paar darf vorerst bleiben. Traudel sieht Baader nun lange Zeit nicht wieder. Die 3600 Mark sieht sie gar nicht mehr. »Der hat uns volle Kante über den Löffel gezogen.«

Der Schwager hilft

Ungefähr zur gleichen Zeit – Udo Moser-Michel meint, es müsste im März/April 1964 gewesen sein – bekommt er einen Anruf seines Schwagers Manfred. Dieser ist verzweifelt, seine Ehe stehe auf der Kippe. Ello habe sich neu verliebt. Ob er nicht mal mit Ello reden könne. Also setzt er sich noch am gleichen Tag in seinen VW Käfer, um seine Schwester zur Vernunft zu bringen. Bei der Ankunft in der Badenschen Straße nimmt Udo sogleich die Rolle des großen Bruders ein und versucht, sie von dem »Unvernünftigen« ihres Tuns zu überzeugen. »Anfangs hatte ich auch den Eindruck, sie würde mich verstehen. Ello reagierte zustimmend auf meine Vorhaltungen. Doch während wir redeten, sah ich aus dem Wohnzimmerfenster einen jungen Mann auf der gegenüberliegenden Straßenseite stehen, der scheinbar auf was wartete. Sie schaute auf ihn – und war wie hypnotisiert von seinem Anblick.«

Es ist Andreas Baader. Entschlossen, das Eheglück von Manfred und Ello wiederherzustellen, geht Udo sogleich auf die Straße und spricht den Wartenden an. »Ich stellte mich kurz als Ellos Bruder vor und erläuterte, er solle es unterlassen, weiter meiner Schwester den Hof zu machen.« Baader reagiert »reserviert«, aber nicht mal unfreundlich; man geht gleich mal ein Bier trinken. »Er wirkte aber alles andere als eloquent oder sprühend auf mich. Klar, er sah schon richtig gut aus. Aber das Charisma und die Entschlossenheit, die ihm später attestiert wurden, sah ich nicht.« Eher hilflos wirkt er. »Was soll ich denn machen?«, fragt er. Udo denkt, zuerst müsste der Nebenbuhler hier weg. Und da Baader offensichtlich zu Fuß unterwegs ist, bietet er ihm an, ihn mit seinem Käfer an einen Ort seiner Wahl zu fahren. Andreas entscheidet sich für den Wannsee, wo er einen Freund besuchen will. Auf der Rückfahrt freut Udo sich, das Problem gelöst zu haben. Heute muss er über so viel eigene Naivität lachen. Am nächsten Tag steht Andreas Baader wieder auf der gegenüberliegenden Straßenseite.

Der ›Bild‹-Reporter

Als er bereits in der Badenschen Straße wohnt, beginnt seine kurze Karriere als Journalist. Ab März 1965 arbeitet er als freier Mitarbeiter bei der zum Springer-Konzern gehörenden Berliner Boulevard Zeitung ›B. Z.‹, so wird es immer wieder kolportiert. Bei dem Blatt, dessen Chefredakteur in den 90er Jahren Franz Josef Wagner heißen wird. Der Mann, mit dem Andreas Baader im Schwabinger »Schelling-Salon« öfters gekickert hat. Der Springer-Konzern hat in diesen Jahren auf dem Berliner Zeitungsmarkt eine Art Monopolstellung. Fast drei Viertel der Berliner Zeitungen werden in Redaktionsräumen des ungekrönten Boulevard-Königs gefertigt. Während der Osterunruhen 1968 wird es heißen, Springer habe mitgeschossen. Und hier soll Andreas Baader gearbeitet haben? Ob es wirklich so war, ist umstritten. Bei Dorothea Hauser, der Autorin des Buches ›Herold und Baader – Beschreibung eines Kampfes‹ steht es so. Doch der Axel-Springer-Verlag leugnet jegliche Beschäftigung des späteren Guerilla-Kämpfers. Auch das BKA versucht 1974 zu ergründen, ob Andreas Baader im Hause Springer tätig war. Kriminalhauptkommissar Dahlhaus lässt die Honorarabteilung durchforsten, verhört Ello Michel (»Frau Michel war sehr polizeifreundlich«) und befragt Herrn Schöne, Gerichts- und Polizeireporter der ›B. Z.‹, und den Chefredakteur der Berliner ›Bild‹, Zylka. Sie verneinen Baaders Anstellung.

Und so fängt Dahlhaus wieder von vorne an und befragt erneut Baaders Exfreundin. »Andreas« habe ihr einmal einen Artikel gezeigt, der ihn als Verfasser auswies. Der müsse, nach dem Ausriss zu urteilen, aus der ›B. Z.‹ oder ›Bild‹-Zeitung gewesen sein.[104] Daran erinnert sich Ello Michel auch heute noch: »Er sollte mal arbeiten gehen, so hab ich ihn darin bestärkt, dass er das machen soll. Der musste ja mal irgendwas tun. Der hat ja nichts getan. Dann hat er als Gerichtsreporter drei Wochen gearbeitet. Da kam mal ein Bericht von ihm, ja, und das war auch alles. Dann machte er wieder Schluss. Der hatte keine Lust zum normalen doof Arbeiten.«[105]

Auch der Autor Butz Peters streift in seinem Buch ›Tödlicher Irrtum – Die Geschichte der RAF‹ diese Frage. Und zitiert den Axel-Springer-Verlag, der es für »mehr als unwahrscheinlich« hält, dass Andreas Baader jemals das Verlagsgebäude betreten habe. Niemand der befragten Kollegen aus jener Zeit kann sich an Baader erinnern. Auch gebe es keine Personalakte oder etwas anderes Schriftliches, gibt Erik Lindner, der Leiter des Unternehmensarchivs, Auskunft.

Dennoch sieht es so aus, als habe Andreas Baader tatsächlich kurze Zeit für den Axel-Springer-Verlag gearbeitet. Dies legt ein Brief von Andreas Baader an Ello Michel vor dem Kaufhausbrandprozess nahe. Darin versucht Andreas, die Mutter des gemeinsamen Kindes darauf vorzubereiten, was sie vor Gericht sagen soll und was nicht. »Es ist so: weil es schließlich um sieben Jahre gehen soll oder vielleicht nur um drei (…) ist wichtig, was die für ein Bild von mir haben und weil ich nichts sagen kann, wirst Du es malen müssen. (…) Ein Gesang dreckiger grüner Lügen. (…) Du sagst keinen Namen, Zeitungen u. s. w. weil du keinen weißt und was du über die Bildzeitung gesagt hast, ist ein alter Witz, der dir einfiel.«[106] Der Satz mit der ›Bild‹-Zeitung ist mit schwarzem Filzstift dick unterstrichen.

Boheme

Nach dem nicht ganz freiwilligen Auszug aus der Schlüterstraße ist das Trio wieder komplett. Man zieht zurück in die Badensche Straße 6. Man darf annehmen, Manfred Henkel – der anfangs auch in Andreas verliebt war – ist mit diesem Arrangement nicht sofort einverstanden. In der Zeit des Zusammenwohnens kommt es, obwohl Andreas und Manfred auch befreundet sind, zu »irrsinnigen Prügeleien« zwischen den beiden. Auch der gemeinsame Sohn von Manfred und Ello, der inzwischen dreijährige Robert, lebt in der Achteinhalb-Zimmer-Wohnung.

Während Ello fast wie im Akkord ihre Bilder malt (meist nachts), kocht und Sohn Robert versorgt, liegt Andreas, wie sie sich erinnert, meist lethargisch im hinteren Teil der Wohnung, raucht Pfeife und hört Chopin oder Mozart. Oder es dringen die Geräusche von Andreas' Schreibmaschine ins Atelier von Ello. Er erzählt ihr, er arbeite an einem Buch. Vielleicht an einem Buch über »Jugenderziehung«, das er seiner Mutter 1961 angekündigt hat? Was er wirklich schreibt – dafür interessiert sich seine Freundin nicht. Umgekehrt ist es genauso: Wenn Andreas die Bilder von Ello mal nebenbei betrachtet, nuschelt er höchstens »ja, kann man so lassen«. In den Zimmern zur Straße raus arbeitet Manfred an seinen Bildern.

Während eines gemeinsamen Sylt-Urlaubs 1964 wird die Tochter Suse gezeugt. Ein Wunschkind, wie Ello Michel betont. Obwohl schwanger, verzichtet sie auch in jener Zeit nicht auf Whisky, Captagon und LSD. Immer wieder versucht Andreas Baader, sie zur Abstinenz zu bewegen – was nur bedingt gelingt. Obwohl er sich um Ello und das nun kommende gemeinsame Kind sorgt, hält ihn das nicht davon ab, auch selbst mal Ellos Vorrat auszuprobieren. Während seine Mutter zu Besuch in Berlin ist, nimmt Andreas nicht einen LSD-Trip, sondern gleich vier. Erst nach drei Tagen ist er laut Ello wieder ansprechbar.

Antje Krüger, ein späteres Mitglied der Kommune 1, lernt ihn um 1965 in der Filmbühne am Steinplatz kennen. Oft ist er gepudert, trägt Hut und Trenchcoat wie Alain Delon in ›Der eiskalte Engel‹; gemeinsam sitzt man oft im Kino. Einer seiner Lieblingsfilme ist der Italo-Western ›Il silencio‹ (›Leichen pflastern seinen Weg‹) mit Klaus Kinski. Auch seinen Freund Holm von Czettritz sieht er wieder. Als dieser ihn in Berlin besucht – Holm wohnt inzwischen in Rottach-Egern –, isst man eine Erbsensuppe bei Aschinger in der Nähe vom Bahnhof Zoo. Holm findet Baader nicht mehr so »charmant« und ein wenig »dickbräsig und zunehmend mit einer aggressiven Attitüde« ausgestattet. Was ihn bewegt, erzählt Baader nicht. Dabei wird sich sein Leben bald grundlegend ändern.

Am 17. März 1965, nachts um 2.55 Uhr, wird im Schöneberger Auguste-Viktoria-Krankenhaus Lydia Suse Ellinor, kurz: Suse, geboren. Zwei potentielle Väter warten vor dem Kreißsaal, nur einer ist der Leibliche. Auf der Geburtsurkunde ist mit Datum des 23. Januar 1967 vermerkt, Suse sei nicht das »eheliche Kind des Kunstmalers Manfred Georg Henkel«.[107] Der Vater ist Andreas Baader. Einen Monat vor der Geburt waren Ello und Manfred rechtskräftig geschieden worden. Manfred bleibt dennoch in der Badenschen Straße wohnen.

Ob und wie Andreas die Rolle des Familienvaters ausfüllt, darüber gibt es widersprüchliche Berichte. In einem Interview mit der Illustrierten ›Quick‹ 1975 (ihr einziges Interview mit einer Zeitung) erzählt Ello Michel, wie »irrsinnig« Andreas sich über die Geburt von Suse gefreut habe. Zudem habe er ihrem Sohn Robert »stundenlang« Märchen vorgelesen, und wenn sie keine Zeit gehabt habe, sei er mit beiden Kindern im Volkspark Wilmersdorf spazieren gegangen. Überhaupt sei er »sehr lieb« mit beiden gewesen. Daran kann sich Robert Henkel heute nicht mehr erinnern. »Der hat nie mit mir gespielt.« Er hat Andreas Baader – den Quasi-Stiefvater – als lediglich »gleichgültig« im Gedächtnis. Jemand, der zwar immer im Raum ist, aber doch abwesend. Zudem hätte er die Wohnung lediglich als eines seiner vielen »Lager« benutzt. Von Verantwortung, die er für ihn oder Tochter Suse übernommen hätte, könne man beim besten Willen nicht reden. Er habe an Andreas Baader nur schlechte Erinnerungen. So wird er eines Nachts – Robert ist circa fünf Jahre alt – von Andreas geweckt, um einen Vampirfilm im Fernsehen zu betrachten. Noch Jahre später hat er Alpträume. Warum er den Film anschauen sollte, weiß er bis heute noch nicht.[108]

Auch Ello Michel hat das Urteil über den Familienmenschen Andreas Baader nach über einem Vierteljahrhundert deutlich revidiert. »Die Tochter kannte ihn ja gar nicht! Die war drei Jahre alt, wo er noch hier in Berlin war. Die hat immer Dräs zu ihm gesagt. Und die hat immer geheult, wenn er kam. Nichts Liebevolles, Zärtliches hatte er. (...) Der hat alles mir überlassen! Ich habe das ganze Ding immer gehabt. Er hat sich kaum gekümmert um Suse. (...) Der hatte überhaupt keine Beziehung zu Kindern.«[109]

Als Andreas Baader nach der Frankfurter Kaufhausbrandstiftung in Butzbach in Untersuchungshaft sitzt, beklagt er sich in den Briefen an Ello darüber, dass er keine Nachrichten und Grüße von Suse und Robert erhält, und ist zudem »wütend«, dass die Kinder bei dem Exmann von Ello leben. Wegen Ellos exorbitantem Drogenkonsum und der damit einhergehenden Lebenskrise hatte sie das Sorgerecht für beide Kinder mehr oder minder freiwillig auf Manfred Henkel übertragen. »Henkel«, schreibt Baader, »kann ihnen nichts zeigen als sich – und das ist etwas Entsetzliches geworden. Zum Beispiel schreibt er: erziehen, Ordnung, Ordungsschemata, strukturierte Umgebung u. s. w., Dreck jedenfalls.« Ganz im Baaderschen Selbstverständnis von Omnipotenz weiß er genau, wer der richtige Erziehungsberechtigte für die Kinder wäre: »Ich dachte, wenn ihnen jemand etwas zeigen kann, bin ich es.«[110]

Suse

Suse wächst ab Ende 1968 gemeinsam mit ihrem Halbbruder bei Manfred Henkel und seiner neuen Freundin Agathe in Berlin auf. Die neuen Eltern schotten sie von dem Trubel um ihren Vater ab. Selbst enge Freunde von ihr in Berlin wissen nicht, wer ihr wirklicher Vater ist. Das bleibt auch nach Abitur und Abschluss des Lehramtsstudiums weiter ein gut gehütetes Geheimnis. Die Tochter des bekanntesten RAF-Terroristen hat sich niemals öffentlich geäußert. Nie hat sie ein Interview gegeben, es gibt kein bekanntes aktuelles Foto.

Nach einer schwierigen Vorrecherche steht der Autor dieser Zeilen an einem Sonntagmorgen Mitte Januar vor dem Kaufhaus »Tati« im 13. Arrondissement in Paris. Sie arbeitet seit einiger Zeit als Kunstführerin in der französischen Hauptstadt. Für elf Uhr hat Suse Pellers[111] ihr Kommen angekündigt. Der Platz vor dem Kaufhaus ist fast menschenleer. Da kann man sich nicht verfehlen. Ab und an trottet ein Fußgänger samt Hund vorbei, mittelalte Frauen in Sonntagsgarderobe warten auf den Bus. Eine Frau in den Dreißigern, die nach einer Verwandtschaft mit Andreas Baader aussieht, ist nicht dabei. Dummerweise wurde kein Erkennungszeichen ausgemacht. Nach 90 Minuten gibt der Wartende auf. Später am Telefon erzählt Suse Pellers, sie wäre vor Ort gewesen. Die mit Hut und rotem Mantel.

Bei einem neuen Versuch am nächsten Tag klappt es. Suse Pellers ist zierlich und klein, trägt einen schwarzen Faltenrock, ist geschminkt, hat kurze rot gefärbte Haare, und wenn sie lacht, kräuselt sich ihre zierliche Nase. Ihrem Vater sieht sie nicht ähnlich. Eher ihrer Mutter Ello Michel in jungen Jahren. Sie ist misstrauisch. Sie will über ihren Vater reden – und will doch nicht. Lange hat sie gebraucht, um sich für dieses Treffen zu entscheiden.

Pellers lebt schon länger in Paris, dennoch berlinert sie unüberhörbar. Die erste Frage stellt sie: »Wissen Sie eigentlich, wie Andreas 1977 ums Leben gekommen ist?« Es ist keine rhetorische Frage. Schnell wird klar, schon lange hat sie sich nicht mehr mit dem Mann auseinandergesetzt, der ihr Vater war. Die einzigen zwei bewussten Begegnungen mit ihm liegen nun schon über ein Vierteljahrhundert zurück. Einmal erinnert sie sich, habe sie auf »den Knien von Andreas« gesessen. Das müsse irgendwann vor der Frankfurter Kaufhausbrandstiftung in der Badenschen Straße in Berlin gewesen sein. Die nächste Begegnung findet erst statt, als er der berühmteste Häftling der Republik ist. Am 22. Juli 1975 fährt sie von Berlin aus mit ihrer Oma Anneliese und ihrem Halbbruder nach Stammheim. Alles, was dann folgt, ist für sie bis heute traumatisch. Ihre Oma begleitet sie in den Besucherraum. »Stammheim war wie die Vorhölle. Zwölf Türen wurden nacheinander vor uns auf-, und dann wieder zugeschlossen. Als ich schließlich unsicher vor ihm stand, fragte er mich: ›Bekomme ich zur Begrüßung keinen Kuss?‹ Danach hat er mich sehr herzlich umarmt. Ich empfand ihn aber als hochdepressiv.« Man redet über familiäre Dinge und über den Gesundheitszustand der Urgroßmutter Hermine. An viel kann sich sie sich nicht mehr erinnern. Beim Abschied im Besucherraum fühlt sie, es wird die letzte Begegnung mit »Andreas« bleiben. Sie spricht immer von Andreas, nie von »Vater« oder »Papi«. Wirklich töchterliche Gefühle habe sie nur für Manfred Henkel empfunden. Noch immer findet sie es »absurd«, wie ein Staat für ihren Vater und die anderen RAF-Mitglieder ein eigenes Gerichtsgebäude errichtete und ein Stockwerk eines Gefängnisses umbaute. »Stammheim hat einen bleibenden Eindruck auf mich hinterlassen. Aber es ist doch ein Armutszeugnis für die Bundesrepublik, ihn so wegzuschließen. Das illustriert doch nur ihre eigene Ohnmacht und die Angst, die man vor ihm hatte.«

Zu der Großmutter Anneliese – von Familienmitgliedern und engen Freunden Nina genannt – hat sie in jungen Jahren ein gutes Verhältnis. Jahrelang verbringt sie mit Robert die Sommerferien bei ihrer Großmutter im Einfamilienhaus in Grassau am Chiemsee. Robert Henkel erinnert sich an einen Nachmittag im Sommer 1975, an dem sie stundenlang durch Rundfunkgeschäfte in Traunstein zogen, weil Andreas ein ganz bestimmtes Transistorradio haben wollte. Oft steht in Grassau der Citroën DS von Klaus Croissant – einem der Verteidiger ihres Vaters – vor der Tür. »Ich war immer stolz, dass ich so eine hübsche Großmutter hatte.« Später bricht der Kontakt zu ihr ab. Warum, sagt sie nicht.

Als die 12-jährige Suse am 18. Oktober 1977 beim Frühstück Radio hört, verkündet ein Nachrichtensprecher den Tod von Andreas Baader. Sie ist ab jetzt Halbwaise. Obwohl sie eigentlich kein Verhältnis zu Andreas hat, musste sie »sofort weinen, obwohl ich ihn nur zweimal bewusst wahrgenommen habe. Aber es war doch mein Vater«. Auf der Beerdigung war sie nicht.

Unheimliche Hauptstadt

Das bestimmende Reizthema zwischen Studentenbewegung und dem Staat, meist vertreten durch die Polizei, ist der Vietnamkrieg. Wurde John F. Kennedy im Juni 1963 bei seinem Berlin-Besuch – wenige Monate vor seiner Ermordung – auch im studentischen Milieu noch frenetisch gefeiert, müssen nun amerikanische Einrichtungen in Berlin zunehmend rund um die Uhr von der Polizei geschützt werden. Große Fotoreportagen des ›Stern‹ zeigen, wie sich die USA die »Befreiung« vom Kommunismus in Fernost vorstellen. Man sieht durch »Agent Orange« entlaubte Landstriche; Kinder, deren Haut in Folge von Napalmangriffen in Fetzen vom Körper hängt, und Dörfer voller Leichen von Zivilisten. Am 5. Februar 1966 kommt es in Berlin zu einer großen Demonstration gegen den Vietnamkrieg. Flugblätter werden verteilt: »Erhard und die Bonner Parteien unterstützen MORD. Mord durch Napalmbomben! Mord durch Giftgas! Mord durch Atombomben? (...) Wir sollen den Herrschenden beim Völkermord helfen. Deshalb beschwören sie das Gespenst der gelben Gefahr. Wie lange noch lassen wir es zu, dass in unserem Namen gemordet wird? AMIS RAUS AUS VIETNAM! INTERNATIONALE BEFREIUNGSFRONT.«[112]

Es gibt Sitzstreiks, Eier fliegen gegen den Fassadenputz. Als sich Demonstranten gar an dem Fahnenmast vergreifen und das US-Banner abflaggen, ist für Kommentatoren der amerikafreundlichen Springer-Blätter die höchste Eskalationsstufe erreicht. Eine grobe Fehlbewertung, wie sich später herausstellen wird. Sie fordern härteres Vorgehen gegen »Radikalinskis« und »Krakeeler«, was der Regierende Bürgermeister Heinrich Albertz im Abgeordnetenhaus auch prompt verspricht.

Derweil ist die amerikanische Truppenstärke auf 265 000 GIs erhöht worden, um den Vietcong zu bekämpfen. In Bonn wird im November die Koalitionsvereinbarung zwischen CDU/CSU und SPD mit Kanzler Kurt-Georg Kiesinger geschlossen, Außenminister wird Willy Brandt. Die FDP hatte Ende Oktober die Koalition mit der CDU verlassen. In Berlin planen die bisher unbekannten Studenten Rainer Langhans, Dieter Kunzelmann und Ulrich Enzensberger, eine Kommune zu gründen. Rudi Dutschke wird im Dezember bei einer sogenannten »Spaziergangsdemonstration« auf dem Kurfürstendamm verhaftet. Die Protestbewegung geht weiter in Aufstellung. All das ist Andreas Baader noch egal. Bisher hat er keine große Affinität zu den politischen Ereignissen in der Frontstadt.

Im Herbst 1966 bringt der ›Spiegel‹ eine Titelgeschichte über ›Die unheimliche Hauptstadt‹. Darin wird die bizarre Situation in Westberlin fünf Jahre nach dem Mauerbau beschrieben. Eine Situation zwischen Weltmetropole und absoluter Bedeutungslosigkeit, künstlerischer Virilität und subventionierter

Ödnis. Liest man den Artikel, hat man den Eindruck, Berlin ließe sich nur unter Drogen ertragen. »In etlichen Künstlerbuden und Wannsee-Villen ist das Schlucken von LSD-Pillen, die wüste Phantasie erregen und ›blaue Götter‹ genannt werden, neuerdings sehr in Mode gekommen. (...) Kein Ritt auf blauen Göttern in die schaurigschöne Wunderwelt des LSD-Rausches kann ernstlich mit der kahlen Wirklichkeit konkurrieren, in der die Bewohner der westlichen Teilstadt von Groß-Berlin leben.« Auch eine von Baaders Stammkneipen findet prominent Erwähnung: »Bei der ›Dicken Wirtin‹ in Charlottenburg trinken zerfranste Bohemiens und Schnaps-Poeten ›doppelten Wünschelburger Eisweizen‹ und ›Rixdorfer Galgen‹, bis immer mal einer steif und stumm vom Schemel fällt.«[113]

Der 23-jährige Andreas arbeitet angeblich weiter an seinem Buch mit unbekanntem Inhalt, nachts trinkt er sich durch diverse Kneipen mit Namen wie »S-Bahnquelle« und der bereits erwähnten »Dicken Wirtin«, erzählt Geschichten mit wenig Wahrheitsgehalt über sich und lässt sich vorzugsweise von Schwulen umgarnen. In den Bars hat er sich einen gewissen Ruf erarbeitet. Wenn er das Gefühl hat, jemand kommt seiner Freundin Ello zu nahe, kann er ansatzlos zuschlagen. »Es gab Mord und Totschlag, wenn jemand anders mich angeguckt hat. Der war so egoistisch, so besitzergreifend.«

Auch wenn Baader ohne Ello unterwegs ist, sucht er die körperliche Auseinandersetzung. So erinnert sich der Schriftsteller und Freund Peter O.Chotjewitz, wie Baader »zusammen mit einem Schiffskoch zwei Maler platt [macht], die heute ziemlich berühmt sind. Den Grund kannte ich nicht. Ich saß an der Theke und sah ihnen bei der Arbeit zu. Sie arbeiteten präzise und ließen nichts anbrennen.« Einer der berühmten Maler ist Markus Lüpertz. Der erinnert sich allerdings anders. »Der hat von mir den Arsch vollbekommen. Und zwar drei oder vier Mal.«[114] Baader hätte damals seine Freundin »anmachen« wollen, und als diese sich dagegen gewehrt hätte, hätte er »sie von hinten an den Haaren gezogen«. Dann ging es los. Im Gegensatz zu Baader sei er ein ganz guter »Schläger« gewesen, was vielleicht sein Job am Bau mit sich brachte. Baader hat nur »versucht, ein guter Schläger« zu sein. Dieses mangelnde Talent hätte Baader mit einer »angebrochenen Nase« bezahlt. Seinem Freund Manfred Henkel, dem angeblichen Schiffskoch, hat Markus Lüpertz die vorderen Zähne ausgeschlagen, sagt er. West-Berlin, in den 60er Jahren. »Sie müssen wissen, jeder, der damals in diesen Kneipen unterwegs war, wollte irgendeine Rolle spielen. Ich gab immer das große Genie.« Von Baader wusste er, dass er eigentlich nichts machte, »der bummelte ja nur so rum«. Der war so ein »Kleinkrimineller«. Und weil er gut aussah und die »Frauen auf ihn standen«, wurde er oft zu denen nach Hause eingeladen. Bei reichen Familien fehlte dann schon mal eine »Skulptur« aus dem Haushalt, die Baader später anbot. »Klar war ich nicht dabei, aber das wurde so erzählt. Ich hätte aber auch kein Interesse gehabt, das anzuzeigen.« Bei weiteren Treffen in der »S-Bahnquelle« hätte er wiederholt »rumgefuchst«, woraufhin es wieder Schläge gesetzt hätte. Als Baader zum »Volksfeind Nr. 1« aufgestiegen war, befürchtete Lüpertz, er könne sich für die erlittenen Erniedrigungen an ihm rächen. Was bleibt für ihn von Andreas Baader? Ein »manisch aggressiver« Typ, den eine »Sehnsucht zum Verlieren« ausgezeichnet hat.

Peter O. Chotjewitz sieht ihn anders. So beschreibt er am 25. Todestag seine erste Begegnung: »Zum ersten Mal erlebte ich ihn etwa 1966 in dieser lesbischen Abfüllstation am Savignyplatz (ich glaube, sie hieß S-Bahnquelle), wo damals ein paar Jungdichter aus dem Literarischen Colloquium verkehrten. Er war voller Widersprüche. Intellektuell und spontan, sanft und zupackend, witzig und flink, ungeduldig und cool. Ziemlich sexy. Outfit normal, aber nie Anzug wie im Kino [gemeint ist der Baader-Film von Christopher Roth, Anm. d. Verf.]. Eher Lederjacke, Jeans und T-Shirt. Muskulös, schlank, schmalhüftig, immer auf dem Sprung. Mal abweisender, mal zärtlicher Blick. Meistens neugierig, manchmal gelangweilt, zuweilen spöttisch. Er versuchte, mich anzumachen, aber es war klar, dass er es tat, weil ich ihm gefiel, und das gefiel mir. Ich war etwas mädchenhaft damals. Er hatte eine lange Frau dabei, die ein Kind von ihm hatte, und er hatte einen Typ dabei, und es war vermutlich diese bisexuelle Situation, die mich anmachte. Der Typ war schweig- und wachsam wie ein Bodyguard.«[115]

Wenn es Ello tagsüber mal wieder zu viel wird, mahnt sie von Manfred und Andreas Beiträge zur Haushaltskasse an – die nicht kommen. Beide scheinen sich da nichts zu nehmen. Manfreds abstrakte Farbkompositionen verkaufen sich zu jener Zeit nur mäßig. In der Rückschau erinnert sich Ello, für »fünf Leute« gearbeitet zu haben. Eine ganz und gar unbürgerliche Rollenaufteilung in der Familie.

Die Bilderproduktion findet in den Nachtstunden – wenn die Kinder schlafen und Andreas unterwegs ist – unter LSD- und Alkoholeinfluss statt. Dabei hört sie Bob Dylan und die Rolling Stones über Kopfhörer. Sie verkauft ihre Werke immer samstags auf dem Bildermarkt in der Joachimsthaler-/Ecke Rankestraße. Die Werke sind gefällig, handwerklich ordentlich, aber keine große Kunst. Meist sind es großflächige Blumenporträts oder Mädchen mit großen Hüten für Arztpraxen und Rechtsanwaltsbüros. Stets existenzialistisch in schwarz gekleidet, sieht Ello wie die deutsche Ausgabe von Juliette Greco aus. Andere Maler auf dem Bildermarkt bewundern sie für ihre Verkaufserfolge. Ab und an steht Andreas neben ihr am Verkaufsstand. Einer ihrer besten Kunden ist der Berliner Schauspieler Günter Pfitzmann. Wenn sie zurückkommt, hat sie mindestens »einen Tausender« Umsatz gemacht. Und da es »zufällig gut ging«, ist sie freizügig gegenüber ihren zu versorgenden Männern. Was diese, besonders Andreas, nicht zu goutieren wissen. Stattdessen fordert er zusätzlich noch »gebügelte Hemden« ein. »Der hat nie geholfen. Weder im Haushalt noch woanders, wie ein Prinz hat der gelebt. Ich musste ihm die Hosen nähen, weil ihm die Hosen nie eng genug waren von den Kaufhäusern, ich musste selbst nähen. Also so ein richtiges Luxuskind war er.« Dank Ello kann er das auch sein.

Ansonsten sucht er weiter nach einer Richtung für sein Leben. Seine erfolgreichste Rolle spielt er weiter als begehrenswertes Objekt der Nacht. Während er tagsüber misanthrop umherschleicht, fahl und blass aussieht, dreht er nachts auf. Oft ist er geschminkt, hat mit Kajal die Augenpartien betont – wie Onkel Michael – und manchmal falsche Wimpern angesteckt. Wenn sich der meist wortkarge Baader dann doch mal in Rage redet, bilden sich kleine Schaumkrönchen in den

Mundwinkeln. Seine schläfrige sexuelle Kraft zieht andere an. Wenn sich heute Zeitzeugen an jene Zeit mit Andreas Baader erinnern, setzt meistens die Erzählung bei seinen großen blauen Augen und seinem überbordenden Sex-Appeal ein. Schaut man sich die wenigen Fotos aus jenen Jahren an, die es von ihm gibt, meint man, er hätte vor dem Spiegel den untergründigen Blick von Marlon Brando aus ›Endstation Sehnsucht‹ geübt. Es ist nicht überliefert, dass er sich mal an einer Schauspielschule beworben hätte.

Kommune 1

Nach dem Vorbild der Pariser Commune von 1871 proklamiert die Kommune 1 bei ihrer Gründung im Januar 1967 »freie Liebe und eine besitzlose Utopie«. Mitbewohner Fritz Teufel schreibt seinen Eltern, er mache »ein politisches Praktikum, außerhalb der bestehenden Parteien«. Weitere Ziele: »Revolutionierung des Alltags, Abschaffung des Privateigentums und Brechung des Leistungsprinzips.«

Dass Andreas sich ab Frühjahr 1967 zunehmend für Politik interessiert, liegt vor allem auch an dem Kommune-1-Gründungsmitglied Volker Gebbert. Er hatte Andreas Baader und seine Freundin Ello in der »aufblühenden Westberliner Boheme« kennengelernt und in die Kommune 1 am Stuttgarter Platz eingeführt. So erzählt es jedenfalls Ulrich Enzensberger in seinem Buch ›Die Jahre der Kommune 1‹. Volker Gebbert kann sich daran nicht erinnern, er habe Baader erst in der K 1 kennen gelernt.[116] Andreas Baader sei gerade in der Anfangszeit in der K 1 eher als »Randfigur« zu sehen und nicht als derjenige, der Aktionen kreiert und angestoßen habe. Eher ein aktiver Mitmacher. Für Kommune-1-Oberhäuptling Dieter Kunzelmann ist er schlicht ein »Nobody«. Schließlich hat er (noch) nichts vorzuweisen. Anfangs hat er keinen leichten Stand bei den Kommunarden, die inzwischen schon Groupie-Liebesbriefe bekommen und durch Funk und Fernsehen Berühmtheit erlangt haben. Schnell haben sie an der medialen Selbstvermarktung – Fritz Teufel hat mal ein paar Semester Publizistik studiert – Gefallen gefunden. Vor der Wohnungstür prangt ein Hinweisschild speziell für ›Stern‹- und ›Spiegel‹-Reporter: »Erst blechen – dann sprechen.« Morgens, nach dem Frühstück, wird erst mal Presseschau mit allen Berliner Tageszeitungen gemacht. Außerordentliche Freude herrscht, wenn die Springer-Presse auf die Provokationen einsteigt, hetzt und strafrechtliche Konsequenzen gegen die angeblichen Bombenleger der »Horrorkommune« fordert. Es gilt das Motto: Viel Feind – viel Ehr.

Wann genau Andreas Baader das erste Mal durch die Haustür der Kaiser-Friedrich-Straße 54a geht und in die Sechseinhalb-Zimmer-Wohnung im dritten Stock eintritt, ist nicht überliefert. Es muss irgendwann im Juli 1967 sein. In der Kommune macht man sich anfangs ein wenig lustig über seine auffällige Prahlerei. Auch Baaders Hang zu körperlicher Auseinandersetzung und Schlägereien können Kunzelmann und Co. zunächst nichts abgewinnen. Stolz erzählt Andreas, wie er gemeinsam mit Manfred Henkel Bars »einnordet«, wie er es formuliert. Das bedeutet, er fängt grundlos eine Schlägerei an, die später zu einer Massenschlägerei ausartet, wobei meist die ganze Kneipe mitsamt Mobilar zerlegt wird. Bevor die Polizei kommt, sind die Initiatoren schon geflüchtet. Niemals wird Baader bei diesen Aktionen aktenkundig.

Dennoch sei er 1967, so Ulrich Enzensberger, wie heute oft behauptet wird, keineswegs dieses »Schießen-ist-Ficken-und-Ficken-ist-Schießen-Monster«[117] gewesen, zu dem er später teils von den Medien gemacht wurde, teils aber auch sich selbst stilisierte. Nein, er sei im Kreise der Kommunarden 1967, Anfang 1968 durchaus wohlgelitten gewesen, auch weil er sich als ein »guter Mittäter« erweist, wie Rainer Langhans formuliert. Auch Jörg Schlotterer, Aktivist der APO, der Außerparlamentarischen Opposition, lernt ihn bei den Kommunarden kennen. Natürlich sei er ein Großmaul gewesen, aber das sei in dem Zusammenhang gar nicht aufgefallen, »das waren wir ja alle!«. Und dass er sich aus der K 1 schon mal mit »dem Taxi in die Paris-Bar fahren«[118] lässt, wird als tolerable Exzentrik verbucht.

Am Freitag, dem 2. Juni 1967, ist Andreas Baader nicht in Berlin. Der junge Publizist Bahman Nirumand (›Persien, Modell eines Entwicklungslandes oder Die Diktatur der Freien Welt‹) und die »Conföderation Iranischer Studenten« haben die Kommunarden um Demonstrationsunterstützung gebeten. Und die sind fleißig: Sie haben Eier ausgeblasen und mit Ölfarbe gefüllt, Rauchkerzen in größerer Anzahl gehortet und Einkaufstüten mit dem Konterfei des Schahs bedruckt und im Audimax der FU am Vortag verteilt. Die Einkaufstüten sind zur Vermummung iranischer Studenten gedacht – denen bei politischer Betätigung in der Bundesrepublik die Ausweisung droht. Und damit sie nicht vom iranischen Geheimdienst SAVAK erkannt werden.

Schon zwei Tage vorher kleben Langhans und Co. nachts Steckbriefe, auf denen der Schah in weißer Uniform zu sehen ist: »MORD – Gesucht wird Schah Mohamed Reza Pahlewi wegen Mord und Folterungen an dem Journalisten Karimpour Schirazi, an dem Außenminister Hossein Fatemi, an dem Justizminister Lotfi nach vorherigem Ausreißen der Augen. (...) Besondere Kennzeichen: Kaiserkrone, goldenes Telefon, 5000 Mann Leibwache, ißt ausschließlich aus silbernem Geschirr, reist in Begleitung eines Giftprüfers. Er wurde zuletzt gesehen in Begleitung des Bundespräsidenten Heinrich Lübke ... Wir bitten die Bevölkerung, alle Aktionen, die zur Unschädlichmachung des Täters führen, tatkräftig zu unterstützen.«[119]

Während am Abend der Schah in Begleitung seiner Frau Farah Diba, des Bundespräsidenten Lübke und des Regierenden Bürgermeisters Heinrich Albertz die Deutsche Oper in der Bismarckstraße betritt, um der ›Zauberflöte‹ zu lauschen, eskaliert die Lage. Rainer Langhans, Fritz Teufel und Volker Gebbert waren bereits mit anderen Demonstranten und Schaulustigen am Mittag vor dem Schöneberger Rathaus, der ersten offiziellen Station des Schahs, von etwa hundert SAVAK-Geheimdienstlern, den sogenannten »Jubelpersern«, mit Schlagstöcken und Dachlatten traktiert worden. Andreas Baader sitzt derweil vor Dachlatten sicher im siebenhundert Kilometer entfernten Traunstein in einer Jugendhaftanstalt eine Gefängnisstrafe ab. Er war am 30. Mai 1967 vom Amtsgericht Traunstein, Cs 2675/66, wegen »Fahren ohne Fahrerlaubnis« zu einer mehrwöchigen Gefängnisstrafe verurteilt worden, die er nach der Gerichtsverhandlung gleich antreten musste. Seine Bewährungsstrafe von 1965 wurde aufgrund des neuerlichen Verstoßes vom Traunsteiner Amtsgericht widerrufen und in eine Gefängnisstrafe umgewandelt.[120] Die vollen zehn Wochen scheint er in Traunstein aber nicht abzusitzen, denn schon im Juli ist er aus Bayern zurück.

Der damalige Student an der Deutschen Film- und Fernsehakademie Berlin, Thomas Giefer, ist in jenen Tagen der »Berichterstatter der Bewegung«. Bei vielen Aktionen der Kommune 1 ist er als Kameramann mit einer 16-mm-Rolex-Aufziehkamera, und als Demonstrant dabei. Auch am 2. Juni. Auf seinem Filmmaterial sieht man knüppelschwingende Polizisten und blutende Demonstranten. Er kommt glimpflich davon. Ein Polizeischäferhund beißt ihn ins Bein. »Es haben sich unglaubliche Szenen abgespielt. Man kann es nur als Hetzjagd titulieren.«

Die Polizei geht teils mit sadistischer Härte gegen die Demonstranten vor. Sie werden eingekesselt und anschließend wahllos zusammengeknüppelt. Um 20.30 Uhr erschießt der 39jährige Zivilbeamte Karl Heinz Kurras – in einem Garagenhof in der unmittelbar an die Oper angrenzenden Krummen Straße – in »putativer Notwehr« den 26-jährigen Studenten Benno Ohnesorg. Später stellt ein Gericht fest, dass auf den schon am Boden liegenden und tödlich getroffenen Ohnesorg weiter eingeprügelt wurde. Der Regierende Bürgermeister Albertz verteidigt »das Verhalten der Polizei«, schließlich sei »sie durch Rowdys provoziert« worden. ›Bild‹ textet am nächsten Tag: »Gestern haben in Berlin Krawallmacher zugeschlagen, die sich für Demonstranten halten. Sie schwenkten die Rote Fahne, und sie meinen die Rote Fahne. Hier hört der Spaß und der Kompromiss und die demokratische Toleranz auf.«

Die Bewegung hatte ihren ersten Märtyrer. Das Datum frisst sich in das Bewusstsein der bundesdeutschen Öffentlichkeit. Das Bild des sterbenden Ohnesorg, auf dem Boden liegend, sein Kopf von einer elegant gekleideten Studentin gehalten; Polizisten, die sich scheinbar teilnahmslos abwenden – dieses Bild wird zum Fanal, zur Metapher, die eine Generation prägen sollte. War das nicht der präfaschistische Staat, in dem immer noch Nazi-Eliten das Sagen hatten? Und willkürlich missliebige Demonstranten umbringen konnten? So sieht es auch eine junge blonde Studentin, die sich nach dem Tod von Ohnesorg in der Nacht vom 2. auf den 3. Juni mit anderen

Demonstranten im Zentrum des SDS, des Sozialistischen Deutschen Studentenbunds, am Kurfürstendamm versammelt. Tilman Fichter: »Sie wollte, dass wir uns bewaffnen und eine Polizeikaserne stürmen. Sie sagte: Das ist die Generation von Auschwitz, mit denen kann man nicht reden. Sie war wie ein Racheengel. Ich habe gesagt: Morgen um neun ist Vorstandssitzung des SDS, da wird entschieden, was passiert. Ich habe sie im Grund rausgeworfen.«[121] Die Frau heißt Gudrun Ensslin. Sie wird in wenigen Wochen Andreas Baader kennenlernen. Aber auch liberale Publizisten wie Sebastian Haffner im ›Stern‹ sehen Parallelen zur Nazizeit. »Es war ein systematischer, kaltblütig geplanter Pogrom, begangen von der Berliner Polizei an Berliner Studenten.«

Das Datum wird zum Namensgeber einer terroristischen Vereinigung: der »Bewegung 2. Juni«.[122] Auch die Rote-Armee-Fraktion um Andreas Baader bemächtigt sich knapp fünf Jahre später dieses Datums. Als am 19. Mai 1972 während der sogenannten »Mai-Offensive« im Springer-Verlag in Hamburg zwei Bomben der RAF explodieren und 38 Menschen verletzt werden, ist das Bekennerschreiben mit »Kommando 2. Juni« unterzeichnet.

In Berlin wird nach dem Tod Ohnesorgs ein allgemeines Demonstrationsverbot erlassen. Das Ereignis und die anschließende Vertuschungstaktik der Polizei und des Berliner Senats mobilisieren die Studenten im ganzen Land. Der SDS gewinnt an Bedeutung. Am 9. Juni findet in der Sporthalle Hannover ein Studenten-Kongress statt, der sich mit der Frage beschäftigt, welche Konsequenzen aus dem Tod von Ohnesorg gezogen werden müssten. Rudi Dutschke fordert von den Studenten »Aktionszentren« an den Universitäten aufzubauen und in Berlin notfalls mit »Kampfaktionen« gegen Demonstrationsverbote vorzugehen. Professor Jürgen Habermas – damals Ordinarius für Philosophie und Soziologie an der Frankfurter Universität – warnt vor den gewaltsamen Folgen der Auseinandersetzung zwischen Staat und Studenten. Er ist beunruhigt wegen der aufgeheizten Stimmung und Dutschkes Verbalradikalismus. Zwar findet er Protest gerechtfertigt, dennoch sieht er aber die Gefahr eines »Linksfaschismus« aufziehen, wenn man Dutschkes Rede praktisch umsetzen würde.[123]

Brandstifter

Neue Aufgaben

Irgendwann im Juli kommt Andreas Baader nach seiner Haftstrafe aus Bayern zurück und findet ein verändertes Berlin vor. Seiner Freundin Ello erzählt er nichts von einem Gefängnisaufenthalt; sie denkt, er war bei seiner Mutter in Bayern. Bei dem Aktionsgruppentreffen des »Buchstabenballetts« – in einer Wohnung in der Charlottenburger Fritschestraße, unweit des Orts, an dem Benno Ohnesorg erschossen wurde – lernt er eine blonde Studentin kennen. Die Wohnung ist von ihr und ihrem Freund Bernward Vesper angemietet. Gerade ist sie Mutter eines Jungen geworden. Ihr Name: Gudrun Ensslin. Acht Tage nach dem Tod von Benno Ohnesorg, also am 10. Juni,[124] hatte sie mit Peter Homann, einem Bekannten von Andreas Baader, phantasievoll das erlassene Demonstrationsverbot unterlaufen. Auf dem Mittelstreifen des Ku'damms, ganz in der Nähe der Gedächtniskirche, versammelten sich acht Studenten und zogen sich weiße T-Shirts über. Jedes mit einem Buchstaben bemalt. Auf der Vorderseite ergibt sich das Wort »A-L-B-E-R-T-Z-!«. Peter Homann, der Initiator, trägt das »E«, Gudrun Ensslin das Ausrufezeichen. Sie steht ganz rechts. Alles ist gut organisiert, ein Fernsehkamerateam und mehrere Fotoreporter sind da. Als die Studenten sich umdrehen, liest man »A-B-T-R-E-T-E-N«. Schnell ist die Polizei vor Ort und nimmt die acht fest. Am Abend ist man im Fernsehen, am Morgen in vielen überregionalen Tageszeitungen.

Andreas Baaders Leben bekommt eine neue Richtung. Seine Ziellosigkeit hat ein Ende. An jenem Abend Ende Juli in der Fritschestraße kommen sich Andreas und Gudrun, so erzählt man, näher. Joints werden gereicht. Fortan ist Andreas Baader bei jeder Aktion, die im Umkreis der Kommune 1 medienwirksam initiiert wird, dabei. Bei Planungen ist er nicht sofort der Wortführer – aber doch plädiert er schnell für härtere, provokativere Schritte. Die erste verbürgte Aktion, bei der Andreas Baader sein Können beweist, findet am 7. August 1967 statt. Aus der »Buchstabenballett«-Gruppe kommt der Vorschlag, man könne doch an dem Wahrzeichen für das Nachkriegs-Westberlin schlechthin, der Kaiser-Wilhelm-Gedächtniskirche, ein riesiges »Enteignet Springer«-Plakat herunterlassen. Dies kommt Baader wohl allzu harmlos vor. Was der Zweite Weltkrieg nur teilweise geschafft hat, will er vollenden. Er schlägt eine Sprengung vor. Zur Premiere seiner ersten »politischen« Tat lädt er seine Noch-Freundin Ello ein. »Da sollte ich dann um 14.00 Uhr mit den Kindern hin und die Gedächtniskirche angucken. Und ich wollte das erst gar nicht.« Aus Neugier schaut sie doch vorbei. Auch einige aus dem SDS-Umfeld wissen Bescheid. Wie der DFFB-Student Thomas Giefer, der die Aktion mit seiner Kamera dreht. Das Material geht später bei diversen Umzügen verloren.

Doch die Kirche bleibt unversehrt stehen. Innerhalb der Aktionsgruppe hatte man sich offensichtlich auf einen Kompromiss geeinigt. Die Sprengung bleibt symbolisch, »aus dem Turm hat es nur gedampft«, beobachtet Ello mit ihren Kindern aus sicherer Entfernung. Entgegen vollmundiger Ankündigungen werden »nur« mehrere Rauchbomben gezündet. Die Konstruktion mit elektrischen Glühzündern und Schaltuhr ist von Andreas Baader. Aber er sei nicht derjenige gewesen, der sie im Turm anbrachte, behauptet Volker Gebbert. Er habe gemeinsam mit Gudrun Ensslin unten vorm Eingangsbereich Schmiere gestanden und ein Liebespaar gespielt. Was beiden nicht schwerfällt. Parallel segeln Flugblätter vom Hochhaus des nahegelegenen Europa-Centers. Die nicht verbrauchten Chemikalien werden für eventuelle spätere Einsätze bei Gudrun Ensslin deponiert. Dazu kommt es nicht. Bei einer Hausdurchsuchung nach dem Kaufhausbrand 1968 in Frankfurt werden auf ihrem Kleiderschrank die Zutaten für Baaders Bastelarbeiten entdeckt.

Feuer und Rauch scheinen die Kommune 1 und Andreas Baader in jener Zeit magisch anzuziehen. Schon im Mai 1967 hatte die Kommune 1 eine Flugblattserie anlässlich eines Brandes in einem Brüsseler Kaufhaus, bei dem 251 Menschen ums Leben kamen, verfasst. Das erste von fünf Flugblättern trug die Überschrift: »Neue Demonstrationsformen in Brüssel erstmals erprobt.« Weiter wird (satirisch) unterstellt, Vietnamdemonstranten seien für den Brand verantwortlich. In weiteren Flugblättern drehen sie das Rad weiter, fragen, »wann denn Berliner Kaufhäuser brennen?«, und fordern (natürlich auch satirisch): »Brüssel hat uns die einzige Antwort darauf gegeben. ›Burn, ware-house, burn!‹«

Am 8. August 1967 muss Ellos Wohnung in der Badenschen Straße als Schreinerei herhalten. Manfred Henkel und Andreas Baader sind am späten Abend mit Vorarbeiten des Sargbaus für die am darauf folgenden Tag stattfindende »Löbe-Aktion« beschäftigt. Ello schaut entgeistert zu. Die Fertigstellung findet in der Kommune 1 statt. Einige Tage zuvor war der ehemalige Reichstagsabgeordnete Paul Löbe gestorben. Ihm zu Ehren findet am 9. August ein Staatsbegräbnis statt, die Trauerveranstaltung ist im Rathaus Schöneberg. Da man die aus ihrer Sicht »sturzverlogene Begräbnisfeier so richtig konterkarieren«[125] will, haben die Kommunarden sich mit Hilfe von Andreas Baader etwas Besonderes »zur Lächerlichmachung« und zum Tabubruch ausgedacht. Doch bei der Recherche der politischen Vergangenheit des Politikers ist ihnen wohl irgendetwas durcheinandergekommen: Immerhin hatte der Sozialdemokrat Paul Löbe 1933 nach seiner Entlassung als Reichstagspräsident gegen Hitlers Ermächtigungsgesetz gestimmt, war 1933 in »Schutzhaft« genommen und 1944 im KZ inhaftiert worden.

Nachdem der Sarg am Stuttgarter Platz fertiggestellt wird (die Längsseite ist mit dem Wort SENAT versehen, auf der Stirnseite prangt ein überdimensionales Eisernes Kreuz), wird er mit einem gemieteten Kastenwagen Richtung Schöneberger Rathaus transportiert. Kurz vor der Abfahrt kommt noch der Bruder von Ulrich Enzensberger, der Schriftsteller Hans Magnus Enzensberger, hinzu und fährt mit. Die Gruppe ist kostümiert. Rainer Langhans trägt einen Petticoat, Manfred Henkel ein Rüschenkleid. Hans Magnus Enzensberger und Andreas Baader sind ohne Verkleidung. Baader hat lediglich falsche Wimpern angeklebt. Auf dem Rathausvorplatz ertönt gerade die Trauerhymne aus den aufgestellten Lautsprechern, als der Kommunarden-Leichenwagen vorfährt. Andreas Baader, Jörg Schlotterer, Rainer Langhans, Volker Gebbert und der Verfassungsschutz-Agent Peter Urbach springen von der Pritsche und schultern den Sarg. Baader hält ihn vorne rechts. Gudrun Ensslin geht irgendwo dahinter. Einige Kommunarden-Freunde haben auf ihren T-Shirts »Freiheit für Teufel«-Zettel mit Sicherheitsnadeln befestigt. Als sie sich im Laufschritt auf die Menschenansammlung vor dem Rathaus zubewegen, werden sie schnell von der Trauergemeinde und von Polizisten an dem weiteren Fortkommen gehindert und abgedrängt. Maliziös lächelnd lässt Baader als Erster den Sarg los, während Polizisten und Sargträger sich bei der Rangelei mehrmals um 360 Grad drehen, bevor sich der Sargdeckel öffnet. Dieter Kunzelmann erhebt sich im weißen Nachthemd und schafft es noch – bevor der Sarg mit ihm abstürzt –, mehrere Packen Flugblätter abzuwerfen: »Pressemitteilung. Ihr wollt heute Paul Löbe durch den Schornstein feiern. Euch wird ein großes Fest beschert, ein großes, ernstes, wo einer vom Staat begraben wird. Wir nehmen die Feste, wie sie fallen, wir nehmen uns dies Fest mit den Ehrenmännern in Uniformen, den Leuten mit den reinen Westen, den aus Film und Fernsehen bekannten Darstellern von Charakterrollen und wir machen mit, denn wir wollen auch was feiern: Wir wollen ein paar smarte Leichen verscharren, die langsam schon zum Himmel stinken – Da sind sie: Albertz, Büsch, Duensing, Kuntze, Dehnicke, Hoppe.«[126]

Der DFFB-Student Thomas Giefer hält das Ganze mit der Kamera fest. Als Passanten Andreas Baader beschimpfen, sieht man, wie er sie lächelnd verhöhnt. Da ist es wieder, das unnachahmliche, sardonische Baader-Lächeln. Er hat eine »diebische Freude« daran, »wirklich böse Sachen zu machen«, erinnert sich Langhans. Obwohl *böse* damals nicht blinde Gewalt bedeutet.

Obgleich 24 Demonstranten festgenommen werden, wird die Aktion innerhalb der Kommune als Erfolg verbucht. Die Polizei ermittelt gegen die Festgenommenen wegen »Störung der Totenruhe«. Hans Magnus Enzensberger, Peter Urbach, Gudrun Ensslin und Andreas Baader entkommen.[127] Baader ist mit der Aktion endgültig in der Protestbewegung angekommen. Für Rainer Langhans sind Baaders Motive zu jener Zeit offensichtlich: »Den Eindruck, den ich damals hatte, war, dass es ihm Spaß machte, immer wieder Regeln zu brechen und sich an NICHTS zu halten, was andere Leute anstands-mäßig oder nett-mäßig so draufhatten. Er ist sehr unangenehm zu Leuten gewesen, die da verklemmter waren. Und nur mit uns natürlich, weil wir ja damals auch entsprechend bekannt waren, war er ganz freundlich und völlig unproblematisch, eigentlich fast unauffällig. Also wir hatten kein Problem mit ihm, nicht das geringste, da war er nicht die Autorität, sondern er war der Schüler.«[128]

Und als der will er weiterlernen. Noch ist er weniger der »Einpeitscher« als der »aktive Mittäter«. Dennoch fordert er härtere Aktionen. Wie schon bei der geplanten »Sprengung« der Gedächtniskirche Tage zuvor. Für die theoriebeladenen SDS-Mitglieder hat er nur ein verächtliches Grinsen übrig. Und dennoch besucht Quereinsteiger Baader nun den Republikanischen Club, ist auf Versammlungen des SDS und steht bei Teach-ins an der FU und TU in erster Reihe. Er wird zum häufigen wie unbeliebten Zwischenrufer bei diesen Versammlungen und fordert »Aktionen«. »Der ging uns total auf den Wecker. Der konnte einen Saal in einer Minute total irre machen«, erinnert sich ein damaliger hoher SDS-Funktionär.

Der 2. Juni habe doch gezeigt, dass »Geschwätz« allein nichts bringt. »Und dann hat Andreas gesagt: ›So, Leute, da seht ihr mal, was euere Hirnwichserei gebracht hat, dieser Studentenscheiß, dieser Theoriemist und so weiter, da seht ihr ja, wozu das führt – zu gar nichts nämlich! Wir müssen mal ernst machen.‹«[129] Doch bis dahin sind noch neun Monate Zeit.

Noch ein anderer Aspekt, neben der »diebischen Freude am Bösen«, zieht ihn an. »Die Show zu machen«, wie Jörg Schlotterer es formuliert, sei gerade bei einer Aktion wie bei der Löbe-Beerdigung ein nicht zu unterschätzender Punkt gewesen. »Und dass wir Tabus brechen konnten, also sei es die Unangefochtenheit von Ritualen der alten Gesellschaft, die wir ja abschaffen und verändern wollten. Es hat Spaß gemacht, sich darzustellen. Das ist ein Element, was nicht unterschätzt werden sollte. Und: Provokation war ja ein Element der Aufklärung.«[130]

Auch Baaders ehemalige Mitbewohnerin Traudel Haas trifft er, drei Jahre nach seinem unfreiwilligen Auszug aus der Schlüterstraße, in jener Zeit wieder. Sie kann nicht glauben, wer dort an der »Spitze an der Bewegung« steht und bei den einschlägigen Demos und Versammlungen durch Zwischenrufe die Aufmerksamkeit auf sich zieht. »Ausgerechnet DER?«. Als sie sich bei einer Demo begegnen, gehen sie gruß- und wortlos aneinander vorbei.

Der Herbst 1967

All die Provokationen scheinen bei den Gerichten tatsächlich Wirkung zu zeigen. Am 10. August – nur einen Tag nach der Löbe-Beerdigung – wird der zu Unrecht wegen einem Steinwurf am 2. Juni inhaftierte Fritz Teufel aus der Untersuchungshaft entlassen. Sogleich taucht ein Kamerateam des SFB in der Kaiser-Friedrich-Straße 54a auf, um die Teufel-Entlassung für die ›Abendschau‹ festzuhalten. Man sieht Dieter Kunzelmann und Ulrich Enzensberger, wie sie aus dem Fenster im dritten Stock ein Banner mit der Aufschrift »Jetzt ist der Teufel los« herausbugsieren. Unten im Hauseingang lungern Rainer Langhans, Volker Gebbert und Andreas Baader etwas unentschlossen herum. Teufels Freilassung ist nur unter Auflagen zu Stande gekommen. Baader lernt von der »Freiheit für Teufel«-Aktion, wie wichtig es ist, »draußen« Genossen zu haben, die sich für die Freilassung des (je nach Sichtweise) zu Unrecht Inhaftierten einsetzen. Diese Erkenntnis macht er sich recht früh schon zu eigen – und wendet sie später nach seiner Festnahme an Fronleichnam 1972 konsequent an.

Die »Teufel-Festspielwochen« gehen weiter. Am Sonnabend, dem 12. August, zur besten Einkaufszeit, feiern 200 Menschen auf dem Kurfürstendamm. Motto: »Man muss den Teufel feiern, solange er frei ist.« Tatsächlich nämlich hebt das Kammergericht schon am 25. August die Entscheidung – den Haftbefehl außer Vollzug zu setzen – des Landgerichts wieder auf.

Am Tag der Freilassung hatte Teufel noch beteuert, den Auflagen des Gerichts »Folge zu leisten«. Nach kurzem Überlegen fügt er dann aber hinzu: »Falls mir nichts Besseres einfällt.« Doch an diesem Samstag werden erst mal große Karaffen mit Rotwein gereicht, Konfetti geworfen und Fritz Teufel gefeiert. Der steht mitten in der tanzenden Menge, hat ein Pustefix in der Hand und lässt Seifenblasen aufsteigen. Rainer Langhans trägt – wie schon drei Tage zuvor bei der Löbe-Beerdigung – einen Petticoat und tanzt gemeinsam mit Andreas Baader. Auch Baader sieht ausgelassen aus, wenn auch nicht so enthemmt wie Langhans. Auf dem bekanntesten Foto von diesem Tag sieht man Andreas Baader, mit einer aufgeknöpften, taillierten Uniformjacke, Händchen haltend; ein unbekanntes, attraktives Groupie mit Handtasche aus dem Umfeld der K 1 schmiegt sich an seine linke Schulter.

Irgendwann im Spätsommer übernachtet sein Münchener Freund Holm von Czettritz bei Baader. Dieser bemerkt Veränderungen (»er war nun angeberischer, grobschlächtiger«) an ihm. Als von Czettritz nachts um vier »angeschickert« in Begleitung in die Badensche Straße zurückkommt, tagt gerade die »Weltrevolution«, wie er sich erinnert. An einem langen Tisch sitzen mehrere Leute in der Diele, führen »konspirative, hochdramatische« Gespräche und beäugen die Spätheimkehrer kritisch, als diese sich über die Szenerie lustig machen. »Das war schon eine saukomische Situation.« Wer dort am Tisch saß, weiß er nicht mehr. Zu der Zeit wird die Wohnung, in der Ello die Hauptmieterin ist, vom Umfeld der K 1 als Tagungsort und Werkstatt für Rauchbomben benutzt.

Etwa zur gleichen Zeit – Anfang September 1967 – findet in Frankfurt die SDS-Delegiertenkonferenz statt. Dort hält Rudi Dutschke – der am 12. August noch gemeinsam mit Andreas Baader anlässlich der Freilassung von Fritz Teufel auf dem Kurfürstendamm getanzt hat[131] – sein sogenanntes »Organisationsreferat«, das er gemeinsam mit dem Frankfurter SDS-Führer Hans Jürgen Krahl verfasst hat. Darin fordert er die Übertragung von Che Gueveras Konzept der »Propaganda der Schüsse« auf die Metropolen in Westeuropa. »Eine Propaganda der Tat« müsse daraus werden. Der »städtische Guerillero« – so wird formuliert – hat die Aufgabe, zur Destruktion des repressiven Systems beizutragen.[132] Verkürzt und mit anderen Worten: Rudi Dutschke will den bewaffneten Kampf in der Bundesrepublik. Viele Delegierte sind außer sich vor Begeisterung, anderen geht es zu weit. Rudi Dutschke notiert zufrieden in sein Tagebuch: »a) unsere Fraktion konnte sich personell durchsetzen. b) 2. bzw. 3 prinzipielle Legalität überschreitende Resolutionen wurden angenommen.«[133] Bis das »Konzept Stadtguerilla« der RAF erscheint, wird es noch fast vier Jahre dauern.

Wohin Baaders Weg geht, ist in diesen Tagen aber noch offen. Er fährt (mindestens) zweigleisig. Zum einen plant er einen Spielfilm über die Studentenbewegung zu drehen. Der Fotograf Herbert Tobias, der sich Jahre zuvor in Andreas Baader verliebt hatte, machte zur Vorbereitung Fotos in der Badenschen Straße. Regisseur Peter Fleischmann (›Herbst der Gammler‹) kann sich noch vage erinnern, wie Baader in einem Schwabinger Straßencafé auf ihn zukam und ihm eine Art Drehbuch in die Hand drückte. »Hier, Fleischmann, mach was Ordentliches daraus«,[134] habe er ihn lapidar angeraunzt. »Andreas telefonierte stundenlang mit ihm«, so Thorwald Proll. Doch aus dem Projekt wird nichts. Baader, der oft erzählt, an welchen großen literarischen Werken er gerade arbeitet, gibt wohl erstmals einen längeren Text in fremde Hände. Leider ist das Drehbuch heute verschollen.

Im September 1967 erscheint im ›Spiegel‹ ein Interview mit dem berühmten französischen Komponisten und Dirigenten Pierre Boulez[135] unter der Überschrift ›Sprengt die Opernhäuser in die Luft‹. Darin fantasiert er »chinesische Rotgardisten« nach Deutschland, die sich hier nach »Herzenslust« austoben könnten. Schließlich hätte die »Französische Revolution auch viel kaputt gemacht, und das war auch sehr gesund«. Weiter bedauert er, dass er »kein politischer Revolutionär« sei. Ihm würde leider die »Technik« dazu fehlen. Andere haben die Technik respektive sind gerade dabei, sie zu entwickeln. So kaufen sich unter anderem Andreas Baader, Jörg Schlotterer und Thorwald Proll Eintrittskarten zu einem Boulez-Konzert in der Deutschen Oper in Berlin. Sie planen, das Konzert zu entern und einen Text gegen den Vietnamkrieg zu verlesen. Eine andere Gruppe ist schneller und wirft schon zu Beginn

Flugblätter. Dennoch schaffen es Andreas Baader und Gudrun Ensslin, an das Mikrofon auf der Bühne zu kommen. Das Konzert wird unterbrochen. Herbeigerufene Polizisten und Saalordner greifen gewaltsam ein. Ein SFB-Team filmt, wie Baader lächelnd – tatsächlich wieder mit einem Grinsen im Gesicht – von Polizisten in einer Rangelei aus dem Gebäude gedrängt wird. Nach Aufnahme der Personalien wird Baader gemeinsam mit den anderen Demonstranten noch in der Nacht aus dem Polizeigewahrsam entlassen.[136] Später lässt der Dirigent Boulez verlauten, er hätte die Demonstranten reden lassen, wenn es mit ihm abgestimmt worden wäre.

Am 8. Oktober 1967 wird Che Guevara im bolivianischen Dschungel nach einem Gefecht mit Regierungsgruppen festgenommen. Am 9. Oktober wird er hingerichtet. Wenig später greift Andreas Baader – wie von Rudi Dutschke theoretisch postuliert – die Kriegsnation USA in Berlin an. Mit Astrid Proll legt er am 21. Oktober 1967 nach einer großen Anti-Vietnamkriegs-Demonstration eine Brandbombe in der Garderobe des Berliner Amerika-Hauses. Es ist einer der ersten Brandsätze, der sich gegen amerikanische Einrichtungen richtet.[137]

Auch in anderen Punkten ist es für Andreas Baader wichtig, eine Avantgarde-Position einzunehmen. Und sei es nur, weil er die besten Drogen hat. Obwohl man ihn nicht als drogenumnebelt oder abhängig bezeichnen kann, frönt er doch einer ausgereiften Kiffer-Kultur und versucht, andere von der befreienden Wirkung eines Joints zu überzeugen.

Im Spätsommer 1967 taucht er im SDS-Zentrum am Kurfürstendamm auf, in dem Jörg Schlotterer als Sekretär arbeitet. Baader benimmt sich, als ob nie jemand der Anwesenden jemals einen Joint geraucht hätte. Bei Jörg Schlotterer stimmt dies sogar. Andreas Baader preist sein Haschisch-Mitbringsel an. »Ich kann mich noch erinnern, es war ein schöner Sommernachtmittag. Er kam nicht alleine, sondern mit vier, fünf Leute, die aber eher so eine Gefolgschaft darstellten. Und da kam er mit der großen Neuigkeit und baute einen Joint und sagte: ›Hier, das ist das non plus ultra, und ihr müsst jetzt alle mal probieren.‹ Er kam wie der große Neuerer, der jetzt die große Wahrheit mitbringt.«[138]

Andreas Baader, der Verführer.

Einiges spricht dafür, dass Andreas Baader sich mit kleineren Drogengeschäften bis März 1968 ein gewisses Zubrot verdient hat. Inzwischen hat er sich von einer »nicht unangenehmen Randfigur« – wie K-1-Mitglied Volker Gebbert Baader beschreibt – zu jemandem entwickelt, der zum Protest dazugehört. Jetzt will er auch seiner Noch-Freundin Ello Michel sein neues Umfeld vorstellen. Er überredet sie zu einem Besuch am Stuttgarter Platz. In der K 1, deren Mitglieder er »bewundert«. Doch sie fremdelt, findet keinen Zugang. »Ich bin da nur ein Mal hin, das hat mir überhaupt nicht gefallen da. Mit den blöden Betten auf dem Boden, und den ganzen Leuten in der Wohnung. Da bin ich dann nie mehr hin.«

Die Vorstellung, vielleicht doch noch als Schriftsteller oder Filmemacher reüssieren zu können, lässt ihn gemeinsam mit seiner neuen Bekanntschaft Gudrun Ensslin öfters das Berliner Luchterhand-Büro besuchen, wie der Publizist Gerd Koenen schreibt. Oder geht er nur ihr zu Gefallen mit? Bekannte Schriftsteller wie Günter Grass oder der Verleger Klaus Wagenbach sind Stammgäste bei Skatrunden. Viele Engagierte aus dem ehemaligen SPD-Wahlkontor. Baader bleibt in diesen Kreisen eher Anhängsel und Außenseiter, die Germanisten rümpfen die Nase über ihn. Klaus Wagenbach kann sich gar nicht an Andreas Baaders Auftauchen in dieser Szene erinnern. Lediglich Gudrun Ensslin sei ihm »erinnerlich«, da sie einen relativ engen Draht zu Lektor Klaus Roehler hatte. Das Wenige, was ihm von diesen Skatrunden noch im Gedächtnis wäre, seien die fortwährenden Niederlagen und das »Gelächter« von Grass und Roehler hierüber. »Ich habe brav meine Pfennige abgeliefert.«[139]

Gudrun Ensslin wird im Spätsommer 1967 auf einer Demonstration von einem iranischen Regiestudenten namens Ali Limonadi angesprochen, ob sie nicht Lust habe, in einem experimentellen Kurzfilm als Schauspielerin mitzuwirken. Später wird geraunt, Ensslin hätte in einem »Sexfilm« mitgespielt. Dass sich das Gerücht so lange hält, liegt an dem langen Verschollensein des Films ›Das Abonnement‹.[140] In dem acht Minuten langen, ein wenig dadaistisch anmutetenden Streifen lässt sich eine Gudrun Ensslin beobachten, die sich langsam entkleidet, Eier aufschlägt, sich nackt auf einem Toilettensitz dreht und lustvoll und doch gelangweilt mit dem Schauspieler Lienhard Brunner im Bett räkelt. Brunner hat eine gewisse Ähnlichkeit mit Baader.

Obwohl Gudrun Ensslin und Andreas Baader viel Zeit miteinander verbringen, sind sie Ende des Jahres 1967 kein festes Paar. Gudrun Ensslin, deren Beziehung mit Vesper in den letzten Zügen liegt, trennt sich erst im Februar 1968 endgültig von dem Vater ihres Sohnes Felix und zieht mit dem Kind aus der Charlottenburger Fritschestraße aus. Auch die Beziehung von Andreas und Ello ist schon lange porös. Aber Freunde von ihm in der Kommune 1 denken, eine gewisse Uschi Körber sei seine neue Beziehung. Die beide werden öfters im Umfeld der Kommune 1 gesehen.

Als Andreas Gudrun immer öfters mit in die Badensche Straße bringt, versteht wohl auch Ello langsam die Zeichen. Dennoch finden die Aktionstreffen weiter in ihrer Wohnung statt. Während die Gruppe im sogenannten »Berliner Zimmer« (dem fensterlosen Verbindungsraum zwischen Vorder- und Hinterhauswohnung) tagt, zieht sie sich in den hinteren Teil der Wohnung zurück. Bisher hat sie sich immer aus den Besprechungen rausgehalten, doch an diesem Tag – nach ihrer Erinnerung muss es im Januar/Februar 1968 gewesen sein – wird sie sich erstmals einmischen. Als sie hört, dass im KaDeWe was »losgehen soll«, öffnet sie die Tür. »Dann habe ich denen gesagt, wenn sie das tun, ginge ich an dem Tag mit beiden Kindern (Suse und Robert) Nessel im KaDeWe kaufen. Also ich bin da rein und habe die richtig angeschrien, die ganze Meute! Das war ein Theater.«[141] Verhindert sie eine Kaufhausbrandstiftung in Berlin, die knapp zwei Monate später in Frankfurt stattfindet? Fakt ist jedenfalls: Das KaDeWe bleibt verschont.

Viele Geschichten und Episoden, die sich um Andreas Baader ranken, klingen absurd, abgedreht, weit von der Realität entfernt. Die folgende gehört dazu: Eines Tages – es war einige Monate vor dem Kaufhausbrand – sei Andreas nach Hause gekommen und habe eine Schusswunde in der Wade gehabt, erinnert sich Ello Michel. Bei einem gescheiterten Banküberfall sei er angeschossen worden. Mit einer Pinzette habe sie das Projektil aus seiner Wade entfernt. Während der »Operation«, ohne Betäubung, habe er keinen »Pieps« gesagt und alles über sich ergehen lassen.

Alles scheint Anfang 1968 auf das Anzünden von Konsumgütern in Warenhäusern hinaus zu laufen. Neben dem Vorfall in der Wohnung von Ello Michel findet vor der Achten Großen Strafkammer des Landgerichts Moabit ab Anfang März die Fortsetzung des Prozesses gegen Rainer Langhans und Fritz Teufel statt. Sie sind angeklagt, mit Hilfe eines Flugblattes im Mai 1967 zur Kaufhausbrandstiftung aufgefordert zu haben. Es ist der zweite Anlauf. Der erste Prozess wurde im Juli 1967 unterbrochen, weil die Angeklagten vor einer Weiterverhandlung zuerst auf ihren »Geisteszustand« untersucht werden sollten. Drei Tage nach Prozessbeginn, dem 6. März 1968, zündet im Flur des Kriminalgerichts Moabit im obersten Stockwerk, in einer Aktentasche verpackt, ein Molotowcocktail. Der Molotowcocktail ist mit Taschenlampenbatterien und Glühzünder ausgestattet und von ähnlicher Zusammensetzung wie einen Monat später die Brandsätze in Frankfurt. Die Sache endet glimpflich. Es gibt nur geringen Sachschaden, eine kurze Stichflamme entsteht.[142]

Einige Indizien deuten darauf hin, dass hier ein direkter Zusammenhang besteht. Das belegt auch ein Auszug aus dem »Instruktionsbrief« von Andreas Baader an Ello Michel. »Du erinnerst zwar, dass ich zu einem Prozess von Teufel ging, aber nicht zu dem, nachdem sie Dich gefragt haben, du weißt aber dass ich selten vor zwölf aus dem Bett komme (und wenn Kinder, Kindergarten u. s. w. Du also vermutlich gewusst hättest, wenn ich an dem Tag, um den es geht, früher aufgestanden wäre) natürlich weil ich nachts gearbeitet habe.«[143] Ist also gegen das Gericht, das gegen Langhans und Teufel wegen »Anstiftung zur Brandstiftung« verhandelt, ein Brandanschlag von dem späteren Kaufhausbrandstifter Andreas Baader verübt worden? Dazu passen auch die Beobachtungen von Ulrich Enzensberger einige Monate zuvor: Ein wenig kryptisch und doch eindeutig beschreibt er eine Szenerie, wie er sie bei einem Besuch im Frühherbst 1967 in der Badenschen Straße vorfindet. »Manchmal schauten wir bei Gudrun[144] und Andreas vorbei. Auf dem großen Tisch im Berliner Zimmer lag ein Gewirr von Drähten, Isolierband, eine Kombizange. Billie Holiday sang ›Don't explain‹.«[145]

Am 22. März 1968 werden Rainer Langhans und Fritz Teufel von der Berliner Justiz freigesprochen. Ein überraschendes Urteil. »Ich dachte, die behalten uns gleich drin«, erinnert sich Langhans. Zuvor hatten unter anderem Günter Grass und Walter Jens Gutachten zu den Flugblättern verfasst. In diesen verurteilen sie zwar Inhalt und Form der Flugblätter, finden es aber falsch, dies strafrechtlich zu verfolgen. So schreibt Günter Grass: »Da es mir nicht darauf ankommt, die Dokumente der Kommune 1 zu verharmlosen – ich lehne es ab, sie mit dem Prädikat ›Schwarzer Humor‹ als ästhetisch vertretbar zu erklären –, und da ich andererseits nicht geneigt bin, diese Flugblätter zusammenhangslos zu sehen, ja, vielmehr meine, ihre Harmlosigkeit in der weitaus gefährlicheren Nachbarschaft der Werbeindustrie und der bewusst meinungsbeugenden Presse zu erkennen, sehe ich keinen Anlass, diese pubertären Erzeugnisse einiger verwirrter, schon ältlicher Knaben als ernst gemeinte oder ernst zu nehmende Aufforderung zur Brandstiftung zu sehen.«[146] Weiter warnt Grass, man dürfe die Kommunarden nicht zu »Märtyrern« machen, vielmehr müsse man die Gründe »solcher Exhibition« in der Gesellschaft suchen. »Ein Staat, der die Kommune und ihre Produkte als öffentliche Gefahr wertet, beweist seine Unsicherheit und versucht die Wohltat demokratischer Nachsicht durch obrigkeitsstaatliche Härte zu ersetzen.«[147] Walter Jens bemerkt trocken, die Flugblätter wären »pubertärer Anarchismus, ein peinliches Verkennen der Situation, für das aber kein Gericht zuständig sei …«[148]

Das Gericht schließlich sieht in seinem Urteil die inkriminierten Schriften »objektiv« dazu geeignet, bei »Empfängern« den Willen hervorzurufen, Brände in »Berliner Kaufhäuser« zu legen, es sei den beiden Angeklagten aber nicht nachzuweisen, dass sie eine solche Brandstiftung »billigend« in Kauf genommen hätten. Letztlich seien die an der Freien Universität verteilten Flugblätter »literarische Erzeugnisse zum Zwecke der Schockierung«. Die Gerichtskosten gehen zu Lasten des Steuerzahlers.

Brandvorbereitungen

Auch der SPD-Parteitag zwischen dem 17. und 21. März in Nürnberg bleibt nicht von der APO verschont. Eines der Hauptthemen: Die geplante Notstandsgesetzgebung der Großen Koalition. Bis zu 10 000 Menschen, Studenten und Gewerkschaftsmitglieder werden erwartet. SDS und die IG Metall haben zu Protesten aufgerufen, und es werden gewalttätige Auseinandersetzungen befürchtet. Davor warnt jedenfalls der Polizeipräsident von Nürnberg. Sein Name: Horst Herold, der spätere BKA-Präsident. Ein Hauch von Revolution liegt in der Luft. Doch die Parteiführung unter Willy Brandt nimmt die Warnungen von SPD-Mitglied Herold nicht ernst. Helmut Schmidt sagt damals, er werde sich nicht verstecken und weigere sich, den Hintereingang zu nehmen. Als die Parteimitglieder am nächsten Tag in die Meistersingerhalle einrücken wollen, erwartet Delegierte wie Vorstand eine aufgebrachte und erzürnte Masse. Sie brüllt »Arbeiterverräter«. Sie werden auf dem Weg zur Halle attackiert und geschubst, Fahnenmasten werden abgeknickt und als Rammböcke missbraucht; SPD-Fahnen werden verbrannt. Herbert Wehner wird gemeinsam mit Willy Brandt eingekesselt; beim Geschubse verliert Herbert Wehner seine Brille. Angeblich, so melden es Tageszeitungen tags darauf, wird er mit einem Stock malträtiert, was jedoch nicht stimmte.

Karl-Marx-Kenner Horst Herold verfolgt schon längere Zeit aufmerksam die Geschehnisse in Berlin. Anfang 1968 meint er – wie die Protagonisten der Bewegung selbst –, die Proteste könnten zu weitreichenden Veränderungen im Land führen. »Die Verhältnisse begannen zu tanzen, die Institutionen wichen zurück, die Situation trug vorrevolutionäre Züge, und ein dialektischer Sprung schien heranzurücken. Nicht mehr die Arbeiterklasse war das revolutionäre Subjekt, sondern die Intelligenz, die, von Zukunftsängsten geschüttelt und sich proletarisch gebend, zu gesicherter Geltung drängte. Angesichts der Lähmung des Staates, der Unschlüssigkeit der Medien und der Passantenmentalität der lediglich zuschauenden Massen schloss ich nicht aus, dass der Staat kippen könnte.«[149]

Auch Ulrich Enzensberger – er ist auf der Durchreise nach

Berlin – ist unter den Demonstranten vor der Nürnberger Meistersingerhalle und beteiligt sich mit seiner Freundin an den Protesten. Als er nach längerer Zeit (er war für einige Zeit in Marokko) in die K 1 zurückkommt, wird dort gerade der »dialektische Sprung« vorbereitet. Die Wohnung ist gefüllt mit Leuten, und es ist eine lebhafte Diskussion in mehreren Zimmern im Gang. Die Situation ist »euphorisch und nervös«. Andreas Baader ist gemeinsam mit Ensslin und Proll zu Besuch. Sie sind zu Anwerbegesprächen gekommen. Kurz vor dem richterlichen Freispruch müsse man das Rad der Eskalation konsequent weiterdrehen. Die Kerbe tiefer schlagen. Warum nicht einfach ein Kaufhaus *wirklich* anzünden? Zum ersten Mal ist Andreas Baader nicht der »gute Mittäter«, sondern Regisseur und Initiator. Der Kopf, die zentrale Figur. Doch die anderen Schauspieler sind müde von den letzten Aufführungen und unwillig gegenüber der Anwerbung. Für Ulrich Enzensberger war dies alles nicht zu erkennen, damals. Vage und ungenau beschreibt er jenen Abend: »Es war zu spüren, dass sie etwas zusammen vorhatten. Ich gesellte mich zu ihnen. Ich war erst mal auch nur Gast. Eine Diskussion war im Gang, aber nicht konzentriert, in einer Runde. Es ging um die negative Stimmung, darum, wie ein Beitrag für die in Westberlin für den 23. März angekündigte Vietnam-Demonstration nicht aussehen konnte.... Sie hatten etwas vor, aber ich hätte nicht nachfragen wollen, was.«[150]

Der Mitbewohner Volker Gebbert erinnert sich deutlicher. Andreas Baader wäre sehr konkret geworden. Sie wollten Feuer im KaDeWe in der Tauentzien-Straße legen. Doch das stieß innerhalb der Kommunarden auf strikte Ablehnung. Mehr noch: »Dieter [Kunzelmann] sagte in dieser Sitzung dann: ›Wenn ihr das hier macht, gehe ich zur Polizei.‹ Und Dieter hatte damit die Zustimmung der anderen Kommune-Mitglieder.«[151] Ausgerechnet Dieter Kunzelmann soll diese Aktion verhindert haben, der Kunzelmann, der mit einiger Berechtigung als Gründungsvater der ersten deutschen Stadtguerilla angesehen werden kann, soll in dieser Situation deeskalierend gewirkt haben? Schwer vorzustellen. Der Einzige, der ein gewisses Interesse zeigt, ist der ebenfalls anwesende Michael »Bommi« Baumann. Der ist aber zu stoned und bleibt deshalb in Berlin. Später stellte er zur Genese der Frankfurter Brandstiftung recht treffend fest: »Die Brandstiftung ist natürlich auch eine Konkurrenzgeschichte, da wird schon versucht über Praxis die Avantgardeposition abzustecken. Die Avantgarde schafft sich selbst (Che Guevara). Wer die knallhärtesten Taten bringt, der gibt die Richtung an.«[152]

Thorwald Proll – ehemaliges Mitglied der Theatergruppe »Companie 67« – hingegen will oder kann sich nicht einmal erinnern, zu jenem Zeitpunkt in der K 1 überhaupt anwesend gewesen zu sein, geschweige denn, dass man dort die Pläne zur Brandstiftungsvorbereitung vorgetragen hätte (»Für mich ist das eine Erfindung. Das tut mir leid. Ich kann das nicht bestätigen.).[153] Die Interventionen von Ello Michel und der Kommune 1 zeigen Wirkung. In Berlin werden keine Kaufhaus-Brandsätze gelegt. Rainer Langhans sieht Andreas Baader an dem Tag zum letzten Mal. Es ist Baaders Abschied von der Kommune 1.

In den letzten Tagen des März beginnt eine Reise. Eine Reise in die Stadt seiner Jugend. Zuvor eskaliert der schwelende Konflikt zwischen Andreas und Ello vollends. Sie erklärt die Beziehung für beendet. Und obwohl sie ihn aus der Wohnung wirft, verlässt auch sie einige Tage später die Badensche Straße und schlüpft bei einer Freundin unter. Sie will ihm nach seiner Rückkehr nicht begegnen; er hat noch die Schlüssel.

Bernward Vesper schreibt am 24. März Familie Ensslin und macht sich vordergründig Sorgen um seine Verlobte und das gemeinsame Kind, in Wirklichkeit wohl noch mehr um sich selbst. »Felix steht nun zwischen den Parteien: heute kommt er zu mir für ein paar Tage (Gudrun fährt mit Andreas nach München)... Neben allem kann in der augenblicklich herrschenden Nervosität bei ihr die latente Gefahr psychischer Störungen (...) aktualisiert werden. Es ist das Ungeregelte und Zwanglose an Andreas' Leben, das sie anzieht, aber ich weiß nicht, wie weit sie... auf Dauer dem gewachsen ist.«[154]

Mit welchem genauen Vorsatz sie die Reise antreten, ist unklar. Sie fahren in einem runtergekommenen weißen Ford Fairlane (einer kleineren Ausführung des Cadillac Fleetwood), den Baader im Februar 1968 für 1000 Mark bei einem Charlottenburger Autohändler gekauft hat. Das Trio Baader, Ensslin und Proll sucht Mitglieder für die Besetzungsliste des noch unfertigen Drehbuchs. Kaum in München angekommen, gehen sie zu Proben – man glaubt es kaum – ins »Action-Theater« und werden Zeuge, wie der dortige Leiter und Schauspieler Horst Söhnlein sich gerade mit seiner Frau Ursula überwirft. So wie Andreas Baader mit Ello Michel. Wenn man so will, gibt es *eine* große Übereinstimmung bei den Brandstiftern – wenn ihre Biografien sonst noch so heterogen sind: Alle vier haben eine nur wenige Wochen zurückliegende Trennung von ihren Partnern hinter sich.

Auch der weitere Ablauf passt in die Folge der Zufälligkeiten und Absurditäten. Baader, der Söhnlein vorher wohl gar nicht kannte,[155] rekrutiert ihn im Laufe der München-Zwischenstation für die Weiterreise. Zuvor erzählt er abends in Schwabinger Cafés herum, für alle deutlich hörbar, dass man ein Kaufhaus anstecken wolle. Keiner nimmt ihn ernst. Ende März ruft er bei Ello in Berlin an, er sei in München und werde »was tun«. Sie solle »stolz auf ihn sein« und sich auf seine »Rückkehr freuen«!

Margita Haberland inszeniert gerade ein Musiktheaterstück in München. Sie ist eine Freundin von Gudrun Ensslin aus Berlin. Auch sie trifft das Trio in diesen Märztagen in Schwabing, und wie Söhnlein soll sie offensichtlich angeworben werden. »Da tauchte sie [Gudrun Ensslin] mit Andreas Baader und Thorwald Proll auf. Die waren unangenehm drauf. Da habe ich gemerkt, dass wir verschiedene Wege gehen. Sie machte einen merkwürdigen Eindruck auf mich, war nicht mehr zugänglich für Argumente – total darauf festgelegt, mit Andreas Baader den harten Kurs zu fahren. Die haben sich auf den Godard-Film mit Belmondo bezogen – von der Romantik her, die das Ganze hat: ›Elf Uhr nachts – Pierrot le fou‹. Der einsame Held bricht aus der bürgerlichen Gesellschaft aus. Weg ohne Wiederkehr. Ganz naiv. Am Abend, bevor sie von München nach Frankfurt fuhren, hat Andreas Baader zu mir gesagt: ›Pierrot le fou. Ha! Das machen wir selber.‹ So ungefähr: Denen zeigen wir's.«[156]

Von seiner Bekannten aus Schwabinger Tagen, Monika Maurer, möchte er sich einige Tage zuvor eine 16-mm-Kamera leihen. Er will das Ereignis filmen. Sie lehnt ab. Kurze Zeit später bekommt sie einen Anruf von ihm. »Ich müsse ihn jetzt sofort bei Rosenheim an einer Autobahnraststätte abholen. Er hätte eine Autopanne.« Sie mag seinen Befehlston nicht und lässt ihn an der Autobahnraststätte sitzen. Während dieser Tage in der bayerischen Metropole unternimmt das Trio Ausflüge in die oberbayerische Vorfrühlingslandschaft. Es sind teils bizarre, gewaltsame Unternehmungen: So will Andreas Baader im Starnberger See eine Katze ertränken! Gudrun Ensslin will das verhindern. Sie ringen förmlich um die Katze, bis sie entwischt – und das Weite sucht. Sind Drogen im Spiel? Der einzige Augen- und Ohrenzeuge jener Geschehnisse verneint wenig glaubhaft. (»Wir haben nie Drogen genommen.«[157])

Henning Rühle kommt nach dem Ausfall des Autos gerade recht. Er ist ein Bekannter von Thorwald Proll aus Berlin. Der 23-jährige Regie-Assistent will gerade den VW Käfer 1200 seiner Schwester in München verkaufen, als er Proll im »Chez Margot« in Schwabing trifft. Jetzt, wo der Ford Fairlane bewegungsuntüchtig mit Nockenwellenschaden in Rosenheim steht, brauchen die drei ein anderes Auto. Rühle verleiht den Käfer für Stadtfahrten. Dass die drei damit nach Frankfurt fahren wollen, sagen sie nicht. Zuvor trifft man sich in Kneipen. Baader erzählt, dass er demnächst nach Marokko wolle. In der späteren Vernehmung bekundet Rühle, er habe zu »Andreas«, im Gegensatz zu Thorwald, »keinen besonders guten Kontakt« gehabt. »Er ist ein etwas trauriger Typ und hat eine gewisse Arroganz.«[158]

Ob Andreas Baader den Aufenthalt in München dazu nutzt, um bei seiner Mutter in Grassau am Chiemsee vorbeizuschauen, ist nicht bekannt, aber durchaus möglich. So sagt die Mutter 1977 in einem Interview, Andreas sei vor dem Kaufhausbrand in Frankfurt »schwierig, sehr schwierig« gewesen und habe ihr gegenüber Andeutungen über bevorstehende Aktionen getan. Die besorgten (wenn auch ein wenig naiven) mütterlichen Fragen wie Einwände, ob er sich das »gut überlegt« habe und ob er nicht »zu jung« für solche Aktivitäten sei, wehrt er ab. Aber kann man eigentlich ein richtiges Alter für eine Brandstiftung haben?

1 Berndt Baader während eines Fronturlaubs mit Sohn Andreas, 1944

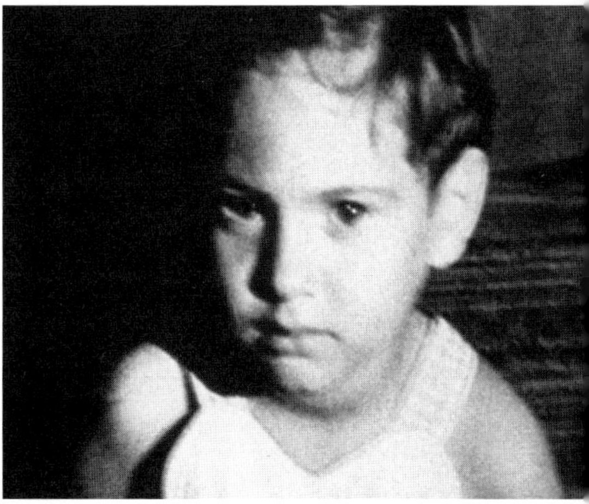

2 Andreas Baader als Kleinkind

3 Anneliese Baader mit ihrem Sohn, um 1956

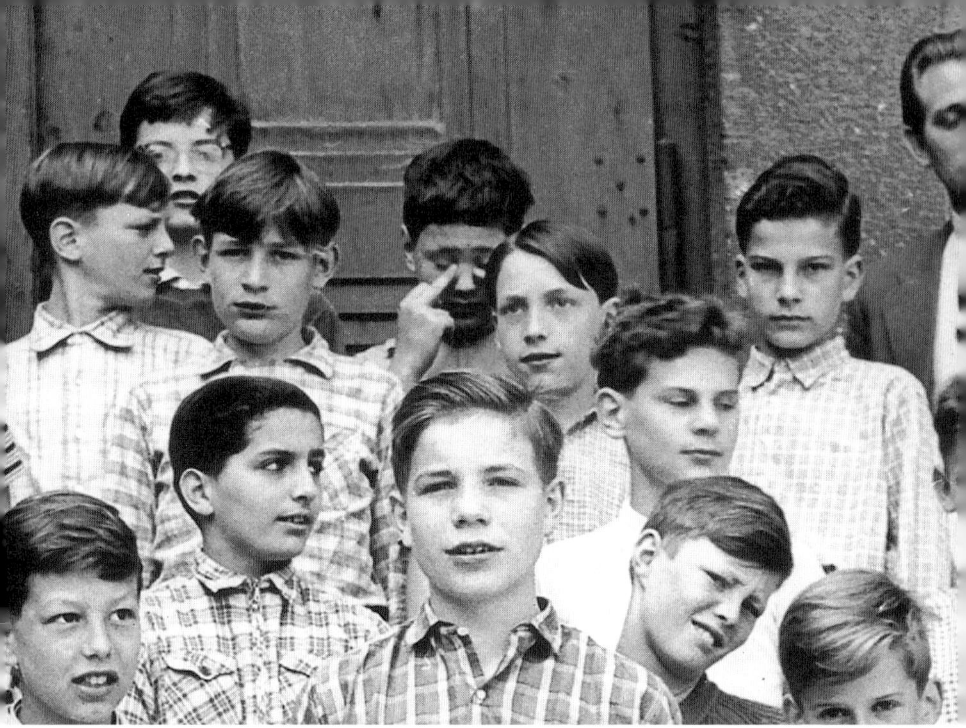

4+5 Klassenfoto des Maximiliansgymnasium 1956, Klasse »2b«. In der Mitte oben, mit geschlossenen Augen, Andreas Baader. Rechts der »Klassleiter« Hötzl

6 Andreas Baader mit seinem Cousin Reimar Kroecher in Röhrenfurth, Nordhessen, um 1953

7 Onkel Michael Kroecher als 90-Jähriger im Jahr 2002

8 Michael Kroecher mit Marcello Mastroanni in ›Fantasma d'Amore‹, 1981.

9+10 Der Tänzer Michael Kroecher, 40er Jahre

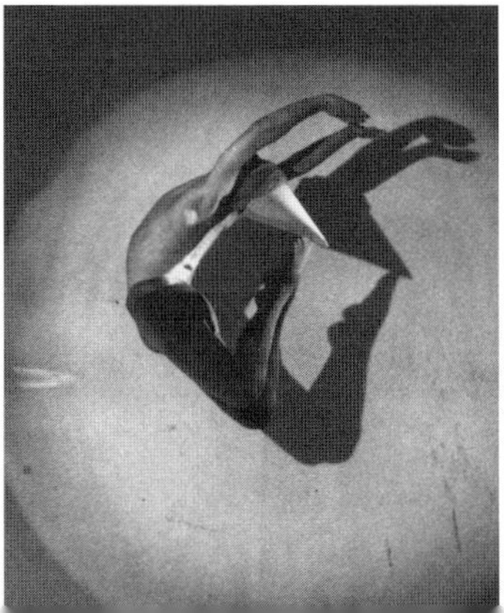

11 *Andreas Baader auf Sylt beim Baden, 1964*

12 *Passfoto Andreas Baader, um 1959*

13 *Andreas Baader um 1962*

14 Porträt Andreas Baader, aufgenommen von Herbert Tobias, 1965

15 Baaders Freund Holm von Czettritz, 1959

16 Die 17-jährige Ello Michel, Schramberg

17 Hochzeit von Ello Michel und Manfred Henkel, 28. Oktober 1960

18 Baader mit Suse in der Badenschen Straße, 1965

19 Suse mit etwa fünfzehn Monaten

20 Suse unterm Weihnachtsbaum, 1969

21 Einladungskarte für eine Ausstellung von Ello Michel in der Galerie »bel ètage« in Berlin Charlottenburg, Februar 1969

22 Ello Michel, ihr Sohn Robert und Andreas Baader auf dem so genannten »Bildermarkt« in der Joachimstaler Straße, Herbst 1964

23 Ello Michel, 1975

24–30 16-mm-Filmstills von Thomas Giefer, aufgenommen während der Trauerfeier für Paul Löbe vor dem Schöneberger Rathaus, 9. August 1967. Andreas Baader, mit angeklebten Riesenwimpern, verhöhnt Passanten, die sich über das Happening der Kommune 1 aufregen.

31 Andreas Baader (vorne links verdeckt) als Sargträger. Vorne rechts, Volker Gebbert, dahinter der später als Spitzel des Berliner Verfassungsschutzes enttarnte Peter Urbach. Hinten rechts am Sarg, Jörg Schlotterer. Im Sarg: Dieter Kunzelmann.

32 Andreas Baader mit Rainer Langhans bei Feierlichkeiten zur Haftverschonung von Fritz Teufel auf dem Ku'damm, 12. August 1967

33 Andreas Baader (rechts am Boden) bei der Protestaktion in der Deutschen Oper während des Auftritts von Pierre Boulez. Links daneben Jörg Schlotterer, September 1967

34 Erkennungsdienstliches Foto bei der Festnahme nach dem Kaufhausbrand, April 1968

35 Auftritt Andreas Baader während des Kaufhausbrandprozesses in Frankfurt, 31. Oktober 1968

36 Die Angeklagten im Frankfurter Brandstifter-Prozess: Thorwald Proll, Horst Söhnlein, Andreas Baader und Gudrun Ensslin. Im Hintergrund: Baaders Pflichtverteidiger Klaus Guthke

37 *Andreas Baader und Gudrun Ensslin auf der Anklagebank*

38 *Öl-Porträt Andreas Baader von Ello Michel, 1969*

39 *Andreas Baader, 1973, von Ello Michel gemalt, nachdem sie ihren ehemaligen Lebensgefährten während des Mahler-Prozesses in Berlin wiedergesehen hatte.*

Eine Philosophin – es muss zur
Selbstbesinnung kommen, – muss
es das?
Bisher schlechte Wochen hinter mir, Hass
Schmerzen, Nervosität, fast nichts ge-
schrieben, vorher 150 Seiten schweren
Marmor ausgekotzt,
Berge von Theorie, was ich nie wollte:
ich arbeite und leide
ohne zu klagen natürlich
Immer heller u. immer dunkler.
Verflucht, schreib, was Du von _mir_
findest und schreib _mir_

Andreas

und die Kinder?

40 Brief von Andreas Baader aus dem Gefängnis Butzbach an Ello Michel, 21. August 1968

Immer schwerer Briefe zu schreiben, fällt etwas mehr raus bevor ich wirklich antworte, das heisst, schreib mir ein paar Sätze die mich anfassen.

beiliegend Photos u. vergiss endlich Deinen Hass

Andreas

u. wenn schon, lass es Dir übersetzen

All days are nights to see till I see thee
And nights bright days when dreams
do show thee me.

möglichst von einem freundlichen
Brunner.

Versuch, solang Du in Frankfurt bist, einmal jeden Tag zu besuchen, damit ich Dich wenigstens sehe, wenn ich Dich schon nicht anfassen kann.

Liebe Ello
lies das Ding und nimm es mit nach Hause und lies es nochmal und versteh es und denk darüber nach und dann spül es runter oder steck Dir einen Joint damit an.
Es ist so : weil es jetzt schliesslich um sieben Jahre gehen soll oder vielleicht nur um drei (und Du vielleicht willst, dass wir irgendwann *wieder* bummsen und streiten und lieben) ist wichtig, was die für ein Bild von mir haben und weil ich nichts über mich sagen kann, wirst Du es malen müssen. Das heisst, Du sollst nicht träumen und nicht zu agressiv sein und überhaupt nicht politisch, einfach Du, was völlig genug ist.

Ein Gesang dreckiger grüner Lügen, ungefähr so:

sie sollen denken, dass ich jemand bin, der vielleicht mit studentischen Gruppen, wie sie das nennen, zu tun hat, so wie ich damit zu tun hatte, aber niemand, der jemals auf die Idee kommt ein Kaufhaus anzuzünden, sowas zu planen oder sowas auszuführen, jemand der solang Du Dich erinnerst immer nur für spielerische Aktionen war und nicht für gewaltsame und gewaltige und jemand der vielleicht wie Du sagst, andere beeinflussen kann aber so gut wie nie Lust dazu hat. Was schliesslich stimmt. Du wirst sagen müssen dass Du bei Deiner Aussage wütend warst und unter Druck und wütend selbstständig und darauf aus selbstständig zu sein und eifersüchtig und was Dir überhaupt einfällt.
dass, als wir uns kennen lernen, ich für eine Wiener und eie schweizer Zeitung gearbeitet habe und einen Haufen Geld verdient, bis ich keine Lust mehr hatte und Arbeiter wurde, wo ich blieb bis wir raushatten, das s ich zuwenig für uns und zwei Kinder verdiene und ich wieder anfange zu schreiben für Zeitungen die Du nicht kennst und zuletzt fxr Drehbücher über die Du wenig weisst und zuletzt für diesen Film von dem Du auch wenig weisst, weil Dich das Zeug nie interessiert hat. Wichtig ist [redacted], dass Du sagst dass das geld, dass wir und ein Haufen oder ein paar Freunde zu achtzig Prozent ich verdient habe und dass es manchmal viel war und manchmal wenig aber jedenfalls immer genug für die Kinder und Dich und die Wohnung u.s.w.

Du sagst keinen Namen, Zeitungen u.s.w. weil Du keinen weisst und was Du über die Bildzeitung gesagt hast ist ein alter Witz, der Dir einfiel.

Über Gudrun sag, was Dir richtig vorkommt. Über die Kinder und mich sagt was stimmt, dass sie mir wichtiger sind xixxx als irgendwas, ausser vielleicht Dir, ich glaube, da kannst Du ruhig etwas Pathos lockermachen, weil es einfach ist und weil es einfach so ist. Verfluchtes Gewäsch.

Über mein technisches Interesse sag, dass ich nicht einen Nagel in die Wand schlagen kann, aber natürlich das alles nur als Antwort auf fragen, überhaupt lass die fragen, sie werden schon versuchen Dich zu ziehen und zu hetzen wie einen grossen Hund.

Über Kontakt zur Kommune sag: Kinder, Besuche, schliesslich nur noch eine sehr lose Freundschaft.

Katze – Du sagst, dass ich Dich einmal geschlagen habe, als ich besoffen war und Du und dass Du's nur gesagt hast, weil sie es aus Dir rausgepresst haben oder Dir in den Mund gelegt, genau wie die Idee, ich sei jemand der anderen seinen Willen aufzwingt.

sag, dass ich [redacted] alles andere als ein Fanatiker oder Aktivist, verflucht, sag was Dir positives einfällt, aber denk immer daran , dass im kranken und wahnsinnigen Universum der Justiz xixxx und ihrer Arschlöcher alles umgedreht und umgewertet ist, ich meine, was wir lieben, hassen die und daran denk und versuch Dich dazwischen durchzulavieren ohne zu kriechen und ohne zu brüllen.

Sag zuerst, was Du mit uns vorhast wenn sie mich rausrücken, denn das kann heissen, dass Du nur auf Fragen antworten musst auf die Du antworten willst,

41 Der »Instruktionsbrief«. Andreas Baader an Ello Michel, 16. Oktober 1968

aber das erklart Dir Mahler, der Dich glaube ich gut leiden kann.

egal was Du Dir überlegst, antworte nur auf Fragen, wenn es möglich ist und versuc es nicht zu d ck aufzutragen aber ziemlich dick.

Wir haben natürlich mit Haschisch oder Lsd so gut wie nichts zu tun wir haben vielleicht ein paarmal geraucht, ohne viel Spass daran, weil wir Freunde haben, weil wir freunde haben die viel rauchen und dann aben wir es gelassen eher gel entlich gesoffen.
Auch das ist wichtig.

Sie wissen wahrscheinlich dass ich in London war, wenn sie Dich fragen in Zusammenhang mit einem Drehbuch (Griebel mutmasst ich sei Rauschgifthändle aber Du weisst nichts genaues weil es in einer Zeit war in der wir wütend und missmutig waren.

Ebenso der Grund dieser reise nach München, mit der alles Elend anfängt, Du nimmst an, oder Du weisst, Telefon u.s.w. es dreht sich um den Film den ich vorbereitet habe um Geld, irgendeinen vertrag u.s.w nicht alles was ich Dir erzählt habe und vor allen Dingen nie einen Namen.

Falls ich verurteilt werde und es kommt zu einer Revision werde ich dann alles sagen znd tun, was ich jetzt nicht kann ohne ein wahnsinniges Urteil zu provozieren. Du siehst das ein.

Du erinnerst zwar dass ich zu einem Prozess von Teufel ging aber nicht zu dem, nachdem sie Dich gefragt haben, Du weisst aber dass ich selten vor zwölf aus dem bett komme(und wenn Kinder, Kindergarten u.s.w. Du also vermutlich gewusst hättest, wenn ich an dem Tag um den es geht früher aufgestanden wäre.) natürlich weil ich nachts gearbeitet habe.

Verflucht das ist wirklich genug Scheisse. Sprich wenn Du mich besuchst nicht über Fluchtversuche u.s.w. denn das ist schon in den Akten. Ich weiss jetzt, dass ich nach Butzbach kam und nicht in ein Gefängnis, weil Butzbach als ausbruchsicher gilt, was ~~xxx~~ es auch nicht ist, was Du vielleicht glaubst wenn ich verurteilt werde. Ich habe vom ersten Tag an an nichts anderes gedacht als auszubrechen. Hier war ich bevor ich verschoben wurde fast soweit und in Butzbach war es so:

zwei Tage bevor ich hierher zurückkomme ist ein Ausbruchsversuch geplatzt die Knastzeitung, von Gefangenen gemacht hat einen schwulen Lebensmittelhändler erpresst, er hat Waffen gesorgt, er hat sich aufgehängt und einen Brief hinterlassen worauf sofort alles durchsucht wird und ein Flugblatt von mir gefunden (resexualisiert die Strafe, fickt eure Wärter u.s.w.) dass gedruckt werden sollte) neben allem anderen, als sie ~~in~~ meine Zelle durchsuchen wollten habe ich mich verschanzt und bin geprügelt worden wie ei ein Hund. Ich wäre aber dort gebleiebn denn ich habe keine Lust lebenslänglich mit Lebenslänglichen zu sitzen weil sie einen Wärter umlegen. Aber wenn sehr viel Zeit kommt, kommt auch irgendein Rat.
Und Du willst das gar nicht wissen, viel wichtiger ist, bring mal einen Klumpen Haschisch mit und schieb ihn mir zu oder schick das in Tabak, so dass die Verpackung nicht verletzt ist. Lass einen falschen Absender schreiben. Tü's denn es ist ganz ungefährlich.

Viel später erzähle ich Dir natürlich viel mehr ,ich habe was gefunden auch von uns, aber das hängt natürlich alles von Dir ab. Was mich schüttelt wenn ich Dich sehe weisst DU und verflucht, wenn Du es wirklich siehst in diesen Paar Minuten ist es auch genug, mehr als jedes Scheisswort.

andreas

Ich denke Du solt t auf diesen Misthaufen steigen, wie Dz bist, stolz schön u.s.w. aber versuch keinen Angriff das schon, aber keine Anklage, nur die dass es unmöglich ist dass ich das war u.s.w.
Schreib mir, aber bezieh Dich ncit auf diesen Brief.

42 + 43 Andreas Baader im März 1969 im Gefängnis Kassel-Wehleiden, fotografiert von seinem Anwalt Klaus Eschen

44 Andreas Baader beim Verlassen des Gefängnisses in Kassel am 13. Juni 1969

Sicher ist, dass Gudrun Ensslin ihrerseits mit ihren Begleitern am Sonntag, dem 1. April, einen Aufenthalt im Pfarrhaus in Bad Cannstatt einschiebt. Es gibt zu essen, und die Haushaltskasse (Proll: »Wir waren im wahrsten Sinn abgebrannt«) der Reisegemeinschaft wird aufgefüllt. Gudrun leiht von ihrer kleinen Schwester Ruth das Geburtstagsgeld. Auch Gudrun Ensslin hat – wie Andreas – offenbar ein ausgeprägtes Bekenner- und Mitteilungsbedürfnis ihrem Elternhaus gegenüber. Es gibt düstere Andeutungen – wenn auch ungenauen Inhalts – über das, was in den nächsten Tagen passieren wird. Die Eltern wissen das Gesagte nicht zu deuten.

Ensslin, Proll, Baader und Söhnlein fahren noch in der Nacht weiter. Am 2. April kommen sie in den frühen Morgenstunden mit dem geliehenen VW Käfer in Frankfurt an. Cornelia Vogel – eine Bekannte von Thorwald Proll – ist nicht begeistert von dem unangemeldeten morgendlichen Besuch. Es ist kurz vor sechs. Proll hatte Vogel im Februar auf dem Vietnam-Kongress in Berlin kennengelernt. Eine Stunde Gespräch, so lang kennen sie sich. Das Quartett sucht eine Unterkunft für die nächste Nacht, vielleicht auch länger. Sie versucht, die vier künftigen Brandstifter abzuwimmeln. Auch Jochen Drews – ein ehemaliger Mitschüler und Freund Prolls vom Friedrichsgymnasium in Kassel – möchte die Gruppe nicht in seiner Studentenbude beherbergen. Also lässt sich Cornelia Vogel doch breitschlagen.

Beim Frühstück, es ist 8.00 Uhr morgens, ziehen die fünf noch einen Joint durch. Cornelia Vogel lässt dem Quartett zwei Bröckchen Haschisch zurück. Daraus macht die ›B. Z.‹ in Berlin am 9. April die Überschrift: ›Kaufhausbrand – War auch Rauschgift im Spiel?‹ Andreas Baader hat nach dem Frühstück ein Anliegen – er benötigt noch immer eine 16-mm-Filmkamera. Kann sie nicht eine besorgen, da Cornelia Vogel doch als Cutterin beim Hessischen Rundfunk sozusagen an der Quelle sitzt? Schließlich will er ja einen Film drehen. Als er nachmittags bei ihr im Funkhaus anruft, hat er es sich wieder anders überlegt. Die Sache habe sich »erledigt«. Dennoch wird den ganzen Tag über Filmproduktionen geredet. Als sich die vier um 16.00 Uhr in der Großen Bockenheimer Straße im »Cafe Schwille« mit Jochen Drews treffen, dreht sich das Gespräch gerade um »Drehorte«. Doch die sind eigentlich schon festgelegt: »Kaufhaus M. Schneider« und der »Kaufhof«, beide auf der Einkaufsmeile Zeil. Auch die Maske hat schon ganze Arbeit geleistet: Die vier Protagonisten haben sich gegenseitig neue Frisuren verpasst (Vogel: »Dementsprechend sahen die auch aus.«). Das sei besser für die »Aktion«. Cornelia Vogel ärgert sich über abgeschnittene, nicht aufgefegte Haare in ihrem Badezimmer.

Um 23.30 Uhr sind sie erneut mit Prolls Freund Jochen Drews verabredet. Als dieser das Operncafé in der Nähe der Zeil betritt, wird er von den vier kaum wahrgenommen. Sie sitzen in der Ecke und schreiben. Drews ärgert sich über die Nichtbeachtung und verlässt das Café, ohne sich zu verabschieden. Woran schreiben sie? Am Text für den Bekenneranruf bei der Deutschen Presseagentur? Kurz nach dem Brand ruft dort eine weibliche Stimme, wahrscheinlich Gudrun Ensslin, an und sagt: »Im Kaufhof und bei Schneider brennt es. Wenn Sie sich dafür interessieren, dann kann ich Ihnen sagen, dass es ein politischer Racheakt ist.« Zeit und Muße für ein ordentliches Flugblatt scheinen zu fehlen.[159]

Um 23.53 Uhr explodieren zwei Brandsätze im Kaufhaus »Schneider«. Ein Taxiunternehmer sieht von der gegenüberliegenden Seite das lodernde Feuer und verständigt die Feuerwehr. Wenige Minuten später bricht im 1. Stock ein weiterer Brand aus. Im »Kaufhof«, nur wenige Meter entfernt, wird ein Nachtwächter in der Bettenabteilung im vierten Stock von einer Explosion überrascht. Die Flammen schlagen bis zur Decke. Er bringt sich schnell in Sicherheit. Ein weiterer Brandsatz explodiert in der Spielzeugabteilung. Die Feuer sind schnell gelöscht, es entsteht nur Sachschaden.

Zwei Tage später werden die vier festgenommen, gerade als sie die Wohnung von Cornelia Vogel verlassen wollen. Zivilbeamte warten bereits vor der Tür. Auch Cornelia Vogel muss in Untersuchungshaft. Der neue Freund von Cornelia Vogel, Gerhard Neubieser, genannt »Bieber«, ein 19-Jähriger aus dem Taunus, der unter anderem mit gestohlenen Pelzmänteln handelt, hat der Polizei den »sachdienlichen Hinweis« gegeben. Er hofft auf die 50 000 Mark Belohnung, die in der ›Abendpost Nachtausgabe‹ zur Ergreifung der Täter ausgelobt wurden.

Besonders klandestin hatten sich die Feuerleger nicht verhalten. Bereits am Abend der Tat renommierten sie mit dem Anschlag. »Jeder, der wollte«, konnte von Baader und »vor allem von Thorwald Proll« im Club Voltaire »alles über die Aktion hören«, erinnert sich Daniel Cohn-Bendit.[160] Angeblich, was nicht belegt ist, schauen sie der Feuerwehr bei den Löscharbeiten zu. Ein Kamerateam ist am nächsten Tag vor Ort und filmt die verkohlten, wasserdurchtränkten Waren und Einrichtungsgegenstände. Nicht Andreas Baader ist der Regisseur, sondern ein Redakteur des Hessischen Rundfunks.

Als Ensslin und Baader im Polizeipräsidium zu den Vorwürfen vernommen werden, machen sie im Gegensatz zu Söhnlein und Proll relativ umfassende Aussagen. Aber sie verneinen jede Beteiligung. Gudrun Ensslin gibt als Grund ihres Frankfurt-Aufenthaltes einen Besuch ihrer Cousine in Frankfurt-Gravenbruch an. Mit ihr wollte sie wegen einer »Unterbringung« ihres Sohnes Felix reden. In München wollte sie »jemand« für ihre Doktorarbeit besuchen. Wen, sagt sie nicht. Auch Andreas Baader ist auf Recherchereise: Er sucht »Leute, die bei seinem beabsichtigten Film mitwirken wollen«.[161] Nachdem sein Verteidiger keinen Grund mehr zur Inhaftierung sieht, beantragt er, den Haftbefehl aufzuheben. »Der Beschuldigte erklärte ergänzend hierzu, dass ihn eine Inhaftierung sehr benachteilige und dass auch andere davon betroffen würden, und zwar im Hinblick auf den beabsichtigten Film.«[162] Nichts geht ohne den Regisseur.

Später steigt der Verteidiger von Gudrun Ensslin, Otto Schily, in seiner Revisionsschrift nach dem Kaufhausbrandprozess nochmals auf die Film-Mär ein: »Dass die Angeschuldigten zur Zeit des Brandes oder kurz davor (23.30 Uhr) im Opern-Café saßen und dort Notizen anfertigten, wie der Zeuge Drews bekundet, vermag auch niemanden zu belasten. Da es für die Anfertigung von Notizen viele Gründe geben kann. Insbesondere könnten diese Tätigkeiten im Zusammenhang mit den möglicherweise beabsichtigten Filmarbeiten gesehen werden, für die vermutlich ein Drehbuch erforderlich gewesen wäre.« Schreibt man das Skript nicht vor Drehbeginn?

Schlacht um Algier

Wahrscheinlich wollte Andreas Baader ein anderes Drehbuch auf deutsche Verhältnisse schlicht adaptieren. 1966 hatte der Film ›Schlacht um Algier‹ (›La battaglia di Algeri‹) des italienischen Regisseurs Gillo Pontecorvo auf der Biennale in Venedig seine Uraufführung, gewann prompt den Goldenen Löwen und wurde kurz danach für drei Oscars nominiert. Ein Kultfilm – nicht nur in SDS-Kreisen. Es sollte *der* Lieblingsfilm von Andreas Baader werden. »Geheimorganisationen, die Untergrundkämpfer in Algerien zum Beispiel, das hat ihn schon früher fasziniert. In diesem Bereich bewegten sich die Gedanken dann vielleicht auf etwas Unbekanntes zu. Da spielte auch der Film eine große Rolle, ›Schlacht um Algier‹. Die bewaffnete Politik, das hat ihn fasziniert, Vorhut zu sein für etwas, was noch kommt, kommen soll«, erinnert sich Thorwald Proll.[163] Betrachtet man die spätere Entwicklung und den Lebensweg von Andreas Baader, sind Analogien zu diesem Film frappierend.

Der Film spielt 1957 in Algier. Es ist ein halbdokumentarischer Spielfilm, größtenteils mit Laien besetzt; manche spielen sich selbst. Wie der ehemalige Freiheitskämpfer und FLN-Führer Saadie Yacef, mit seiner Firma Casbah Films auch Koproduzent des Films. Gedreht wird an Originalschauplätzen – mit Unterstützung der jungen algerischen Regierung. Erzählt wird die Geschichte des algerischen Widerstands gegen die französische Besatzungspolitik während des Algerienkriegs. Das Hauptquartier der algerischen Freiheitskämpfer heißt Kasbah, ein zwei Quadratkilometer großes, dicht besiedeltes Armenviertel der Hauptstadt Algier. Regionaler Anführer der »Nationalen Befreiungsfront« (FLN) in der Kasbah ist der ebenso charismatische wie draufgängerische Ali La Pointe. Er wird zum gefeierten Held in der algerischen Bevölkerung. Ein eigentlich unpolitischer, kleiner Straßendieb, Hütchenspieler und Boxer, der der FLN beitritt, als er im Gefängnis Augenzeuge einer Enthauptung von algerischen Widerstandskämpfern wird. Wenn man so will, das Alter Ego von Andreas Baader. Sein Gegenspieler ist der französische Colonel Mathieu, der den Chef der berüchtigten 10. Fallschirmspringerdivision Jacques Massu als Vorbild hat. Er ist intelligent, smart und bereit, mit den brutalsten Mitteln den Widerstand der FLN zu brechen. An Grausamkeit jedoch stehen die Attentate der Algerier den Foltermethoden der Franzosen (Auspeitschen, Stromschläge, kopfüber an den Füßen aufhängen usw.) in nichts nach. Eine der Schlüsselszenen ist gleich an den Anfang des Films gesetzt. Durch Folter wird das Versteck des Guerillaführers Ali La Pointe in der Kasbah verraten. La Pointe, gespielt vom dem Bauern und Analphabeten Brahim Haggiag – Pontecorvo hatte ihn auf einem Markt entdeckt –, und seine Mitkämpfer werden vor die Wahl gestellt: ergeben oder man sprengt das Versteck samt Insassen in die Luft. Nicht viel anders als der algerische Guerillaführer dürfte sich Andreas Baader am 1. Juni 1972 bei seiner Festnahme im Garagenhof des Hofeckwegs in Frankfurt gefühlt haben. Mit dem Unterschied, dass Andreas Baader nicht in die Luft gesprengt wird und, wenn auch verletzt, am Leben bleibt.

Auch die Idee für den so genannten »Dreierschlag« (den Überfall auf drei Banken in Berlin im September 1970 innerhalb von zehn Minuten Zeitabstand) dürfte Andreas Baader seinem Lieblingsfilm entlehnt haben. Um vollständige Verwirrung und Chaos bei den französischen Besatzern zu schaffen, legen drei Attentäterinnen im Film drei Bomben in Algier an ausgesuchten Plätzen, die fast zeitgleich explodieren. Ein Anschlag, der im September 1956 wirklich stattgefunden hat. Die Idee für den »Dreierschlag« in Berlin hatte Andreas Baader, sagt Ralf Reinders, der bei dem gut organisierten Bankraub dabei war.[164]

Eine weitere vermeintliche Analogie zum Film betrifft Baaders Suizid 1977 im Gefängnis Stammheim. Nach der Festnahme des FLN-Führers Ben M'Hidi führt General Mathieu diesen wohlbehalten zu Propagandazwecken der internationalen Presse vor. Kurze Zeit später ist er tot: Aus Verzweiflung über seine Festnahme hat er angeblich Selbstmord begangen. Doch jeder Zuschauer des Films weiß, dass der FLN-Führer in seiner Gefängniszelle von den französischen Militärs ermordet wurde. Baader stirbt durch einen Schuss in den Hinterkopf. Wie er in den Besitz der Waffe gekommen war, konnte sich anfangs niemand erklären. Alles sollte auf Mord hindeuten.

In Rückblenden werden die Stationen des Algerienkrieges von 1954 bis 1957 und die Biografie von La Pointe erzählt. Als Vertreter des dokumentarischen Realismus erzählt Regisseur Pontecorvo besonders eindringlich die Eskalationsstufen des beidseitigen Terrors. Die Foltermethoden der französischen Besatzer zur Erpressung von Geständnissen der Widerstandskämpfer sind so realistisch dargestellt, dass ›Schlacht um Algier‹ in den 70er Jahren als »Schulungsfilm« von lateinamerikanischen Diktaturen für die »richtige Behandlung« von nicht aussagewilligen Gefangenen eingesetzt wird. ›Schlacht um Algier‹ ist kein simpler Agitprop-Film, auch wenn er klar auf der Seite der algerischen Widerstandsbewegung steht. Die französische Regierung verbietet bis 1971 die Aufführung des Films in den Kinos des Landes. Als er dann schließlich in die Kinos kommt, setzen ihn die Kinobetreiber schnell wieder ab, weil sie mit Morddrohungen von Rechtsextremen überzogen werden. Laut ›Le Monde‹ vom 8. September 2003 benützt auch das Pentagon ›Schlacht um Algier‹ als Schulungsfilm für hochrangige Offiziere des US-Generalstabes. Lernziel: Welche Fehler haben die französischen Besatzer bei der Okkupation des muslimischen Algerien begangen, und welche Folgen lassen sich hieraus für den Irak-Krieg ziehen?

Andreas Baaders verschollenes Drehbuch für Peter Fleischmann muss sich eng an dem Film ›Schlacht um Algier‹ orientiert haben, wenn man Thorwald Proll glauben darf. »Er hatte grandiose Vorstellungen.« Nur ist Deutschland nicht Algerien.

Vernehmungen und Briefe

Die Frankfurter Polizei hat sich kurz nach der Festnahme einen Durchsuchungsbefehl für die Wohnung von Andreas und Ello in der Badenschen Straße besorgt. Am 5. April um 13.00 Uhr lassen sich der Kriminalobermeister Oheim mit seinen Kollegen Gronostay und Armenat von der Tochter der Hauseigentümerin die Wohnung aufschließen. Sie befindet sich in einem »verwahrlosten Zustand« und ist mit »wenig Mobiliar« ausgestattet. Hauseigentümerin M. hat auch Ello Michel schon seit mehreren Tagen nicht mehr gesehen. Kurz nach Anfang der Durchsuchung kommt Ello vorbei, weil sie sich ein »Kissen« aus der Wohnung holen möchte. Als sie die offene Tür erblickt, lugt sie vorsichtig hinein, sieht, dass die ganze Wohnung voller Kriminalbeamter ist, und schließt die Tür wieder vorsichtig, ohne gesehen zu werden. Die Durchsuchung muss recht schlampig vorgenommen worden sein, wenn man Ello Michel glaubt. Ein Päckchen »Sprengstoff« auf dem Schreibtisch übersieht die Polizei. In Gudrun Ensslins ehemaliger Wohnung in der Fritschestraße hingegen wird die Polizei fündig. Sie finden eine 20 cm lange Rolle, die mit braunem Packpapier umwickelt ist. Die darin enthaltene »Bergermischung« lässt sich als Bestandteil für Brandsätze verwenden. Zwei Tage später durchsuchen sie erneut die Badensche Straße und finden erneut – nichts. Zwei Beamte suchen Ello Michel bei ihrer Freundin Annette Regnier in der Olympischen Straße auf. Ello ist psychisch in schlechtem Zustand. Ihre Alkoholprobleme und ihre Captagon-Abhängigkeit tun das Übrige. Sie hat, weil sie sich komplett überfordert fühlt, ihre Kinder Robert und Suse »ans Sozialamt« gegeben. »Also, das war eine schlimme Zeit«, sagt sie heute. Nach einer Zeit im Heim werden die beiden Kinder bei einer jugoslawischstämmigen Pflegefamilie in Berlin untergebracht. Roberts Vater Manfred Henkel nimmt sich ihrer nach seiner Rückkehr aus Spanien – er lebt dort 1968 für einige Monate – an und bekommt gemeinsam mit seiner neuen Frau Agathe das Sorgerecht von den Behörden übertragen. Auch für Baaders Tochter Suse.

Ello gibt sich offen gegenüber den vernehmenden Beamten an jenem 10. April und bekennt gleich zu Anfang der Befragung, sie habe keine Veranlassung mehr, irgendwelche Rücksichten auf »B.« zu nehmen, obwohl er der Vater des 1965 »außerehelich« geborenen Kindes sei, wie es im Behördendeutsch heißt. Aus diesen Aussagen formt sich ein durch und durch negatives, pathologisches Charakterbild des verdächtigen Brandstifters.

So habe sie seit einiger Zeit Angst vor ihm, weil er zunehmend »rücksichtslos gegen mich auftrat und mich auch schon einmal geschlagen hat«. Seine Vorstellungen in »beruflicher« wie »politischer« Hinsicht wären »naiv und kindlich«. Und für Politik hätte er sich konkret erst im Herbst 1967 interessiert.

Größere finanzielle Einkünfte hätte er nie gehabt, sie hätte ihn weitgehend versorgt. Zwar wäre er »scheinbar« schriftstellerisch tätig gewesen, den Sinn dieser Arbeiten habe sie aber nicht begriffen.[165] Ein Satz von Ello ist in der protokollierten Aussage mit einem dicken Balken angestrichen: »Mein Eindruck war, dass Baader von Natur aus dazu neigte, Menschen zu beeinflussen und sie seinem Willen gefügig zu machen.« Szenen eines Rosenkrieges? Rache für die erlittenen Erniedrigungen in einer Beziehung? Bei Aussagen bezüglich konkreter Tatbeteiligungen und Vorbereitungen hält sich Ello – obwohl sie durchaus mehr weiß – zurück. Nein, ihr Freund hätte weder Reisewecker, Aktentasche noch elektrische Glühanzünder besessen. Auch sei er technisch unbegabt. Vor allem in politischer Hinsicht sei ihr Kontakt in letzter Zeit nicht »eng genug« gewesen, um zu beurteilen, ob er etwas mit der Brandstiftung zu tun hätte. Sie weiß es besser. Den Streit über die geplante KaDeWe-Brandstiftung lässt sie unerwähnt.

Andreas Baader ist ein eifriger Briefeschreiber, was bisher unbekannt war. Besonders oft schreibt er an die Mutter seiner Tochter. Seine Briefe sind ein treffendes Spiegelbild seiner selbst. Es sind Liebes- und Hassbriefe. Zwanzig Briefe sind erhalten geblieben. Sie sind zärtlich, verletzend und fordernd. Zum Teil unerträglich selbstmitleidig, angefüllt mit Metaphern und voller Pathos. Unentschieden, assoziativ und sprunghaft. Es sind Instruktionsbriefe in eigener Sache.

Am 30. April formuliert er wohl den ersten Brief aus dem »Untersuchungsgefängnis für Männer« in Frankfurt an Ello. Inzwischen hat er erfahren, dass seine Tochter Suse nach seiner Inhaftierung von Ello ins »Heim« gegeben wurde. »Ach Ello« beginnt er, »Du bist natürlich so brutal wie möglich, Du tust die Kinder in ein Heim (warum?). Du schreibst nicht und ich weiß nichts, nur, nach dunkeln Briefen, Du hast mich in drei Wochen verscharrt wie ein Stück Dreck, ich habe immer noch (wie lang) eine qualvolle Beziehung zu Dir und zu unserem mörderischen Gezänk, so, dass schreiben mir ziemlich leer vorkommt, und ich schreib Dir auch nichts (obwohl ich möchte), denn ich denke, dass es Dir gleichgültig ist oder Dich stört und so demütig kann ich nicht einmal jetzt sein. Ich habe kein

Selbstmitleid, nur eine ziemlich dürre Zeit vor mir, eine triviale und absurde Konsequenz, mit der Du zwar zu tun hast, die Dich aber nichts mehr angeht, aber ich kann nicht jammern, du wolltest immer helfen, also hilf mir, schreib mir einen Brief, lang und endlich deutlich, schick ein paar Fotos und lass mich nicht zu lang warten, denn ein Tag ist hier ein Jahr lang.«[166]

Handschriftlich fügt er seine Wünsche hinzu. Eine »gute Pfeife«, ein paar Dosen Tabak, Marke Dunhill. Ein Abo für »die süddeutsche« (»falls [Manfred] Henkel das nicht getan hat«) und »konkret«. Zwischen den Besorgungsaufträgen streute er noch lapidar den Satz ein: »Die Kinder, was willst Du tun?« Ferner weist er noch auf eine Postvollmacht hin, die er ihr geben möchte.

Im gleichen Briefumschlag steckt ein weiterer vierseitiger Brief, mit dem er auf den Brief von Ello reagierte. Überschrieben mit »Mein Herz«, beklagt er ihren kurzen Brief und ihre darin beschriebene Exzentrik, wie er findet. »Du atmest seit sechs Wochen [also seit er aus Berlin abgefahren ist, Anm. d. Verf.], heisst, seit ich ersticke –, fällt mir schwer, Dir keinen zynischen Fetzen zu schreiben.« Um dann doch gleich anklagend fortzufahren: »… ich weiß, es war Dir eine Qual mir 20 Zeilen zu schreiben, eine Lust ein langes Protokoll [gemeint ist Ellos Aussage gegenüber der Polizei am 10. April, Anm. d. Verf.] auszusagen, voll Düsternis und Dummheit. Meine Träume hast du damit vertrieben, ich bin endlich weit weg von Dir, aber ich lese Deinen Brief und der Schweiss bricht mir aus, ein kaltes selbstsüchtiges Ding, viel mehr, dazwischen ein Entschluss mir den Hals abzudrehen.« Doch schon auf der nächsten Seite bietet er Vergebung seinerseits an und ist bereit, das »Protokoll« zu »vergessen«. Aber er will wissen, wer gerade ihr Liebhaber ist, und »wann du an mich denkst«. Denn als ein »Kerl, ganz wie ich sein will, kann ich mir nichts vorstellen, d. h. meine Phantasie ist fürchterlich genug.« Und fährt fort: »Erinnerungen, ein Haufen Erinnerungen, trotzdem mein Gefühl für Dich ist in tausend Fetzen gerissen, ich frage mich wer Du sein wirst, wenn wir uns wiedersehen.«

Angesichts seiner »schlechten« Situation in der Untersuchungshaft, reagiert er zynisch auf die Abgrenzungsbemühungen von Ello. »Endlich jung und alles offen? freut mich das zu lesen. Was heißt? ›Was ich geben kann, ist für mich selbst sehr wenig.‹ Liebe, Geld. Keine Ahnung.« Besonders in der ersten Zeit nach der Verhaftung erkundigt er sich in seinen Briefen wiederholt nach den »Kindern«, also Suse und Robert. »Die Kinder, glaubst Du ich höre auf zu denken, dass es auch meine Kinder sind?« Wenige Zeilen später: »Erinnere die Kinder an mich (...) Wer spielt mit den Kindern?«

Die letzten Zeilen sind reserviert für seine Wünsche und einer Aufforderung, ihm emotionale Zuwendungen mittels Post zukommen zu lassen. »Du kannst Bücher, Geld bis 100 DM schicken ... eine Wurst, Tabak, Pfeife... Bücher (Theorie) Genet, die Du noch findest u. ›das argument‹ ... und schreib mir erstmal was mir noch gehört (von Dir) vielleicht kann ich Dir dann schreiben, wie so ein Tag aussieht und eine Nacht und meine verfluchten Erinnerungen, verdammt ich bin 24 Stunden am Tag in einem 6 qm grossen Loch allein seit einem Monat, ich werde hier verrückt, wenn ich keine Briefe habe, also schreibe schnell.«[167]

Bei der K 1 meldet er sich schon knapp zwei Wochen früher und verlangt aus dem reichen Fundus der Kommune (»ich sehe eure Regale voll mit Theorie«) Bücher von Karl Marx, Herbert Marcuse, Erich Fromm und Wilhelm Reich. Lapidar ergänzt er: »kommt ja auch irgendwann zurück.« Obwohl in den Tagen zuvor die größten innenpolitischen Unruhen seit der Gründung der Bundesrepublik für Aufregung sorgen, bleibt dieser Umstand seltsamerweise in Baaders Brief unerwähnt. Am Gründonnerstag, dem 11. April, also nur wenige Tage nach der Brandstiftung, wird Rudi Dutschke in Berlin auf offener Straße niedergeschossen. Der 24-jährige Hilfsarbeiter Josef Bachmann aus München hat drei Schüsse auf ihn abgefeuert. Rudi Dutschke überlebt nach einer Notoperation schwerverletzt. Wie am 2. Juni 1967 ist Andreas Baader nicht in Berlin, weil er wieder einmal im Knast sitzt. Diesmal nicht in Bayern, sondern in Hessen. In der ganzen Bundesrepublik kommt es zu gewaltsamen Protesten. Die Schüsse gelten der gesamten Protestbewegung, so glaubt man nicht nur in der APO. Ingesamt 60 000 junge Leute blockieren in den vier Tagen der Demonstrationen die Druckereien des Springer-Verlags in Berlin. Der wird mit seiner publizistischen Hetze auf Dutschke und die APO für den Mordanschlag verantwortlich gemacht. Es gibt 1000 festgenommene, 400 verletzte Demonstranten und zwei Tote: Der 27-jährige Student Rüdiger Schreck und der 32-jährige Fotojournalist Klaus Frings sterben in München durch Steinwürfe. Von wem die Steine geworfen wurden, ist bis heute ungeklärt.

Andreas Baader fragt im Nebensatz: »Dutschke tot?« Das ist alles. Vielleicht liegt es aber auch an den mangelnden Informationen im Gefängnis. Jedenfalls beklagt er sich im Brief an die K1 am 17. April 1968: »... ich weiß nichts – keine Zeitung, keine Briefe bisher, bloß der beschissene hessische Landfunk, Zellenfunk und ein paar Informationen von Griebel (freundlicher Staatsanwalt, denkt etwas an fünf Jahre).«[168] Auch Ello gegenüber bleiben die Osterunruhen unerwähnt. Mitte April lernt er beim Hofgang einen Mithäftling, den »Filmkaufmann« Sascha B., näher kennen. Endlich mal jemand, der was von Filmen versteht, und keiner der »schweinsköpfigen Wärter«. Schnell fasst Baader Vertrauen. Schon nach kurzer Zeit bietet er ihm ein Drehbuch für einen »sozialistischen Film« an. Es ist das Drehbuch, das auch schon der Regisseur Peter Fleischmann von ihm bekommen hat. Weiter flunkert Baader, die Finanzierung würde zum Teil schon stehen. Die Geldgeber kämen aus London und München. Ob er nicht Lust hätte, den Film mitzuproduzieren? London wäre für ihn, also Baader, auch Anlaufadresse zur Beschaffung seines »Stoffs«.

Bei weiteren Unterredungen beim täglichen Hofgang erzählt er wohl ziemlich detailliert über die Brandstiftung. Man habe zuvor mehrere Kaufhäuser in Augenschein genommen und bewusst dort »Stellen« ausgesucht, wo »leicht brennbare Gegenstände« vorhanden gewesen seien. So würde in München sich das Kaufhaus Hertie in Schwabing sowie Oberpollinger und Kaufhof für eine Brandstiftung eignen. Kurz nach der Festnahme fand die Polizei einen unentwickelten Kleinbildfilm auf dem Boden des sichergestellten VW Käfers, der Kaufhausgänge zeigt. Selbstredend hätte er nicht gewollt, dass Menschen dabei sterben, wenn es aber doch passiert wäre, sei dies »höhere Gewalt«. Zudem würden Tote die Publizität erhöhen, was man bei dem Brüsseler Kaufhausbrand gesehen habe – und das würde »der Sache nutzen«. Auch stellte er sich laut Mithäftling B. in größere Zusammenhänge: Er sei nur eines von etwa 20 Mitgliedern, »die sich vom SDS abgesplittert hätten«. Von dieser Gruppe seien in näherer Zukunft »ähnliche Aktionen« zu erwarten.[169]

Hatte der Mithäftling B. noch in der Anklageschrift als Hauptbelastungszeuge gegolten, taucht er hingegen in der schriftlichen Urteilsbegründung gar nicht mehr auf. Baaders Rechtsanwalt Mahler hatte es geschickt verstanden, den Denunziantenbericht in der Hauptverhandlung als unglaubwürdig und in weiten Teilen als frei erfunden darzustellen. Was wohl nur zum Teil zutraf.

Während Andreas Baader untätig in Untersuchungshaft sitzen muss, tobt in Paris die Revolution. Ausgangspunkt der Unruhen ist die Universität Sorbonne, einer der Anführer der deutschstämmige Daniel Cohn-Bendit. Nach tagelangen Barrikadenschlachten im Quartier Latin solidarisieren sich die Gewerkschaften mit den Studentenrebellen. Selbst die französischen Profi-Fußballer glauben an einen Umsturz. Einhundert von ihnen besetzen das Gebäude ihres Verbandes, nehmen Generalsekretär Delauney und Nationaltrainer Boulogne gefangen, hissen auf dem Dach die rote Fahne und erklären nach kommunistischem Vorbild das Gebäude für enteignet! Sie skandieren: »Fußball den Fußballspielern«.[170] Schon zuvor legt ein Generalstreik das Land lahm, die Regierung Pompidou und Staatspräsident de Gaulle stehen am Abgrund. Erst de Gaulles Radioansprache am 29. Mai, in der er einen Rücktritt ausschließt, beendet den »Pariser Mai«.

Andreas ist frustriert ob der Möglichkeiten der »Revolution« innerhalb des Gefängnisses. So schreibt er auf dem Höhepunkt der Pariser Unruhen der K 1 nach Berlin. »Ich habe versucht zu agitieren, aber die merken das und ich bin verlegt worden, ein Türke, Haschisch, zündet seine Zelle an, fast erstickt, Arrest glaube ich, die anderen, ein armer verkrüppelter Haufen, keine Solidarität, Witz, jedes bessere Wort sofort an die Wärter verraten.« Womit er bezüglich der Unterhaltungen mit Häftling B. Recht behält. Offensichtlich denkt er an die Aufstände in Paris, wenn er am Ende des Briefes omnipotent und im Stil der K 1 lässig anfügt: »Verhandlung wahrscheinlich im Juli, (wenn Bonn längst gefallen ist, lasst uns ein Stück der Nato übrig).«[171]

Öfters werden Briefe von Andreas Baader von der Gerichtszensur beanstandet und beschlagnahmt. So wird ein Schriftstück vom 11. Mai nicht an die Berliner Kommunarden weitergeleitet, weil es Hinweise auf »1 kg Sprengstoff enthält, das von dem Beschuldigten angeblich in einem PKW [dem Ford Fairlane, Anm. d. Verf.] zurückgelassen sein soll.« Alte K-1-Provokationsschule. Gelernt ist gelernt. Ob das Auto daraufhin durchsucht wurde, ist nicht bekannt. Im neuerlichen Brief setzt er weitere Nadelstiche gegen die amtlichen Leser an: »... irgendein Gerichtskerl, der das Hirn an der falschen Stelle hat und natürlich kein Herz beschlagnahmt meinen Brief an euch, in dem nichts anderes steht, als wo und wie ihr an die Granatwerfer kommt, das tut mir leid, ich kann mich nicht so ausdrücken wie ich möchte, denn ich habe keine Lust nur für die Akten zu schreiben.« Der Brief wird durchgelassen.

Ulrich Enzensberger hat Andreas Baader inzwischen brieflich geschildert, wie die Osterunruhen in Berlin abgelaufen sind, und das Angebot ausgeschlagen, den bei Rosenheim zurückgelassenen Ford Fairlane zu übernehmen (»Dein Auto kannst du behalten, wir haben aus vertraulicher Quelle, dass es vollständig kaputt ist. Lass es dir ins Haus schicken und fahr den Staatsanwalt tot.«) Andreas Baader arbeitet sich derweil weiter über das Gefängnissystem und die Briefzensoren ab: »Es genügt nicht, dass mein Wanst total verwaltet wird, sie legen ihre filzigen Finger auch auf meine Briefe. Ein trauriger Lappen an Dich bleibt in der Zensur hängen – der Grund warum das solang dauert – und ich habe eine Woche versucht rauszufinden warum und ob ich Dir noch einmal schreibe. (...) mein Manuskript haben sie mir entrissen, ich bin so konfus, dass ich nur schwer wiederfinde, was und wie ich geschrieben habe. Alles kaputt.«[172]

Der Prozessbeginn verschiebt sich. Sollte er ursprünglich schon im Juli beginnen, ist er jetzt auf Oktober terminiert. Andreas Baader trifft erste Vorbereitungen. So schreibt er im Juli, Ello solle schon mal für die Kostümierung im Prozess sorgen

(»… und such und such und such ein paar lustige Kleider für meinen Prozess«). Ansonsten ringt er in den Briefen um die gemeinsame Beziehung und um deren Fortsetzung, nachdem er das Gefängnis wieder verlassen hat. Aber auch er selbst glaubt nicht an seine baldige Entlassung. Seine Gedankengänge sind recht wirr: »Du denkst Dir aus, wir sollen heiraten. ›Frieden‹ schreit sie aus einem Bett, links und rechts einen Kerl. Ich weiß, einmal aus dieser Zelle will ich keine Minute mehr ruhig sitzen und wie soll sich das mit Dir vertragen? … Aber Katze, es genügt natürlich nicht ein Satz (oder doch), um klar zu machen, dass wir zusammen sein sollen… Verflucht, ich verhungere, ich habe immer noch alles für Dich übrig, aber ich glaube Du drehst mich wie einen faulen Apfel hin und her, wenn es so ist, schreib deutlich, wir lassen diese Scheisse und ich bleibe endlich wirklich demütig allein … Alles was mir von uns einfällt, quält mich.« Auch der nicht vorhandene Kontakt zu seiner Tochter Suse und zu Robert, dem gemeinsamen Sohn von Ello und Manfred Henkel, setzen ihm zu. »Warum schreiben die Kinder nichts?«, fragt er. »Darunter leide ich sehr, das wusste ich schon nach einer Woche in München.« Der Brief endet, wie fast alle Briefe von ihm, mit einer persönlichen Wunschliste. Er möchte »2 Pfeifen«, »Gas«, »Feuersteine«, »einen sehr guten Rasierapparat und einen Haufen Klingen«. An Büchern verlangt er »Kritik der Strafrechtreform suhrkamp 264« und »Marcuse [Der] eindimensionale Mensch, Triebstruktur und Gesellschaft« und »500 Blatt Schreibmaschinenpapier«. Beschwörend endet der Brief: »Wenn Du oft an mich denkst, schreib oft. Ich hungere.«[173]

Im Sommer 1968 klingelt Holm von Czettritz in der Badenschen Straße. Er möchte Andreas besuchen. Doch der ist nicht zu Hause. Ello schaut ihn etwas entgeistert an. Ob er denn nicht wisse, dass Andreas wegen der Kaufhausbrandstiftung in Frankfurt im Gefängnis sitze. Er hat es gelesen, »aber das hatte ich gar nicht geschnallt, dass er das ist, ich dachte, ein anderer Baader wäre das gewesen«.[174]

Der nächste Brief von Andreas Baader ist mit rosa Filzstift geschrieben. Es sind zwei eng beschriebene Seiten. Es ist ein sehnsüchtiger, leidenschaftlicher, von ungewöhnlicher Zärtlichkeit geprägter und ausgleichender Brief. »Es ist genau wie es war – derselbe verfluchte Schmerz, alles hat sich verändert, das bleibt. Hört das nie auf? Ich glaube immer noch, dass ich jedes Stück an Dir lieben kann. (…) Ich ringe um Worte – Momente in denen ich Dich geliebt habe, waren sehr still – Melancholie und Manie alles, jetzt soll ich brüllen: Liebe. (…) Ich bin natürlich nicht wütend auf Dich, wie könnte ich das jetzt sein.« Auch ansonsten hat der Brief versöhnliche Töne. Und er verspricht Ello, sie würde ihn nicht wiedererkennen, er hätte sich im Gefängnis zum Positiven »verändert«, dennoch würde der wichtigste Grund seiner »Konfusion« sie und die Kinder bleiben. Nachdem er am Ende des Briefes seine Bücherwünsche [u. a. Briefwechsel Ginsberg-Borroughs; erneut Marcuse, Triebstruktur und Gesellschaft, Anm. d. Verf.] aufgeschrieben hat, fleht er fast. »Und schreib mir so oft Du kannst. Jeden Tag einen Satz.« Offensichtlich selbst ein wenig überrascht von seiner eigenen Freundlichkeit und Regression bekennt er am Ende des Briefes: »Hör mal, ich sehe das ist ein Liebesbrief – fang was damit an. (…) Ja, Deine Briefe sind sehr schön.«[175]

Auffällig ist die Parallelität der Auseinandersetzungen und Probleme der Expaare Baader/Michel und Vesper/Ensslin in diesem Sommer 1968. Die in Freiheit zurückgebliebenen Ello Michel und Bernward Vesper sind überfordert mit der alleinigen Betreuung der Kinder Suse und Felix und geben sie zu Pflegeeltern, Vespers Sohn Felix vorerst allerdings nur für kurze Zeit. Baader wie auch Ensslin reagieren wütend auf die scheinbare Verantwortungslosigkeit ihrer Partner. Die beiden Untersuchungshäftlinge drohen mit dem Abbruch der brieflichen Beziehungen nach draußen, um im nächsten Moment doch wieder lange Abhandlungen zu verfassen.

Baaders Briefe an Ello werden Ende Juli wieder vorwurfsvoller und wütender. So schreibt er: »Du musst doch etwas wollen, sonst schreib mir nicht, ich habe keine kameradschaftlichen Beziehungen, zu Dir zuallerletzt.« Um schon wenige Zeilen später ihr seine leidenschaftliche Zuneigung zu zeigen. »… Ich habe kein einziges wirklich schlechtes Gefühl Dir gegenüber, verdammt, in diesem Brief hängt mir die Zunge quer aus dem Maul, … ich würde gerne mit Dir schlafen, ich bin hungrig wie ein Mönch.« Ello berichtet in ihrem letzten Brief stolz von ihren neu gemalten Bildern. Doch wie schon vor April 1968 zeigt er hierfür wenig Empathie. »Deine Bilder, gut, aber Sätze über Bilder sind leer und immer falsch und ich kenne die Bilder nicht, aber auch, wenn ich sie kennen würde, was sollte ich darüber schreiben, dass sie mir gefallen? wem ist damit geholfen?« Im nächsten Satz lässt er sich dann doch erweichen. »Aber schick sie einfach.« Mit blauem Filzstift ist in Klammern das Wort »Dias« hinzugefügt. Und so ganz nebenbei lässt er fallen, er sei im Gefängnis publizistisch wie künstlerisch auch nicht untätig. »Und ich schreibe ein Buch, aber das wird Dich nicht zu sehr interessieren, denn ich bin nicht sicher, dass es eines der besten der letzten fünfzig Jahre sein wird.« Als er dann kurze Zeit später beklagt, er hätte Wochen voller »Hass, Schmerzen und Nervosität« hinter sich, und zudem eine Schreibblockade, bekennt er doch stolz, er »hätte 150 Seiten schwarzes Marmor ausgekotzt«.[176] Scheinbar ist ihm sein zuvor konfisziertes »Manusskribt« von der Gefängnisleitung wieder ausgehändigt worden.

Das müsste auch das Ansehen bei der Familie Ensslin heben. Denkt sich Gudrun und teilt in einem Brief ihren Eltern mit: »A[ndreas] hat ein Buch geschrieben!«[177] Endlich kann er scheinbar intellektuell mit dem Verlobten, dem im Hause Ensslin nicht wohlgelittenen Bernward Vesper, mithalten, der als Beruf gerne »Cheflektor« angibt. Im Unterschied zu Andreas Baader hat er tatsächlich ein Buch geschrieben. Der autobiografisch motivierte Roman ›Die Reise‹ wird 1977 posthum veröffentlicht und gilt noch heute als Schlüsseltext über die Anfänge des Terrorismus in Deutschland.[178] Doch zurück zu Baader. Ob er jemals ein, nennen wir es Buchfragment, geschrieben hat, ist mehr als zweifelhaft. Auch wenn Andreas Baader in dem Brief Ende August in gewohntem Pathos beschreibt, welche Mühen er für die Schreiberei auf sich nimmt (»Berge von Theorie, was ich nie wollte: ich arbeite und leide ohne zu klagen natürlich.«). Auch welchen Inhalt das Buch haben soll, wird an keiner Stelle der Briefe ersichtlich.

Prozessplanung

Inzwischen steht der Prozesstermin fest. Die Verhandlungstage sind vom 14. bis 31. Oktober 1968 angesetzt. Schon bevor die Verhandlung beginnt, hat Andreas Baader eine realistische Einschätzung davon, welche Haftstrafe auf ihn zukommen wird. Das liegt wohl auch an einem Besuch Otto Schilys. »Schily war hier, das heisst, ich habe mich ein paar Tage gewunden und, verfluchtes Tier, damit du keine Hoffnungen hast, die Idee vor drei fürchterlichen Jahren aus diesem Loch zu kommen, habe ich nicht.«[179] Die Höhe der in Aussicht gestellten Strafe scheint ihn zu überraschen. »Aber Jahre, verflucht?« Trost spendet ihm der erhaltene Brief von Ello: »...sehe, dass Deine Briefe, eine Seite Deines gewaltigen Briefes mir hilft.« Aber schon wenige Zeilen später verfällt er wieder in die ihm grundeigene zornige Attitüde: »Momente in denen mich diese lächerliche Scheisse hier überfällt wie ein Tragödie. Ich gewöhne mich wie immer an nichts, ich bin verzweifelt und wie am dritten Tag.« Auch unter welcher Maßgabe er den Prozess führen wird, daran lässt er nicht den geringsten Zweifel. »Ich kann natürlich nicht kriechen. Was denkst Du? Hast Du mich vergessen? Und ich will nie und nie wieder seriös erscheinen, schon deswegen werde ich in diesem Prozess meinen Tanz machen. Ich glaube nicht, dass ich um ein paar Monate und verflucht, meinetwegen Jahre feilschen kann. Dabei geht es nie um andere, nur um mich .... Ich habe in den sieben Monaten [der Untersuchungshaft] bis dahin so viel gesprochen wie vorher an einem Tag und ich weiß nicht, ob ich noch sprechen kann, aber witzig wird es sein, denn der Preis für jede Provokation ist natürlich praktisch ein Jahr.«

Der Rest des Briefes wirkt gedrückt, melancholisch. Er berichtet von »Scheisstagen«, von »Ratten« und »Fischköpfen« in seinem Kopf. Von »Wut« und »Angst« und »verfluchten Nächten« in dem »Loch«. Und er versucht wie gewohnt, Mitleid für seine »beschissene Situation« von Ello zu erheischen. »Mach Dir nicht zu viel Gedanken über meine Leiden, was Dir hoffentlich schwerfällt, ich halte sie aus. Natürlich sehe ich, dass oft tagelang alles im Arsch ist.«[180] Das Ende des Briefes, das handschriftlich verfasst ist, mahnt wie so oft, die noch nicht eingetroffenen Konsum- und Kulturgüter an. »Das Paket? Dieser kleine Dreck ist wichtig, ich brauche die Bücher, sonst werde ich nervöser und dümmer.« Wie nah sich beide auch im September 1968 noch sind, zeigt die poetische wie zärtliche Liebesbeschwörung am Ende des Briefes. »Schöne große Katze – Vergiss mich nicht dauernd. Andreas.«

Umso näher der Termin der Verhandlung rückt, umso nervöser und unleidlicher scheint er zu werden. Sein Brief Mitte September besteht fast nur aus kurzen abgehakten Befehlssätzen: »Ello, du sollst an mich denken, nicht an .... [unleserlich]. Ich tu es, was tue ich, verflucht? Wenn Du gesagt hast, was da zu sagen ist [gemeint ist ihre Zeugenaussage am 22. Oktober vor Gericht, Anm. d. Verf.], kommst Du mich besuchen, d. h. vielleicht auch vorher, ruf [Staatsanwalt] Griebel an, krieg das raus, besuch mich ... verflucht, warum heulst Du nie?« Seine Verzweiflung hat wohl auch mit Informationen zu tun, die besagen, es könnte eine höhere Strafe als die drei Jahre werden, die Rechtsanwalt Schily als mögliches Strafmaß angenommen hat. »Ganz und gar sprechen sie jetzt von 7 Jahren, ich glaube, das wäre eine Art Todesurteil, für nichts, was ich getan habe oder tun wollte – denk mal darüber nach.« Das Postskriptum beinhaltet vier Fragen: »Was tust Du? Wer schläft mit Dir? Was willst Du? Kinder?«

Als wenige Tage später weder ein Paket kommt, noch ein Besuch von Ello stattgefunden hat, steigert sich sein Erregungszustand. Erzürnt schreibt er: »Ello, entweder bist Du geizig oder total vertrottelt oder lebst, was mir nicht egal ist, so, dass Du vergessen hast, dass ein Kerl wie ich Rasierwasser braucht und ein Kerl wie ich Puder.« Auf den gewohnten Puder für seine Gesichtshaut mochte er auch nicht im Knast verzichten. Und ultimativ fordert er sie auf, ihn endlich einmal in der Justizvollzugsanstalt Butzbach zu besuchen. Bisher ist sie in Berlin geblieben. Denn, man müsse sich sehen, bevor der Prozess beginnt. Und noch mal lässt er sie spüren, dass er ihr ihre Aussage gegenüber der Polizei im April weiter übel nimmt: »47 Zeugen, davon zwei Drittel Polizisten und Ello geradezu in einer Reihe mit ihnen.« Dennoch erhofft er sich ein milderes Strafmaß, wenn sie vor Gericht ihr zuvor von ihm negativ gezeichnetes Charakterbild revidieren würde.

Auch wenn so eine Aussage an ihrem »Stolz« fressen würde, solle sie sich zusammenreißen, »was ein paar Jahre sind, wenn Du wirklich mit mir zusammensein willst, was ich glaube. Du wirst der Einzige sein, der über mich aussagt, und was Du sagst wird wahrscheinlich allein die Idee, die diese Arschlöcher von mir haben, bestimmen – und das wird die Höhe der Strafe bestimmen und für diesen alten krauter das gewicht von dem, was ich am Schluss zu sagen habe.«[181]

Eindringlich beschwört er sie nochmals, nichts »über meine Mutter« zu sagen und über das, was »vor Dir« war. Seine Vergangenheit möchte er am liebsten selbst erfinden. »Sag nichts.« Eine Entwicklung von ihm innerhalb so kurzer Zeit »zum Terroristen« sei »absurd«, solle sie bei ihrer Aussage bekunden. Zudem hat er Angst, dass er richterlich zu einer »psychiatrische[n] Untersuchung« mit »Gehirnstrombildern« gezwungen werden könnte. Als dann tatsächlich der gerichtlich bestellte Psychiater Dr. Reinhard Redhardt ihn in Butzbach besucht, stellt Andreas Baader die erste Frage: »Und was tun Sie, um die Gesellschaft zu verändern?« Redhardt ist ein wenig überrumpelt und bleibt eine Antwort schuldig. Danach ist die »Untersuchung« beendet. Am Ende des Briefes erzählt er eine Begebenheit aus dem Gefängnis in Butzbach, die, so kann man annehmen, seine Gefühle verklausuliert beschreibt und vielleicht auch eine versteckte Suiziddrohung sein könnte. »heute das zweitemal seit ich hier bin, springt ein gefangener vom fünften Stock durch das Treppenhaus, die einzige Freiheit eine sekunde zu fliegen, als er fliegt, brüllt er kurz bevor er stirbt ein einziges Wort: *nein*. Aber das ist nichts besonderes hier, ich sehe über das Geländer, etwas Blut, Gehirn, diese grünen Schweine werden nicht einmal nervös davon.«[182]

Sein Brief hat Erfolg. Endlich besucht sie ihn in Butzbach. Eine große Freude scheint es für beide nicht gewesen zu sein. Die Gefängnisatmosphäre sei »furchtbar gewesen«, sagt Ello. So furchtbar, dass es ihr einziger Besuch in der Untersuchungshaft bleibt. Während des einstündigen Besuchs bittet Andreas um Ellos Sonnenbrille, die er später im Prozess tragen sollte. Zuvor hatte er noch geschrieben: »Verfluchte Scheisse, Du wirst es schon richtig machen – wenn ich rauskomme, was ich nicht glaube, werde ich Dich glücklicher machen.«

Instruktionen

So ganz vertraut er dennoch nicht auf Ellos Willen und Intention. So schreibt er ihr am 16. Oktober per Express, über Mittler, vorbei an der Gefängniszensur, einen Brief. Es ist ein Schlüsseldokument des Brandstifterprozesses. Ein Dokument von großer Aussagekraft über den Verfasser selbst. Ein Brief, der die Aussagetaktik von Ello Michel festlegen soll, besser: die er festlegen will. Schon zu Anfang macht Andreas Baader ihr klar, was sie mit diesem Instruktions-Brief machen soll: »Spül es runter oder steck dir einen Joint damit an, (...) schreib mir, aber bezieh Dich nicht auf diesen Brief.«

Die Aussagen Anfang April gegenüber der Polizei seien falsch gewesen, solle sie vor Gericht bekunden. »Du wirst sagen müssen, dass Du bei Deiner Aussage wütend warst und unter Druck.« Denn, das solle sie nicht vergessen, es gehe schließlich um »sieben Jahre«. Aber wenn es gut laufen würde, könnte er auch mit »drei« davonkommen. »(...) Und Du vielleicht willst, dass wir uns irgendwann wieder bumsen und streiten und lieben.« Deshalb wäre es wichtig, dass das Gericht einen positiven Eindruck von ihm bekommen würde. Es wäre zwar ein »Gesang dreckiger grüner Lügen«, aber hilfreich. Das Gericht solle glauben, er sei jemand, der mit »studentischen Gruppen, wie sie es nennen, zu tun hat, so wie ich auch damit zu tun hatte, aber niemand, der jemals auf die Idee kommen würde, ein Kaufhaus anzuzünden, so was zu planen oder so was auszuführen, jemand der solang Du Dich erinnerst immer nur für spielerische Aktionen war und nicht für gewaltsame und gewaltige, und jemand, der vielleicht wie du sagst, andere beeinflussen kann aber so gut wie nie Lust dazu hat«. Sie müsse deutlich machen, dass er »alles andere« als ein »Fanatiker« oder »blinder Aktivist« sei.

Gerne möchte er sich vor Gericht als Ernährer und Familienoberhaupt darstellen. So hat er auch dafür Formulierungsratschläge: »(...) als wir uns kennenlernen, ich für eine Wiener und eine schweizer Zeitung gearbeitet habe und einen Haufen Geld verdient, bis ich keine Lust mehr hatte und Arbeiter wurde, wo ich blieb bis wir raushatten, das ich zu wenig für uns und zwei Kinder verdiene und ich wieder anfange zu schreiben für Zeitungen, die Du nicht kennst und zuletzt Drehbücher, über die Du wenig weisst und zuletzt für diesen Film, von dem Du auch wenig weisst, weil Dich das Zeug nie interessiert hat. (…) Sie wissen wahrscheinlich, dass ich in London war, wenn sie Dich fragen in Zusammenhang mit einem Drehbuch (Griebel [Der Staatsanwalt] mutmaßt ich sei Rauschgifthändler). (…) Ebenso der Grund der reise nach München, mit der alles Elend anfängt, Du nimmst an, oder Du weisst, Telefon u. s. w. es dreht sich um den Film, den ich vorbereitet habe, um Geld, irgendein Vertrag. (…) Wichtig ist, dass Du sagst, dass das geld, (…) zu achtzig Prozent ich verdient habe und das es manchmal viel war und manchmal wenig, aber jedenfalls immer genug für die Kinder und Dich und die Wohnung u. s. w. (…) Über mich und die Kinder sag was stimmt, dass sie mir wichtiger sind als irgendwas, ausser vielleicht Dir, ich glaube, da kannst Du ruhig etwas Pathos lockermachen.«[183] Auch auf seine angebliche ›Bild‹-Tätigkeit geht er ein. Und als ob er selbst nicht an das glaubt, was er seiner Exfreundin vorgeben will, beendet er den Absatz mit »verfluchtes Gewäsch«. Die Justiz und deren Apparat müsse man bekämpfen und das solle Ello mit ihren Mitteln auch tun, denn »im kranken und wahnsinnigen Universum der Justiz und ihrer Arschlöcher [wird] alles umgedreht und umgewertet, ich meine, was wir lieben, hassen die«.

Gar nicht in sein Verteidigungskonzept passt die im Vernehmungsprotokoll noch vorsichtig formulierte Aussage von Ello, Andreas wäre in letzter Zeit schon mal handgreiflich ihr gegenüber geworden. »Katze – Du sagst, dass ich Dich einmal [rot unterstrichen, Anm. d. Verf.] geschlagen habe, als ich besoffen war und dass Du's nur gesagt hast, weil sie es aus Dir rausgepresst haben oder Dir in den Mund gelegt haben.«

Auch zum Thema Drogen weiß Andreas, was das Gericht erwartet: »Wir haben natürlich mit Haschisch oder LSD so gut wie nichts zu tun, wir haben vielleicht ein paar Mal geraucht, ohne viel Spaß daran, weil wir Freunde haben, die viel rauchen, und dann haben wir es gelassen, eher gelegentlich gesoffen. Auch das ist wichtig.« Schon wenige Zeilen später fordert er Ello auf, ihm einen »Klumpen Hasch« in das Gefängnis zu schmuggeln. Entweder beim nächsten Besuch einfach »zuschieben« oder unter falschem Absender ein Päckchen Tabak (»so dass die Verpackung nicht verletzt wird«) schicken und ihn darin verstecken. Die Gefängnismauern scheinen für Drogen recht durchlässig zu sein, noch durchlässiger, als sie das heute sind. Ein anderes späteres RAF-Mitglied wurde mit seinen LSD-Rationen im Gefängnis dadurch versorgt, dass diese unter der Briefmarke der Gefängnispost angebracht wurden!

Sollte Ello in einigen Punkten noch unsicher sein, dann möge sie einfach Horst Mahler fragen. »Der Dich, glaube ich, gut leiden kann«, wie Andreas Baader vermutet. Nur bei einem Punkt lässt Andreas Ello freie Hand: »Über Gudrun sag, was Dir richtig vorkommt.«

Der Pflichtverteidiger

Bis vor wenigen Tagen standen die Prozessunterlagen von Andreas Baader noch in einem Stahlregal in einer Garage im Hintertaunus. Strafverteidiger Klaus Guthke hebt hier alle interessanten Akten auf. Die Baader-Akten gehören dazu. Genau wie die mit dem Prozessgeschehen um den Privatdetektiv Werner Mauss, dessen Identität Guthke als Erster enttarnte, wie er sagt. Aber das ist eine andere Geschichte.

Am Telefon meint er selbstironisch: »Ich bin der im Hintergrund mit dem dicken Kopf.« Er meint das Prozessfoto, auf dem Baader, Ensslin, Proll und Söhnlein zu sehen sind. Proll zieht an einer Zigarre. Guthke sitzt hinter Baader. Er hat eine zeittypische leicht geschwungene Metallbrille auf und kurze schwarze Haare. Die Frisur ist noch die gleiche, allerdings nun grau. Die Anwälte der »Brandstifter« sind Horst Mahler, Otto Schily, Klaus Eschen und Ernst Heinitz. Sie werden wahrgenommen. Mahler und Schily sind die Stars. Aber auch der 34-jährige Klaus Guthke ist Verteidiger im Prozess, Pflichtverteidiger von Andreas Baader. Noch hat sich kein Historiker zu ihm verirrt.

Auf dem Terrassentisch liegen zwei Aktenordner mit orangefarbenem Aufkleber. Nach einem Schlaganfall Anfang der 90er Jahre praktiziert er nicht mehr. Dennoch wirkt Guthke agil und drahtig. Er spricht schnell, manchmal wiederholt er sich. Zwischendurch setzt sich der Hobbyjazzpianist an seinen Flügel und spielt. Er ist froh, heute nicht mehr vor Gericht plädieren zu müssen. Zu viele Selbstdarsteller seien heute unter den Strafverteidigern, findet er. Kollegen von früher schätzten sein persönliches, kämpferisches Auftreten für den jeweiligen Mandanten. Ein »Linksanwalt« war er nie.

Anfang September 1968 erhält Guthke von Richter Gerhard Zoebe den Auftrag zur Pflichtverteidigung von Andreas Baader. Damit will das Gericht verhindern, dass bei Nichterscheinen der Berliner Verteidiger der ganze Prozess platzt. Am 15. September schreibt Guthke Andreas Baader und bittet um die Unterzeichnung der beigefügten Vollmacht. Diese kommt prompt zurück. Guthke arbeitet sich akribisch in die Akten ein und besucht Baader. Sie verstehen sich gut. Guthke mag Baader. »Der hatte so was Frisches, Interessiertes. Einen gewissen Humor. Wir konnten uns gut unterhalten. Nein, man kann es nicht anders sagen: Ich kam gut hin mit dem.«[184] Umgekehrt wohl auch. Eingedenk dessen, wie Andreas Baader und die RAF später mit Pflichtverteidigern umgehen, fast ein Wunder. Auch Gudrun Ensslin findet er angenehm. Weniger gut klappt es zunächst mit den anderen Verteidigern von Andreas Baader: Otto Schily, Horst Mahler und Klaus Eschen. Sie strafen ihn mit Nichtbeachtung. Als sie sich alle vier zu einer Strategiebesprechung in einem Café treffen, sitzt der Frankfurter Strafverteidiger abseits, wird nicht ins Gespräch einbezogen: »Man kann schon sagen, ich war der Außenseiter.« Bei seinen ersten Besprechungen mit Andreas Baader macht Guthke ihm klar, dass er den kommenden Prozess »nicht politisch« aufziehen werde. Auch wenn er »links von der Mitte« stehe. Er sei ein »reiner Strafverteidiger«, kein »Rotfrontkämpfer«. Schon deshalb nicht, weil er 1953 nach dem Aufstand des 17. Juni aus der DDR geflohen war und zuvor zwei Semester Jura bei der »furchtbaren Hilde«, also der späteren DDR-Justizministerin Hilde Benjamin, an der Humboldt-Universität in Berlin studiert habe. Er weiß, wie die »Diktatur des Proletariats« aussehen kann.

Andreas Baader erscheint am ersten Verhandlungstag, es ist der 14. Oktober 1968, in grauer Hose und schwarzem Jackett mit locker gebundener Krawatte. Der Korrespondent der ›Welt‹ findet, der 25-Jährige verfüge mit seinen »schwarzen Locken« über ein »gutmütiges Bubenantlitz«. In Horst Söhnlein erkennt er einen »großen, etwas schlaksigen Playboytyp«. Zwar hat jede große Tageszeitung einen Korrespondenten im Gerichtssaal, doch die Zuschauerränge bleiben überraschend halb leer.

Der Tanz beginnt. Die vier Brandstifter haben sich auf eine Taktik verständigt. Das Drehbuch der Inszenierung haben sie sich bei Fritz Teufel, der Kommune 1 und deren Gerichtsprozessen abgeschaut. Die Choreografie erinnert an ein Marx-Brothers-Stück. Die Hauptrolle spielt Thorwald Proll, nicht Andreas Baader. Richter Zoebe fragt kurz nach Eröffnung: »Sind Sie Herr Baader?« Thorwald Proll steht auf und bejaht. Freundlich und bestimmt verbessert er aber das Geburtsdatum: »Ich bin aber 1789 geboren.« Baader gibt sich anschließend für Proll aus. Erst wenige Minuten später fällt dem Richter die Verwechslung auf, und er verhängt prompt eine Ordnungsstrafe von drei Tagen. Richter Gerhard Zoebe wusste vor Beginn des Prozesses, was auf ihn zukommt – und ist dennoch komplett überfordert. Bei der Eröffnung der Verhandlung weist er die vier Angeklagten darauf hin, »dass die Prüfung eines so ernsten Schuldvorwurfs« nur in »Ruhe und Sachlichkeit erfolgen könne«, und mahnt die Angeklagten zur »Zurückhaltung«. Baader und Proll werden unter Tumulten aus dem Gerichtssaal geführt. Als Söhnlein sich »solidarisch« erklärt, wird auch er entfernt. Als er süffisant fragt: »Gibt's jetzt Schläge?«, antwortet der Justizbeamte für alle hörbar: »Vielleicht.« Nach nicht einmal einer halben Stunde des Prozesses sitzt Gudrun Ensslin allein auf der Anklagebank. Sie lässt aber keinen Zweifel an ihrer Nicht-Kooperationsbereitschaft aufkommen: »Um Sie in dieser Rollenverteilung nicht zu irritieren, werde ich zur Sache nicht aussagen. Ist das deutlich?«[185]

Die Haltung der vier Angeklagten findet bei dem Kommentator der konservativen ›FAZ‹ Sympathie und Anerkennung. Er sieht die Zeit reif für einen Paradigmenwechsel im Gerichtssaal: »Autorität wird jedenfalls nicht angekratzt, wenn ein Angeklagter den Richter als ›Diskussionspartner‹ sieht.

Der souveräne Richter darf gelegentlich auch Humor haben, solange dieser nicht zu Lasten der Angeklagten geht. (…) Mit wenigen Ausnahmen waren die Richter kleinmütiges und ängstliches Verhalten aller Nichtjuristen im Saal gewöhnt, sobald sie mit Robe und Barett erschienen. Dass nun ganze Gruppen von Angeklagten, Zeugen und Zuschauern es wagen, der richterlichen Würde Paroli zu bieten und die Autorität des Gerichts herauszufordern, hat auch befreiende Aspekte.«

Strafverteidiger Guthke hingegen ist nicht erbaut von den »Mätzchen« seines Mandanten und der drei Mitangeklagten. Dies hätte nur die spätere Position bei Richter Zoebe verschlechtert. Guthke hatte Zoebe bei vorherigen Prozessen zwar als »einen ganz harten autoritären Knochen« kennengelernt, der aber nicht »unfair« war. Auch die Arbeit von Otto Schily als Verteidiger von Gudrun Ensslin findet er in der Retrospektive längst nicht so »engagiert«, wie es heute in Büchern zu lesen ist, sondern eher distanziert gegenüber Mandantin und Sache. Und Horst Mahler wäre schon damals »seltsam« gewesen. Er habe den gemeinsamen Mandanten Baader richtiggehend »aufgehetzt«. Manchmal, wenn Andreas Baader sich unsicher zu der rückwärtigen Bank mit Horst Mahler umschaut, als wolle er fragen, »War ich gut?«, befeuert ihn der prominente APO-Anwalt mit »Weiter, weiter!«.

Am 22. Oktober finden die Zeugenaussagen der vormaligen Lebensgefährten der Angeklagten Ensslin und Baader, Bernward Vesper und Ello Michel, statt. Vesper hat sich vorab eine Art Redetext geschrieben. Zu Beginn überreicht er der verliebt neben Andreas Baader auf der Anklagebank sitzenden Gudrun Ensslin ein voluminöses Rosengesteck. Während seiner einstündigen Aussage versucht er, den langen Weg vom Cannstatter Pfarrhaus bis zu jener Brandnacht dem Richter nachvollziehbar zu machen. Er erzählt von ihren »sexualverneinenden, zu Passivität und Masochismus« neigenden Eltern, den Begegnungen mit den SPD-Politikern Gustav Heinemann und Fritz Erler im Elternhaus. Und dem letzten Endes von ihr als sinnlos erachteten Arbeiten als Herausgeberin des Buchs ›Gegen den Atomtod‹ und dem Einsatz im Wahlkontor der Schriftsteller für die SPD im Bundestagswahlkampf 1966. Er berichtet über ihre »harten« Aushilfsjobs, Che Guevaras Ermordung in Bolivien und zieht eine ihm stringent erscheinende Linie von Auschwitz bis zu dem Krieg in Vietnam. Gudrun sei eine moralische Person in einer »amoralischen Welt«. Alles in allem subsumiert Vesper: »Nicht das Verbrechen wird bekämpft, sondern derjenige (also Gudrun), der es bewusst macht.«

Danach erscheint Ello Michel in violetten Hosen und Pelzmantel. Andreas hatte in seinem »Instruktionsbrief« geschrieben: »[Es] ist wichtig, was die für ein Bild von mir haben und weil ich nichts sagen kann, wirst Du es malen müssen.« Diese metaphernhafte Umschreibung nimmt sie wohl ein wenig zu wörtlich. Unter den verdutzten Blicken der Zuschauer und des Richtertisches balanciert sie drei großflächige Bilder in den Saal, steuert zielstrebig auf die Anklagebank zu und fällt Andreas Baader küssend um den Hals. Auf die Frage von Richter Zoebe, was es mit den Bildern auf sich habe, entgegnet sie, das wäre ihre Aussage. Zoebe ist so verdutzt, dass er sich bedankt und sie unter lautem Gelächter der Zuschauer aus dem Zeugenstand entlässt, wie sich der inzwischen verstorbene Kabarettist Matthias Beltz erinnerte,[186] der als Reporter des Studentenmagazins ›diskus‹ über den Prozess schreibt.

Was auf den Bildern zu sehen war, kann Verteidiger Guthke nicht mehr sagen. Die wenig kollegiale Zusammenarbeit mit den Berliner Kollegen bereitet ihm weiter Kopfzerbrechen. Anwaltskollegen aus Frankfurt echauffieren sich darüber, weshalb er die Pflichtverteidigung von »diesem Typen« [also Baader] übernommen hat, und prophezeien ihm, dies sei seine letzte Pflichtverteidigung gewesen, die er in Frankfurt bekommen habe. Einige dieser Anwälte hatten 1963 Pflichtmandate bei dem Frankfurter Auschwitzprozess übernommen und damit jedoch keine moralischen Probleme. Schließlich waren die »Pflichtsätze« üppig bemessen. Guthke ist darüber so erzürnt, dass er die Vorhaltungen seiner Kollegen in sein Schlussplädoyer einbaut.

Auf seinen handschriftlichen Notizen für seinen Schlussvortrag ist dieser Punkt mit dem Spiegelstrich »Emotion« gekennzeichnet. Otto Schily und Professor Heinitz, die bisher eher mitleidig auf den Frankfurter Kollegen herabgeschaut haben, sind überrascht und angetan von der mit Verve und

Engagement vorgetragenen Verteidigungsrede für den späteren RAF-Gründer. Vierzig Jahre später fummelt Guthke aus einer Klarsichthülle etwas umständlich zwei linierte Din-A6-Karteikarten hervor, die sich in seiner »Kaufhausbrandakte« befinden. Auf die ist er heute noch ein wenig stolz. Beide werden ihm kurz nach seinem Plädoyer rübergeschoben: auf der einen steht »hervorragend«, sie ist von Ensslins Wahlverteidiger Ernst Heinitz,[187] den Guthke ein wenig zu »professoral« findet. Auf der anderen ist zu lesen: »gratuliere, ganz ausgezeichnet«, sie ist von dem Mann, der als Anwalt Jahre später das Stammheim-Verfahren bestimmen sollte: Otto Schily.

Klaus Guthke plädiert wie Schily auf Freispruch, weil er bei dem Kaufhausbrand nur »einfache Sachbeschädigung« nach §§ 306 ff. StGB sieht, und für die hat die Staatsanwaltschaft vergessen, einen Strafantrag zu stellen. Schily hatte am Ende seines Plädoyers laut Horst Mahler »Tränen in den Augen. Er war innerlich aufgewühlt. Das war echt. Otto gehört nicht zu den Anwälten, die vor Gericht eine theatralische Show abziehen. Das war nicht sein Stil.«[188]

Doch den Anträgen von Schily und Guthke wird nicht gefolgt. Der Richter, Landgerichtsdirektor Zoebe, verhängt wegen »menschengefährdender Brandstiftung« eine Zuchthausstrafe von drei Jahren. Staatsanwalt Walter Griebel wollte gar sechs Jahre. Die Urteilsverlesung geht in Tumulten unter. Zuschauer Daniel Cohn-Bendit (zum ersten Mal unter den Zuschauern) ruft: »Die gehören zu uns.« Baader und Söhnlein springen über die Barrieren der Anklagebank und laufen Zickzack im Gerichtssaal. Es kommt zu Handgreiflichkeiten zwischen Gerichtspersonal und Zuschauern. Vor dem Gerichtssaal fliegen Rauchbomben. Eine 20-jährige Studentin wird bewusstlos ins Freie getragen. Auf Pressefotos sieht man Bernward Vesper, wie er sich um sie kümmert.

Guthke ist empört ob des aus seiner Sicht ungerechten Urteils und macht sich an die Revisionsschrift. Am 7. Januar 1969 lässt er seinem Mandanten Andreas Baader in die Untersuchungs-Haftanstalt Gießen die Revisionsbegründung zukommen. Er ist sicher: Das Urteil wird keinen Bestand haben, »weil wirklich einige schwerwiegende Fehler unterlaufen sind«. Er hat sich in seiner Revisionsschrift auf die vermeintlich formalen Fehler des Gerichts konzentriert. Dennoch dämpft er sogleich die Hoffnungen seines Mandanten: »Es ist natürlich nicht auszuschließen, dass der Bundesgerichtshof ganz anders denkt.«

Am 13. Januar 1969 schreibt Baader, offensichtlich gut gelaunt, höflich und gelöst zurück:

»Lieber Herr Guthke. Ich habe die Revisionsschrift. Weil die Kammer beschlossen hat, dass ich Gudrun einmal im Monat sehen kann, werde ich irgendwann in den nächsten zwei Wochen in einen Schrank gesetzt und nach Frankfurt gefahren. Ich bleibe dort drei Tage länger. Was ich meine ist: Wollen Sie mich besuchen? Dann reden wir über die materielle Begründung oder wozu Sie Lust haben. Ich habe auch ein paar Fragen. Weil ich sonst nichts habe, vielen Dank für Ihre Mühen
Herzlichst
Ihr Baader«

Spätere Verteidiger von Andreas Baader kommen in Briefkorrespondenzen mit ihm selten in den Genuss solcher freundschaftlicher Zugewandtheiten. Eine kleine Spitze gegen die verhasste Judikative setzt Baader nach den »herzlichen Grüßen« noch drauf. »Was ist gemeint, wenn Sie sagen, der Bundesgerichtshof denkt? Vielleicht tut er nichts gegen das Urteil, aber ich denke nicht, dass er denkt …«[189]

Der Wahlverteidiger

Klaus Eschen mustert die Fotos auf dem Tisch. Mit einer Hand verdeckt er die Hälfte eines Porträtfotos von Andreas Baader. »Schauen Sie, zwei gänzlich unterschiedliche Hälften. An der Anatomie eines Gesichts lässt sich das Wesen eines Menschen ausmachen. Das habe ich schon von meinem Vater gelernt, der Fotoreporter war. Und das hier ist ein zerrissenes Gesicht.« Auch Eschen hat Fotos von Baader gemacht. 1969 im Gefängnis Kassel-Wehlheiden. Auf diesen lächelt er unsicher, den Mund leicht geöffnet, seine Züge sind weich und jungenhaft. Die rechte Gesichtshälfte liegt im Halbschatten. Er trägt eine

Anstaltsjacke. Kaum fassbar, dass dies mal der Staatsfeind Nr. 1 werden wird.

Eigentlich ist Klaus Eschen Ende der 60er Jahre »Agenturfotograf« und nicht Anwalt. Ein Fotograf mit zweitem juristischem Staatsexamen. Eher widerstrebend übernimmt er die Mandate in Frankfurt. Erst nach dem Frankfurter Prozess, im Mai 1969, wird er zum Mitbegründer vom Sozialistischen Anwaltskollektiv »Mahler, Eschen, Ströbele«. Die ungeschriebenen Gesetze des Kollektivs: politische Prozesse führen, gleicher Lohn für alle, Arbeiter und Menschen mit niedrigem Einkommen verteidigen. Während seine beiden Partner Horst Mahler und Hans-Christian Ströbele bekanntermaßen sehr unterschiedliche Lebenswege und Karrieren hinter sich gebracht haben, weist sein Leben auf den ersten Blick die größte Kontinuität auf. Wenn man mal die wenigen Jahren als Berliner Verfassungsrichter unberücksichtigt lässt. Noch heute ist er Strafverteidiger.

Vor Eröffnung der Hauptverhandlung hat Eschen ein Mandat für Andreas Baader, was er aber kurz vor Beginn aus pragmatisch arbeitsteiligen Gründen abgibt. Die Berliner Wahlverteidiger teilen sich die vier Brandstifter untereinander auf: Schily und Heinitz sind für Gudrun Ensslin zuständig, Horst Mahler für Andreas Baader, Klaus Eschen für Horst Söhnlein und Thorwald Proll. Auch an den Pflichtverteidiger und Kollegen Guthke kann er sich dunkel erinnern. »Glaube, der hat sich zurückgehalten, so, wie wir es wollten.« Schmunzelnd und selbstironisch bekennt er: »Wir waren natürlich die Größten.«

Immer wenn er mit Baader in der Besuchszelle zusammentrifft, hat er das Gefühl, mindestens zwei Personen gegenüberzusitzen. Zwei Kinoleitfiguren jener Zeit. Zum einen dem schon verstorbenen James Dean: Frauenheld und zorniger Jugendrebell. Zum anderen Jean Paul Belmondo. Der spielt 1959 in Jean-Luc Godards ›Außer Atem‹ den kleinen Ganoven Michel Poiccard. Als dieser von einer Polizeikugel getroffen sterbend in die Arme von Jean Seberg sinkt, haucht er ihr als letzte Worte zu: »Du kotzt mich an.« Welche Rolle spielten das französische Autorenkino und die Hollywood-Filme der 60er-Jahre für Baaders Selbstinszenierungen? Fakt ist: Andreas Baader, offensichtlich stark beeinflusst von filmischen und literarischen Vorbildern, beginnt, sich zu einem eigenen unverwechselbaren Typus zu entwickeln. Einer, der anderen bald zum – wenn auch zweifelhaften – Vorbild dient. Schon 1967 prophezeit er seiner Freundin Ello, er werde es noch auf das Titelblatt des ›Spiegel‹ schaffen. Sie solle nur abwarten.

Auch Klaus Eschen findet die realen Verhältnisse der ausgehenden 60er Jahre unerträglich. »Der Kampf gegen diese selbstgefällige, trostlose Gesellschaft war richtig.« Heute könne man sich diesen Muff und diese Verlogenheit gar nicht mehr vorstellen. Gerade wenn es um eine prozessuale Aufarbeitung der Untaten führender Nazi-Juristen – so wie die des Volksgerichtshof-Richters Hans-Joachim Rehse[190] – ging. Eschen ist zwar »Linksanwalt« und »Genosse«, die Methoden der Brandstifter findet er aber falsch. »Der Kampf« müsse sich strikt am Gesetz orientieren.

Viele Beobachter halten die spätere Strafzumessung von drei Jahren Zuchthaus für skandalös hoch und unangemessen. Prozessbesucher Daniel Cohn-Bendit sieht in der Brandstiftung nicht einmal einen »Anschlag« (»ein zu großes Wort«), eher eine »surrealistische Aktion« gegen »die amerikanische Intervention« in Vietnam. Es war schlicht ein »Zündeln an einem Möbelstück«.[191] Auch der linke Verleger Klaus Wagenbach findet heute noch die »sehr hohe« Strafe gerade gegen Andreas Baader »sehr ungerecht«.[192] Aus diesem Impuls heraus gibt er Andreas Baader einen nicht ernstgemeinten Buch-Vertrag, der ihm 1970 eine Ausführung aus dem Gefängnis in die Bibliothek des Deutschen Zentralinstituts für Soziale Fragen ermöglicht. Drei Jahren Knast für ein paar angekokelte Carrera-Rennbahnen und einen altdeutschen Schrank? Ist es da nicht logische Konsequenz, dass aus diesem vermeintlichen Fehlurteil eine Stadtguerilla entsteht?

Mitnichten, findet Anwalt Eschen. Retrospektiv ist er voll des Lobes für die Richter. »Das war ein fantastisches Gericht, zu dieser Erkenntnis bin ich erst später gelangt.« Auch die Verhandlungsführung sei »richtig gut« gewesen. Alles natürlich im Hinblick darauf betrachtet, was später im Mammut-Prozess in Stuttgart-Stammheim passiert ist. Und die Strafzumessung von drei Jahren für die Angeklagten wäre geradezu »lachhaft«.

Im Gegensatz zu seinem Verteidigerkollegen Guthke, der einen engen Draht zu seinem Mandanten aufbaut, hat Eschen, obwohl Wahlverteidiger, eher ein »distanziertes Verhältnis« zu Baader. Heute sagt Eschen, Andreas Baader sei für ihn ein »aufgeblasener Wichtigtuer« gewesen, der mit seiner »ungeheuren Eloquenz zweifelnde Bürgerstöchter für sich einnehmen konnte. Ja, das klingt alles zynisch. Aber so war's«.[193]

Später, als das Anwaltskollektiv ohne ihr prominentestes Mitglied Mahler auskommen muss, weil der sich Andreas Baaders Stadtguerilla-Projekt angeschlossen hatte, übernimmt Hans-Christian Ströbele aus dem Anwaltskollektiv das Mandat. Der kommt besser mit ihm klar. Als Baader (nachdem er 1972 festgenommen wurde) sich bei Ströbele beschwert, warum Genosse Eschen nicht die Rundbriefe kennen würde, entgegnet Ströbele ihm, sein Kollege habe eine gewisse »Ekelschwelle« gegenüber der Ausdrucksweise, die in dem »Info« verwendet wird. Innerhalb der RAF wird Eschen ab sofort nur noch mit »Ekelschwelle« tituliert. »Aber«, und da solle man ihn nicht falsch verstehen, »das waren doch eigentlich liebe Kinder, gegen das, was heute unter Terrorismus verstanden wird.«

Nach dem Urteil

Während die Anwälte Mahler & Co die Revisionsschriftsätze für die Verurteilten im Brandstifterprozess vorbereiten, haben die Briefe von Andreas Baader eine gewisse Redundanz. Fast in jedem Brief beschwört er Ello, sie möge ihren »Arsch« zu ihm ins Gefängnis bewegen. Dann würden sie beide in ihrer Beziehung auch »klarer« sehen, denn durch Briefe hätten sie sich »so gut wie nichts zu sagen«. Ello habe inzwischen schlicht »Angst« vor ihm, hat ihm eine Freundin erzählt, die ihn in Butzbach besucht hat. Andreas lässt das nicht gelten. »Das ist doch Quatsch. Ich will nichts von Dir, vor was Du Angst haben müsstest.« Auch müsse sie keine Befürchtungen haben, er wolle, nachdem er entlassen sei, wieder bei ihr einziehen. Denn, er »werde dann wieder mit Leuten zusammen leben, mit denen ich auch etwas mache«.[194]

Seine Briefe nach Ende des Prozesses werden zunehmend

gereizter und wütender. So kann es passieren, dass er Ello recht unvermittelt als »Du Drecksstück« beschimpft, als sie ihm in einem Brief vorhält, sein Verhalten sei »kindisch«. Schon während des Prozesses schreibt er, rasend vor Eifersucht, er habe gehört, sie »habe mit Schmidt und Werner gefickt«. Er werde sie nie wieder »anfassen, so viel ist sicher. Du Reptil«. Wenig glaubhaft versichert er: »Ich bin nicht wütend«, um trotzig fortzufahren, »[ich] werde nicht kommen wie Ulysses und Deine Schwänze rausschmeißen, ich werde überhaupt nicht kommen. So ist es.«[195] Der Brief endet scheinbar unversöhnlich: »Verflucht, Du bist beschissen.« Zuvor hatte er sich wiederholt über Einsamkeit, Verzweiflung und das trostlose Ambiente, das ein Gefängnisaufenthalt so mit sich bringt, beklagt. So werde er gehindert »mit irgendjemand zu sprechen, außer diesen schweinsköpfigen Wärtern. Ich bin allein und werde bewacht wie ein Vieh. Drei Wärter, in einer halben Stunde am Tag, die ich allein auf einen riesigen Hof darf. Es ist Nebel und sie beobachten jeden Schritt. Die Mauer ist acht Meter hoch, aber sie wissen, dass ich fliegen kann«,[196] berichtet er ohne Augenzwinkern.

Gudrun Ensslin kommt mit ihrer Haftsituation in Frankfurt-Preungesheim deutlich besser zurecht. Das liegt vor allem an der linken Sozialdemokratin und Justizreformerin Helga Einsele. Sie ist Direktorin in der Frauenhaftanstalt und ist beeindruckt von der Unbedingtheit im Charakter der Doktorandin und von deren sozialem Engagement für andere Mitgefangene. Man unterhält sich gerne. Gudrun Ensslin ist für sie ein »eindrucksvoller Mensch, weil sie so absolut ist, notfalls mit dem Leben für ihre Überzeugung eintritt«.[197] Kurzum: eine Vorzeigegefangene. Das ausgezeichnete Verhältnis zwischen Direktorin und Gefangener hat auch für Andreas Vorteile. Er kann seine Freundin 1969 mehrmals in Frankfurt besuchen.[198] Damals durchaus ein Novum in der bundesrepublikanischen Justizgeschichte. Ein ähnliches Novum wie später die Zusammenlegung der weiblichen und männlichen RAF-Terroristen im siebten Stock in Stuttgart-Stammheim. Ob ihnen Helga Einsele tatsächlich ermöglicht hat, die Nächte in einer gemeinsamen Zelle zu verbringen, wie kolportiert wird, ist jedoch nicht bewiesen. Dagegen sprechen würde, dass Einsele mit ihrem »mütterlichen Blick«[199] das Verhältnis Ensslin/Baader alles andere als gutheißt. Dieser »schreckliche Kerl« habe ihrer Gefangenen immer nur Vorwürfe in seinen Briefen gemacht und sei für ihre spätere tragische Entwicklung größtenteils verantwortlich, wird sie später sagen. Der treibende Faktor.

Anfang Januar 1969 scheint sich die Beziehung von Ello und Andreas mehr und mehr gelöst zu haben. Schrieb er im Oktober noch von einer gemeinsamen Zeit nach seiner Freilassung (»wenn ich rauskomme, was ich nicht glaube, werde ich Dich glücklicher machen und wenn nicht, warten wir fünf Minuten – wenn du das willst«) taucht jetzt das Wort »Trennung« auf. Wie jedes Liebespaar suchen beide nach der gegenseitigen Verantwortung für die Gründe der Zertrümmerung ihrer Beziehung. »Du hast diese Tortur mindestens so gewollt wie ich, denn warum sonst hast Du bis zum letzten Tag geschrien wie ein Drachen, wenn ich nur einen Schritt ohne Dich getan habe? Erklär mir das. Und ich meine, dass wir immerhin rausgefunden haben, um das nie wieder zu wollen. Ich kann nichts dafür, wenn du Angst vor Dir selbst hast. Es ist klar, dass mich quält, wenn andere mit Dir schlafen (…). Ich will nicht, dass du aus dieser Trennung und aus unserer Sache so brutal wie möglich einen Haufen Dreck machst und deswegen schreib ich dir und deswegen will ich dich ab und zu sehen.« Und am Rand ist mit Filzstift vermerkt. »Verflucht, dann komm doch endlich.«

Er, der sich um seine Tochter nur kümmerte, wenn ihm gerade danach war, ist nicht mit der Lösung einverstanden, dass Suse nun bei seinem ehemaligen engen Freund Manfred Henkel aufwachsen soll. Gemeinsam mit seiner Lebenspartnerin ist ihm das Sorgerecht zugesprochen worden. Andreas Baader findet das »natürlich schlecht«. Die bessere Erziehungsberechtigte sei eindeutig sie, »egal wie viel Pillen und Schwänze« ihr Problem wären. Denn in »der Spannung«, in der Suse und Robert bei ihr leben würden, sei das eindeutig vorteilhafter als die »bourgeoise Suppe, die Henkel kocht. Aber ich soll nicht darüber nachdenken, weil ich nichts daran ändern kann.«[200]

Ello ist über den endgültigen Verlust des Sorgerechts für die beiden Kinder verzweifelt, wie sie Andreas Baader schreibt. Und er zeigt, entgegen seiner Gewohnheit, eine Spur von Empathie und Sorge für ihre Situation. »Ello, das ist ein sehr trauriger Brief. Du kannst unmöglich oft so unglücklich sein.«

Nachdem sich anfangs der SDS und die APO im April 1968 von den Brandstiftern noch vehement distanziert hatten, kommt es nun nach dem »Terrorurteil« zu den angestrebten Verbrüderungsgesten, auch wenn Baader in den ersten Briefen an Ello bekennt, er würde auf »Solidarität« pfeifen. Spätestens nach dem Urteilsspruch sind sie »politische Gefangene«, um die sich jetzt neu entstandene »Knastgruppen« und junge linke Justizreferendare kümmern. Auch Andreas Baader bekommt jetzt mehr Besuch aus der Szene. Als seine Bekannte Antje Krüger im März 1968 in Kassel-Wehleiden im Gefängnis vorbeischaut, ist von einer depressiven Verstimmung, die man aus seinen Briefen herauslesen kann, bei ihm nichts zu spüren. »Der hatte wie immer Oberwasser.« Der Kragen seiner Anstaltsjacke ist hochgestellt, die Gefängniskleidung hatte er sich enger nähen lassen, so, wie es Ello für ihn immer in Berlin getan hatte. »Das sah super aus.«

Mehr und mehr sucht er die noch begrenzte Auseinandersetzung über die Haftbedingungen. Er geht auf Konfrontation. Ein Kampf, den er Jahre später – nach seiner Festnahme 1972 – auf die Spitze treiben sollte. So beschwert er sich schriftlich im Februar 1969 nach seiner Verlegung ins Gerichtsgefängnis Gießen (eine noch anhängige Bewährungsstrafe war zur Haftstrafe umgewandelt worden) bei den zuständigen Richtern Kurt Elliesen und Dieter Weychardt, die ihn einige Tage zuvor in seiner Zelle für drei Stunden besucht hatten. Andreas Baader denkt bei seinen Beschwerden schon an seine erfolgreiche Resozialisierung nach Haftende – gibt er jedenfalls vor. Dazu benötige er ein gefülltes Bücherregal (»mindestens 20 gleichzeitig«); und aktuelle Zeitungen seien für ihn »wichtig, denn ich war Journalist, und wenn sie mich jahrelang ohne ausreichende Informationen halten, werde ich Schwierigkeiten haben, diesen Beruf wieder auszuüben«. Auch die Praxis, wie mit den ihm mitgebrachten Tabakwaren umgegangen wird, gibt Anlass zur Klage. »Zigaretten, die sie schriftlich erlaubt haben mitzubringen, werden angenommen, aber Stück für Stück aufgeschnitten, obwohl sie verpackt sind und obwohl es genügen würde, ein oder zwei aufzuschneiden. Ich lege in diesen Brief, was davon übrig blieb. Ich empfehle wieder Zigaretten daraus zu machen.« Inzwischen scheint auch die Justiz begriffen zu haben, wie man verbotene Substanzen schmuggeln kann.

Ebenso stört ihn, wenn »ein schwitzender Beamter« ihn »zehn Minuten betastet, was kein Spaß ist«. Also beantragt er, nicht mehr »ohne Grund« abgetastet zu werden und ihn »endlich in eine andere Anstalt zu verlegen, solang Sie fürchten, dass Freunde versuchen mich zu befreien, am besten nach Butzbach.« Bei Nichterfüllung droht er mit Konsequenzen. »Sie werden mich durch die träge Behandlung meiner Beschwerden zu Aktionen zwingen, die für Sie lästiger sind als Worte.« Wie die aussehen könnten, hatte er mit seiner sadistischen Provokations-Phantasie schon einen Monat zuvor in einem Brief an Anwalt Horst Mahler ausgeschmückt. Da einer der zuständigen Richter Autor eines Buches über Tierschutz sei, habe er eine Idee, wie man ihn treffen könnte. »Sicher hat er einen Köter, an dem sein Herz hängt. Wir werden ihn anzünden, wenn er dann noch lebt.«[201]

Obwohl man es kaum glauben mag, sein Beschwerdebrief hat mittelbar Erfolg: Er wird nach Kassel verlegt. Mehr und mehr versucht er, unter den Gefangenen zu agitieren, schreibt er. Schon bei seiner Verlegung nach Gießen ließ er Horst Mahler wissen: »Ich habe hier in Butzbach einen dicken roten Herd hinterlassen.«[202] Auch in Kassel will er sein Bestes geben. »Ich versuche hier Zellen zu bilden. Denk bitte an die Referendare«, schreibt er an seinen Anwalt.[203]

Der hat inzwischen selbst wegen »Rädelsführerschaft« bei den Osterunruhen und den anschließenden Zerstörungen auf dem Springer-Verlagsgelände ein Ehrengerichtsverfahren am Hals. Es geht um seine Anwaltszulassung. Die Anwälte Otto Schily und Josef Augstein, der Bruder des ›Spiegel‹-Gründers, können ein Berufsverbot verhindern. Vor dem Gerichtsgebäude tobt die »Schlacht am Tegeler Weg«. Unter dem Motto »Hände weg von Mahler« werden die Polizisten mit Hunderten von Pflastersteinen beworfen. Es gibt über 130 Verletzte, der größte Teil auf Seiten der Polizei. Sie flieht schließlich vor den Demonstranten. Die APO hatte sich Unterstützung von Rockern geholt. Es wird die gewalttätigste Demonstration in West-Berlin nach dem Krieg. Die Szenerie erinnert in ihrer Gewalttätigkeit an die Mai-Unruhen in Paris. Die Fraktionierungen und Umbrüche innerhalb der Protestszene gewinnen immer mehr an Fahrt.

Auch Andreas Baaders Verhältnis zu Horst Mahler ist im Umbruch begriffen. Im April 1968 sind die Briefe an den APO-Star-Anwalt noch schüchtern und bittstellend: »Lieber Herr Mahler (…) Ich denke, dass Sie jetzt viel Wichtigeres zu tun haben, aber (…) Vielleicht könnten Sie, lieber Herr Mahler, uns vorher noch in Frankfurt sehen. Vielen herzlichen Dank für den Brief (…).« Jetzt Anfang 1969 sind die Schreiben auf Augenhöhe und Mahler mutiert mehr und mehr zum Befehlsempfänger: (»Lieber Horst (…) Es wäre gut, ich könnte endlich mal mit Dir sprechen (…) das ist Scheisse (…) also versuch bitte möglichst schnell was dagegen zu tun. A.«[204]

An Ello schreibt er im Februar: »(…) egal wie oft Du mit dem Engel schläfst (…) ich will mit Dir schlafen, will mit Dir liegen, mit Dir spielen, reden, fressen, schlafen, [und] manchmal vergesse ich Dich schon.«[205] Wenige Zeilen später steigert er sein Begehren noch: »Ich will mit Dir schlafen wie seit 3 Jahren nicht mehr – und wie seit 3 Jahren auf einmal.« Doch sie bleibt unerreichbar in Berlin, auch wenn er an den Schluss des Briefes sein obligates »Komm einfach« setzt. Und da sie nicht kommt, werden die Briefe kürzer. »was soll das? es genügt mir einen Brief schicken, der klarmacht warum Du nicht schreiben und nicht kommen willst. Das ist besser als mich alle zwei Monate am Schwanz zu ziehen, so machst du mich nur wütender und das wird schlecht für uns beide sein. andreas. schick bitte etwas Geld nach Kassel, Leipzigerstr.11, wo ich in einem Keller sitze und warte, als Telegramm am besten.«[206] Der Brief von Mitte März hat nur noch vier Wörter und schraubt die Erwartungen herunter: »schreib wenigstens verflucht – Andreas«.[207] Als sie sich im April immer noch nicht in der Justizvollzugsanstalt Kassel hat blicken lassen, schreibt er wohl seinen letzten Brief an die Mutter seiner Tochter. »Wenn Du in die Gegend kommst, besuch mich lieber nicht.«[208]

Zunächst werden die »Haftprüfungsanträge« für Andreas Baader abschlägig beschieden. Noch zu groß wäre die Fluchtgefahr bei einer vorzeitigen Freilassung von ihm und den drei anderen Brandstiftern. Richter Gerhard Zoebe ordnet noch Mitte Mai die »Fortdauer der Untersuchungshaft« an. Doch Mahler gibt nicht auf. Zwar hat im Juni 1969 der Bundesgerichtshof noch immer nicht über die Revision entschieden, doch das Oberlandesgericht setzt die Haftbefehle Mitte Juni schließlich außer Kraft. Nach 14 Monaten Gefängnis öffnen sich die Tore. Andreas Baader verlässt am 13. Juni 1969 im Zopfmusterpullover mit zwei Koffern das Gefängnis in Kassel. Er fährt nach Frankfurt.

Freiheit

Treffpunkt nach der Entlassung ist die Wohnung eines Mitgliedes der Republikanischen Hilfe in der Feuerbachstraße. Doch es herrscht keine Wiedersehensfreude. Die Stimmung ist gereizt. Andreas Baader ist rasend eifersüchtig und brüllt minutenlang und endlos wiederholend Gudrun Ensslin an. O-Ton Andreas Baader: »Du hast mit der Tochter der Anstaltsleiterin[209] gefickt. Gib es zu.« Gudrun Ensslin lässt es über sich ergehen und sagt kein Wort. Die unfreiwilligen Zeugen wundern sich. Erst als Horst Söhnlein vor Anspannung einen ›Schönfelder‹-Gesetzestext krachend in einen Spiegel wirft, hört Baader auf zu brüllen. »So ein Kotzbrocken, der Baader«, regt sich die Wohnungsbesitzerin noch heute auf. Sie kann immer noch nicht verstehen, warum die »Gudrun sich das hat bieten lassen. Die sagte einfach nichts«.

Baader scheint immer noch in Fahrt und übellaunig, als er danach Armin Golzem zufällig auf der Straße trifft. Golzem ist Anwalt und gehört zum Frankfurter SDS-Umfeld. Nachdem man sich in kleineren Gruppen vorgestellt worden ist, raunzt er Golzem gleich an: »Aaah, du bist also dieser Golzem, der immer den ganzen Scheiß macht.« Und – erzählt der heutige Vorsitzende der Vereinigung der hessischen Strafverteidiger – er hätte damals ganz anders reagiert, als er dies heute in einer vergleichbaren Situation tun würde. Golzem droht Baader Schläge an. »Ich habe ihm gesagt«, er solle die »dummen Sprüche lassen, sonst würde er seine Umrisse in der Ligusterhecke wiederfinden.«[210] Das scheint Andreas Baader zu beeindrucken. Später möchte er gar, dass Armin Golzem als Anwalt für ihn arbeitet. In den nächsten fünf Monaten des Jahres 1969 kreuzen sich die Wege nun öfters. Golzems erster Eindruck sollte ein ganz anderer sein, als der, den er später gewinnen würde. »Ich dachte nur, er ist ein aufgeblasener Kerl, der seine Zeit im Knast als besondere Wertmarke vor sich hertrug.«

Teile der Frankfurter SDS-Szene zeigen, wie es sich schon am Ende des Prozesses im Oktober ankündigte, praktische Solidarität mit den Brandstiftern. Sie bekommen das 100 Quadratmeter große Atelier vom Comic-Illustrator und »Genossen« Alfred von Meysenbug in der Fichhardstraße zugewiesen. Der hat es bereits zu einiger Bekanntheit in der Szene mit dem Comic ›Das SUPERMÄDCHEN‹ gebracht, zudem zeichnet er Wandzeitungen für den SDS. Die Matratzen liegen szenetypisch auf dem Boden. Von Meysenbug macht Fotos von der Entlassungsfeier. K1-Gründer Dieter Kunzelmann und dessen Freundin Ina Siepmann, die spätere »Bewegung 2. Juni«-Terroristin, sind schon einige Tage in Frankfurt zu Besuch und wollen mitfeiern. Zur Entschädigung für die harte Zeit im Knast setzen sich Andreas Baader und Gudrun Ensslin einen Schuss Opium-Tinktur. Den »Stoff« steuert wohl Dieter Kunzelmann bei, die gelernte Krankenschwester Ina Siepmann setzt die Spritze, wie sich Alfred von Meysenbug erinnert. Offensichtlich sind Nadel und Opium-Tinktur verunreinigt. Denn kurze Zeit später hat das Paar eine Hepatitis. »Sie hatten eine schöne Explosion im Kopf, (...) einen Flash und lagen eine Weile in der Wohnung flach«,[211] erinnert sich Thorwald Proll. Er hatte dankend abgelehnt. Nach drei, vier Tagen zogen sie weiter, sagt von Meysenbug.

In einer anderen Wohnung lernt Andreas Baader den Jura-Studenten Matthias Beltz kennen, der gerade für sein Examen lernt. Beltz ist von ihm »beeindruckt« und findet ihn »intelligent«. Er hat schon als Reporter für die Studentenzeitung ›diskus‹ über den Brandstifterprozess berichtet. In den Wochen danach ergeben sich immer wieder Gespräche zwischen beiden, in denen Baader versucht auszuloten, ob Beltz später etwas für den »bewaffneten Kampf« nach südamerikanischem Vorbild wäre. »Irgendwann sagte er mir auf den Kopf zu, ich wäre nicht für die Sachen zu gebrauchen, die er und Gudrun vorhätten. Ich würde mal Staatsanwalt werden oder Ähnliches. Natürlich habe ich mich damals darüber total geärgert.« Und schon zu dieser Zeit hätten Baader und Ensslin ihn – später noch mehr – an »entschiedenes Christentum« erinnert. »Ständig hätte man sich zur richtigen Sache, zum Glauben, zur Revolution bekennen müssen.«[212] Und obwohl er »nicht zu gebrauchen« ist, soll er später, als längst die Baader-Befreiung über die Bühne gegangen ist, im Auftrag von Gudrun Ensslin »in Gießen was ausbaldowern«. Was er nicht tut. 1971 sitzt dann der RAF-Terrorist Jan-Carl Raspe die »ganze Nacht bei mir auf dem Bett und hat mich voll geschwätzt«. Er will Beltz für Handlangerdienste einspannen. Beltz lehnt wieder ab. Insofern hatte Andreas Baader mit dem »Staatsanwalt« irgendwie Recht. Später tritt er der Frankfurter Spontivereinigung mit dem martialischen Namen Revolutionärer Kampf (RK) bei und wird einer der bekanntesten Kabarettisten Deutschlands. Er stirbt am 27. März 2002.

Ein anderes Mitglied des RK steht am 15. Januar 2001 in Frankfurt als Zeuge im sogenannten »Klein-Prozess« vor Gericht. Er wirkt wie ein Angeklagter. Es ist Joschka Fischer, damals noch Außenminister der rot-grünen Bundesregierung. Er steht kurz vor einem Rücktritt. Tage zuvor waren Bilder von ihm aus dem Jahr 1973 veröffentlicht worden, auf denen er als vermummter 25-Jähriger mit brauner Lederjacke und schwarzem Jethelm zu sehen ist, der am Rande einer Demonstration mit drei anderen Mitstreitern den Polizisten Rainer Marx verprügelt. Bei seiner Befragung möchte der Staatsanwalt wissen, ob die zeitweilige RAF-Terroristin Margrit Schiller mit am WG-Küchentisch saß. Morgenmuffel Fischer findet die Frage lächerlich und mag sich nicht erinnern, bekennt aber – als könne das nun die nächste verfängliche Frage werden –, selbstredend habe er im Sommer 1969 in Frankfurt Andreas Baader während der »Heimkampagne« kennengelernt. Das wiederum scheint den Staatsanwalt nicht zu interessieren. Jedenfalls setzt er nicht nach.

Ein gutes Jahr später sitzt Außenminister Joschka Fischer in Fulda in der Richthalle. Er ist nicht zurückgetreten. Etwas selbstvergessen lümmelt er in einem eigentlich unbequemen Konferenzstuhl. Er wirkt zufrieden. Gerade hat er eine überzeugende Rede für seinen Bundestagslistenplatz gehalten. Im Herbst ist Bundestagswahl. Der Autor erklärt sein Interview-Anliegen; als Außenminister Fischer den Namen *Andreas Baader* hört, stöhnt er laut und tief auf, macht eine wegwerfende Handbewegung, schaut gequält, nuschelt etwas von »ein Verrückter« und gibt schnell nonverbal zu verstehen, dass er über diese Bekanntschaft kein Interview geben möchte. Nach kurzer Zeit der Erschlaffung schnellt er aus seinem Stuhl hoch und reckt seinen Zeigefinger auf einen großgewachsenen Mann mit Brille um die sechzig, der drei Meter neben ihm steht: »Hier, das ist dein Mann, der kann dir alles erzählen. Der weiß viel mehr als ich.« Rupert von Plottnitz weicht vor Schreck zwei Schritte zurück. Gleich muss das Abstimmungsergebnis für Joschka Fischer kommen. Er sinkt wieder auf seinen Stuhl zurück.

Staffelberg und Beiserhaus

Am 27. Juni 1969 geht beim LKA in Wiesbaden ein Fernschreiben ein, in dem vor einer »geplanten Protestaktion« im Jugendheim Staffelberg bei Biedenkopf (25 km von Marburg entfernt) durch die »Apo« gewarnt wird. Die Planungen der Aktion würden im »Club Voltaire« – der als »einschlägiger Treffpunkt von Apo-Angehörigen« bekannt sei – vorgenommen, heißt es. Ferner sei geplant, dass »Rocker aus Nachbargemeinden von Frankfurt/ Main« an dieser Aktion teilnehmen.[213] Einige Tage zuvor hatte eine maoistisch orientierte »Stadtteilgruppe Sachsenhausen« in einem Flugblatt gefordert: »Erscheint massenhaft und zerschlagt den Heimterror!« Die Polizei erwartet für Samstag, den 28. Juni, Randale. Schon am Morgen werden deshalb siebzig Polizeibeamte innerhalb des Gebäudes postiert, die beim Ankommen der Frankfurter Studenten durch halb geschlossene Gardinen »Beweisfotos« knipsen. Die Negative der Fotos kann man heute noch in den sogenannten »Stammheim-Akten« im Bundesarchiv in Koblenz finden.

Der ehemalige Staffelberg-Fürsorgezögling Peter Brosch hatte linke Studenten der Erziehungswissenschaften auf die Verhältnisse in Staffelberg aufmerksam gemacht. Wer als Waisenkind, »Schwererziehbarer« – oder schlicht aus einer »dissozialen« Familie stammend – in eine Fürsorgeeinrichtung von Staat oder Kirche eingewiesen wird, gehört zu den Verlierern in der jungen Bundesrepublik. Das Erziehungssystem ist auf Drill und Gehorsam, Schikane und Unterdrückung aufgebaut. Bei Vergehen werden die Heranwachsenden geschlagen und bei Bedarf zur »Besinnung« bis zu zwölf Tagen in den »Karzer« (eine Art Einzelarrestzelle mit Fenstervergitterung) gesteckt. Fast 500 000 Kinder und Jugendliche wachsen in Westdeutschland bis 1970 so in Heimen auf. Nicht alle Erziehungsheime misshandeln ihre Schutzbefohlenen, aber seelische und körperliche Übergriffe sind keine Ausnahme. Ein »dunkles Kapitel« bis heute »nicht aufgearbeiteter bundesrepublikanischer Nachkriegsgeschichte«, wie Buchautor Peter Wensierski findet.[214]

Baader, Ensslin und Proll sind prominent und werden von der linken Szene hofiert. Sie schließen sich wenige Tage nach ihrer Entlassung einer Gruppe aus Pädagogik-Studenten, Stadtteilgruppen und der militanten SDS-»Lederjackenfraktion« an. In der Frankfurter Szene, der zweiten Rebellions-Hochburg nach Berlin, hatten sich während des Uni-Streiks im Wintersemester 1968/69 diverse Knast-, Mieter- und Lehrlingsinitiativen gebildet. Als die Brandstifter im langen Autokonvoi zusammen mit 200 Studenten aus Frankfurt im mittelhessischen Staffelberg eintreffen, ist dies der Anfang des Endes der traditionellen, repressiven Heimerziehung in der Bundesrepublik. Entgegen allen Erwartungen bleibt es friedlich. Die Polizei bleibt im Gebäude. Baader und Ensslin, frisch aus dem Knast entlassen, haben das Flugblatt verfasst: »Eure Wärter, die sich Erzieher nennen.« Bei der »Vollversammlung« auf der abschüssigen Wiese vor der Anlage werden ein gutes Dutzend Forderungen erhoben, so der »Rausschmiss aller Erzieher, die prügeln«; »Aufstellung eines Heimrates«; »tarifgerechte Löhne« und »Abschaffung der Postzensur« und »sofortiger Abbruch des Karzers«. Das geht Direktor Carl Böcker dann doch zu weit. »Das wäre ja Sachbeschädigung«, wenn er die Gitter des Karzers herausreißen lassen würde. Er verteidigt per Megafon die bewährten Heimregeln und wird ausgebuht. Andreas Baader sitzt gemeinsam mit Gudrun Ensslin auf der Wiese. Sie hat zuvor eine kleine Rede gehalten. Etwa dreißig der einhundertzwanzig Fürsorgezöglinge fliehen noch am gleichen Tag nach Frankfurt. Später kommen weitere vierzig. Sie werden von den SDS-Genossen in Wohnungen untergebracht und mit Geld unterstützt. Das hält sie nicht davon ab, Kühlschränke auszuräumen, Wohnungsinventar zu zerschlagen, die häusliche Barschaft zu stehlen und in Drogen umzusetzen. »Das waren einfach asoziale Wesen«, erinnert sich eine damalige Wohnungsgeberin.

Unter den getürmten Heimbewohnern – fast ausschließlich Jungs zwischen 16 und 20 Jahren – wird Andreas Baader schnell zum absoluten »Star«, wie Armin Golzem betont. »Die kamen aus einem Heim, wo sie völlig unterdrückt gelebt haben, und begaben sich nun in eine Umgebung, wo sie alle Freiheiten genossen. Und Baader und Ensslin bestärkten sie natürlich darin, dass sie sich die Dinge rausnahmen, die sie sich in den Heimen auf jeden Fall nicht rausnehmen konnten. Und Baader, der ohnehin ein wilder Kerl war, war natürlich das absolute Identifikationsobjekt.«[215] Der schwererziehbare Baader wird zum Vorbild für die Ausgestoßenen der Gesellschaft. Hier kann Andreas Baader endlich die von ihm verinnerlichte Theorie von Herbert Marcuse aus seinem Aufsatz ›Repressive Toleranz‹ zur praktischen Anwendung bringen. Die besagt, dass unterdrückte Minderheiten – also hier die Fürsorgezöglinge – ein »Naturrecht auf Widerstand« haben. Der Einsatz von Gewalt würde nur die vorhandene staatliche Gewaltspirale durchbrechen und letztendlich zu einer Befreiung des Menschen führen. »Wenn sie Gewalt anwenden, beginnen sie keine neue Kette von Gewalttaten, sondern zerbrechen die etablierte. Da man sie schlagen wird, kennen sie das Risiko, und wenn sie gewillt sind, das auf sich zu nehmen, hat kein Dritter, und am allerwenigsten der Erzieher und Intellektuelle, das Recht, ihnen Enthaltung zu predigen.«[216] Marcuses Theorie fußt auf den Erfahrungen der amerikanischen Bürgerrechtsbewegung.

Die Fürsorgezöglinge werden in Frankfurt von den Studenten nur die »Staffelberger« oder die »Lehrlinge« genannt. Baaders Lieblings-Lehrling ist Charly Wirczejewski. Er ist aus einem Heim in Bremerhaven geflohen und hat sich per Anhalter nach Frankfurt durchgeschlagen. Baader ist gleich sehr »liebevoll« zu ihm, ist interessiert an seiner Geschichte und lässt ihn in seine Wohnung einziehen. Im Gegenzug fungiert Charly als Baaders Sprecher bei den entlaufenen Heimzöglingen. Überhaupt erlebt er Andreas Baader als »sehr weich«.

Immer mehr leeren sich die hessischen Heime. Baader, Ensslin und die »Kampfgruppe ehemaliger Fürsorgezöglinge« fallen auch in die Heime Wabern, Guxhagen, Ober-Erlenbach und in das »Burschenheim Beiserhaus« im nordhessischen Rengshausen ein. Schon bei vorherigen Besuchen hatten sie zur Rebellion gegen den Heimleiter oder zum Ausbruch aufgerufen. Bei einem Treffen Anfang August fordert Baader in Rengshausen die gänzliche Schließung des »Burschenheims« (»das ist hier ein faschistisches Anpassungslager«), und als die Diskussion nicht zum gewünschten Erfolg führt, bricht er die Versammlung mit den Worten ab: »Was diskutieren wir hier noch lange rum. Hier gehört eine Bombe rein. Fertig.«[217] Der Direktor des Burschenheims Beiserhaus wendet sich hilfesuchend an den hessischen Sozialminister Hemsath. Er klagt, dass wegen der APO-Aktionen »eine pädagogische Betreuung« der untergebrachten »Jugendlichen kaum noch wahrgenommen« werden kann. Ein »Fräulein Enzinger (Kaufhausbrand)«[218] würde in diesem Zusammenhang »besonderes aggressiv« auftreten. Er bittet um einen »ministeriellen Erlass«, der eine »Fortsetzung der Störaktionen der APO« unterbinden soll.[219]

Der 18-jährige Lorenz Jäger, ein Abiturient aus Bad Homburg (heute ›FAZ‹-Redakteur) verbringt den Sommer 1969 in Frankfurt im Umfeld des Staffelbergprojekts und der Brandstifter. Besonders hat es ihm Andreas Baader angetan. Wie die Heimzöglinge schaut er zu ihm auf. »Er war ein absolutes Faszinosum für mich. Wenn er den Raum betrat, veränderte sich die Atmosphäre.« Er bewundert an ihm seine »Raubkatzen-Eleganz«, mit der er sich bewegt. »Er war ein Typ Mensch, der eine eigene Dynamik in so eine Sache brachte.« Bald gehört Lorenz zum inneren Kreis der Heimkampagne und ist dabei, wenn über Land gefahren wird, um die Heime aufzumischen.

Baader ist verblüfft über so wenig Widerstand. »Die Heime, die wir aufsuchten, waren sofort in der Defensive, ließen mit sich diskutieren, gingen auf Forderungen ein«,[220] erinnert sich Lorenz.

Auch dem Diakonischen Werk und dem Landeswohlfahrtsverband scheinen die angeprangerten Missstände in der Heimerziehung einzuleuchten. Besonders der Leiter des städtischen Jugendamtes, Herbert Faller, und Pastor Hans Brehm, Leiter des Diakonischen Werks, sind von so viel Entschlossenheit beeindruckt. Sie gewähren pro Tag und entwichenem Heimzögling fünf Mark Zuschuss. Die Kasse verwaltet Gudrun Ensslin. »Um Geld hat sich Andreas nie gekümmert, Geld hat ihn nicht interessiert«, weiß Charly Wirczejewski. Nur Baaders politische Schulungen jeden Sonntagmorgen gefallen Faller nicht. »Ich musste dem ein Ende machen. So ging ich eines morgens zum Asta, um mich dort mit Baader zu treffen.«[221] Bald mietet das Jugendamt Frankfurt Sieben- bis Acht-Zimmer-Wohnungen in der ganzen Stadt an, um »Wohnkollektive« einzurichten. Die Betreuung sollen Studenten und Sozialarbeiter übernehmen. Überall Reformen. Der Landeswohlfahrtsverband beschließt, die Zuteilung der Pflegesätze für die eigenen Erziehungsheime um bis zu 50 Prozent zu erhöhen,[222] um deren Qualität zu verbessern. Faller und Brehm sind vom Engagement und dem »pädagogischen Impetus« der ehemaligen Brandstifterin Ensslin beeindruckt. Brehm hat den Plan, ihr eine Stelle beim Diakonischen Werk anzubieten.

Neuer Wohnsitz von Andreas Baader und Gudrun Ensslin ist eine Villa in der Frankfurter Grafenstraße. Sie ist zuvor von SDS-»Lederjacken« gemietet worden. Nur etwa 1000 Meter von der Garage im Hofeckweg entfernt, in der Andreas Baader drei Jahre später festgenommen werden wird. Während Gudrun Ensslin neben der Geldverteilung für Strukturierung und Durchführung der täglichen Plenen und anstrengende Textanalysen von Mao und Marx der »Lehrlingskollektive« verantwortlich zeichnet, sorgt Baader für die Entspannung. »Wir sind in Cafés, ohne Geld, haben dann alle gegessen, Kaffee getrunken – und sind dann einfach abgehauen. Rinn ins Auto und weg waren wir!«, freut sich heute noch Charly Wirczejewki. Nach dem ganzen »Heimterror« haben sich die

Jugendlichen den Spaß verdient, meint Baader. Den hat er auch. »Klar hat ihm das Freude gemacht, mit so einer Horde von Jungs, alle zornig, durch die Gegend zu ackern.« Ein anderes Mal nimmt er mit den Jugendlichen grundlos in Darmstadt eine Disco auseinander. Einfach so. Wie er es in Berlin schon öfters mit Manfred Henkel in Kneipen getan hat. Vorher hatten sie noch drei Autos geklaut.

Als Baader und Ensslin mit den Fürsorgezöglingen wieder über Land fahren, um in Erziehungsheimen zu agitieren, kommt es zu einem dramatischen Zwischenfall im hessischen Knüllgebirge. Lorenz Jäger, der Schüler aus dem Taunus, verschluckt beim Abendessen eine Wespe. Sie sticht ihn in den Hals. Hektik bricht aus. Der Hals schwillt bedrohlich an. Als Einziger behält Andreas Baader die Nerven, verfrachtet Lorenz schnell auf den Rücksitz seines Mercedes und rast in das Dorf Rengshausen. Auf dem Beifahrersitz sitzt Gudrun Ensslin. Es ist Sonntagabend – der einzige Arzt des Ortes ist glücklicherweise zu Hause. Es ist Dr. Paul Lüth, der ehemalige »Bundesführer« vom rechtsradikalen »Bund Deutscher Jugend«, der seit 1953 verboten ist. Er hatte 1951 das Buch ›Bürger und Partisan – Widerstand gestern, heute und morgen‹ geschrieben. Ein rechtsradikales Pamphlet, das von der Gründung von Partisanengruppen phantasiert, wenn sowjetische Soldaten in West-Deutschland einfallen würden. Strammer Antikommunist (ein Renegat, nach dem Krieg selbst zwei Jahre Mitglied der KPD, dann zeitweilig beim CIA) begegnet zukünftigem linken Guerillaführer, ohne dass einer des anderen Geschichte ahnt. Ein bizarres Treffen. Als sich Lüth umständlich anstellt, raunzt ihn Gudrun Ensslin an, er solle schneller machen: »Wir brauchen ihn noch.« Nachdem der Arzt Lorenz Jäger ein Abschwellmittel verabreicht, entspannt sich die Situation.[223] Als sie erleichtert die Praxistür hinter sich schließen, schaut Andreas Baader Lorenz Jäger ins Gesicht und sagt: »Wenn wir keinen Arzt gefunden hätten, hätte ich dir einen Luftröhrenschnitt gemacht.«[224]

In der politischen Schulung der Heimzöglinge ist Andreas Baader für praktischen Anschauungsunterricht. Als Erika Faller, die Frau des Jugendamtsleiters, einmal in ein Wohnkollektiv in die Friedberger Anlage kommt, ist Andreas Baader zu Gast. Er steht auf einem Stuhl, um ihn sind Lehrlinge dicht gedrängt. Als er ein Bündel Zehn-Mark-Scheine in die Luft wirft, stürzen sich die Lehrlinge wie verrückt gen Boden, um möglichst viel zu raffen. Mancher hat danach mehrere Scheine in der Hand, andere gar keinen. »Seht ihr, so ist der Kapitalismus. Die einen haben was, die anderen gehen leer aus.«[225] Wenn die »ernsthafte« Gudrun Ensslin bei ihren Verhandlungen und Diskussionen mit Jugendamt und Diakonie nicht weiterkommt, lädt ihr Freund Andreas seinen Mercedes voll Lehrlinge und besetzt kurzerhand das Büro von Jugendamtsleiter Faller, um der Forderung nach Bereitstellung von Wohnungen Nachdruck zu verleihen. Und er hat mit seinem massiven Auftreten Erfolg. Kurze Zeit später werden die »Wohnkollektive« eröffnet. Bei solchen Auftritten wirkt er wie eine Mischung aus Mafiaboss und »Schinderhannes«, erinnert sich Heimkampagnen-Mitinitiator Loui Tratter. Schinderhannes mit lässigem Gang und Sonnenbrille. Ein anderer Augenzeuge erlebt Andreas Baader, wie er auf einem Stuhl stehend Mao-Lehrsätze vom Chor der Lehrlinge wiederholen lässt. »Andreas spielte den König.«

Auch wenn ihn viele der Heimzöglinge für seinen Witz, Charme und Tatendrang lieben, gibt es im Laufe der Zeit doch auch Spannungen und wüste Prügeleien zwischen Baader und der Lederjackenfraktion. Die sind mit seinem zügellosen Leben – an dem sich die Ex-Heimbewohner ein Beispiel nehmen – nicht einverstanden. Die Mehrheit von ihnen verschrieb sich im Frühherbst 1969 ganz dem orthodoxen Maoismus/Leninismus, mit gleichartigen Kurzhaarschnitten, ohne Drogen und fleißiger Fließbandarbeit zum »Wohle des Volkes«. Das ist nicht Baaders Ding. Was ihn aber nicht davon abhält, andere vermeintliche »Abweichler« als »Schrotthaufen« zu titulieren. Das wäre sein liebstes Schimpfwort gewesen, sagt Alfred von Meysenbug. »Du Schrotthaufen, du bist doch politisch schon tot.« Das Schlimmste, was man einem damals in der Szene vorwerfen kann.

Besonders verhasst sind ihm wohlmeinende Sozialarbeiter und Studenten des Frankfurter Pädagogikprofessors Mollenhauer mit ihrem »Reformgequatsche«, die er am liebsten alle aus den Wohnkollektiven wieder »rausschmeißen« will. »Wir wollten die Revolution in den Heimen, sie aber wollten die Revolution in der Gesellschaft und dafür aus den Heimen Mitstreiter rekrutieren.«[226] Was ihnen auch gelingt. Später bei der Baader-Befreiung in Mai 1970 wird es Baaders Lieblings-Lehrling Charly Wirczejewski sein, der das »Equipment« besorgt. Er sei in einer Diskothek angesprochen worden, ob er nicht was für »Andreas« tun könne. »Und dann habe ich zwei Autos geklaut und irgendwo hingestellt.«[227] Ein anderer Heimzögling kann auch nicht ertragen, dass sein früherer »Sozialarbeiter« Andreas Baader im Gefängnis schmoren muss. Sein Name: Peter-Jürgen Boock. Er wird zu einer der zentralen Figuren der zweiten Generation der RAF. Ihr vorrangiges Ziel: die erste Generation, insbesondere Andreas Baader, aus dem Gefängnis zu befreien. Er war aus dem Burschenheim Beiserhaus im Sommer 1969 im Zuge der Heimkampagne nach Frankfurt zu Andreas Baader und Gudrun Ensslin geflohen. Wie Wirczejewski bewundert Boock Lederjackenträger Baader. Das Oberlandesgericht Stuttgart stellt 1986 fest, »Andreas Baader sei so etwas wie eine Vaterfigur« für den acht Jahren jüngeren Boock. Für ihn ist klar: »Die haben mich rausgeholt, also hole ich sie raus.«

Gemeinsam mit Alfred von Meysenbug fahren Andreas Baader und Gudrun Ensslin im September auf die Filmfestspiele in Mannheim. Dort hat ›Katzelmacher‹ von Rainer Werner Fassbinder Premiere. Baader und Ensslin wollen Fundraising für die Heimkampagne unter den klammen Kulturschaffenden betreiben. Ein ziemlich aussichtsloses Unterfangen, erinnert sich von Meysenbug. Andreas Baader wird Rainer Werner Fassbinder vorgestellt. Der will jedoch nichts zur Kollekte beisteuern. Auch Norbert Kückelmann vom Kuratorium Junger Deutscher Film soll Unterstützung in Form von Barem geben. Sie schlagen ihm einen Film über die Heimkampagne vor, den der ehemalige DFFB-Student Gerd Conradt mit seiner Freundin drehen soll. »Andreas und Gudrun erwarten natürlich sofort den Höchstförderbetrag.«[228] Als Kückelmann beginnt das umständliche Procedere für eine Filmförderung zu erklären, winkt Andreas müde ab. Er hat eine andere Idee. Es sind noch Forderungen in München offen.

So fahren Andreas Baader, Gudrun Ensslin und Gerd Conradt anschließend im weißen Heckflossen-Mercedes in die bayerische Landeshauptstadt. Dort wollen sie eine Drehbuchgage eintreiben. Für einen Film, dessen Skript eigentlich sie geschrieben haben. Der Film heißt ›Brandstifter‹ und ist von einem Bekannten von Andreas Baader, Klaus Lemke. Ein für den WDR gedrehter Fernsehfilm. Erzählt wird eins zu eins die reale Frankfurter Brandstiftung. Nur die Schauplätze sind verändert. Ein Dokudrama. In den Hauptrollen: Margarethe von Trotta und erstmals die 17-jährige Iris Berben. Baader sagt auf der Fahrt: »Dem Lemke hau ich in die Fresse, wenn der kein Geld gibt.« Sie wollen 10 000 Mark von Lemke, so ist ihr Plan. Der »soll blechen« für die Heimkampagne. Beide kennen sich aus der Kneipe »Kleiner Bungalow« in der Münchner Türkenstraße. Dort gibt es das billigste Bier der Stadt. Zu den Stammgästen gehören Münchens Jungfilmer Reinhard Hauff, Volker Schlöndorff, Wim Wenders und Werner Enke. Mit Andreas Baader, bekennt Lemke, hat er um 1967 »unendlich viele Biere getrunken«, als er wohl zu ausgedehnten Mutterbesuchen in der Stadt weilt. Brandstifter Horst Söhnlein (Lemke: »Ein stiller Franke«), den Andreas Baader zur Brandstiftung im März 1968 angeworben hatte, war 1965 Schauspieler in Lemkes erstem Film ›Kleine Front‹.

In München angekommen, fährt das Trio direkt zum neu gebauten Arabellahochhaus in Bogenhausen, in dem Lemke wohnt. »Als sie hochkamen, waren die schon alle nicht mehr ganz nüchtern. Baader verlangte ein Drittel vom Drehbuchhonorar. Wenn ich mich nicht irre, habe ich für damalige Verhältnisse unglaubliche 15 000 DM bekommen. Aber warum sollte ich etwas abgeben? Ich habe die schließlich bekannt gemacht, so habe ich das gesehen.«[229] Später macht das Gerücht die Runde, Andreas Baader hätte Klaus Lemke gepackt und an den Füßen kopfüber vom Balkon des 19. Stocks gehalten, als Lemke die Zahlung verweigert. Tatsächlich steht Andreas Baader während des ganzen Treffens am Lichtschalter und spielt mit einem Messer. Man tauscht lediglich ein paar unfreundliche Sätze aus. Als die Truppe gegangen ist, sieht Lemke in den Putz Hammer und Sichel eingeritzt, direkt neben der Stromleitung. »Wer hätte das gedacht, dass der Baader mal der Baader wird«, sagt Klaus Lemke.

Zuvor waren sie bei der Vermarktung ihrer Geschichte erfolgreicher gewesen. Kaum zwei Wochen nach ihrer Haftentlassung unterschrieben sie im Juli 1969 einen Vertrag beim März-Verlag. Es soll ein Buch über die Haftzeit werden. Arbeitstitel ›BAU – Die Gefängnisse den Gefangenen‹. Der Titelvorschlag ist von Andreas. Die vier entlassenen Brandstifter erhalten pro Person 1000 Mark Vorschuss. Den Anteil von Horst Söhnlein quittiert Andreas Baader mit gefälschter Unterschrift.[230] Und auch ein zweites Buch ist in Vorbereitung. Vor allem Gudrun will es schreiben. Ein Buch über die Heimkampagne. Sie sammelt schon Material: Flugblätter, Akten von Fürsorgezöglingen, Tonbandaufnahmen von Diskussionen und Behörden-Besetzungen. Auch dieses Buch wird nicht über die »Projektphase« hinauskommen.

Ein wichtiger Aspekt von Baaders Auslegung der »revolutionären Randgruppenstrategie« ist Autofahren. »Wir haben viel Spaß gehabt. Diese Autofahrergeschichten spielen eine ganz große Rolle. Er ist nämlich irrsinnig gerne Auto gefahren und hat sie auch gerne zerschrotet«, bezeugt Charly Wirczejewski. Alle drei, vier Wochen kommt ein neues Auto. Gudrun Ensslin ist für die Neubeschaffung der Wagen zuständig. Er fährt immer. Ungern lässt er andere ans Steuer, wenn doch, geschieht dies spektakulär. So wechselt er während der Fahrt (!) wiederholt mit Gudrun Ensslin vom Fahrer- auf den Beifahrersitz. Mitfahrerin Antje Krüger schaut ungläubig zu, wenn Andreas sich »während der Fahrt« im Rückspiegel »sein Gesicht pudert«. Und wenn die Brandstifter mit Anhang auf Hessens Autobahnen zur Agitation in den Fürsorgeheimen unterwegs sind, sitzen sie nicht selten stoned im Wagen. »Ich erinnere mich, wie im Autoradio ›In the Year 2525‹ von Zager & Evans läuft. Wir rasen völlig bekifft über die Autobahn. Baader am Steuer, Proll singt.« Und es sei schon damals augenfällig gewesen, »das Spiel mit dem Tod hat ihn schon gereizt«,[231] erzählt Lorenz Jäger. Nicht nur beim Autofahren.

Ein weiteres Spiel, was ihn zeitlebens fasziniert, ist das Übertreten von Verkehrsregeln. Allein in den Jahren 1960 bis 1961 wird er vier Mal vor Gericht zitiert. Mal wegen nicht erlaubten Mitnehmens einer »zweiten Person« auf dem Mopedgepäckträger. Dann, weil er mit einem »nicht zugelassenen, nicht versicherten und nicht versteuerten PKW« auf Münchens Straßen unterwegs ist. Oder einfach wegen »unbefugter Benutzung eines PKW«.[232] Schon recht früh scheint die Münchner Polizei ein aufmerksames Auge auf Andreas Baader geworfen zu haben. Am 21. April 1953, er ist neun Jahre alt (!), wird er wegen »fortgesetzter Übertretung der Straßenverkehrsordnung« mit auf die Polizei genommen. Er wird »jugendrichterlich ermahnt«. Die Strafen steigen progressiv. Von acht Mark Geldstrafe (»inklusive [des] zu absolvierenden Verkehrsunterricht[es]«) bis drei Wochen Jugendarrest. Von einer Spritztour mit einem gestohlenen Motorrad im Englischen Garten mit 120 km/h, wie der ehemalige BKA-Beamte Alfred Klaus erzählt, findet sich allerdings nichts in den Akten.

Auch nach dem Wechsel nach Berlin bleibt er seiner Leidenschaft treu. Fahrstunden hält er immer noch für überflüssig. Darunter hat seine neue Freundin Ello zu leiden, die auf dem Sozius sitzt. Mit einem »besorgten« Motorrad fährt er nach einer Kneipentour ohne Helm und alkoholisiert in eine Baustelle. Ello kommt mit einer Kopfverletzung und einer komplizierten Handfraktur ins Krankenhaus. Andreas ist leichter verletzt und jammert über das »kaputte Motorrad«. Zwischen Juni 1964 und 1965 wird er drei Mal bei Verkehrsdelikten erwischt, zwei Mal ohne Führerschein. Beim dritten Mal hat er einen. Den hat er allerdings »für neunzig Mark« in einem »Lokal am Kurfürstendamm« gekauft, erzählt Andreas Baader vor Gericht. Das Foto ist dilettantisch ausgetauscht, der Behördenstempel mit Filzstift nachgemalt.

Noch gibt es Hoffnung für den Verkehrsteilnehmer Baader, dass er sich in Zukunft an Regeln hält. Jedenfalls für das Gericht. »Da der Angeklagte noch sehr jung ist und durch den frühen Verlust des Vaters im Zeitpunkt seiner wesentlichen Entwicklung ohne festen Halt war, und auf Grund seiner Erziehung noch auf eine günstige zukünftige Entwicklung hoffen lässt, hat das Gericht von der Möglichkeit der Strafaussetzung zur Bewährung Gebrauch gemacht.«[233] Beim Kaufhausbrandprozess wird der Anklagepunkt »Fahren ohne Führerschein« fallengelassen. Doch trotz allem richterlichen Wohlwollen ist er im Frühherbst 1969 – obwohl er »irrsinnig« gerne fährt – noch immer ohne Fahrerlaubnis. Und so muss er bei nahenden Polizeikontrollen vom Fahrer- auf den Beifahrersitz wechseln, um seine Bewährungsstrafe bis zur Revision nicht zu gefährden.

Am 13. November 1969 vermeldet die ›Frankfurter Rundschau‹ unter der Überschrift ›Wohnkollektiv – die Konkurrenz des Heims‹. »Die Forderung einer Studentengruppe hat Früchte getragen: Seit kurzem besitzt Frankfurt mit der Einrichtung von vier sogenannten Wohngruppen für 32 aus freiwilliger Erziehungshilfe entwichene Jugendliche ein Modell, das zunächst als Experiment angesehen wird.«[234] In Frankfurt sind derweil die Tage der Heimkampagne unter Mitwirkung von Andreas Baader gezählt. Zunehmend wird den drei Brandstiftern bewusst, dass sie keine Sozialarbeiter sein wollen, sondern Revolutionäre. Die ehemaligen Heimjugendlichen sind anstrengend. Andreas Baader bekennt später: »Wir sind physisch und psychisch fertig. Wir wollen nicht, dass die Lehrlinge sich an uns hängen. Wir werden erst mal entspannen und dann weitersehen.«[235] Unter Mitwirkung von Andreas Baader findet am 12. November das letzte »Go-in« bei einer Pressekonferenz von Jugendamtsleiter Faller statt. Auf dem verteilten Flugblatt ist zu lesen: »Die Kollektive sind das Ergebnis eines politischen Kampfs.« Zwei Tage zuvor hatte der Bundesgerichtshof den Revisionsantrag aus dem Brandstifterprozess verworfen. Und da sie nicht wieder hinter Gitter wollen, wird die Flucht vorbereitet.

Die Journalistin Ulrike Meinhof ist seit Sommer oft zu Besuch in Frankfurt. Sie hatte schon Gudrun Ensslin im Gefängnis besucht und über den Kaufhausbrandprozess im Jahr zuvor in ›konkret‹ geschrieben (»Es ist immer noch besser, ein Warenhaus zu anzuzünden, als eins zu betreiben«, hatte sie Fritz Teufel am Ende des Artikels zitiert). Und immer wenn Geldknappheit herrscht, wird »Ulrike« angerufen, die Bares unter Hamburger Journalisten besorgen soll. Auch sie agitiert in hessischen Jugendheimen und setzt sich für die Belange weiblicher Insassinnen ein. Sie soll nach dem Willen von Andreas Baader und Gudrun Ensslin deren Arbeit übernehmen. Doch sie lehnt ab. Im November wird im Hessischen Rundfunk ihr

Radiofeature mit dem Titel ›Ein Heim in Hessen‹ ausgestrahlt. Es beschreibt die Missstände im Mädchenheim Guxhagen bei Kassel. Gleichzeitig arbeitet sie an einem Drehbuch für einen Fernsehfilm mit der gleichen Thematik für den Südwestfunk. Im Gegensatz zu Klaus Lemkes ›Brandstifter‹ wird ›Bambule‹ nicht ausgestrahlt. Das sollte erst fast ein Vierteljahrhundert später geschehen.

Die Rechtsanwälte Armin Golzem und Rupert von Plottnitz verteidigen Ende 1969 in Kassel drei Fürsorgezöglinge, die wegen »Verabredung zum Mord« angeklagt sind. Sie sollen einem Erzieher mit einer Art Baseballschläger eine Kopfverletzung beigebracht haben. Armin Golzem hat vor Gericht Ulrike Meinhof als unabhängige Gutachterin durchgesetzt. Sie soll die Repressalien schildern, denen die Fürsorgezöglinge in Heimen ausgesetzt sind. Golzem wird heute noch wütend, wenn er an ihren Auftritt vor Gericht denkt: »Als Erstes ging sie zur Anklagebank und versicherte den Jungs, für alle gut hörbar, sie würde ganz klar auf deren Seite stehen. Denn sie sei schließlich keine bürgerliche Gutachterin. Damit hatte sie sich mal ganz schnell selbst diskreditiert.« Golzem und von Plottnitz verlieren den Prozess. Die Fürsorgezöglinge werden verurteilt. »Das war so blöd. So eine Bekennerscheiße.«[236]

Auf der Flucht
Ausland

Mitte November verschwinden die Brandstifter aus Frankfurt. Mit dramatischem Impetus inszeniert Andreas Baader die Flucht. Der Journalist Michael Kandler[237] bekommt einen Anruf der »Roten Hilfe«: Er soll Baader und Ensslin abholen. Richtig eilig scheinen sie es nicht zu haben. In einem Bungalow im Taunus, in dem sich das Pärchen versteckt hat, wird Kandler die Tür erst nach langem Klingeln geöffnet. »Baader erschien in roter Unterhose und raunzte mich an, warum ich ›Arsch‹ ihn so früh wecken würde. Gudrun Ensslin packte die Sachen zusammen.«[238] Als sie in Frankfurt sind, möchte Andreas Baader, dass in der Nähe der Alten Oper gehalten wird. Im absoluten Halteverbot. Bevor es ins Ausland geht, muss er noch etwas Wichtiges erledigen: Er benötigt sein gewohntes Rasierwasser aus seiner Stammdrogerie. Nach mehreren Autowechseln wartet in der Tiefgarage des »Hertie«-Kaufhauses ein neuer Fluchtwagen. Fahrer ist diesmal Matthias Beltz. Er kutschiert das Pärchen in einem Renault R4 nach Hanau. »Ich war sozusagen die revolutionäre Leibgarde. Eine völlig sinnlose Aktion. Denn sie wurden ja noch gar nicht gesucht.«[239]

Inzwischen ist Thorwald Proll zu Baader und Ensslin gestoßen. Sie brechen zu einer viermonatigen Reise zu europäischen Großstädten und Urlaubszielen auf. Die Grenze nach Frankreich wird nachts im Saarland bei Forbach zu Fuß überquert. »Genossen« haben eine Wohnung in Paris organisiert, wo sie erst einmal bleiben können. Wie schon kurz vor der Kaufhausbrandstiftung haben sie ihr Äußeres verändert. Gudrun Ensslin hat ihre langen blonden Haare abgeschnitten und schwarz gefärbt, Andreas Baader hat wieder einen Kurzhaarschnitt. Jean-Marcel Bouguereau, Journalist und Protagonist des Pariser Mai 1968, ist sich heute nicht mehr sicher, wer ihn angerufen hat, ob er nicht Genossen unterbringen kann. War es Daniel Cohn-Bendit? Er weiß es nicht mehr. »Eines Abends standen sie bei mir vor der Tür. Die hatten kein Geld, einfach nichts.«[240] Bouguereau hilft. Er hat die Schlüssel für die Wohnung seines Bekannten Règis Debray im noblen Stadtviertel Ile de la Cité. Die Wohnung von Debray ist verwaist. Der Journalist sitzt seit 1967 als Kampfgefährte Che Gueveras in einem bolivianischen Gefängnis. 1970 wird er vorzeitig freigelassen, später wird er Berater des französischen Staatspräsidenten Francois Mitterand.

Bouguereau besorgt für Baader & Co nicht nur die Wohnungsschlüssel, sondern auch Geld. Was das Trio mit vollen Händen ausgibt. Einmal sind es 2000 Mark in zwei Tagen, sagt Thorwald Proll. Bouguereau ist zunehmend genervt von den dreien. »Es gab nur ein Diskussionsthema: die gewaltsame Revolution. Ich sollte Kontakte zu linksrevolutionären französischen Gruppen machen.« Was er nicht tut. Irgendwie sind das »komische Vögel«, findet er, trotzdem ist er solidarisch. Und obwohl auf der Flucht, gibt sich Andreas Baader nicht gerade klandestin. Als der Journalist Michael Kandler Ende November beruflich in Paris zu tun hat, brüllt jemand übermütig von der gegenüberliegenden Straßenseite: »Heeh, Kandler, was machst du denn hier? Sag mal, musst du nicht arbeiten?« Es ist Andreas Baader.

Aus Deutschland bringt Astrid Proll nach kurzer Zeit den Gruppen-Mercedes und Geld. Man zieht über Pariser Flohmärkte, shoppt und fotografiert sich gegenseitig in einem Pariser Café. Die Fotos des verliebten Revolutionspaares Andreas Baader/Gudrun Ensslin von Astrid Proll werden später bekannt. Derweil sind in Frankfurt die Heimzöglinge mit der Abreise von Andreas Baader alles andere als einverstanden. Charly Wirczejewski: »Ich war stinksauer und total überzeugt, diese Lehrlingskollektive aufzubauen, und fand es scheiße, dass er abgehauen ist. (…) Ich habe mich im Stich gelassen gefühlt! Plötzlich ist die Figur, die so wichtig für die Sache ist, weg. (…) Man hätte darüber reden müssen, die Gruppe hat Anspruch darauf gehabt.«[241] Die Heimkampagne zerfällt. Viele Ex-Heimzöglinge brechen angefangene Ausbildungen ab, gehen auf Trebe, werden straffällig und verfallen LSD und Heroin. Andere dagegen absolvieren tatsächlich erfolgreich ihre Lehre.

Die Gruppe in Paris ist unschlüssig, wie es weitergehen soll. Gudrun Ensslin will zunächst tatsächlich weiter an einem Buch über die Frankfurter Heimkampagne schreiben und lässt sich Recherchematerial von Astrid Proll mitbringen. Die möchte, offensichtlich nach dem Vorbild von Dieter Kunzelmann, der schon ein palästinensisches Ausbildungslager hinter sich hat, zur Al Fatah in den Nahen Osten reisen. In Berlin haben die Tupamaros Westberlin (TW) als erste deutsche Stadtguerilla bereits Anschläge verübt. Und Andreas Baader? Der genießt die Urlaubsatmosphäre und fühlt sich gleichzeitig verspannt und verfolgt. Die Weiterreise führt über Zürich und Mailand. Für Thorwald Proll ist der Trip bereits in Frankreich zu Ende: »Ich fühlte mich da nicht wohl. Ich wollte das nicht. (…) Ich blieb in der Wohnung, und die gingen raus. Das war ein trauriger Moment. (…) Es war (…) einsam.«[242] Er geht zuerst nach England, im Herbst 1970 stellt er sich im Beisein seines Anwaltes Klaus Eschen den Strafbehörden in Berlin-Moabit. Die vakante Stelle der Reisebegleitung nimmt seine Schwester Astrid ein.

Astrid Proll bemerkt mit zunehmender Dauer des Aufenthalts im europäischen Ausland unbekannte Züge an Andreas. Er wirkt unsicher und gehemmt. Er spricht keine Fremdsprache. Gudrun muss als Übersetzerin agieren. In Mailand treffen sie Carlo Feltrinelli, den Großverleger, Multimillionär, Paten und Geldgeber weltweiter linker Befreiungsbewegungen. Er empfängt die Deutschen im Kampfanzug, mit Waffen und Handgranaten im Schreibtisch.[243] Alle drei wähnen sich bereits in revolutionären Zeiten. Alle drei werden später im »Revolutionären Kampf« sterben. Am 12. Dezember 1969, also wenige Tage nach ihrem Feltrinelli-Besuch, wird von italienischen Neofaschisten ein Bombenanschlag auf die Landwirtschaftbank an der Piazza Fontana verübt; 16 Menschen sterben dabei. Als für den Anschlag von der Staatsseite Carlo Feltrinelli und linke Anarchisten verantwortlich gemacht werden sollen, passt dies perfekt in das Verschwörungsszenario der breiten linken Öffentlichkeit, nachdem in kürzester Zeit ein Staatsstreich von Rechts anstehe. Italien wird im Gegensatz zu Deutschland in den 70er Jahren von rechts- wie linksextremer

Gewalt heimgesucht. Das Trio verlässt schleunigst die Stadt und fährt nach Rom.

In Rom werden sie bei deutschen Schriftstellern und Intellektuellen herumgereicht und einquartiert. Erst bei Luise Rinser, kurz danach beim Komponisten Hans Werner Henze, wo sie die Weihnachtsfeiertage verbringen, und schließlich bei Baaders Kneipenfreund, dem Romancier und Anwalt Peter O. Chotjewitz in dessen geräumiger Wohnung in Trastevere. Auch ihn wollen sie für den illegalen bewaffneten Kampf gewinnen. Er hätte nicht die Nerven, Banken zu überfallen, sagt er, und lehnt ab. Peter O. Chotjewitz: »Die Katakomben unter der Stadt gefielen ihm. ›Ideal für die Stadtguerilla‹, meinte er. Er hasste schlecht vorbereitete Aktionen und Anfänger. Er war ein Profi. (…) Seine Lieblingsfrage lautete: ›Bist du bereit zu fighten?‹«[244]

Und noch einen anderen Berliner Bekannten treffen sie Mitte Dezember in Rom. Das ehemalige Kommune-1-Mitglied Ulrich Enzensberger hält sich mit Unterbrechungen seit Juli 1969 dort auf. Baader und Ensslin schweben inzwischen in anderen Sphären. Wie Karl Liebknecht und Rosa Luxemburg wären sie sich vorgekommen.[245] Andreas sieht sich bereits in weitreichenden historischen Zusammenhängen und hat die Merksätze des russischen Revolutionärs Sergei Netschajew längst verinnerlicht. Demnach sei der »Revolutionär ein todgeweihter Mensch. Er kennt keine persönliche Interessen, noch persönlichen Geschäfte« oder »persönliche Gefühle«. Sie lesen Lenins revolutionäre Schrift ›Was tun?‹, diskutieren Carlos Marighellas ›Handbuch des Stadtguerillero‹ und dessen Umsetzung auf deutschem Boden. Das revolutionäre Potential liege auch in Deutschland bei den sozialen Randgruppen und Entrechteten, sagen sie. Die Erfahrung hätte man bei der Heimkampagne gemacht. Sie haben nun falsche Pässe, die auf die Vornamen Hans und Gretel lauten. Enzensberger übersetzt mehr schlecht als recht für beide, Baader schneidet ihm dafür die Haare.

Ganz nach Andreas Baaders Geschmack werden sie in Italien gebührend hofiert. »Die Sympathie, die den Brandstiftern entgegenschlug, war enorm«,[246] befindet Ulrich Enzensberger.

Ansonsten besteht das vorrevolutionäre Programm bei der Jahreswende 1969/70 wohl auch aus viel Langeweile, wenn man den Berichten folgt. Die Tage gleichen sich: Es wird diskutiert und Drogen werden genommen. Unterbrochen von gelegentlichen touristischen Ausflügen zum Gedankenaustausch mit alten Partisanen in den Bergen von Tolfa oder zu dem Badeort Positano an der Amalfiküste. Dort, wo Andreas Baader Anfang der 60er Jahre auf den Dramatiker Tennessee Williams traf. Peter O. Chotjewitz ist öfters mit von der Partie. Er ist auch noch über 35 Jahre nach jener Begegnung von Baaders unbedingter Entschlossenheit angetan. »Der Zünder zu sein. Sich in eine Reihe der Fighter in aussichtsloser Position zu stellen. Zu zeigen: Widerstand ist möglich. Es ist möglich, den Staat in die Enge zu treiben, so dass sich eine revolutionäre Situation entwickeln kann. Was danach kommt, ist jetzt nicht die Frage. Aber natürlich macht er sich Hoffnungen.«[247]

Noch sind dies alles verbale Trockenübungen. Als bei einem Ausflug nach Sizilien (sie besuchen ein selbstverwaltetes linkes Erdbebencamp) in Palermo der Mercedes des Trios von Dieben ausgeräumt wird, gibt es einen Eklat. Andreas bekommt einen seiner gefürchteten Schrei- und Wutanfälle. Aus dem Auto ist ein Koffer mit Liebesbriefen aus der Gefängniszeit zwischen Gudrun und ihm verschwunden. Wie könne man nur so leichtsinnig sein, die mitzunehmen, wirft er Gudrun vor. Ob sie vergessen habe, dass man auf der Flucht sei. Dass man verfolgt werde und noch Großes vorhätte. Wenn die Briefe fortgeworfen würden und in falsche Hände gerieten. Was dann? Andreas Baader kann sich scheinbar kaum beruhigen. Auch Astrid Proll wird von der Fundamentalkritik nicht ausgenommen. »Dort saß er am Strand und sprach. Sprach von dem, was er vorhatte, was er tun wollte, sprach von dem Großen, dem Illegalen, dem Militanten (…) hämmerte auf sie ein, forderte sie heraus, um ihr zugleich zu zeigen, dass sie es nicht schaffen, nicht durchhalten würde, dieses Große, Militante.«[248]

Zurück in Rom, bekommen sie Besuch aus Deutschland. Da »kam dieser schmierige Mahler im schwarzen Anzug und ich konnte stundenlang nicht in mein Arbeitszimmer«, schreibt Chotjewitz despektierlich. Mahler, ein »totalitärer Charakter«, wie sein ehemaliger Kanzlei-Genosse Eschen heute findet, füllt seine Anwaltstätigkeit alleine nicht mehr aus: Er schlägt vor, eine bewaffnete »APO-Avantgarde« aufzubauen. Im Gepäck hat er zusätzlich Geld von »hochmögenden Kulturschaffenden« aus München zur Unterstützung der drei. In einer »nächtlichen Diskussion« verständigt man sich zum Aufbau einer illegalen bewaffneten Gruppe, bekennt Horst Mahler 1997 stolz in einem ›Zeit‹-Interview. Nicht Andreas Baader gibt den Startschuss für die spätere RAF, sondern er. Astrid Proll, entnervt von den Türmen voller Pathos, die das Paar um sich aufgebaut hat, fährt mit einem gestohlenen Alfa Romeo alleine zurück nach Frankfurt. Wenige Tage später folgen Andreas und Gudrun nach Deutschland. Anfang Februar hatten sie von dem ehemaligen Heimkampagnen-Mitglied Peter Brosch telefonisch erfahren, dass ihr Gnadengesuch trotz prominenter Fürsprecher von dem hessischen Justizminister abgelehnt wurde. Daraufhin soll Gudrun Ensslin geantwortet haben: »Na, dann müssen wir halt weitermachen.«

Wie schon kurz vor der Frankfurter Kaufhaus-Brandstiftung im April 1968 besucht Gudrun mit Andreas auch diesmal ihre Eltern in Stuttgart. Warum diese Stippvisite? Sich noch einmal sehen, bevor dies für lange Zeit nicht mehr möglich sein wird, bevor sie in den »Krieg« zieht? Sie beteuert, auf keinen Fall ins Gefängnis gehen zu wollen. Der Vater bittet sie, sich zu stellen. Die paar Monate Gefängnis, das wäre doch zu machen. Sie lehnt ab und will nach Berlin, um »weiter[zu]sehen«. Was »weitersehen« bedeutet, zeigt sich an dem Buch, das Andreas im Pfarrhaus zurücklässt: ›Anarchismus: Begriff und Praxis‹ von Daniel Guérin. Es ist mit seinen eigenen Kommentaren und Unterstreichungen versehen.[249] Sie duschen, essen warm zu Abend und fahren noch in der Nacht nach Berlin.

Zurück in Berlin

Am 12. Februar 1970 kommt das Paar zurück nach Berlin und braucht eine Bleibe. Sie fahren nach Schöneberg, in die Kufsteiner Straße 12. Hier wohnt seit kurzem die Journalistin Ulrike Meinhof. Gerade sind die Dreharbeiten zu dem Fernsehfilm ›Bambule‹ abgeschlossen worden, dessen Drehbuch sie geschrieben hat. Sie ist damit einverstanden, dass die beiden die »erste Zeit« bei ihr, ihrem Freund Peter Homann und den siebenjährigen Zwillingen Bettina und Regine wohnen. Die Kinder sollen sie mit »Hans« und »Grete« ansprechen. Andreas Baader fühlt sich bald als Hausherr. Ulrike Meinhof bewundert Andreas Baader und Gudrun Ensslin für deren Konsequenz. Der erste Akt der Verführung findet in Form eines LSD-Trips statt. Obwohl Ulrike Meinhof seit einer Gehirnoperation 1963 Angst vor verbotenen Substanzen hat, lässt sie sich darauf ein. Im Kollektivrausch phantasieren sie von zukünftigen Taten und Vorgehensweisen. Ein Revolutionär müsse die Zehn Gebote komplett umdeuten. So müsse es statt »Du sollst nicht töten« »Du sollst töten« heißen. Die Freundin von Ulrike Meinhof, die Fotografin Ruth Walz, erinnert sich an die Faszination, die von Andreas Baader für die Journalistin ausging. »Von dem Moment an, wo der Baader auftauchte, (...) merkte man sofort, dass er einen großen Einfluss auf Ulrike hatte. Ich glaube nicht, dass sie mit Gudrun Ensslin anfangs besonders gut war, weil sie ja beide an diesem Mann unsäglich dranhingen.«[250]

Ende Februar, Anfang März 1970 gibt es in der Berliner Szene Gerüchte, die »Brandstifter« seien wieder da. Sie wollten eine Organisation gründen, mit einem ganz neuen Militanzniveau und besserem Organisationsgrad als die schon agierenden Tupamaros Westberlin (TW). Jörg Schlotterer kennt Andreas Baader noch von den Kommune-Happenings im August 1967. So schulterten sie bei der Löbe-Beerdigung gemeinsam den Sarg mit Dieter Kunzelmann. Innerhalb der damaligen Protestbewegung gilt Schlotterer als einer, der bei Demonstrationen auch mal zulangen kann. Ganz klar, »ich war militant auf der Straße und habe unterstützend andere Aktionen ermöglicht«,[251] bekennt er. Auch er bekommt eine »Einladung«. Als er dann zum verabredeten Treffpunkt erscheint, wundert er sich über die anwesenden Leute. Mit Horst Mahler hätte er noch gerechnet, über Ulrike Meinhof ist er erstaunt. Unter den »zehn bis vierzehn« Anwesenden gibt es »einen großen Wortführer«: Andreas Baader. Nicht Horst Mahler, der das Treffen organisiert hat. Das »Projekt«, das vorgestellt wird, ist klar umrissen: »Militante Aktionen, perfekte Organisation, Logistik, Banküberfälle, notfalls Illegalität, keine Spaßguerilla mehr, sondern bitterer Ernst.«

Was hat ihn bewogen, dort hinzugehen? »Ich war gleichzeitig abgestoßen und angezogen davon.« Obwohl er zu der Zeit bei der »Roten Hilfe« tätig ist, fühlt er sich »politisch heimatlos«. »Einerseits glaubte ich schon, dass man mit militanten Aktionen was erreichen konnte, andererseits war die Geschichte mir schon suspekt, zumal von völligem Abtauchen und Bewaffnung die Rede war.« Andreas Baader drängt auf Entscheidungen bei der Mitgliedsaufnahme. Bei den Zusammenkünften ist er der »Antreiber in der Weise, dass er versuchte, die Leute heiß zu machen, und dass sie sich entscheiden. Er wollte, dass ich mich entscheide, ob ich jetzt Mitglied dieses Vereins werde oder nicht. Das wäre dann fast wie ein Schwur gewesen«. Zweifeln lässt ihn, wie Andreas mit Widerspruch umgeht. »Wenn Leute abgewiegelt haben, gesagt haben: das ist doch ein bisschen zu hart, dann hat er die manchmal tierisch angemacht! Sehr unflätig konnte er sein und äußerst grobschlächtig. Auch Frauen gegenüber konnte er mit sehr unfeinen Worten um sich werfen.«

Noch misstrauischer wird Jörg Schlotterer, als Andreas mögliche Anschlagsziele und Vorgehensweisen bei einem weiteren klandestinen Treffen der Gruppe vorstellt. »So ziemlich beiläufig sagte er dann: ›Ja, und dann stellen wir eben einen Koffer voll Dynamit bei Springer ins Hochhaus und dann geht das ganze Haus in die Luft.‹« Jörg Schlotterer ist abgestoßen von der Vorstellung. »Ich habe ihn eigentlich nicht ernst genommen und dachte, ja, das Großmaul!« Dass seine Ankündigung ernst gemeint ist, zeigt sich spätestens im Mai 1972, als im Hamburger Springer-Gebäude mehrere RAF-Bomben zünden.

Unterdessen werden im Frühjahr 1970 bereits illegale Wohnungen für spätere Aktionen in Berlin angemietet. Anfang März ziehen Andreas Baader und Gudrun Ensslin aus der Kufsteiner Straße aus. In der illegalen Wohnung, die Horst Mahler besorgt hat, liegt im Flur ein Perserteppich, und auch sonst macht alles einen gutbürgerlichen Eindruck. Aus dem hinteren Zimmer kommen Schreibmaschinengeräusche vom Band.

»Existenzbasis und unabdingbare Voraussetzung seines Handelns und seines Überlebens« für den Stadtguerillero, »ist das Schießen«, schreibt Carlos Marighella. Doch außer einer halb funktionstüchtigen, rostigen Pistole von Manfred Grashof ist die Gruppe unbewaffnet. Und so kommt Horst Mahler auf die Idee, ausgerechnet Peter Urbach (»S-Bahn-Peter«) nach einer Lieferung Waffen zu fragen. Peter Urbach hatte schon die Kommune 1 mit allerlei verbotenen, subversiven Dingen (Molotowcocktails, Krähenfüße) beliefert. Innerhalb der Szene ist er längst als »nicht clean« gebrandmarkt. Er sei ein Spitzel. Nur Horst Mahler und Andreas Baader scheinen davon noch nichts mitbekommen zu haben.

Und tatsächlich, beim späteren Prozess gegen Horst Mahler kommt es offiziell ans Tageslicht: Peter Urbach arbeitet für den Berliner Verfassungsschutz. Ein *agent provocateur*. Und der soll die ersten Waffen für die entstehende RAF liefern. Eine schier unglaubliche Geschichte. Als Andreas Baader dann auch noch – hier zeigt sich seine ganz persönliche Kontinuitätslinie – wegen überhöhter Geschwindigkeit in Kreuzberg am 2. April polizeiauffällig wird, zieht sich die Schlinge enger. Sein Nummernschild wird notiert. Urbach verspricht vergrabene Waffen auf dem Friedhof in Rudow. Zweimal fahren Horst Mahler, Peter Urbach, Peter Homann, Renate W. und Andreas Baader zur nächtlichen Suche dorthin. Nach vergeblichen Graben nach Mitternacht (Urbach: »Da war wohl schon vorher jemand da.«) machen sie sich enttäuscht auf den Heimweg. Urbach hatte an der falschen Stelle gegraben, sein Arbeitgeber, der Berliner Verfassungsschutz, hatte tatsächlich zwei funktionsuntüchtige Waffen vergraben.[252] Und auf der nächtlichen Autorückfahrt wird es, wie so oft (man ahnt es) im Leben des Andreas Baader, Ärger mit seinem Führerschein geben. Am 4. April, in den frühen Morgenstunden, wird sein Mercedes in der Waltersdorfer Chaussee von der Polizei angehalten. Durch Peter Urbach wissen die Polizisten längst, wer hinter dem Lenkrad sitzt. Urbach und Mahler im anderen Wagen fahren weiter. Andreas Baader zeigt »seinen« Führerschein und Personalausweis. Die lauten auf »Peter O. Chotjewitz«.

Von seinem Freund aus Rom, bei dem er vor kurzem gewohnt hat. »Wo wohnen Sie denn?«, fragt der Polizist rhetorisch. »Rom, Via Addia 4«, antwortet Baader richtig. Als dann die Frage nach der Anzahl seiner vermeintlichen Kinder gestellt wird (es wären zwei gewesen), muss er passen. Andreas Baader wird mit Peter Homann und Mahlers Freundin Renate W. festgenommen. Homann und W. können später wieder gehen.

Andreas Baader will nicht zurück ins Gefängnis. Und so wird die erste wirkliche Aktion der noch namenlosen Gruppe geplant, die bis 1977 ihr Hauptprogrammpunkt bleiben soll: die Befreiung ihres wichtigsten Mannes. Die Baader-Befreiungsarmee konstituiert sich. Die Organisation übernimmt Gudrun Ensslin. Sie sagt: »Wenn uns das nicht gelingt, brauchen wir erst gar nicht anzufangen.« Jörg Schlotterer ist heute noch froh, bei der entscheidenden Sitzung verhindert gewesen zu sein. »Ich weiß allerdings, dass die ganze Geschichte auf äußersten Druck von Andreas Baader geschehen ist, er hat regelrecht gefordert, dass man ihn sofort rausholen möge. Er könne da keinen Tag länger drin sitzen, und die ganze Sache würde schieflaufen und platzen, wenn er nicht dabei wäre. Eigentlich war er schon völlig größenwahnsinnig!«

Zur Vorbereitung der Befreiungsaktion bekommt Baader den zweiten Buchvertrag seines Lebens. Der ermöglicht ihm am 14. Mai 1970 eine Ausführung zur Recherche ins Deutsche Zentralinstitut für Soziale Fragen in Berlin Dahlem. Titel des Buchs: ›Organisation randständiger Jugendlicher‹. Der Verleger Klaus Wagenbach hat auf Bitten von Ulrike Meinhof den fingierten Vertrag unterschrieben. Sie fungiert als Koautorin. Er weiß, dass Andreas Baader befreit werden soll. »Ich habe ihr [Ulrike Meinhof] widerraten. Ich habe gesagt, mach es nicht.«[253] Die Lektorin Dr. Gretel Weitemeier kümmert sich ebenso um den Gefangenen, drei Mal besucht sie ihn. Dr. Gretel Weitemeier ist niemand anders als die ebenfalls gesuchte Freundin von Andreas Baader, Gudrun Ensslin. Niemand im Gefängnis bemerkt das.

Kurz nach 9.00 Uhr, am 14. Mai, hallen Pistolenschüsse durch die Gründerzeitvilla in Dahlem. Zwei Frauen und zwei Männer sind bewaffnet in den Lesesaal eingedrungen. Der

62-jährige Bibliothekarsangestellte Georg Linke wird durch einen Lebersteckschuss schwer verletzt. Er überlebt. Andreas Baader springt aus dem Fenster und kann flüchten. Ulrike Meinhof springt hinterher. Eigentlich sollte sie sitzen bleiben und die Überraschte mimen. »Baader hat sie dann später in der Wohnung angebrüllt«, erinnert sich jemand, der dabei war.

Trotz anschließender Großfahndung bleiben Andreas Baader und seine Befreier unauffindbar im Berliner Stadtgebiet. Zwei Stunden nach der Befreiung stehen schon »zwei Herren in grauen Staubmänteln«[254] bei Klaus Wagenbach im Verlag und wollen wissen, wo der Flüchtige sich versteckt halte. Wagenbach weiß es nicht. In der ganzen Stadt werden kurz darauf Steckbriefe auf Litfasssäulen angebracht. Nicht von Andreas Baader, sondern von der bekannten Journalistin Ulrike Meinhof. 10 000 Mark Belohnung verspricht das Plakat für ihre Ergreifung.

In einem Schreiben an die Berliner Untergrundzeitung ›Agit 883‹ verkünden die Baader-Befreier Sinn und Zweck der Gefangenenbefreiung, wollen sich aber nicht für die Schüsse rechtfertigen. »Die Baader-Befreiungs-Aktion haben wir nicht den intellektuellen Schwätzern, Hosenscheißern, den Alles-besser-Wissern zu erklären, sondern den potentiell revolutionären Teilen des Volkes. Um die Konflikte auf die Spitze treiben zu können, bauen wir die Rote Armee auf.« Es ist die Gründung der RAF. Die Erklärung endet mit marxistisch-leninistischen Beschwörungsformeln:

Die Klassenkämpfe entfalten
Das Proletariat organisieren
Mit dem bewaffneten Widerstand beginnen
Die Rote Armee aufbauen!

Obwohl Jörg Schlotterer bei der Befreiungsaktion nicht dabei war, bekommt er als vertrauenswürdiger »Genosse« wieder eine »Einladung«. Treffpunkt ist diesmal eine Hochhauswohnung in der Nähe des Ernst-Reuter-Platzes. Jörg Schlotterer geht hin. Bei Ankunft wird ihm klargemacht, dass er jetzt seine »bürgerliche Existenz aufgeben müsste und eine andere Identität annehmen solle«. Dazu müsse er »alle Fotos verbrennen, alles vernichten«, was ihn erinnern könnte, um »völlig abzutauchen«. Gearbeitet wird von illegalen Gruppenmitgliedern dabei mit einem schlichten Kunstgriff: die Mobilisierung durch Mitleid und moralische Vorwürfe. »Es sitzen so viele Leute im Knast, die kannst du doch nicht sitzen lassen. Die verschmoren da. Du führst ein privilegiertes Leben und andere leiden.« Könne er das verantworten? Der Druck wurde aber nicht nur von »Andreas, sondern auch von den anderen Illegalen« ausgeübt. Am Ende kann sich Jörg Schlotterer nicht zum bewaffneten Kampf »durchringen«. Er sagt nein.

Die Rote Armee aufbauen

Im Mai 1970 wird von der sozialliberalen Koalition in Bonn unter Willy Brandt ein Straffreiheitsgesetz für APO-Straftaten in Kraft gesetzt. Alle Verurteilungen bis neun Monate werden aufgehoben. Andreas Baader ist davon nicht betroffen. Nachdem er und ein gutes Dutzend Gruppenmitglieder von Juni bis August 1970 ein mehrwöchiges militärisches Trainingslager der Al Fatah in der Wüste im jordanischen Amman absolviert haben, kommen sie zurück nach Berlin. Zuvor hatte Andreas Baader sich im Militärcamp noch für die Hinrichtung des vermeintlichen Verräters Peter Homann ausgesprochen, zu der es dann nicht kommt.

Es steht die erste Aktion der RAF an. Der sogenannte »Dreierschlag« am 29. September 1970. Die logistische Planung obliegt Andreas Baader. Die Idee dazu hat er aus seinem Lieblingsfilm ›Schlacht um Algier‹. Die Banken werden im Zeitabstand von zehn Minuten überfallen. Während des Überfalls wird der Polizeifunk gestört, so dass die eingesetzten Polizeiwagen nicht die Zentrale erreichen können. Chaos entsteht. Eigentlich ist sogar der Überfall auf vier Banken geplant. Ein Überfall wird jedoch abgesagt, weil dort morgens überraschenderweise Bauarbeiten stattfinden. Der »Dreierschlag« ist ein voller Erfolg. Es werden 217 000 Mark erbeutet, wobei sogar noch 97 000 Mark von Ulrike Meinhof in einer Bank vergessen werden. Auch ein Ratschlag des Verfassers des ›Handbuch des Stadtguerilleros‹, Carlos Marighella, wird berücksichtigt. Schon direkt beim Überfall müsse Propaganda für die Tat betrieben werden. Ein Flugblatt wird in der überfallenen Bank zurückgelassen. Überschrift: »Enteignet die Feinde des Volkes.« Die ersten Monate der Stadtguerilla bestehen hauptsächlich aus Banküberfällen, Waffenkäufen, Anmieten und Klauen von Autos, Einrichten von illegalen Wohnungen und Einbrüchen in Bürgermeister- und Landratsämtern zur Beschaffung von Ausweisdokumenten.

Im Januar 1971 wird eine Sonderkommission »Baader-Meinhof« bei der Sicherungsgruppe Bonn des BKA gegründet. Bundesinnenminister Genscher hatte dies verfügt. Schnell wird den Beamten klar, dass es innerhalb der Gruppe einen gibt, der das letzte Wort hat. Für Günther Scheicher, ab November 1971 der Fahndungschef der Sonderkommission, war Andreas Baader derjenige, der die »Dynamik« und »Power« in die RAF gebracht hat. Der »Motor« der Gruppe. Schnell formt sich für Scheicher das Bild »eines richtigen bösen Buben. Aktiv, aggressiv, und bisschen verschmitzt, gerne gut gelebt (...), also es war ein Konglomerat von Eigenschaften, die ihn nicht gerade zum Staatsanwalt befähigt hätten!«.[255] Derweil ist nach einem anonymen Hinweis das Stadtguerilla-Dasein von Horst Mahler schon im Oktober 1970 beendet. Mit ihm werden in einer konspirativen Berliner Wohnung vier weitere weibliche Mitglieder der Baader-Gruppe (Ingrid Schubert, Monika Berberich, Brigitte Asdonk, Irene Goergens) verhaftet.

Kurz vor der Festnahme hat Andreas Baader begonnen, die Tätigkeit der Stadtguerilla auch auf Westdeutschland auszudehnen. In dem Zusammenhang erinnert er sich an seinen alten Freund Holm von Czettritz, der inzwischen als Art Director in einer Hamburger Werbeagentur arbeitet. Beim ersten Anruf ist von Czettritz verdutzt. »Er meldete sich mit Hans, ich wusste erst gar nicht, wer er ist.« Als sie sich im Chinarestaurant auf der Reeperbahn treffen, sitzt vor ihm ein Endzwanziger mit biederem Büroanzug, Aktenköfferchen, mit Wasserstoffperoxid gefärbten Haaren. Er trägt eine große randlose Sonnenbrille. Nachdem man sich anfangs sehr »herzlich und freundlich« unterhalten hat, kommt er zu seinem Anliegen: Ob Holm in seiner Agentur nicht ein paar Pässe von Kollegen klauen könnte. »Das lehnte ich aber ab, weil ich das absurd und bescheuert fand.« Beim angeforderten Auto ist Holm schon nachgiebiger. »Er fragte mich, was für ein Auto ich fahren würde, ich sagte, einen BMW 2000. ›Mensch, das ist ja prima.‹ Ein Genosse müsse nach Hannover. Mit dem Zug ginge nicht. Ob ich den nicht fahren könne. Dann hab ich gesagt: ›Nee, tut mir leid, habe gerade keine Zeit. Aber du kannst den Wagen haben.‹«

Obwohl er die Aktionen der RAF und seines Freundes Andreas »völlig sinnlos« findet, hilft er. Aus dem Gefühl heraus, wenn ein Freund auf der Flucht ist und von der »Obrigkeit verfolgt wird – egal was er getan hat«, muss man helfen. Auch weil er ihn von früher kennt und »schließlich mochte. Bisschen naiv, aber das war meine innere Einstellung«. Auch für sein Ferienhaus, eine Bauernkate bei Stade, überlässt Holm von Czettritz Andreas Baader die Schlüssel. Als er sagt, er wolle das Haus verkaufen, gibt Andreas sie ihm zurück. Ob die RAF sein Häuschen jemals benutzt hat, weiß er nicht.

Bei einem weiteren Treffen kommt Andreas bei ihm zu Hause in der Husemannstraße vorbei. »Er setzte sich in den Salon, und weil es so unbequem ist, wenn man eine Knarre im Kreuz hat [steht auf, demonstriert die Bewegung] knallte er die Knarre auf den Tisch und fläzte sich so bräsig da hin. Denke, er wollte ein wenig schockieren und demonstrieren, was für ein toller Max er ist. Der Grund für seinen Besuch war, er wollte ein neues Emblem für die RAF. Aber ich fand das so ganz ursprünglich, so rustikal in diesem Kartoffeldruck, und deshalb hab ich ihm das ausgeredet. Das sei viel originaler, er soll es ruhig mal dabei belassen. Hat er auch eingesehen, fand er auch richtig. (…) Ich finde, er war auch gut beraten.«

Trotz der Ablehnung, das Logo zu überarbeiten, trifft man sich immer wieder im besagten China-Restaurant auf der Reeperbahn. Baader ist stets überpünktlich, einmal ist Gudrun Ensslin dabei. Die schaut »sehr unfreundlich, spröde und hatte so eine vehement kämpferische Ausstrahlung. So bisschen wichtigtuerisch«. Obwohl er mit Andreas nie über das, was die RAF tut, politisch diskutiert, kann er sich dieses eine Mal eine Bemerkung nicht verkneifen. »Und ich fragte dann, wie sie denn eigentlich die Welt verändern wollen? Was sie denn eigentlich vorhaben? Ob sie erst die Bahnhöfe einnehmen und dann die Post oder umgekehrt?« Es entsteht ein kurzer Moment der Stille, bis Gudrun Ensslin zurückgiftet: »Pass mal auf, dass wir dich nicht gleich umpusten …« Die Abneigung scheint beidseitig zu sein. Eigentlich sollte Holm noch eine Wohnung für die RAF anmieten. Dazu kommt es nicht mehr. Andreas sieht er an diesem Nachmittag das letzte Mal.

Baader treibt die Gruppe immerzu an, viele Mitglieder sind von dem Tempo überfordert. »In Westdeutschland war es dann eine einzige Rennerei. Wir waren wie ein Wanderzirkus, wie ein Tourneetheater mit Auftritten an wechselnden Orten«, sagt ein früheres RAF-Mitglied. Die kritische Analyse der Aktionen nimmt Baader stets selbst vor. Dabei kommt es oft zu wüsten Ausfällen. Besonders weibliche Gruppenmitglieder sind davon betroffen. Als einmal Ulrike Meinhof an Weihnachten 1970 die Fehler jedes Einzelnen diskutieren will, also auch die von Andreas Baader, weiß er das zu verhindern. Da hat er seine »bewährte Masche« aufgenommen: Er hat geschrien. Dann hat er den markanten Satz gesprochen: ›Ihr Fotzen, eure Emanzipation besteht darin, dass ihr eure Männer anschreit‹, sagt das kurzzeitige RAF-Mitglied Beate Sturm in einem ›Spiegel‹-Interview 1972. »Vorgebracht hat er das in einem Ton, der sich gar nicht beschreiben lässt. Er hat immer getobt.«[256] Andreas Baader kann in dem Moment gar nicht verstehen, warum man persönlich beleidigt ist. »Dann hat er gesagt, wer in dieser Gruppe ist, muss einfach hart sein, du musst das aushalten können, wenn du nicht hart genug bist, hast du hier nichts zu suchen.«[257]

Die Einzige, die Andreas Baader in solchen Momenten zur Mäßigung anhalten kann – wenn er sich in einem maximalen Erregungszustand befindet –, ist Gudrun Ensslin. »Gudrun hat es öfters geschafft, ihn mal zu bremsen, wenn er halt vollkommen danebenlag. ›Hey, Baby, hör mal, ist so und so…‹, und dann war er auch wesentlich ruhiger und hat die Kritiken anders gebracht.«[258] Im Untergrund führen beide eine »normale Ehe«, wie die später abtrünnige Beate Sturm befindet. Wer mit Andreas Baader diskutiert, muss sich auch mit Gudrun Ensslin auseinandersetzen. »Monolithisch traten die nahezu auf. Also ganz geschlossen immer. Die waren sich immer vollständig einig. Wenn er was holzschnittartig oder polternd dargebracht hat, konnte sie es in bessere Worte fassen und wieder erklären. Eigentlich kamen sie mir immer ganz einig vor.«[259] Ein früheres RAF-Mitglied findet, »Andreas war alles Mögliche, ein Chamäleon, ein Filou. Aber ohne Gudrun Ensslin wäre er gar nichts gewesen.«

Als Rolf Pohle, einer der Waffenbeschaffer der RAF, seinen Besuch in einem Hamburger Schwulenclub nicht mit Andreas Baader abspricht, tobt der Chef. »Der hat ihn total zur Sau gemacht, er würde die ganze Gruppe gefährden. Es war keine Problemlösung in dem Angriff, sondern einfach nur eine Attacke«, so Reinders. Er dagegen verhalte sich immer konspirativ und unauffällig, denkt Baader. Doch manchmal, wenn er sich über etwas ärgert, muss es raus. So, als er das klägliche Warenangebot an Haarfärbemitteln in der kleinen Drogerie von Kurt Sievers in Hamburg sieht. »Ist das alles? Mehr haben Sie nicht?«, mault er. Dennoch kauft er »8 Tuben Polycolor (schwarz und tizian)«.[260] Drogerist Sievers merkt sich das unfreundliche Gesicht.

Andreas Baader macht nie Fehler. Schon gar nicht beim Autofahren. Immer wieder ein Problem der ersten Generation der RAF: Viele Gruppenmitglieder verfügen über wenig bis gar keine Fahrpraxis, und so sind Komplikationen im Straßenverkehr unvermeidlich. »Die Gruppenmitglieder produzierten Verkehrsunfälle am laufenden Band«, erzählt Beate Sturm. »Andreas« kritisierte dies scharf (»Mir wäre das nie passiert«) – und setzte drei Tage später sein Gefährt selbst gegen die Wand. Es wird nicht sein letzter Unfall im Untergrund bleiben. Baader, der findet, seine Wagen müssten immer »schnell und wendig sein«, überschlägt sich irgendwann im Herbst 1971 mit seinem Porsche 911 mit 160 km/h auf der herbstlich nassen Autobahn bei Pforzheim. Wie durch ein Wunder bleiben er und seine Mitfahrer fast unverletzt. Ralf Reinders holt die unversehrten Unfallopfer in einem nahegelegenen Wäldchen ab. Das Wrack wird zurückgelassen.[261] Neben einem Porsche 911 – auf dessen Beifahrersitz oft ein Tennisschläger liegt – bevorzugt Andreas Baader die BMW-Modelle 2002 Ti und 2800 CS. Das BKA stellt sich recht schnell auf Baaders Automacken ein. Bald werden kleine grüne Faltmäppchen an alle Streifenpolizisten verteilt. Darin steht ein Zusatz: »Benutzer schneller PKW (überwiegend BMW) mit gestohlenen oder falschen Kennzeichen.« In der deutschen Umgangssprache firmieren die Erzeugnisse der Bayerischen Motorenwerke bald nur unter **B**aader-**M**einhof-**W**agen.

»Ich habe ihn für einen professionellen Autoknacker gehalten«, erzählt Beate Sturm in ihrer Schilderung im ›Spiegel‹. Tatsächlich gewann er Wetten, in dem er behauptete, er könne in zehn Sekunden jedes Auto knacken.[262] Und während anderen Gruppenmitgliedern bei Verkehrskontrollen die Knie schlottern, bleibt Andreas Baader unter Druck gelassen und schafft es sogar noch Smalltalk mit den Polizisten zu betreiben. Auch wenn er beim Autoklauen gestört wird, behält er die Nerven. Als Ralf Reinders nachts mit ihm gerade mit dem Klauen von Zulassungsplaketten beschäftigt ist, raschelt es im Auto. Baader schaut ins Fahrerfenster hinein, und in diesem Moment lugt der Fahrzeugbesitzer von seinem Liegesitz hoch, wo er gerade mit seiner Freundin beschäftigt ist. »Oh, Entschuldigung, dabei wollten wir nicht stören. Einen schönen Abend noch«, sagt Baader. Das Duo geht ohne die Plaketten. Innerhalb der Gruppe ist Baader zudem für seine Schusseligkeit bekannt. Öfters lässt er unbedacht irgendwo seine Waffe liegen. Und als er mit dieser in einer konspirativen Wohnung herumspielt, löst sich ein Schuss und trifft ein weibliches Gruppenmitglied am Rücken.

Trotzdem ist Baader für den Untergrund gemacht. Das meint jedenfalls das kurzzeitige Stadtguerilla-Mitglied Ulrich Scholtze. Seine Einschätzung dürfte recht treffend ein. So sagt er nach seiner Festnahme aus, Baader sei ein »intelligenter, schnell begreifender Mann, der Situationen realistisch einschätzen kann und über hohe psychische Reserven verfügt. Allerdings scheint er die Neigung zu haben, andere Gruppenmitglieder anzubrüllen, was jedoch akzeptiert wird, da es sachbezogen ist.«[263] Baader wäre alles andere als labil, dafür nennt Scholtze den Ermittlern ein konkretes Beispiel: »Baader fragte einmal in der Kulmer Straße, ob er von uns einen Trip, d.h. LSD, bekommen könnte. Nach meinem Wissen kann eine solche Drucksituation wie die, in der Baader lebt, leicht zu einem sogenannten ›bad trip‹ führen. Nur bei großer emotionaler Stabilität ist es möglich, mit LSD gute Erlebnisse zu haben.«[264]

Innerhalb der Gruppe ist er trotz oder vielleicht sogar wegen seiner cholerischen Ausfälle unantastbar. »Es gab nie eine Diskussion um seine Führungsposition«, konstatiert das damalige Gruppenmitglied Wolfgang G. Warum auch? Wie perfekt er als logistischer Antreiber agiert und plant, würde man daran erkennen, dass direkt bei »Aktionen« niemals ein Gruppenmitglied festgenommen wird. Auch das Bild des »Brutalos«, das von ihm später gezeichnet wurde, wäre falsch. Ähnlicher Meinung ist das RAF-Mitglied Dieter Kellner.[265] »Dicke Autos, viele Frauen – alles Blödsinn.« Wäre er der schlichte Kriminelle, wie er immer dargestellt wird, hätte er ein paar Bankeinbrüche gemacht und sich dann auf eine Südseeinsel zurückgezogen. Er wäre ein guter Journalist geworden, unter anderen Voraussetzungen, davon sei er überzeugt. »Das war ein großer Mann.«

Solange die Rote-Armee-Fraktion Autos klaut und nach vermeintlicher Robin-Hood-Manier Banken ausraubt, ohne jemanden dabei zu verletzten – wenn man mal von den Schüssen bei der Baader-Befreiung absieht –, bekunden im Frühjahr 1971 bei einer Allensbach-Umfrage 20 Prozent der Bundesbürger eine gewisse »Sympathie« für die RAF. Jeder Siebte könne sich sogar vorstellen, seine Luftmatratze RAF-Leuten für eine Nacht zur Verfügung zu stellen.[266] Aus heutiger Sicht kaum vorstellbar. Im April 1971 erscheint ›Das Konzept Stadtguerilla‹. Ein 16-seitiges Papier, das mit einem Mao-Zitat überschrieben ist und das Handeln der RAF ideologisch begründet. Auf dem Titelblatt prangt das RAF-Logo, das Holm von Czettritz nicht überarbeiten wollte. Nur zwei Monate später, im Juni 1971, folgt ein 65-seitiges Papier mit dem Tarnnamen ›Die neue Straßenverkehrsordnung‹. Doch der eigentliche Titel lautet: ›Über den bewaffneten Kampf in Westeuropa‹. Geschrieben hat es Horst Mahler in seiner Haftzelle. Im Juli gibt es die erste Tote auf Seiten der RAF. Bei einer Großfahndung in Hamburg wird die 20-jährige gelernte Friseurin Petra Schelm bei einem Schusswechsel getötet. Sie ist die Freundin von Manfred Grashof. Weitere Tote folgen: Die Polizisten Norbert Schmid, Herbert Schoner und Heinz Eckhardt werden von RAF-Terroristen getötet. Die Gewalt verselbstständigt sich, die RAF-Mitglieder schießen nun sofort. Im März 1972 wird Gruppenmitglied Thomas Weisbecker bei seiner Festnahme in Augsburg erschossen. Sechs Monate zuvor wird ein neuer BKA-Präsident berufen. Sein Name: Horst Herold.

Horst Herold

Seit über fünfundzwanzig Jahren macht er sich rar. Er gibt äußerst selten Interviews. Sein Maß an Publizität sei gedeckt, sagt er. Von dem Mann, der mit dem Begriff »Rasterfahndung« in Deutschland verbunden wird, gibt es nur Archivfotos. Horst Herold war zehn Jahre lang Chef des Bundeskriminalamtes. Niemand hat die Behörde wohl mehr geprägt als er. Wie kein anderer könne er sich in die Hirne der RAF-Terroristen hineindenken, heißt es damals von Politikerseite. Dennoch muss er 1981 nach einem Zerwürfnis mit Innenminister Baum seinen Hut nehmen und wird frühzeitig pensioniert. Das nagt noch heute an ihm. Manche sehen ihn dennoch als »besten Polizisten, den Deutschland je hatte«.[267] Immer noch versteht sich der ehemals oberste Jäger der RAF als Linker, nicht als Marxist, aber als links.

An diesem Novembertag im Jahr 2001 in der Lobby des Hotels »Vier Jahreszeiten« in München macht der damals 78-Jährige eine Ausnahme von seinem Schweigen. Er ist zugewandt, offen und schmeichelt seinem Gegenüber. Er redet zweieinhalb Stunden von negativer Rasterfahndung, Ernst Niekisch, Dialektik und Terrorismus als Präludium für bevorstehende gesellschaftliche Veränderung. Auch wäre er der Meinung, der Terrorismus der Baader-Meinhof-Bande sei nicht auf subjektive Defizite (Drogensucht, schwierige Familienverhältnisse etc.) ihrer einzelnen Mitglieder zurückzuführen. Vielmehr hätte es mit den bestehenden Verhältnissen im Deutschland jener Jahre zu tun.

Immer wieder wird kolportiert, Herold hätte einen Satz in Bezug auf Andreas Baader geprägt: »Ich habe ihn geliebt.« Das wäre falsch, so etwas habe er nicht ausgesprochen.[268] Er hat sich lange mit ihm beschäftigt, hat alle seine Kassiber gelesen, und wenn er dann über den Gründer der RAF redet, bemerkt man eine gewisse Faszination, auch wenn er das weit von sich weisen würde.

Baader zitiert in seinen Gefängniskassibern aus Horst Herolds Schriften, der geht wiederum in seinen Aufsätzen auf das ein, was Andreas Baader sagt. Während des Stammheim-Prozesses ist es Andreas Baader, der direkt zum BKA-Chef Stellung bezieht. »Es ist Herold, der Polizist, der um rechtliche Normen der Guerilla ringt, schließlich völkerrechtliche Normen, weil sie für seinen Machtanspruch funktional sind. Er sagt, die Tendenz ist die Verpolizeilichung des Krieges und die Verlagerung der militärischen Auseinandersetzungen nach innen. Und ich bin der Mann, der diesen Krieg zu führen hat, also gebt mir den Apparat, gebt mir das Geld, und vor allen Dingen, gebt mir politische Macht. Herold ist auf der Höhe der Reaktion.« Lakonisch bemerkt Andreas Baader zum Richter, er dürfe doch sicherlich etwas zu Herold sagen, da dieser ja die RAF schließlich »seit fünf Jahren so exzessiv verwendet, um seinen Apparat aufzublähen«.[269]

In der Rückschau würde Baaders theoretisches Wirken innerhalb der RAF als zu niedrig eingeschätzt, meint Herold. Und keineswegs wäre Andreas Baader der Dummkopf und Tatmensch gewesen, als der er oft dargestellt wird, im Gegenteil: er war sehr intelligent und vorausschauend. Wie er aus dem Gefängnis die RAF koordiniert habe, sei eine enorme Leistung. Baader sei es hauptsächlich gewesen, der den entgegengesetzten Weltanschauungen von Anarchismus und Marxismus zu einer neuen Mischung von äußerster Brisanz verholfen habe. Und, da solle man ihn nicht falsch verstehen, er würde weder moralisch, menschlich oder juristisch urteilen, aber Andreas Baader sei der perfekte Guerilla-Kämpfer gewesen. Historisch lasse er sich am ehesten mit dem Rechtsanwalt Mirabeau, dem Vertrauten von Robespierre während der Französischen Revolution, vergleichen. Und dann senkt Horst Herold ein wenig die Stimme und sagt: »Sie müssen wissen, der Mann war ein Vulkan.« Ein großer Gegner.

Letzte Stationen der Freiheit

An allen Postämtern, Bahnstationen und Tankstellen hängen Fahndungsplakate. Autobahnen werden zeitweilig komplett gesperrt, Ausfallstraßen in Großstädten abgeriegelt, ganze Züge werden angehalten und durchkämmt – Andreas Baader bleibt verschwunden. Anfang 1972 will er seine Mutter sehen. Sie möchte zuerst nicht, weil es zu gefährlich für ihn sei. Dann lässt sie sich doch überreden. Es wird ein Treffen in der Wohnung seines Onkels Michael Kroecher vereinbart. Gudrun und Andreas kommen gemeinsam. Anneliese Baader macht ihrem Sohn zu Beginn Vorwürfe, warum die Gruppe auf Polizisten schießen würde. Dafür habe sie kein Verständnis. »Das stimmt doch gar nicht«, entgegnet er, »die schießen auf uns. Wir wehren uns nur.« Obwohl ihr Telefon abgehört wird, bleibt die Zusammenkunft unentdeckt. Es ist das letzte Mal, dass sein Onkel und seine Mutter ihn in Freiheit sehen.

Am 22. Januar 1972 veröffentlicht ›Bild‹ eine Falschmeldung, wonach Andreas Baader sich einem Rechtsanwalt offenbart hätte und aufgeben wolle. Er würde aussagen, dafür aber Straffreiheit fordern. Schon zwei Tage später schreibt Baader an die Deutsche Presseagentur in München und dementiert. »Ich denke nicht daran, mich zu stellen. Erfolgsmeldungen über uns können nur heißen: verhaftet oder tot. Die Stärke der Guerillas ist die Entschlossenheit jedes Einzelnen von uns. Wir sind nicht auf der Flucht. Wir sind hier, um den bewaffneten Widerstand gegen die bestehende Eigentumsordnung und die fortschreitende Ausbeutung des Volkes zu organisieren. Der Kampf hat erst begonnen.« Unterzeichnet ist das Schreiben mit »A. Baader« und seinem Fingerabdruck. Tags darauf titelt die ›Bild‹: »Baader droht: Volkskrieg in Deutschland.« Beim BKA ist man verärgert: »Wir haben das als maßlos überzogen von seiner Seite eingestuft! So nach dem Motto: Was fällt denn dem Lümmel ein, uns da eine Kriegserklärung ins Haus zu schicken!«[270] Die Vorbereitungen für die »Mai-Offensive« laufen bereits.

Derweil versucht Klaus Wagenbach im Frühjahr 1972, Ulrike Meinhof doch noch zum Ausstieg zu überreden. Treffpunkt ist eine konspirative Wohnung der RAF in Hamburg in der Nähe der Uni. Er habe über französische Freunde einen Fluchtweg nach Algerien vorbereitet. »Aber da war dieser nervöse Baader, der immer hin und her rannte und mit den Füßen zappelte.«[271] Ulrike Meinhof lehnt kategorisch ab, Wagenbach verlässt enttäuscht Hamburg. »Uns wäre viel erspart geblieben.«

Auch Jörg Schlotterer sieht Andreas Baader in den letzten Wochen vor seiner Festnahme noch ein Mal. Er ist inzwischen Mitglied von »Ton, Steine, Scherben«. Obwohl er sich eigentlich schon gegen den bewaffneten Kampf entschieden hat, fliegt er doch mit einem von der RAF gekauften Flugticket nach Frankfurt zu einem Treffen. »Größte Dringlichkeit« sei geboten. »Ton Steine Scherben« und Jörg Schlotterer sind der RAF schon in den Monaten zuvor wiederholt mit Pässen und Wohnungen behilflich gewesen. Jan-Carl Raspe holt ihn am Frankfurter Zoo ab und rast mit ihm in einem »Affenzahn« durch Frankfurt. Nach einer Stunde Warten in einer konspirativen Wohnung kommen Holger Meins und Andreas Baader. »Holger und Andreas Baader entkleideten sich und legten die unglaublichsten Waffen auf den Tisch, dass mir ganz schummrig wurde. (…) Und dann nahm Andreas seine Waffe und spielte wie mit ihr wie ein Jongleur, nahm sie auseinander und setzte sie, tong, tong, tong, blitzschnell wieder zusammen, als ob das seine tägliche Fingerübung wäre.«[272] Es ist seine tägliche Fingerübung.

Schlotterer sagt zum zweiten Mal *nein* zu Andreas Baader. »Also, das ist nicht meine Welt, da kannste mich nicht mit einfangen. Das kann ich nicht. Ich laufe nicht mit einer Kanone durch die Gegend.« Nach der erneuten Absage erwartet er einen Brüllanfall von Baader. »Ich dachte, er würde mich jetzt als Schwein oder Verräter beschimpfen.« Doch Andreas Baader ist »sanftmütig« gestimmt. »Okay, kann man nichts machen.« Er will allerdings, dass Schlotterer mit »Ton Steine Scherben« »noch militantere Texte« schreibt, obwohl, wie Schlotterer findet, »wir schon ganz schön hart im Sinne der Verfolgten waren. Und natürlich haben wir Baader und die RAF als Verfolgte gesehen«.

Inzwischen schickt Regisseur Baader für bestimmte Aufgaben seine Regieassistenten. Ende 1971 betritt ein schlanker

Endzwanziger die Werkstatt von Kunstschmied Dierk Hoff. Der Besucher stellt sich später mit »Erwin« vor. Draußen vor der Werkstatt ist ein Schild angebracht: »Dierk Hoff – Studio Metall«. »Erwin« braucht »Requisiten« für einen Spielfilm über die »Revolution in Südamerika«. Hoff liefert die »Bombenattrappen«. Einige Wochen später inspiziert Andreas Baader die Werkstatt. Er schaut aufmerksam, nickt »Erwin« zu und geht. »Erwin« ist der ehemalige DFFB-Student Holger Meins.[273] Langsam dämmert es Hoff, dass es nicht um Südamerika und Fiktion geht. Es geht um Deutschland und die Wirklichkeit.

Am 11. Mai 1972 startet die »Mai-Offensive« von Andreas Baader und der RAF. Es ist die blutigste Anschlagsserie der Rote-Armee-Fraktion. Sie richtet sich gegen amerikanische Militäreinrichtungen in Deutschland, einen Bundesrichter, den Springer-Konzern und die Polizei. »Alles Feinde des Volkes«, nach Lesart der RAF. Anfang Mai hatte die US-Armee begonnen, Häfen in Südvietnam zu verminen. Deutschland solle kein »sicheres Hinterland« mehr für die »Ausrottungsstrategen« der US-Regierung sein, schreibt die RAF in ihrer Erklärung nach dem ersten Anschlag auf das 5. US-Korps in Frankfurt. Bei den Bombenattentaten kommen die vermeintlichen Filmrequisiten (von RAF-Mitgliedern mit Zündern und Sprengstoff bestückt) zum Einsatz. Bei den sechs Anschlägen zwischen dem 11. und 25. Mai 1972 werden vier Menschen getötet und über fünfzig Menschen zum Teil schwer verletzt.

Am 31. Mai findet unter Leitung des BKA-Präsidenten Horst Herold die »Aktion Wasserschlag« statt. In ganz Deutschland werden Autobahnzu- und -abfahrten gesperrt und umfassende Personenkontrollen durchgeführt. Es ist die bis dahin größte Polizeiaktion in Nachkriegsdeutschland. Die Fahnder haben sich Anregungen bei Mao und Carlos Marighella geholt. »Wir haben auf das Wasser geschlagen und gehofft, dass wir die Fische zum Schwimmen kriegen, also zu unüberlegten Reaktionen verleiten. Das war unser Ziel«,[274] blickt Fahndungschef Günther Scheicher zurück. Einen Tag später besteigt Andreas Baader in den frühen Morgenstunden den auberginefarbenen Porsche 911 Targa und biegt die Einbahnstraße im Kühhornshofweg in falscher Fahrtrichtung ein.

Jörg Herrmann

Im Gefängnis
Krankenlager

Die Bilder der Festnahme flimmern bald über alle Fernsehschirme der Republik. Gudrun Ensslin verfolgt den Bericht in einer Frankfurter Wohnung, zusammen mit Gerhard Müller, damals noch Mitglied im Inner circle. »Man hat gesehen«, erinnert sich Müller, »wie Baader angeschossen worden ist, man hat gehört, wie er gebrüllt hat. Da ist die Ensslin ausgeflippt und hat gefragt: Haben die den jetzt in den Schwanz geschossen?«[275]

Das Geschlechtsteil ist noch dran, aber im unteren linken Gesäßabschnitt klafft eine faustgroße Ausschusswunde. Der Oberschenkelknochen ist zertrümmert. Er muss operiert werden. Doch Andreas Baader will sich nicht anästhesieren lassen. »Ihr wollt mich nur aushorchen«, sagt er zu dem BKA-Beamten Alfred Klaus, der inzwischen in der Frankfurter Universitätsklinik eingetroffen ist. »Das ist doch albern«, entgegnet der BKA-Mann, »machen Sie mal eine Vernehmung in Narkose.« Nach langem Zureden durch die Ärzte willigt Andreas Baader schließlich in die notwendige Operation unter Vollnarkose ein. Er erwacht mit einem Beckengipsverband. Durch einen unterirdischen Gang wird er zu einem Notarztwagen gebracht. Dort wartet schon eine Meute von Pressefotografen, die sich zum Teil als Ärzte verkleidet haben, um Fotos des gefangenen Staatsfeindes schießen zu können. Der Wagen fährt zu einem Sportplatz. Von dort wird der Frischoperierte mit einem Hubschrauber nach Düsseldorf geflogen.

Alfred Klaus hat neben dem Piloten Platz genommen. Zufrieden blickt er auf den Rhein hinunter. »Jetzt haben wir die Schlacht gewonnen!«, denkt er. »Jetzt ist der Kampf zu Ende!«[276] Der Terrorismus scheint besiegt. Ein großer Irrtum, wie sich bald herausstellen wird. In Düsseldorf übergibt der BKA-Beamte Baader dem Arzt der Haftklinik. Zum Abschied hat der Gefangene noch eine Bitte an Klaus: Zeitungen, so viele wie möglich. »Er war also scharf darauf, zu wissen, was über ihn geschrieben wird, das schmeichelte seiner Eitelkeit natürlich.«[277] Klaus fährt mit der Bahn zurück nach Bonn.

Am nächsten Tag ruft er den Vater von Holger Meins an. »Herr Meins«, sagt er, »der Holger ist wohlbehalten. Er hat ein paar Kratzer abbekommen, aber wir können ihn besuchen. Haben Sie Lust? Kommen Sie nach Bonn, ich bringe Sie mit dem Wagen in die Haftanstalt nach Koblenz.«[278] Wie es zu den »paar Kratzern« gekommen war, hat Holger Meins später aufgeschrieben.[279] Er wurde nach seiner Festnahme von Polizeibeamten beschimpft, geschlagen und im Polizeipräsidium systematisch misshandelt. »Auf einer Treppe kam uns einer entgegen, baute sich auf und trat mir mit voller Wucht in den Magen und kreischte: ›Das ist für Schoner, du Sau!‹ Da ich mich vor Schmerzen krümmte, packten sie mich unter den Armen, schleiften mich die Treppe hoch.« Die Folter geht in einem Vernehmungsraum weiter, bis zur Bewusstlosigkeit. Als Wilhelm Meins seinen Sohn ungefähr 30 Stunden später besuchen darf, wird er in ein Krankenhaus gebeten. Er will wissen, warum sein Sohn im Krankenhaus liegt, doch der antwortet ausweichend. Vater Meins zieht ihm die Decke weg. »Und da sah ich einen Menschen liegen, der nur voller Blutergüsse, Prellstellen und Schlagstellen von hier oben bis übers Becken hinweg war.«[280]

Andreas Baader war es besser ergangen. Er war gleich ins Krankenhaus gekommen. Dort hatte er bald Besuch von seiner Mutter Anneliese. Sie hatte immer damit gerechnet (nicht zu unrecht), dass ihr Sohn erschossen würde, und war nun sehr froh, ihn lebend wiederzusehen. Andreas Baader lag allein in einem Zimmer des Düsseldorfer Haftkrankenhauses, in einem Streckverband. Auf dem Nachttisch ein Pudding mit Himbeersaft, in der Sitzecke des Raumes ein Sicherheitsbeamter. Anneliese Baader hat Fotos von der inzwischen 7-jährigen Tochter ihres Sohnes dabei. Andreas Baader möchte, dass sie ihn besucht. »Das halte ich nicht für gut«, sagt Anneliese Baader, »du darfst nicht vergessen, sie hat kein Verhältnis zu dir, du bist für sie ein Fremder.«[281]

Die Festnahme von Andreas Baader, Holger Meins und Jan-Carl Raspe wurde von der Öffentlichkeit mit Erleichterung aufgenommen. Für die Illegalen war sie ein Schock, aber auch für diejenigen, die auf der Schwelle zur Illegalität standen. So einer war Peter-Jürgen Boock. Er hatte Andreas Baader und Gudrun Ensslin im Sommer 1969 im Rahmen des Staffelbergprojektes kennen gelernt. Als er am 1. Juni 1972 die Fernsehbilder von der Festnahme sah, als er Andreas Baader angeschossen auf dem Boden liegen sah, war für ihn klar: Es ist Zeit, abzutauchen. Die anderen sind weg, jetzt müssen wir weitermachen. Die zweite RAF-Generation war geboren. Zu ihren Hauptzielen gehörte »Big Raushole«, die Befreiung Andreas Baaders. In den Tagen und Wochen nach seiner Festnahme war jedoch erst einmal »Big Reinhole«-Zeit. Andreas Baader musste von seinem Krankenlager aus mit ansehen, wie schon eine Woche nach seiner eigenen Festnahme auch seine Freundin Gudrun Ensslin und wiederum eine Woche später Ulrike Meinhof festgenommen wurden. Weitere Festnahmen folgten. Insgesamt wurden im Sommer 1972 zwölf Mitglieder der ersten RAF-Generation festgenommen, alle zur Fahndung ausgeschriebenen Gruppenmitglieder bis auf Angela Luther und Ingeborg Barz, die bis heute nicht gefunden wurden. Leben sie mit einer anderen Identität im Ausland? Oder stimmt es, was Gerhard Müller später aussagen wird, dass Andreas Baader Ingeborg Barz in einem Waldstück am Rhein hingerichtet hat, weil sie aussteigen wollte?

Schwalmstadt-Ziegenhain

Baader kommt zunächst in die Justizvollzugsanstalt Schwalmstadt-Ziegenhain in Hessen. Dort, in einem kleinen Ort zwischen Kassel und Marburg, soll er erst einmal seine Reststrafe wegen der Kaufhausbrandstiftung absitzen. Er war ja in Hessen verurteilt worden.[282] Der Mann, der Andreas Baader in Schwalmstadt in Empfang nimmt, heißt Rolf-Dieter Hoos und ist Sicherheitsbeauftragter der Anstalt, kein Hardliner, sondern ein kritischer Zeitgenosse mit Sympathie für die Studentenbewegung. Im Februar 1973 sitzt er mit Andreas Baader in einem Bundesgrenzschutz-Hubschrauber. Er holt ihn mit der Polizei zusammen aus dem Düsseldorfer Haftkrankenhaus ab. »Dann haben wir ihn«, erinnert sich Hoos, »hier ausgeladen – der Hubschrauber landete auf dem Segelflugplatz, die Stadt war hermetisch abgeriegelt – und ihn mit unserem Kombi reingefahren. Da habe ich dringesessen mit ihm, da ist kein Wort gewechselt worden. Einzige Frage: ›Wo bin ich hier? Wo komme ich hin?‹«[283]

Baader kommt auf die »Station II«, Zelle Nummer sechs – mit Fenster zum Hof. Es ist eine Einzelzelle. »Die Gefahr, dass er befreit werden könnte, war für uns ein wesentlicher Grund, ihn in Einzelhaft zu nehmen. So gesehen«, erläutert Hoos, »wurde er isoliert. Aber er war nicht von Menschen isoliert. Denn er hatte ja fast täglich Besuch.« Auch seine Mutter kommt nach Schwalmstadt-Ziegenhain. Nach dem ersten Besuch bei ihrem Sohn schreibt sie an dessen Anwalt Klaus Croissant: »Von Andreas soll ich Sie grüßen. Er ist sehr gelassen (noch). Er macht jetzt jeden Tag ¼ Stunde Gehversuche, darf das kaputte Bein noch nicht voll belasten. (…) Andreas hat jetzt zwei Zeitungen, die Frankfurter Rundschau und die Welt, er möchte gerne mehr Zeitungen haben. Auch seine Bücher, die er bereits im Gefängnis hatte.«[284] Bücher und Zeitungen werden von nun an immer wichtiger. Auf den Zustand seiner Zelle legt Andreas Baader hingegen keinerlei Wert. Hoos beschreibt den neuen Gefangenen als »Schmutzfink, sehr unsauber, sehr unordentlich«. Baader lässt sich dabei jedoch keineswegs hängen. Er arbeitet. Die erzwungene Umstellung auf den Innenraum lenkt Baaders Energien auf das Geistige und die Schrift. Sein Bedürfnis nach Selbstdarstellung muss sich neue Formen und Kanäle suchen. »Die Schreibmaschine klapperte ununterbrochen«, weiß Hoos.

Das intensive Lesen und Schreiben ist die vielleicht markanteste neue Entwicklung in der Haftzeit. Andreas Baader begann systematisch, politische und philosophische Theorieliteratur von Lenin bis zu Wittgenstein durchzuarbeiten. Bald hatte er an die vierhundert Bücher in seiner Zelle, die er bei Croissant bestellte und die ihm über dessen Stuttgarter Büro oder auch direkt von Verlagen in das Gefängnis geschickt wurden.[285] Croissant gab sich dabei alle Mühe, aber sein Mandant war nicht leicht zufrieden zu stellen. »Hör mal«, schrieb er, »ich warte + fange an, mich über dich zu ärgern.« Die Bücher trafen nicht ein und Croissant machte sich rar. »Claus«, heißt es in einem anderen Brief, »ohne besuch geht es im moment nicht. du musst dich hier mal sehen lassen.«[286]

Klaus Croissant war in dieser ersten Zeit der Hauptanwalt, aber längst nicht der einzige. »Er hatte nach meiner Kenntnis um die 20 Anwälte, die abwechselnd in die Anstalt kamen, um ihn zu besuchen«, erinnert sich Rolf-Dieter Hoos. Neben Croissant waren unter anderem Marieluise Becker und Eberhard Becker aus Heidelberg, Hans-Christian Ströbele aus Berlin, Kurt Groenewold aus Hamburg und Armin Golzem aus Frankfurt für Baader tätig. Baader habe den Ton angegeben. Wem das – wie Golzem – nicht passte, dem wurde kurzerhand das Mandat entzogen.[287] Die Vollzugsbeamten behandelte er wie Menschen zweiter Klasse, beschimpfte sie bei jeder sich bietenden Gelegenheit als »Nazischweine« oder versuchte, sie mit indirekten Drohungen zu verunsichern.[288] Mit den anderen Gefangenen wollte Andreas Baader nichts zu tun haben. Es sah sich selbst als einen politischen Gefangenen und damit als etwas Besseres. Die Sonderbehandlung, die ihm zuteil wurde, habe er genossen. »Es war ja sein Wunsch, im Mittelpunkt zu stehen. Das wurde deutlich, immer wieder.« Als besonders charismatisch haben Hoos und seine Mitarbeiter Baader gleichwohl nicht wahrgenommen. Hoos hatte vor allem den Eindruck, »dass er abgebrochen hatte, irgendwo. Da war irgendetwas nicht zu Ende geführt worden. Das war ja auch im beruflichen Bereich so. Da war etwas abgebrochen worden«.

Während Baader studiert, vielleicht auf diese Weise auch Abgebrochenes nachholt, entwickeln sich im linken Umfeld erste Solidarisierungsaktivitäten. Die Ende der 60er Jahre vor allem in Berlin und Frankfurt zur Unterstützung »politischer Gefangener« entstandenen »Rote Hilfe«-Gruppen interessieren sich für die bevorstehenden Prozesse. Die »Rote Hilfe« in Berlin veröffentlicht eine Dokumentation über die ›Vorbereitung der RAF-Prozesse durch Presse, Polizei und Justiz‹. Darin wird auf die »Brutalität, mit der die Gefangenen fertiggemacht werden sollen«, und auf die Beschneidung von Verteidigerrechten hingewiesen. Andreas Baader ist die Dokumentation zu harmlos. Sein Problem mit dem Text: »Die Gewalt bleibt das Tabu.« Darum: »Ich sage, unser Buch muss mindestens heißen: Die Knarre spricht.«[289] Baaders Knarre schweigt vorerst.

Ein Moment der Ruhe schien eingekehrt. Ein durchwachsenes Jahr ging unspektakulär zu Ende, ein Jahr, in dem die Ostverträge angenommen worden waren, in dem Bundeskanzler und Friedensnobelpreisträger Willy Brandt »mehr Demokratie wagen« wollte und zugleich den »Radikalenerlass« verabschiedete, ein Jahr der RAF-Bomben und schließlich der Fahndungserfolge, der Olympischen Spiele und der Geiselnahme der israelischen Sportler.[290] Momente der Entspannung und Demokratisierung auf der einen Seite und neuer Kontrollen und Konflikte auf der anderen. Der »Radikalenerlass«, der die Überprüfung der Verfassungstreue aller im Öffentlichen Dienst Beschäftigten vorschrieb, erzeugte ein Klima von Zensur und Überwachung, das die Kommunistenparanoia lebendig hielt, ein Gespenst, das nach wie vor umhergeisterte. Daran hatte auch die Einbunkerung der RAF-Führung nicht viel geändert. Die Liberalität und Toleranz der Gesellschaft hatte auch kulturell noch deutliche Grenzen. In der Ausgabe des ›Spiegel‹, die über die Festnahme Baaders berichtete, fand sich auch ein Bericht über eine geplante ZDF-Unterhaltungsshow. Unter der Überschrift ›Heulende Bimbos‹ hieß es: »Erstmals treten in einer Show-Sendung zur Hauptsendezeit, 75 Minuten lang, ausschließlich Neger auf. Das ZDF erwartet Zuschauer-Proteste.«

Die neue Waffe Hungerstreik

Im Oktober 1972 hatte in Berlin der zweite Prozess gegen den schon im Oktober 1970 festgenommenen Horst Mahler begonnen.[291] Dieses Mal ging es um die RAF-Gründung und Mahlers Beteiligung am sogenannten »Dreierschlag«, dem fast zeitgleichen Überfall auf drei Berliner Banken am 29. September 1970. Im Zusammenhang mit diesem Verfahren wurde auch Andreas Baader vernommen. Sein Auftritt war eine Kampfansage. »Ab heute«, so erklärte er vor Gericht, »fresse ich nichts mehr, bis sich die Haftbedingungen geändert haben.« Baaders Worte standen am nächsten Tag in allen Zeitungen.

Sie gaben das Signal für den ersten kollektiven Hungerstreik der RAF-Gefangenen, er dauerte vom 17. Januar bis zum 16. Februar 1973.

Am 24. Januar 1973 schreibt Anneliese Baader an Klaus Croissant: »Ich war am 23. Januar in Düsseldorf. Andreas war seit sechs Tagen im Hungerstreik. Ich halte das für Wahnsinn mit seiner Verletzung, aber er meinte, es sei der einzige Weg, den sie gehen könnten, um zu versuchen durchzusetzen, dass sie wie andere Gefangene behandelt würden. Bis Karlsruhe da entscheidet, hat er sich tot gehungert.«[292] In Absprache mit den Gefangenen verbreiten die Anwälte Eberhard Becker, Jörg Lang, Klaus Croissant und Kurt Groenewold eine Erklärung, in der sie die »Aufhebung der Isolation als Folter für die politischen Häftlinge in der BRD« fordern. Einige Anwälte gehen sogar noch weiter und protestieren mit einer »Hungerstreik-Demonstration« vor dem Bundesgerichtshof in Karlsruhe (»brauner Gangsterhaufen«) gegen die Haftbedingungen.

Hans-Christian Ströbele, heute ein großer alter Mann bei den Grünen und damals ebenfalls Verteidiger von Andreas Baader, verhandelte mit Bundesanwalt Wunder. Der sagte Erleichterungen zu. Ströbele durfte mit Baader telefonieren und konnte ihn am Ende überreden, den Streik abzubrechen. Aber Wunders Versprechungen blieben Makulatur, und vor allem Ströbele wurde für den Misserfolg verantwortlich gemacht. »Die Jacke«, konterte der, »ziehen wir uns nicht an. Vielleicht macht Ihr Euch bis zu meinem nächsten Besuch im Laufe der nächsten Woche auch mal grundsätzliche Gedanken zur Funktion der Anwälte (…) Aber bitte realistische. Die Anwälte als Speerspitze der Revolution oder der RAF oder der verlängerte Arm der RAF-Genossen, die inhaftiert sind? Oder dann eben keine juristische Hilfe.«[293]

»Die Zusagen der Bundesanwaltschaft zur Aufhebung unserer Isolation waren Dreck. Wir befinden uns wieder im Hungerstreik«, erklärt Ulrike Meinhof am 8. Mai 1973.[294] 40 Häftlinge verweigern daraufhin 52 Tage die Nahrung. Ein zweiter Versuch, nachdem der erste Hungerstreik nichts bewirkt hatte. In der Hungerstreikerklärung wird die eigene Haft als Vorstufe zum Konzentrationslager und zur Endlösung beschrieben.[295] An die Unterstützerszene ergeht die Aufforderung: »Setzt die Schweine von außen unter Druck und wir von innen.«[296]

Anwälte und Unterstützer nehmen sich den Appell zu Herzen, füttern die Presse und organisieren Demonstrationen. All das bewirkt eine breite öffentliche Aufmerksamkeit für die Anliegen der Inhaftierten. Sie reicht so weit, dass auf dem 15. Deutschen Evangelischen Kirchentag in Düsseldorf unter dem Motto »Nicht vom Brot allein« für die hungernden RAF-Gefangenen gebetet wird. Die Gefängnisleitungen müssen nun das erste Mal regelmäßig Maßnahmen der Zwangsernährung ergreifen, auch bei Andreas Baader. Die Art und Weise der Durchführung (mit Hilfe eines Gummischlauches von der Dicke einer Gartenschlauches, wie Baaders Anwälte in einer Strafanzeige schreiben) führt zu einem juristischen Schlagabtausch, in dessen Verlauf Andreas Baader gegenüber dem Staatsanwalt zugibt, während eines Anwaltsbesuches »Brötchen mit Hühnerfleisch« gegessen zu haben.[297] Das hatten ihm seine Anwälte Rupert von Plottnitz und Armin Golzem mitgebracht. »Ich bin«, erinnert sich Golzem, »in diesen Knast gegangen, nachdem ich mir vorher an dem Büdchen vor dem Eingang frisch gebratenes Hähnchen in der Tüte geholt habe.«[298] Die Vollzugsbeamten hätten sich gewundert, Baader sei doch im Hungerstreik. »Mir gegenüber macht der keinen Hungerstreik«, antwortete Golzem. »Oder wollen Sie, dass der verhungert?« Er habe das Hähnchen dann mitnehmen dürfen. Für Baader nimmt der Streik gleichwohl noch eine dramatische Wendung, als man ihm eines Tages das Wasser verweigert. Die Getränke, die ihm stattdessen angeboten werden, will er nicht zu sich nehmen. Die Folge sind massive Seh- und Gleichgewichtsstörungen, die dazu führen, dass Baader den Streik schließlich abbricht. Andere Gefangene hungern weiter. Die von den Anwälten hinter dem Wasserentzug bei Andreas Baader vermutete Strategie der Streikbrechung hatte nicht funktioniert. Doch auch der Staat bleibt hart. Am Ende plädiert Baader für einen Abbruch des Streiks. Es laufe nichts mehr, produktives Arbeiten sei während des Streiks kaum möglich, und das Schulungsprojekt sei wichtiger, lässt er seinen Anwalt Ströbele am 16. Juni an die »lieben Genossen« schreiben.[299] Am 29. Juni 1973 wird der Streik beendet – ohne Ergebnis.

Der »Info«-Chefredakteur

In Ströbeles Rundbrief an die »lieben Genossen« war auch von einem »großen neuen Projekt« die Rede, »das Arbeit für alle für Monate und Jahre bringt«. In Hamburg solle eine »Info-Zentrale« entstehen, die Analysen und Gruppenschulungen verbreitet. »Baader«, schreibt Ströbele, »hat große Pläne für die Info-Zentrale entwickelt. Das beweist, dass er sich von der Quälerei [des zweiten Hungerstreiks, Anm. d. Verf.] nicht hat fertigmachen lassen. Papiere dazu kommen gesammelt.«[300] Andreas Baader hatte bereits am 9. März 1973 in einem Kassiber gefordert, »sich zu organisieren, zu einer Selbsteinschätzung und strategie zu kommen, ein info-system aufzubauen«.[301] Kommunikationskanal des neuen Mediums wird die damals noch unkontrollierte Verteidigerpost. Die Chefredaktion des »Info« residiert in der »Kajüte« und im »Sekretariat«, in den Zellen von Kapitän Baader und seiner Chefsekretärin Ensslin. Die maritime Terminologie stammt von Gudrun Ensslin. Sie hatte schon Ende 1972 zur Tarnung der internen Kommunikation auf den berühmten Roman ›Moby Dick‹ von Herman Melville zurückgegriffen. Darin geht es um die Jagd auf einen weißen Wal, der Ahab, dem Kapitän des Walfängers Pequod, das rechte Bein abgerissen hat und der darum um jeden Preis sterben soll. Es ist ein Kampf auf Leben und Tod, den Melville aufgrund seiner eigenen Erfahrungen als Matrose auf Walfangschiffen eindrucksvoll beschreibt. Den Namen des Kapitäns erhält – wer sonst – Andreas Baader. Gudrun Ensslin zitiert Melville, der Ahab »tragische Größe« zuschreibt, die auf »einem Bruch in der gesunden Natur« basiere (auch im Leben Andreas Baaders hatte es mit dem frühen Verlust des Vaters so einen Bruch gegeben). Auch die anderen Namen, die Gudrun Ensslin dem Buch entlehnt, scheinen treffend gewählt. »Starbuck«, den Namen des ersten Steuermannes, laut Melville ein »langer, ernster Mann«, erhält Holger Meins. Der handwerklich sehr geschickte Jan-Carl Raspe ist der »Zimmermann«.

Auf diese Weise mit Melville'schen Decknamen getauft, bauen Gefangene und Anwälte das Informationssystem auf. Baader und Ensslin geht es beim »Info« vor allem um den Zusammenhalt der RAF als Guerillaorganisation und um die Fortsetzung ihres antiimperialistischen Kampfes innerhalb und außerhalb der Gefängnisse. Die Anwälte sehen das Projekt aus einer etwas anderen Perspektive. »Das Info«, so Groenewold, »ist dadurch entstanden, dass einige Anwälte, so auch Christian Ströbele und ich, in unseren Schreiben viele Dinge erwähnten, die uns allgemein wichtig schienen. Außerdem stellten wir den Gefangenen wichtige Zeitungsausschnitte zur Verfügung.«[302] Daraus sei der Wunsch entstanden, eine Regelmäßigkeit einzuführen. Hauptzweck des »Info« sei gewesen, Fragen der Verteidigung und des politischen Selbstverständnisses zu klären. Zentrale Schaltstelle, Verlags- und Vertriebszentrale gewissermaßen, wird die Hamburger Kanzlei von Kurt Groenewold.

Drei Mitarbeiter sind dort mit dem Kopieren, Sortieren und Verschicken des »Info« befasst. Für die in Einzelhaft einsitzenden Gefangenen erlangt die »Info«-Post große Bedeutung. Sie wird ungeduldig erwartet, manchmal auch befürchtet. Denn das neue Kommunikationssystem wird auch zu einem Medium von Herrschaft und Kontrolle durch das Führungsduo Baader und Ensslin. Verstöße gegen die »revolutionäre Disziplin«, etwa mangelnde Konsequenz beim Hungerstreik, werden durch Ausschluss sanktioniert. So schreibt Andreas Baader im Blick auf das Verhalten von Astrid Proll während des ersten Hungerstreiks in einem von Kurt Groenewold verbreiteten Rundbrief: »Astrid soll mal mitteilen, ob die information stimmt, dass sie genau so lange gehungert hat, bis sie hunger hatte. (…) ob ihr, wenn sie dazu keine selbstkritik bringen kann, klar ist, dass unsere reaktion nur sein kann: sie flippt aus dem infosystem.«[303] In demselben Brief teilt Kurt Groenewold den Gefangenen im Namen Andreas Baaders »als Befehl« mit: »keiner spricht mit den bullen ein wort, keiner spricht mit journalisten. Wenn sie sprechscheine haben, weigern wir uns, sie zu sehen. Wenn ein interview, läuft das so: wir suchen über das Info einen aus, es wird ein vertrag über die anwälte gemacht, die fragen sind schriftlich zu stellen und werden schriftlich beantwortet. Das manuskript fragen/antworten läuft über das info. Wenn nur einer was dagegen hat, wird es nicht veröffentlicht.«[304]

Das »Info« zeigte die RAF von ihrer professionellen Seite: Wie bei einer öffentlich agierenden Institution gab es ein strukturiertes Kommunikationssystem, eine klare Hierarchie, Disziplinierungsmaßnahmen, eine systematische Presseauswertung, zu der u. a. ein Berliner Zeitungsausschnittsdienst beitrug (Fachzeitschriften wurden von den Häftlingen ausgewertet), und nicht zuletzt ein Ausbildungs- und Schulungsprogramm inklusive Literaturliste. Auf dieser Liste standen neben politischen Büchern und Werken der »guerillapraktiker und -theoretiker« auch »militärische« Titel, in den Worten von Gudrun Ensslin: »bullenliteratur, bullenorganisation, pigzeug, managment, fahndungsorganisation.« Ein »minihandbuch des revolutionären kampfes« in der BRD wollte man selbst schreiben.[305] Der Literaturbedarf wurde über Bücherbestellungen und Zeitschriftenabonnements gedeckt. Wenn man heute die Titel der Bücher und Zeitschriften liest, die damals anstandslos in die Gefängnisse geschickt wurden, so muss man sich wundern, wie unbehelligt man die »Wissenschaftler« des bewaffneten Kampfes ihre Fortbildungen betreiben ließ. Ihr Studium umfasste haufenweise Publikationen wie das ›Deutsche Waffenjournal‹, die ›Waffenrevue‹, die ›Allgemeine Schweizerische Militärzeitschrift‹, das ›Partisanenbuch‹, die Zeitschrift ›Der Sprengmeister – Neuzeitliche Sprengtechnik‹ und andere. Die Ergebnisse der Literaturrecherchen kursierten im »Info«, das mit Unterbrechungen bis Anfang September 1977 bestand.[306]

Die Folterkampagne

Mit Hilfe des »Info« war es möglich, den Widerstand gegen die Haftbedingungen in einer öffentlichkeitswirksamen Kampagne zu bündeln. Dieser Widerstand war zu Beginn nicht unberechtigt. Die RAF-Gefangenen saßen in »strenger Einzelhaft«, abgeschottet vom übrigen Gefängnisleben, ohne Arbeitsmöglichkeiten und ständigen Kontrollen unterworfen. Begründet wurden diese Haftbedingungen mit einem besonderen Gefahrenpotential der RAF-Gefangenen. Man befürchtete, dass sie andere Gefangene aufwiegeln, ihre Stadtguerilla-Ideen verbreiten und die Anstaltsordnung gefährden würden. Besonders hart hatte es Ulrike Meinhof getroffen. Sie war in einem leeren Flügel der Krankenabteilung des Gefängnisses Köln-Ossendorf untergebracht worden – keine Geräusche, nur die Schritte der Wärter, die das Essen bringen. Offiziell ein »stiller Trakt«, für Ulrike Meinhof der »tote Trakt«. Die erste Zeit ihres achtmonatigen Aufenthaltes war »ein Hammer«, wie sie später schrieb, der Alltag in der schalltoten Zelle kaum auszuhalten: »Das Gefühl, es explodiert einem der Kopf. Das Gefühl, die Schädeldecke müsste eigentlich zerreiben, abplatzen. Das Gefühl, es würde einem das Rückenmark ins Gehirn gepresst.« Für die »rasende Aggressivität« gebe es kein Ventil, »Besuche hinterlassen nichts. Eine halbe Stunde danach kann man nur noch mechanisch rekonstruieren, ob der Besuch heute oder vorige Woche war.«[307] An Horst Mahler schrieb sie, der politische Begriff für ihre Haftsituation sei »das gas«, ihre »auschwitzphantasien« seien realistisch.[308] In einem »Info«-Brief beschrieb sie ihre Haftsituation später auch als »spurlose folter«.[309] Ulrike Meinhofs Äußerungen trugen entscheidend dazu bei, dass die RAF-Gefangenen mit der Darstellung ihrer Haft als »Isolationsfolter« so erfolgreich wurden.

Baader und Ensslin haben das Thema dann ganz bewusst zu einem strategisch eingesetzten Propagandacoup entwickelt.[310] Sie gaben sich als von einem faschistischen Staat gequälte Widerstandskämpfer – ungeachtet der zunehmenden Liberalisierung und Verbesserung ihrer Haftbedingungen.

Zum Erfolg ihrer Selbstdarstellung als Gefolterte trugen auch Initiativen bei, die sich ab Mai 1973 in vielen Städten zu formieren begannen: die »Komitees gegen Isolationsfolter in den Gefängnissen der BRD«. Die Anregung zu ihrer Gründung kam, so Margrit Schiller, »von Andreas, Gudrun und Ulrike«.[311] Schiller, die 1970 als Heidelberger Psychologiestudentin durch das »Sozialistische Patienten Kollektiv« mit der RAF in Kontakt gekommen war, machte in diesem Zusammenhang auch einschneidende Erfahrungen mit Baader. Auf einem Frankfurter Vorbereitungstreffen hatte sie sich kritisch zum Begriff der »politischen Gefangenen« geäußert. Umgehend erhielt sie Post »von Andreas« aus Schwalmstadt: »Was hast du eigentlich im Kopf, das ganze Treffen zu desorientieren und aufzuhalten, weil du nicht tickst, wo es langgeht. Halt die Fresse und lern erst mal!«[312] Das Info funktioniert.

Zwischen den »Folterkomitees« und den RAF-Häftlingen entspinnt sich ein reger Austausch, der über das »Info« abgewickelt wird. Ziel der Komitees ist es, durch öffentlichen Druck zu einer Verbesserung der Haftbedingungen beizutragen. Ihre Öffentlichkeitsarbeit wirkt aber auch nach innen: Im ersten Jahr schließen sich über 400 AktivistInnen den verschiedenen Gruppen an. Für einige von ihnen wird die Komiteearbeit zum Einstieg in den Untergrund.[313]

Gefangene Befreier, aufgeflogene Pläne

Nach der Festnahme fast der gesamten ersten RAF-Generation im Sommer 1972 hatte es zunächst so ausgesehen, als sei der Linksterrorismus in der Bundesrepublik besiegt. Ein gutes Jahr später mehren sich die Indizien dafür, dass davon keine Rede sein kann. Immer wieder tauchen einzelne Sympathisanten oder Freigelassene in den Untergrund ab. Eine von ihnen ist Margrit Schiller, die später nach Uruguay auswandern und 1999 ein ziemlich unkritisches Buch über ihre RAF-Zeit veröffentlichen wird.[314] Erstmals 1971 verhaftet und im Juni 1973 wieder freigelassen, ging sie schon wenige Monate nach ihrer Freilassung erneut in den Untergrund. Dort findet sie bald Gleichgesinnte. »Was uns einte und antrieb«, schreibt Schiller, »war der Wunsch, die Gefangenen rauszuholen. Wir hatten keine Zweifel, dass wir ohne sie, die Gründer der RAF, nicht viel zustande bringen würden, dass ihre Präsenz entscheidend war für die Fortsetzung des Konzeptes Stadtguerilla. Uns war klar, dass wir Jahre brauchen würden, um die politische Erfahrung und das Wissen zu gewinnen, das Andreas, Gudrun, Ulrike, Holger und Jan besaßen. Und ob wir jemals die Vorstellungskraft, Initiative und Dynamik wie sie entwickeln könnten, war sehr zweifelhaft.«[315]

Andreas Baader hatte schon längst ganz konkrete Vorstellungen von seiner Befreiung. In einem ausführlichen Kassiber an die sich neu formierenden Untergrundkämpfer entwickelt er fünf detaillierte Szenarien. Neben einer Geiselnahme zum

Zweck der Freipressung dachte er auch über die Sprengung der Gefängnismauern nach: »mit sprengstoff – am besten ihr schafft mir 4 – 5 kg rein (…), die menge müsst ihr durch versuche checken, an irgendwelchen gemäuern, burg oder so, gibt's ja genug, die einsam liegen. ich kann euch nur die dicke der mauer angeben.«[316] Am besten erscheint ihm die vierte Lösung: »Nachts auf das dach. Paar ziegel abheben (…), reinkriechen, die ziegel wieder einhängen, sich durch die decke in den raum neben dem klo sägen. Ist keine tragende decke – also wahrscheinlich nur bretter (zwei schichten? maximal), schamott, putz auf schilf. Das dauert höchstens ne halbe stunde, wenn du das richtige werkzeug hast (stemmeisen, stichsäge, kuhfuß, bohrer, für holz fuchsschwanz vielleicht). Sehr unwahrscheinlich, dass es gehört wird, weil das gebäude zum verwaltungstrakt gehört.« Zur Vorbereitung gibt es sogar Lektüretipps: »Lest mal n buch über zwischendecken, putz usw.« Beobachtungen des Umfeldes und Skizzen der Örtlichkeiten werden mitgeliefert – nicht ohne den Hinweis: »n genauer plan kommt, wenn ihr euch für eine der möglichkeiten entschieden habt.«

In einem anderen Papier aus Schwalmstadt mahnt Baader noch einmal, »alle kräfte auf diesen job« der Gefangenenbefreiung zu konzentrieren, »so lang ihr so schwach seid und weil ihr so schwach seid«.[317] Den dafür oder auch für Anschläge nötigen Sprengstoff könne man in Sprengstoffbunkern in Steinbrüchen finden. Sie müssten aber so liegen, »dass du da nachts schweißen kannst, frisst ne menge zeit«. Der Sprengstoff, der in Steinbrüchen benutzt werde, habe allerdings nur die Hälfte der Sprengkraft der »mischung«. Dieser selbstgebraute Explosivstoff aus Ammoniumnitrat, Mennige und Aluminiumpulver war bei den Mai-Anschlägen verwendet worden. Baader erläutert genau, wie diese Mischung hergestellt und gezündet werden kann: »ammoniumnitrat«, doziert er, »ist granulat und muss zu pulver zermahlen werden. Wenn du keine professionelle mühle auftreiben kannst, die das zentnerweise verarbeitet, kauf ein dutzend kleine kaffeemühlen mit mahlwerk, nicht mit schlagwerk. Die befestigst du im deckel von plastiktonnen so, dass du das zeug außerhalb der tonne ungemahlen reinschütten kannst und es gemahlen in die geschlossene tonne fließt, sonst bringt dich der staub um. Das pulver muss nicht zu fein sein (eher ganz feiner gries als mehl), die mühlen musst du dauernd wechseln, weil sie heißlaufen und durchbrennen. Kleine kaffeemühlen sind aber nach dem, was wir so raushatten, immer noch besser als die großen, wie etwa in supermärkten, die laufen sehr schnell heiß, so dass das ammoniumnitrat schmilzt.«[318] Die Theorie tritt dabei ganz hinter der Praxis zurück. »Und natürlich wäre es ganz schön«, fügt er gegen Ende seiner Ausführungen hinzu, »wenn ihr euch einfach mal an die Bestimmung des ›Wesens der Guerilla‹ politisch und militärisch bei Mao, Che und den Tupamaros erinnert.«

In einem weiteren Schreiben erinnert Baader und drängt: »das beste: zuerst die aktion, die den gefangenenaustausch bringt.«[319] Wenn die Gegenseite dann zögere und zu »dealen« versuche, solle »die maschine« an mehreren Stellen zugleich angegriffen werden: »so weit oben wie möglich.« An erster Stelle nennt Baader die Bundesanwaltschaft. Zum Schluss macht er noch einmal Druck, vor der Verlegung zum bevorstehenden Prozess nach Stuttgart aktiv zu werden (»müsst ihr euch wirklich beeilen«) und rät: »nehmt euch nicht zu komplizierte aktionen vor, die scheitern einfach leichter, fressen zeit.«

Damals, so Margrit Schiller, fehlten die logistischen Voraussetzungen, um Baaders Pläne umzusetzen. Der wurde ärgerlich. »Andreas«, so Schiller, »übte heftige Kritik an uns, weil wir keine Ideen, keine Pläne und keine Aktionen zustandebrachten, womit er Recht hatte. Aber wir konnten es nicht ändern, und er auch nicht. Schließlich überzeugte Andreas seinen Anwalt Eberhard Becker, sich uns anzuschließen. Eberhard war unzufrieden mit seiner Arbeit als Rechtsanwalt. Die beiden meinten, dass Eberhard unsere Situation und unsere Möglichkeiten entscheidend verbessern würde. Das war natürlich nicht der Fall. Vielmehr hatten wir jetzt noch einen Typ in der ›Gruppe‹, den wir kaum kannten und der außerdem vollgepackt war mit den Orientierungslinien von Andreas.«[320] Doch Beckers Untergrundleben sollte von kurzer Dauer sein. Aufgrund der Hinweise eines Wohnungsbeschaffers wurde die Gruppe um Schiller und Becker schon in der Nacht des 4. Februar 1974 festgenommen. In derselben Nacht kommt es in Hamburg ebenfalls zu einer Festnahmeaktion. Auf einen Schlag werden in Hamburg und Frankfurt Helmut Pohl, Ilse Stachowiak, Christa Eckes, Wolfgang Beer, Margrit Schiller und Eberhard Becker verhaftet. In den beiden Wohnungen werden gefälschte Pässe, Waffen, Sprengstoff, Zeitzünder und die Baader-Papiere mit den Befreiungsplänen gefunden. Mit Verhaftung der Gruppe »4.2.« (so ihr RAF-interner Name) rückt die Befreiung wieder in weite Ferne. Der RAF-Gefangene Manfred Grashof schreibt an Andreas Baader: »es ist zum kotzen, aber sei mal sicher: mit dem, was am 4.2. hoch ging: truppen, material, know how hätten wir 3x lange raus sein können.«[321]

Die Hoffnung auf Befreiung ist vorerst gescheitert, und der Kampf geht im Gefängnis weiter – mit voller Härte. In einem Baader-Kassiber vom 25. April 1974 heißt es: »sicher werden welche von uns sterben – das sind die bedingungen des kampfes.«[322] Und im Juni 1974, wenige Monate vor dem dritten und längsten Hungerstreik, schreibt Andreas Baader, auf den mittelalterlichen Bußprediger Savonarola, Gegner des Papstes und Opfer der Inquisition, anspielend: »fragst du mich im allgemeinen, wie der kampf enden wird? ich antworte: mit dem sieg. fragst du mich im besonderen, dann antworte ich: mit dem tod, savonarola.«[323] Unterschrift: »a.« Zur Vorbereitung auf diesen bedingungslosen Kampf hört Baader in diesem Sommer allerdings keine Choräle, sondern Rock von Santana bis Ten Years After. Am 7. Juli 1974 schickt Klaus Croissant eine Liste mit 18 Titeln einschließlich der Bestellnummern an einen Musikversand in Frankfurt. Die Platten sollen Andreas Baader nach Schwalmstadt ins Gefängnis geschickt werden – Rechnung an Peter O. Chotjewitz.[324] Wie sich Baader in diesem Kampf ideologisch positionierte, war einige Monate zuvor deutlich geworden, als wenige Tage nach den Festnahmen am 4. Februar 1974 und der Auffindung von Baaders Ausbruchsplänen eine ganze Delegation zur Zellendurchsuchung nach Schwalmstadt kam, darunter auch Oberstaatsanwalt Zeis. Nach der Durchsuchung kam es zu einem längeren Gespräch zwischen Zeis und Baader, in dem Zeis Baader unter anderem vorwarf, es sei keine Heldentat, ein Auto voller Sprengstoff auf einen Platz zu fahren, in die Luft zu jagen und dabei die Tötung von Menschen in Kauf zu nehmen. »Baader stellte hierzu ohne sichtliche Gemütsbewegung und ruhig die Gegenfrage an Oberstaatsanwalt Zeis«, vermerkt der Protokollant, »wie er es denn beurteile, wenn ein US-Bomberpilot, auf einem Knie eine halbgeleerte Bierdose, auf den Knopf drücke, einen Bombenteppich lege und hierbei einige hundert Vietnamesen sterben müssten.«[325] Auch die Haft ist ein Thema des Gespräches zwischen Zeis und Baader. Baader will wissen, wann er und die anderen nach Stammheim verlegt werden sollen, und fordert die Zusammenführung der Gefangenen. Zeis fragt, ob er dabei auch an die Zusammenlegung männlicher und weiblicher Häftlinge denke. Baader erwidert, »dass bei den Frauen nur ›der Kopf‹ interessiere«. Immerhin war Andreas Baader der Auffassung, dass Frauen überhaupt etwas im Kopf haben könnten. Eine, um die er aus eben diesem Grund geworben hat, war seine Anwältin Marieluise Becker.

Eine Anwältin

Marieluise Becker-Busche, wie die frühere Frau von Eberhard Becker heute heißt, hat es nach München verschlagen. Dort arbeitet sie als Fachanwältin für Familienrecht, »im Herzen von Münchens schöner Innenstadt«, wie auf der Webseite der Kanzlei zu lesen ist. Sie empfängt mich in ihrem großzügigen Arbeitszimmer, eine mittelgroße Frau um die 60 mit wachen Augen. Ich darf auf einem Biedermeiersofa Platz nehmen. Tee kommt gleich. Hier wirkt alles seriös und aufgeräumt. Nichts erinnert auf den ersten Blick an ihre bewegte Vergangenheit als linke Anwältin von Baader und Ensslin. Der Termin im Januar 2006 war nicht einfach zu bekommen. Sie sei noch unsicher, ob sie mit mir sprechen wolle, hatte sie im ersten Telefonat gesagt. Lange habe sie von all dem nichts mehr wissen wollen. Aber in letzter Zeit sei der Blick zurück wieder leichter geworden, gut 30 Jahre, nachdem sie ihr Mandat für Andreas Baader niedergelegt hat. Am 21. Oktober 1975 hat sie ihn das letzt Mal in Stammheim besucht, von 10.14 bis 10.50 Uhr. Was genau damals zum Ende ihrer Tätigkeit für Baader geführt hat, sagt die Anwältin nicht. Nur so viel: Sie habe sich anders orientieren, aus der RAF-Verteidigung aussteigen wollen.

Der Einstieg hatte mit ihrem damaligen Mann Eberhard Becker zu tun. Er gehörte schon in Schwalmstadt zu Baaders Anwälten, blieb es aber nicht lange. Denn Ende 1973 verabschiedete er sich von seiner Frau und seinen zwei Kindern und ging selbst in den Untergrund. Marieluise Becker hat getobt. »Ich war auf eine Anwaltstätigkeit gepolt und nicht auf etwas anderes. Ich hatte zwei Kinder. Und natürlich kein Geld. In einer linken Kanzlei hat man ja nichts verdient. Und alleine war das schwieriger als zu zweit, was sich denken lässt.« [326] Dennoch hat sie am Ende das Mandat für Baader übernommen. »Ich war politisch genug, um zu sehen, dass das notwendig ist, und habe es halt dann gemacht, und er war ja sehr sensibel und einfühlsam. Er wollte mich gewinnen, dass ich das weitermache, sie wollten unbedingt das Heidelberger Büro in der Verteidigung drin haben, denn es gab so viele ja nicht.« Baader sei auch später immer »ausgesprochen freundlich« gewesen, habe »eigentlich immer die Form gewahrt, von Ausnahmen abgesehen«. Seinen Macho-Ton kennt sie nur aus dem »Info«. Sie hat andere Seiten von ihm kennen gelernt, als die, die das öffentliche Bild von Andreas Baader bald bestimmen. »Es wurde ja immer so getan«, sagt sie, »als ob Baader keinen Satz zu Papier bringen kann. Das stimmt aber nicht, das kann man auch im ›Info‹ sehen.« Die Darstellungen des Dandys, der nur Autos im Kopf gehabt habe oder Wimperntusche, würden ihm nicht gerecht. »Das empört mich so, wie es mich bei jedem empören würde. Als Strafverteidiger hat man immer die Aufgabe, auch eine andere Seite darzustellen. Und die gibt es eben bei ihm auch. Er war zum Beispiel sehr besorgt, wie es seiner Mutter geht.« Vieles würde Marieluise Becker-Busche heute genauso machen. Nur eine Sache macht sie sich im Nachhinein zum Vorwurf: dass sie die Folterkampagne nicht durchschaut hat, nicht erkannt hat, »dass die RAF-Leute dieses eigentlich als Mobilisierungsinstrument wollten und dass es weniger um die Haftbedingungen ging«.

Umzug nach Stammheim

Die Justizvollzugsanstalt Stuttgart-Stammheim, benannt nach einem Stuttgarter Stadtteil, wird bald das bekannteste Gefängnis Europas sein. 1986 wird ihr Reinhard Hauff mit seinem Film ›Stammheim‹ ein in Venedig preisgekröntes Denkmal setzen (niemand versteht heute mehr die Lobeshymnen auf die ermüdende Inszenierung der Stammheimer Gerichtsprotokolle). Zur Vorbereitung auf den Terroristenprozess war das Gefängnis kräftig aufgerüstet worden: mit Flutlicht und Spezialzäunen, mit einem Stahlnetz zum Schutz gegen Bomben über Teilen des Gebäudes und einem Hubschrauberlandeplatz, mit Pferdeställen und Hundeboxen. Für die Sympathisantenszene schien es auf der Hand zu liegen, dass innerhalb der Stammheimer Zäune und Mauern die »weiße Folter« der Isolation praktiziert wurde.

In unmittelbarer Nähe des Gefängnisses, auf dem Gelände der eigens dafür abgerissenen Anstaltsgärtnerei, wurde ein sogenanntes »Mehrzweckgebäude« errichtet. Die Namensgebung konnte jedoch kaum darüber hinwegtäuschen, dass hier sechs Millionen Mark Steuergelder für einen einzigen Zweck verbaut wurden: für die Hauptverhandlung gegen die RAF-Führung. Im April 1975 waren die Vorbereitungen in Stammheim im Wesentlichen abgeschlossen. Aus den Radiogeräten der Handwerker, die letzte Arbeiten ausführten, dudelte ›Waterloo‹, der Siegertitel von Abba beim Eurovisionswettbewerb am 6. April in Brighton. Alles war freundlich und hell renoviert. Am Morgen des 28. April, einem Sonntag, kamen zunächst die beiden Frauen nach Stammheim. Andreas Baader und Jan-Carl Raspe folgten erst Anfang November 1974. Jeder bezog eine geräumige Einzelzelle. Ein Stockwerk tiefer teilten sich sechs Gefangene eine Zelle der gleichen Größe. Der Umzug der RAF-Führung nach Stammheim hatte mehrere Gründe: Zum einen war Stuttgart zum Ort der bevorstehenden Hauptverhandlung bestimmt worden, denn in Baden-Württemberg waren die schwersten Straftaten verübt worden – so der Heidelberger Anschlag (1972) mit drei Todesopfern. Außerdem galt das Stammheimer Gefängnis damals als die bundesweit sicherste Vollzugsanstalt und war auch vom Sitz der Bundesanwaltschaft in Karlsruhe aus gut zu erreichen. Hinzu kam ein gewisses Eingehen auf die Forderungen nach Zusammenlegung bzw. Aufhebung der Einzelhaftsituation durch die Zusammenführung der RAF-Gefangenen im siebten Stock – für die Medien von nun an der »Hochsicherheitstrakt«.

Der stellvertretende Vollzugsdienstleiter Horst Bubeck war damals für den siebten Stock zuständig. Er hatte ursprünglich Friseur gelernt und war durch eine zweite Berufsausbildung in den Vollzugsdienst gekommen. Bubeck ist heute über 70 Jahre alt, ein bedächtiger Mann mit weißem Haar und randloser Brille, der mit leiser Stimme spricht. Bubeck erinnert sich: »Zu dem Zeitpunkt, als er zu uns kam, war er ein attraktiver junger Mann. Vom Äußeren her machte er – zumindestens stellenweise – einen sehr sympathischen Eindruck. Was sein Verhalten anging, so war er sehr sprunghaft in allem. Es gab Tage, da hat man sich gefragt: ist der überhaupt noch da? Da hat er den ganzen Tag geschlafen. Dann gab es Tage, da war er äußerst unangenehm. Bei abgelehnten Anträgen während des Prozesses zum Beispiel. Da hat er dann rumgebrüllt, wenn ihm so ein Bescheid vorgelesen wurde.«[327] Im Brüllen und Schimpfen sei Baader groß gewesen. Dabei hätten Rhetorik und Verhalten zueinander gepasst. »Ich habe das selten erlebt«, erinnert sich Bubeck, »dass jemand über einen so langen Zeitraum ein so eisiges Verhalten aufrechterhalten konnte.«

Am dritten Tag nach seiner Ankunft schiebt Baader sein Bett vor die Zellentür. Die Beamten fragen, wo er denn schlafen wolle. »Wir schlafen auf dem Boden«, lautet die Antwort. Baaders Zelle sei nach kürzester Zeit »ein Saustall« gewesen, erinnert sich Bubeck: »Wer das nicht gesehen hat, kann sich das nicht vorstellen. Obstschalen blieben auf dem Boden liegen, Kippen, einfach alles. Das war die Dreck- und Ekeltaktik. Wenn Sie auf der Autobahn sechs Wochen eine Toilette nicht reinigen, so müssen Sie sich das vorstellen.« Der Körper ist das zentrale Medium der strategischen Selbstinszenierungen von Andreas Baader in Stammheim. Der Körper als Waffe im Hungerstreik, als Medium der Abgrenzung in der Ekeltaktik, als behandlungsbedürftig und damit als Druckmittel zur Verbesserung der Haftbedingungen. Der Gefängnisarzt Dr. Henck ist offenbar bereit, bei vielem mitzuspielen. Schon nach wenigen Wochen wird für Baader eine Doppelzelle angeordnet, aus medizinischen Gründen. Der Gefängnis-Bautrupp rückt an und durchbricht eine Seitenwand seiner Zelle, so dass er alsbald neben seiner Wohn- noch eine Schlafzelle beziehen kann. Damit nicht genug. Eines Tages fordert der Anstaltsarzt auch einen Durchbruch von Baaders in Raspes Zelle. Nachdem Bubeck dieses Ansinnen zunächst zurückgewiesen hatte, kam wenig später eine medizinische Anordnung, die den Durchbruch verfügte. »Das wurde geprüft, und dann haben wir das gemacht. Da haben dann natürlich auch die Mitarbeiter gesagt, das kann doch nicht so weitergehen, dass dem hier alle Wünsche erfüllt werden. Aber es wurde gemacht. Die Umbaumaßnahmen haben so zwei oder drei Tage gedauert. In der Zeit waren die Kollegen Raspe gegenüber gehässig und haben so Bemerkungen gemacht, ob er denn jetzt Tag und Nacht der Diener von Baader sein müsse. Bei Baader hätten sie sich das nicht getraut.« Nachdem der Durchbruch fertig gewesen sei, habe Raspe viele Kleinigkeiten für Baader erledigt. »Das ging dann vielleicht so drei Wochen, dann kam wieder ›Kommando zurück‹, und der Durchgang wurde wieder zugemauert. Vielleicht hat der Raspe geschnarcht. Dann ging er zum Arzt, dann kam die Anordnung: nicht mehr nötig.«

Ebenfalls auf Betreiben Andreas Baaders beantragen die Gefangenen einen gemeinsamen »Umschluss« von Frauen und Männern. Mit diesem von Baader erfundenen Wort (es ging in das amtliche Vokabular des Strafvollzuges ein und wird heute noch gebraucht!) war der Umstand gemeint, dass sich alle vier Gefangenen für eine bestimmte Zeit in einem Raum einschließen lassen. Die Begründung des Umschlusses mit der Notwendigkeit einer gemeinsamen Prozessvorbereitung wird vom Gericht akzeptiert, der Antrag im Kern genehmigt. Das RAF-Führungsquartett darf zunächst eineinhalb Stunden am Tag gemeinsam verbringen. Allerdings nicht in einer Zelle, sondern in dem rund fünf Meter breiten Gang des siebten Stocks. Dort sitzt die gemischte RAF-WG von nun an täglich im Schneidersitz auf dem Boden und redet. Damit waren heilige Regeln des Vollzugs außer Kraft gesetzt: das Verbot des Kontaktes zwischen Frauen und Männern und von Angeklagten in derselben Sache. Bubeck: »Das gab es im deutschen Strafvollzug überhaupt noch nie – auch seither nicht mehr –, dass Männer und Frauen unmittelbar nebeneinander untergebracht sind, es nur noch eine Trennung zur Nachtzeit gibt. Dass die inhaftierten Männer und Frauen zusammen zum Hofgang gehen, werden sie heute in keinem Gefängnis der Republik finden. Bei uns war das so. Die RAF-Gefangenen sind zusammen in den Hof gegangen. Und sie hatten zusammen ihren ›Umschluss‹.«[328] In sozialer Hinsicht wiederholt sich für Andreas Baader eine Kindheitssituation. Wie schon damals mit Mutter und Tante lebt er wieder mit zwei Frauen zusammen, die ihn vergöttern: mit Ensslin und Meinhof.

Der Stammheimer Alltag beginnt mit dem Aufschluss der Zellen gegen acht – auch das ein Privileg, in den anderen Bereichen wird um 6.30 Uhr geweckt und um 7 Uhr gefrühstückt.[329] Jan-Carl Raspe ist meist der Erste, der heraus will. Er ist schon rasiert und gekämmt, erwidert den Gruß der Beamten und nimmt sein Frühstück ein. Dann geht er die Post durch, darunter die vier Zeitungen und Zeitschriften, die jeder der Häftlinge nach eigener Wahl beziehen kann, für das Quartett also insgesamt 16 Zeitungen und Zeitschriften. Raspe schneidet Zeitungsausschnitte aus und fertigt einen Pressespiegel an. In den Zellen der Frauen klappern die Schreibmaschinen. Der Spätaufsteher Baader kommt als Letzter aus seiner Zelle, ungekämmt und unrasiert, das nicht zugeknöpfte Hemd über der Hose, minutenlang von seinem Raucherhusten geschüttelt, mürrisch. Er greift nach dem vorbereiteten Pressespiegel. Die vier sind im Übrigen nicht nur mit Printmedien bestens ausgestattet. Jeder hatte von Anfang an ein Radiogerät in der Zelle, später kam noch ein Fernseher hinzu (die anderen Gefangenen durften hingegen nur ein Mal in der Woche einen aufgezeichneten Spielfilm sehen). Nach dem Studium des Pressespiegels und dem Frühstück ist Lagebesprechung. Das RAF-Quartett sitzt dabei auf Kissen und Decken. Die vom Vollzug bereitgestellten Stühle bleiben ungenutzt. Mineralwasser, Kaffeetassen, Tabak und Aschenbecher sind griffbereit. Wer etwas aus seiner Zelle braucht, nimmt kurz Anlauf und schlittert auf Wollsocken über das glatte Linoleum. Gegen zwölf kommt dann das Essen. »Wir haben das in den Flur reingestellt, die Zellen waren ja offen«, erinnert sich Bubeck. Das Fleisch habe oben auf dem Rollwagen gestanden. Keiner habe sich getraut, von dem Fleisch zu nehmen, bevor sich Andreas Baader nicht bedient hatte. »Er hatte das Sagen, sonst niemand.« Sogar die Vollzugsbeamten wenden sich gleich an Baader, wenn es etwas zu regeln gibt. Manchmal habe man abgewartet, bis sich seine Laune gebessert habe. »Wenn er morgens länger im Bett gelegen hatte, war er besser aufgelegt. Acht oder neun, das war für ihn Nachtzeit.« Nach dem Essen: Hofgang. Im Sommer Sonnenbaden auf der Dachterrasse. 16.30 Uhr: Abendbrot. Um 22 Uhr wird der Strom abgeschaltet. Das passt Baader überhaupt nicht in den Kram. Eines Tages haben er (und wenig später seine ganze Crew) Rückenschmerzen. Der Gefängnisarzt verschreibt ihm eine Heizdecke, im Hochsommer. Bald verfügen alle vier Gefangenen im siebten Stock über Heizdecken und damit über eine durchgehende Stromversorgung.

Insgesamt stellten die Stammheimer Haftbedingungen auf allen Ebenen eine deutliche Verbesserung dar. So viele Privilegien hatte es nie zuvor gegeben: Radios, Fernseher, Zeitungen, Zeitschriften, Plattenspieler, Platten, Bücher. Und was die Gefangenen offiziell nicht bekommen konnten, verschafften sie sich eben auf andere Weise. So bastelte Jan-Carl Raspe kleine Öfen aus Keksdosen und Plattenspielergehäusen, auf denen man Spiegeleier und Mini-Pizzen backen konnte. Baader hortete Haschisch in seiner Teebüchse.

Sogar der gemeinsame Hofgang mit anderen Gefangenen und – unter besonderen Bedingungen – die Teilnahme an gemeinsamen Veranstaltungen war den RAF-Häftlingen inzwischen erlaubt. Beide Verbesserungen haben sie jedoch verschmäht, offiziell, weil sie Angst vor Spitzeln hatten, in Wahrheit aber wohl, weil sie eine Beeinträchtigung ihrer Selbstdarstellungsstrategie fürchteten. Denn deren zentraler Kampfbegriff lautete nach wie vor »Isolationsfolter«. Darüber, warum dieser Strategie nicht systematisch der Wind aus den Segeln genommen wurde, kann Bubeck auch heute nur spekulieren: »Die Abteilung blieb immer geschlossen, obwohl wir ständig sagten, dass wir nichts zu verbergen hätten, und baten, einmal jemanden in die Abteilung zu lassen. Dann wäre der Vorwurf der Isolationshaft vom Tisch gewesen. Das wurde aber von alleroberster Stelle zurückgewiesen. Über die Gründe kann ich nur mutmaßen. Mir fällt nur die Erklärung ein, dass man fürchtete, wenn bekannt würde, wie es wirklich in Stammheim zuging, das für die politische Seite nicht gut ausgegangen wäre. Es war damals sicherlich angenehmer für die Politik, ohne Widerspruch zu behaupten, sie fahre die harte Linie. Die Terroristen haben ständig gesagt, dass sie gequält und gefoltert würden. Die Regierung hat auf ihrer strengen Linie bestanden.«[330] Die angeblich so harten Haftbedingungen werden auch im Mittelpunkt des dritten und längsten Hungerstreiks stehen. In einem bei den Verhaftungen am 4. Februar 1974 in Hamburg und Frankfurt aufgefundenen Schreiben Baaders hatte es vorausschauend geheißen: »Ich denke, wir werden den hungerstreik diesmal nicht abbrechen. Das heißt, es werden typen dabei kaputtgehen.«[331]

Holger Meins stirbt

Ende August wird Ulrike Meinhof vorübergehend nach Berlin verlegt. Sie soll dort im Prozess gegen Horst Mahler aussagen. Im Rahmen dieses Prozesses im Kriminalgericht Moabit kündigt sie den dritten Hungerstreik der RAF-Gefangenen »gegen die Vernichtungshaft an politischen Gefangenen in den Gefängnissen der Bundesrepublik und Westberlin« an.[332] Am Mittag des 13. September beginnen etwa 40 RAF-Häftlinge in den verschiedenen Gefängnissen mit dem Streik. Er wird 145 Tage dauern, rund fünf Monate.

Nach zwei Wochen beginnen die Zwangsernährungen. »Also«, schreibt Baader, »sieben typen knallen dich auf die pritsche – festgeschnallt – dann durch die nase 'ne sonde, während einer den kopf festhält. Da ist nichts zu machen.«[333] Als Manfred Grashof vorübergehend aufhört zu hungern, schreibt ihm Meins im »Info«: »Entweder schwein oder mensch. Entweder überleben um jeden preis oder kampf bis zum tod. Entweder problem oder lösung. Dazwischen gibt es nichts. sieg oder tod – sagen die typen überall und das ist die sprache der guerilla (...). Ziemlich traurig, dir so was noch mal schreiben zu müssen. Weiß natürlich auch nicht, wie das ist, wenn man stirbt oder wenn sie einen killen. Woher auch?«[334] Acht Tage später stirbt der 33-jährige Holger Meins an den Folgen der Unterernährung. Der 1,83 Meter große Mann wiegt bei seinem Tod am 9. November 1974 nur noch 39 Kilogramm. Am Freitag, dem 8. November, hatte Meins seine Anwälte benachrichtigt: »Bitte schickt jemanden! Macht's schnell. Ich komm nicht mehr vom Bett hoch.«[335] Der Anstaltsarzt Dr. Hutter hatte sich in ein langes Urlaubswochenende verabschiedet und ließ den bereits lebensbedrohlich unterernährten Holger Meins unter der Obhut der Schließer zurück. Sonnabend früh, am 9. November, wollte Rechtsanwalt Siegfried Haag seinen Mandanten sprechen. Nach mehreren Stunden Hin und Her wurde ihm das schließlich gestattet. Die Hinzuziehung eines externen Arztes hatte der zuständige Richter Dr. Prinzing jedoch abgelehnt. Holger Meins wurde auf einer Trage in ein Zimmer des Verwaltungstraktes gebracht. Siegfried Haag musste sich neben ihn auf den Boden legen und sein Ohr ganz nah an die Lippen von Meins halten. Nur so konnte er sein Flüstern verstehen. Kaum hörbar sagte Holger Meins: »Ich bin fertig. Es ist aus. Ich sterbe.« Der Besuch dauerte zwei Stunden. Am Ende bat Meins Haag um eine Zigarette. Haag zündete sie an und steckte sie dem Sterbenden zwischen die Lippen. Um 15 Uhr verließ er die Haftanstalt. »Ich habe noch alles versucht, was sein Leben hätte retten können.« Am Telefon diktierte er seinen Stuttgarter Kollegen einen Schriftsatz, der von einer Delegation umgehend zu Prinzing gebracht wurde und in dem er den dramatischen Zustand von Meins schilderte und die sofortige Hinzuziehung eines Arztes forderte. »Dann bin ich auf die Autobahn und auf dem nächsten Rastplatz eingeschlafen. Als ich aufwachte, war mein Auto eingeschneit. Als ich in Stuttgart ankam, sagte mir eine Sekretärin: Der Holger ist tot.«[336]

Nach Haags Besuch in Wittlich war auch den Vollzugsbeamten klar geworden, dass sich Holger Meins in einem bedrohlichen Zustand befand. Sie riefen einen Arzt. Als der kurz nach 17 Uhr eintraf, war Holger Meins bereits tot. Nachdem die Todesnachricht in den Rundfunknachrichten verbreitet worden war, formierten sich spontane Protestkundgebungen.

Für die Sympathisantenszene gab es keine Zweifel: Holger war ermordet worden. Er selbst hatte diese Lesart seines Todes schon vorbereitet, als er vor dem Beginn des Hungerstreiks in sein Testament schrieb: »Für den fall, dass ich in der haft vom leben in den tod komme, war's mord. Gleich was die schweine behaupten werden. (...) Glaubt den lügen der mörder nicht.«[337] Mord war es nicht, doch der Tod von Holger Meins wäre zu verhindern gewesen. Mangelnde Professionalität und übertriebene Härte hatten es so weit kommen lassen.

Noch am Abend des selben Tages drehte sich die Eskalationsspirale weiter. Mitglieder der »Bewegung 2. Juni« ermordeten den Berliner Kammergerichtspräsidenten Günter von Drenkmann. Die Tat wurde als Rache für den »Justizmord« an Holger Meins legitimiert. Die Stammheimer Gefangenen erklärten daraufhin, sie freuten sich »über eine solche Hinrichtung«.[338] Gnadenlose Härte bestimmte den Kurs. »Wir kämpfen bis zuletzt«, verkündet Andreas Baader zwei Tage nach dem Hungertod von Meins und einen Tag nach dem Drenkmann-Mord aus seinem Stammheimer Führerbunker, »mit jeder Konsequenz für uns«.[339] Nach außen ist Baaders Sprache so hart wie der Beton von Stammheim. Doch innen sah es anders aus. Marieluise Becker-Busche erinnert sich: »Der Tod von Holger Meins hat ihn sehr getroffen. Von den Männern der ersten Runde stand ihm Meins am nächsten. Ich würde denken, das war eine Freundschaft. Das hat ihn sehr getroffen und natürlich auch aggressiv gemacht. Das ist ja klar.«[340] Zusammen überlegen sie, wie man den Tod von Meins zum »Druckpunkt« machen könnte: durch Publikationen, Veranstaltungen, Demonstrationen.

Im ›Stern‹ erscheint ein zweiseitiges Foto des toten Holger Meins, mit bärtigem, eingefallenen Gesicht und einem bis zum Skelett abgemagerten Körper. Das Foto ist ein Schock. Viele erinnert es an die Bilder von KZ-Häftlingen und bestätigt sie in ihrem Faschismusverdacht gegenüber den Staatsorganen. Volker Speitel, damals Grafiker im Anwaltsbüro von Klaus Croissant, sagt rückblickend: »Der Tod von Holger Meins und der Entschluss, die Knarre in die Hand zu nehmen, waren eins. Ein Nachdenken war nicht mehr möglich, es reagierte nur noch der emotionale Schub der letzten Monate.«[341] Speitel taucht unter.

Holger Meins wird in Hamburg beerdigt. Mit erhobener Faust sagt Rudi Dutschke an seinem Grab den Satz: »Holger, der Kampf geht weiter!« Viele halten ihn daraufhin für einen RAF-Sympathisanten. Dutschke meinte jedoch einen Kampf mit friedlichen Mitteln. Baader notiert zwei Tage nach der Beerdigung: »Freiheit ist nur im kampf möglich und eine bedingung des kampfes ist, im kampf sterben zu können. Alles andere ist dreck – wer es nicht wusste, jetzt wird er es begreifen, als seine sache finden oder uns verraten. Hier schnallen sie mich jetzt fest. Das ist die explosion nach ji's [Meins, Anm. d. Verf.] tod.«[342] Baader stilisiert seinen Körper einmal mehr zur Kampfmaschine: »N typ, der sich über monate auf seinen tod zu bewegen kann, bewusst, wie ein Projektil, die zum äußersten entschlossene waffe seiner politik (unserer), ist ein guerilla, kann mit dieser erfahrung – wenn er ehrlich war – kämpfen unter allen bedingungen und sicher ohne jede verzweiflung.«[343] Der Kampf zielt nach wie vor auf Öffentlichkeit. Um diese zu mobilisieren, hatte Ulrike Meinhof an den französischen Philosophen Jean-Paul Sartre geschrieben und ihn um einen Interviewbesuch bei Andreas Baader gebeten, »weil die bullen beabsichtigen, andreas zu ermorden«.[344] Dass Baader viele den Tod wünschten, steht dabei außer Frage. Auf einer Postkarte vom 15. November 1974 heißt es: »Wir, das deutsche Volk wünschen, dass Sie mit der Hungerkur auch zugrunde gehen. Wieder hätten wir eine Bestie weniger.«[345]

Jean-Paul Sartre besucht Andreas Baader

Sartre kommt. Dagegen kann auch Siegfried Bubacks Einspruch gegen das »von Dr. Croissant arrangierte Propagandamanöver« nichts mehr ausrichten.[346] Am 4. Dezember 1974 ist der 69-jährige Philosoph auf dem Weg nach Stammheim. Am Steuer seines Wagens sitzt der spätere OPEC-Attentäter Joachim Klein. Mit von der Partie sind außer Sartre noch Daniel Cohn-Bendit und Klaus Croissant. Cohn-Bendit darf dem Gespräch mit Baader jedoch nicht beiwohnen.

»Anwesend waren«, erinnert sich Bubeck, »Sartre, Baader, die Dolmetscher, ein Kriminalbeamter und ich. Ich hatte den

Eindruck, Baader war sehr aufgeregt, nervös, fahrig. Er hat versucht, Sartre seine politischen Ziele rüberzubringen.

Während des ganzen Gesprächs – es dauerte so 30 bis 45 Minuten – ist kein einziges Wort über die Haftbedingungen gewechselt worden. Sartre hat eigentlich gar nicht gesprochen, hat sich das angehört, saß da, ein alter Mann, der den Eindruck machte, als würde er das eine oder andere vielleicht auch gar nicht mitbekommen.«[347] Cohn-Bendit: »Als er wieder draußen war und wir allein mit dem Auto in die Stadt zurückfuhren, sagte er in seiner typischen trockenen Art: ›Ein Arschloch, dieser Baader!‹ Ich versuche noch heute, mir vorzustellen, was Sartre wohl für ein Gesicht gemacht hat, als dieser ›Meisterdenker‹ des bewaffneten Kampfes ihm in einem kleinen philosophischen Grundkurs nahebringen wollte, dass Attentate, Morde und Geiselnahmen im Kampf um die Befreiung von Kapitalismus und Imperialismus gerechtfertigt seien.«[348] Am frühen Abend ging es zu einer von den Anwälten organisierten Pressekonferenz in einem Stuttgarter Hotel. Blitzlichtgewitter, über 100 Journalisten waren gekommen. Sartre erklärt der Presse, Baader habe »das Gesicht eines gefolterten Menschen« gehabt.[349] »Es ist nicht die Folter wie bei den Nazis. Es ist eine andere Folter. Eine Folter, die psychische Störungen herbeiführen soll. (...) Baader und die anderen leben in einer weißen Zelle. In dieser Zelle hören sie nichts außer dreimal am Tag die Schritte der Wächter, die das Essen bringen. 24 Stunden lang brennt das Licht.«

Horst Bubeck sah das Ergebnis der Pressekonferenz in der ›Tagesschau‹ um 20 Uhr. Die Botschaft des Fernsehberichtes war eindeutig: Die Haftbedingungen sind unmenschlich. »Alle Achtung«, sagte er zu seiner Frau, »das hat er ja wieder toll hingekriegt.«[350] Sartre hatte den kahlen Besucherraum für die Zelle gehalten. Baaders Zelle mit Bücherregalen, mit Schreibtisch, Radio und Fernseher, mit Plattenspieler und Schallplatten, mit Landkarten und einem Che-Guevara-Poster an der Wand hatte er gar nicht zu Gesicht bekommen, ganz zu schweigen von der »Bücherzelle«, der »Sportzelle«, der »Prozesszelle« und der »Fresszelle«. Der ›Berliner Tagesspiegel‹ titelte am folgenden Tag: »Sartre kritisiert Haftbedingungen für Baader-Meinhof-Häftlinge.« Andreas Baader schrieb an seine

Mitgefangenen: »Ich habe über die haftbedingungen nicht gesprochen. Die situation war völlig irre. Ich weiß nicht, was er überhaupt verstanden hat (...). Ich würde aber sagen: was mich betrifft, war das ganze so präzise und gezielt und bewusst wie möglich – was ihn angeht, hatte ich den eindruck von alter.«[351]

Der Mann, der für seinen Eigensinn, seine Unabhängigkeit und Integrität bekannt war, der gar die Stirn besessen hatte, den Literaturnobelpreis abzulehnen, dieser Mann war, offenbar, ohne es richtig zu merken, Opfer einer gelungenen PR-Inszenierung von Baader und seiner Führungscrew geworden. Da nützte es auch nichts, dass ›Der Spiegel‹ schon damals zutreffend notierte: »Tatsache ist, dass weder in Stuttgart-Stammheim noch in Hamburg, Berlin oder Hannover die einsitzenden Anarchisten Haftbedingungen unterworfen sind, wie Sartre sie beschrieb – wenngleich vor Monaten und Jahren schärfer isoliert wurde, womöglich in Einzelfällen drangsaliert wurde.«[352] Wie grotesk der Vorwurf der Isolationsfolter damals war, zeigt auch ein Blick auf die Liste der Besuche, die Andreas Baader in Stammheim hatte. Fünf bis sechs Besuche am Tag waren keine Seltenheit.

Dennoch wurde weiter gehungert. Es waren allerdings nicht mehr alle mit im Boot. Einige hatten nach dem Tod von Holger Meins aufgegeben, darunter Gerhard Müller und Margrit Schiller. Zu nachhaltig hatte Meins' Tod ihnen offenbar die Sinnlosigkeit und Gefährlichkeit des Streiks demonstriert. Müller war von einem seiner Verteidiger in Baaders Auftrag zuvor – noch nach dem Tod von Meins – mangelnder Gewichtsverlust vorgehalten worden. Ein Mitgefangener riet ihm, mit einem schweren Bücherrucksack nachts durch die Zelle zu marschieren. Er mache das selbst auch und stelle sich vor, er sei ein Vietcong-Soldat auf dem Weg nach Dien-Bien-Phu.

Am 2. Februar 1975 beschließen Baader und Raspe, den Streik abzubrechen, nach 145 Tagen. In Stammheim teilt der Anstaltsarzt Helmut Henck Ulrike Meinhof den Beschluss mit. Doch die ist zunächst misstrauisch: »Das wollen wir schriftlich sehen, von Andreas.« Daraufhin geht Henck wieder zu Baader in die Zelle. Der schreibt mit dickem Filzstift auf einen Papierbogen: »essen«, Unterschrift: »a«. Henck überbringt die Nachricht, und Ulrike Meinhof und Gudrun Ensslin beginnen, wieder zu essen. In einem Brief an alle Gefangenen, der zugleich an Nachrichtenagenturen und Zeitungen geht, heißt es: »Wir bitten euch, den Streik jetzt abzubrechen, obwohl (...) seine Forderung, die Aufhebung der Isolation, nicht durchgesetzt werden konnte. Versteht das als Befehl.«[353] Die Stammheimer Häftlinge sind zu Skeletten abgemagert. Andreas Baader hat sich von 76 auf 50 Kilo heruntergehungert, Gudrun Ensslin von 66 auf 42 Kilo.

Ohne Frage hatte Andreas Baader dieses Mal wirklich gehungert. 26 Kilo Gewichtsverlust sprechen eine eindeutige Sprache. Gleichwohl war es ein Propaganda-Hungern auf hohem Niveau, das auf dem kaum haltbaren Vorwurf der Isolationsfolter basierte. »Wenn ich Ihnen erzählt habe, dass die Gefangenen bis zu acht Stunden am Tag zusammen waren und sprechen konnten, ich glaube, dann hat sich das Wort von selbst erledigt. Isolationsfolter hat es in Stammheim nicht gegeben.« Für Bubeck war die Sache mit der Isolationsfolter reine Strategie, eine, die ihre Wirkung nicht verfehlte – wie Bubeck mit eigenen Augen beobachten konnte: »Die zweite und dritte Generation, die wurde nur durch die Geschichte mit der Isolationsfolter gemacht. In der Szene wurde gesagt: Gegen diesen Staat muss man was machen. Ich habe die jungen Leute in der Gerichtsverhandlung gesehen, wie sie die Gefangenen angehimmelt haben, ein halbes Jahr später waren sie dann auf dem Fahndungsplakat und noch etwas später bei uns im Haus. Die haben alle ihr Leben versaut. Da war Baader derjenige, der diese Geschichte so geschickt gemacht hat.«

Ein launischer Leitwolf

Baader sei im siebten Stock das »Alpha-Tier« gewesen, dafür habe es viele Beispiele gegeben. Eines ist Bubeck besonders in Erinnerung geblieben: der Besuch von Raspes Mutter. Die Rentnerin war aus der damaligen DDR angereist. Sie hatte eine große Schale mit Erdbeeren dabei. Bubeck ging in den siebten Stock, um Jan-Carl Raspe zu benachrichtigen. »Die saßen im Flur auf dem Boden und haben sich unterhalten. Ich habe dann zu Raspe gesagt: ›Kommen Sie, bitte, Sie haben Besuch.‹ Raspe hat gefragt: ›Wer ist da?‹ ›Ihre Mutter‹, habe ich geantwortet. Daraufhin Baader, zynisch lachend: ›Was, du hast auch 'ne Mutter?‹ Dann haben alle gelacht. Vielleicht weil Baader vorgelacht hat. Als Raspe aufstehen wollte, sagte Baader: ›Bleib mal sitzen noch.‹ Ich weiß nicht, was sie diskutiert haben. Baader hat dann wieder angefangen zu reden. Ich bin dann zur Mutter und habe sie vertröstet. Dann bin ich wieder hin. ›Herr Raspe, kommen Sie jetzt, bitte.‹ Wieder wollte er sich erheben, wieder hat Baader interveniert, ihn festgehalten: ›Du sollst sitzen bleiben.‹ Ich bin dann noch mal zu der alten Dame, habe gesagt, es dauert noch etwas. Die war unheimlich aufgeregt. Der sie begleitende LKA-Beamte hat auch schon auf die Uhr geschaut. Ich ging dann wieder hin und habe gesagt: ›Herr Raspe, kommen Sie jetzt, bitte, sonst muss ich Ihre Mutter wegschicken.‹ Fast hätte Baader ihn auch dieses Mal wieder zurückgehalten. Er hat es dann aber doch gelassen. Er hatte ihn schon genug vorgeführt. Raspe ist dann hoch, mit mir vor, hat den Besuch mit seiner Mutter gemacht. Als er zurück war, hat er die Schale mit den Erdbeeren auf den Tisch gestellt. Da stand sie nun. Dann ist Baader hin, hat die Schale umgedreht, so dass alle Erdbeeren herausfielen und über den Resopaltisch kullerten. Dann hat er sich oben auf die Tischkante gesetzt und sich nach und nach die größten herausgefischt. Das Grünzeug hat er zurück auf den Haufen geschnipst. Als er schließlich genug hatte, war das das Zeichen für die anderen. Dann sind die anderen hin und haben sich auch Erdbeeren genommen.«

Bis zur Selbstverleugnung habe sich Raspe Baader unterworfen und dessen Launen ausgebadet, habe immer wieder vermittelt, wenn Baader den Bogen einmal mehr überspannt und die Vollzugsbeamten grob beleidigt hatte. »Baader war in der Richtung einmalig. Ich habe keinen anderen Gefangenen kennengelernt, der eine so dämonische Ausstrahlung hatte wie Baader.«[354] Und diese Ausstrahlung war nicht nur eine Strategie gegenüber dem staatlichen »Schweinesystem«. Sie konnte auch, je nach Laune, die Stimmung in der RAF-WG nachhaltig bestimmen. Dabei lief die interne Kommunikation Baaders mit seinen Mitgefangenen stark über Gesten und

Handlungen. Im Blick auf sein Verhältnis zu Ulrike Meinhof erinnert sich Bubeck: »Der hat sie behandelt wie der letzte Dreck. Sie saß nächtelang in der Zelle und hat geschrieben. Und am anderen Morgen hat sie Baader das Geschriebene gegeben. Der hat die Blätter zerrissen oder in die Luft geworfen.«

Man fragt sich, warum Ulrike Meinhof so mit sich hat umspringen lassen. Sie verstand schließlich etwas von Texten, das hatte sie als Journalistin bewiesen. Dennoch ließ sie sich ihre Texte von einem Schulabbrecher demonstrativ zerreißen – eine Szene wie zwischen einem hilflosen Schulmädchen und einem sadistischen Lehrer. Man kann nur vermuten, dass hier auch sadomasochistische Beziehungsmuster mitspielten. Und sicher ein inzwischen sehr gebrochenes Selbstbewusstsein bei Ulrike Meinhof und ungebührlich viel Respekt vor dem mit großer theatralischer Geste daherkommenden Andreas Baader. Dass Ulrike Meinhof zu masochistischen Selbstbetrachtungen neigte, zeigen im Übrigen auch verschiedene Kassiber und Papiere, in denen sie sich unter anderem als »eine scheinheilige sau aus der herrschenden klasse« bezeichnet und schreibt: »ich kroch vor a rum, weil er n typ ist, dem gegenüber ich keine konkurrenzkisten andrehen konnte, weil ihm gegenüber mein grips, auf den ich mir so viel einbildete, (…) ne schablone mit nichts drauf ist.«[355]

Der Journalist Jürgen Busche, der für die ›FAZ‹ über die Baader-Meinhof-Story und dann auch über den Stammheimer Prozess berichtete, vermutet: Die schon früh vaterlos (Meinhof) bzw. mit einem schwachen Vater (Ensslin) aufgewachsenen Frauen seien leicht zu beeindrucken gewesen: »Was einen Aufschneider von einem harten Jungen unterscheidet, haben die in ihrem Leben nicht kennengelernt.«[356] Und ein harter Junge im landläufigen Sinne war Andreas Baader gewiss nicht. Er war kein typischer Macho. Jürgen Busche, der ihn im Stammheimer Gerichtssaal oft genug erlebt hat, meint: »Er strahlte keine männliche Gewaltbereitschaft aus, keine Virilität, die sich in Gewalt umsetzt.« Er sei vielmehr das typische Produkt einer Frauenerziehung gewesen: gut im Beobachten und strategischen Kommunizieren, aber auch im Beschimpfen und Ausnutzen der Schwächen anderer. Respekt zeigte er so gut wie nie. Außer vor einem: vor Otto Schily. Einen Grund nennt Alfred Klaus, der BKA-»Familienbulle«: »Die Anwälte hat er beschissen behandelt, der einzige, der sich das nicht hat bieten lassen, war Otto Schily.«[357]

Freipressungen

Während Andreas Baader und seine Getreuen sich in Stammheim noch von dem Anfang Februar abgebrochenen Hungerstreik erholten, wurden in Berlin Wahlen vorbereitet. Nach 27 Jahren SPD-Regierung in Berlin machte sich die CDU dieses Mal Hoffnungen auf einen Wahlsieg. Ihr Spitzenkandidat hieß Peter Lorenz. Der 52-jährige Rechtsanwalt hatte seinen Wahlkampf unter das Motto gestellt: »Mehr Tatkraft schafft mehr Sicherheit.« In der Stadt mehrten sich die Plakate mit dem Versprechen gesteigerter Sicherheit. Am 2. März sollte gewählt werden. Doch am 27. Februar wurde Peter Lorenz von der »Bewegung 2. Juni« entführt. Die Täter forderten die Freilassung von Horst Mahler und fünf »2. Juni«-Häftlingen.

Mit der Entführung meldete sich die terroristische Gruppierung wieder zu Wort. Die »Bewegung 2. Juni« war nach mehreren Sprengstoffanschlägen im August 1973 zunächst weitgehend aufgelöst, dann aber aus dem Untergrund heraus neu aufgebaut worden. Nun fordert sie den Staat heraus. Der entscheidet zähneknirschend, die Forderungen zu erfüllen. Am 3. März 1975 werden die fünf benannten »2. Juni«-Guerilleros (Horst Mahler hatte verzichtet) in den Südjemen ausgeflogen. Lorenz wird daraufhin freigelassen.

Der aus der Sicht der Täter erfolgreiche Ausgang der Entführung hat eine fatale Vorbildfunktion für die RAF-Kämpfer im Untergrund: Sie werden ermutigt, ihre Pläne zum Thema »Big Raushole« umgehend in die Tat umzusetzen. Die erste Aktion sollte schon in wenigen Wochen stattfinden: in Stockholm. Dort verschafft sich am 24. April 1975 ein sechsköpfiges RAF-Kommando Zutritt zur deutschen Botschaft, nimmt zwölf Geiseln und droht, bei einem Angriff Sprengladungen zu zünden. Ziel der Aktion ist die Befreiung von Andreas Baader, Gudrun Ensslin, Ulrike Meinhof und 23 weiteren RAF-Häftlingen aus deutschen Gefängnissen. Die Gruppe nennt sich »Kommando Holger Meins«. Siegfried Haag, der seinen Mandanten Holger Meins nicht hatte retten können und der jetzt als einer der Anwälte für Andreas Baader tätig ist, hatte das Kommando rekrutiert, darunter den damals 23-jährigen Karl-Heinz Dellwo. Dellwo lebt heute in Hamburg. 1998 gab er der ›taz‹ ein langes Interview. Darin räumte er ein, dass das staatliche Nachgeben bei der Lorenz-Entführung bestärkend gewirkt habe und Härte wohl besser gewesen wäre: »Dann hätten wir Stockholm vielleicht fallengelassen.«[358]

Die Stammheimer wussten, was an diesem 25. April in Stockholm geschehen sollte. Siegfried Haag, der Drahtzieher im Hintergrund, war am 21. April zum letzten Mal bei Baader im siebten Stock gewesen. Am 24. April wunderte sich der Gefängnisarzt Helmut Henck über die aufgekratzte Stimmung: »Sie waren fröhlich gestimmt wie kleine Kinder.«[359] Und dem Vollzugsbeamten Lange war aufgefallen, dass die Kloschüsseln in den Zellen ganz schwarz waren von Ruß.[360] Offenbar hatte zu den Reisevorbereitungen das Verbrennen lästiger Papiere gehört. Für die Führungscrew um Baader schien die Befreiung erneut greifbar nahe gekommen. In Stockholm spitzte sich die Lage zu. Als die schwedische Polizei, die inzwischen in die unteren Etagen des Gebäudes vorgedrungen ist, der Räumungsforderung der Geiselnehmer nicht nachkommt, wird Militärattaché Andreas Baron von Mirbach erschossen. Und nachdem die Bonner Regierung es ablehnt, auf die Forderungen der Besetzer einzugehen, wird ein weiterer Botschaftsangehöriger erschossen. Kurz vor Mitternacht dann das Ende: Eine Kette von ohrenbetäubenden Detonationen erschüttert das Botschaftsgebäude.

Der mitgebrachte Sprengstoff war aus bis heute ungeklärter Ursache explodiert. Einer der Täter wird aus dem Gebäude ins Gras geschleudert und stirbt wenig später. Täter und Opfer flüchten mit zum Teil schweren Verletzungen aus der brennenden Botschaft. Fünf Kommandomitglieder werden festgenommen und schon 24 Stunden später nach Deutschland ausgeflogen. Siegfried Hausner kommt mit schweren Verbrennungen nach Stammheim, in die intensivmedizinische Abteilung. Dort stirbt er am 4. Mai 1975, in dem Gefängnis, aus dem er Andreas Baader befreien wollte.

Aussagen in der ›Bild‹-Zeitung und Besuche in Stammheim

Am 29. April 1975 erschien auf der ersten Seite von ›Bild‹-Hamburg ein Artikel unter der Überschrift ›Baader richtete Mädchen durch Genickschuss hin‹. Der Aufmacher bezog sich auf Aussagen, die Gerhard Müller im Hamburger Untersuchungsgefängnis gemacht hatte. Der im Juni 1972 zusammen mit Ulrike Meinhof bei Hannover festgenommene Müller hatte ausgesagt, dass Andreas Baader die 24-jährige Ingeborg Barz irgendwann zwischen dem 20. Februar und Anfang März 1972 in einem Wald am Rheinufer südlich von Germersheim erschossen habe. Sie habe aussteigen wollen und sei darum zu einem Sicherheitsrisiko geworden. Die Exekution sei vom harten Kern der RAF in Frankfurt beschlossen worden. Meins und Raspe hätten das Grab ausgehoben. Man habe Ingeborg Barz unter dem Vorwand, ihr Papiere für einen Auslandsaufenthalt übergeben zu wollen, in den Wald gelockt. Über den dann folgenden Mord habe Müller von Baader unmittelbar nach der Tat erfahren. In einem Vernehmungsprotokoll Müllers vom 22. April 1975 ist dazu zu lesen: »Man ist ausgestiegen und in den Wald gegangen. Ingeborg Barz ging zwischen Meins und dem anderen RAF-Mitglied, während Baader hinterherging. Kurz vor der Grube hat Baader dann von hinten den tödlichen Schuss abgegeben. Nach seinen Angaben war es ein Kopfschuss aus kürzester Entfernung. Die Barz wäre sofort tot gewesen. Teile ihres Gesichtes wären weggerissen worden. Nach meiner Kenntnis wurde der tödliche Schuss mit einem Revolver, Kaliber 38, abgegeben, den Baader immer benutzte und der bei seiner Festnahme im Porsche vorgefunden wurde.«[361]

Ist Andreas Baader ein Killer, der Aussteiger kaltblütig liquidiert? Sagt Müller die Wahrheit, oder hat er die Geschichte erfunden, um sich an Baader zu rächen? An der von Müller bezeichneten Stelle wurde damals jedenfalls keine Leiche gefunden. Doch Ingeborg Barz blieb bis heute verschwunden. Im Februar 1972 telefonierte sie das letzte Mal mit ihrer Mutter, sprach davon, dass sie sich der Polizei stellen wollte. Hat Baader sie darum erschossen? Was ist von der Aussage Müllers zu halten? Und was sind seine Aussagen generell wert? Um diese Fragen wird es auch im Stammheimer Verfahren gehen. Denn Gerhard Müller wird ein wichtiger Zeuge der Anklage sein. Bei seiner Vernehmung wird ihn Otto Schily ein gutes Jahr später an seine Hamburger Aussagen erinnern.

Die Vorbereitung auf das Stammheimer Verfahren läuft derweil auf Hochtouren. Die Anklage ist formuliert und auf Tausenden von Seiten begründet, die juristische Aufrüstung vorläufig abgeschlossen: Schon im Dezember 1974 war ein ganzes Paket neuer Gesetze beschlossen worden, die die Abwicklung der RAF-Verfahren erleichtern sollten.[362] Die erste Konsequenz dieses »Anti-Terror-Pakets« war, dass Baaders bisherige Anwälte Klaus Croissant, Hans-Christian Ströbele und Kurt Groenewold schon im Vorfeld des Prozesses nacheinander von der Vertretung ihres Mandanten ausgeschlossen worden waren. Auf der Basis der neuen Gesetze reichte schon der Verdacht der Tatbeteiligung (etwa durch Transporte von Schriftstücken) als Begründung aus. Nun ist es vor allem Siegfried Haag, der sich für Baader in die umfangreiche Materie einarbeitet. Aber er ist längst nicht der Einzige, der für Andreas Baader tätig ist und ihn im Gefängnis besucht.

Die Liste der Stammheimer Besuchsüberwachung verzeichnet bis zum Beginn des Prozesses außer den Genannten die Namen der Anwältinnen und Anwälte Becker, Knöss, Riedel, Ripke, Schily, Temming und von Plottnitz. Daneben hatte Andreas Baader auch private Besuche. Verzeichnet sind Besuche von Anneliese Baader, Paul Österreicher, Peter Cincer (der Sohn von Anneliese Baaders Schwester Elfriede), Pfarrer Martin Stöhr und einem gewissen Reimar Kroecher, vermutlich ein Sohn des nach BKA-Unterlagen nach Vancouver ausgewanderten Bruders von Anneliese Baader, Walter Kroecher. Er war am 5. Mai 1975 in Stammheim, gute zwei Wochen vor Prozessbeginn.

Lebt Kroecher noch? Kann er etwas berichten? Wie kann man ihn finden? In Zeiten des Internet beginnt die Recherche auf der Startseite von Google. Sie fördert in 0,49 Sekunden 59 Treffer für die Kombination »Reimar Kroecher, Vancouver« zu Tage. Auf den angezeigten Seiten ist von einem Ökonomieprofessor am Langara College die Rede, der Ende der 90er

Jahre Präsident der Initiative »Canadians for Direct Democracy« war. Eine E-Mail-Adresse ist dort allerdings nicht zu finden. Auch auf den Seiten des Langara College ist kein Reimar Kroecher verzeichnet – also eine Mail an zwei willkürlich herausgefischte Adressen aus dem Fach Ökonomie des Colleges. Schon am nächsten Morgen liegt eine freundliche Antwort im Postfach. »We can communicate either in German or English«, schreibt Reimar Kroecher und erweist sich schnell als der Gesuchte. Als ich im Dezember 2005 mit ihm telefoniere, ist es in Hamburg noch dunkel – neun Stunden Zeitverschiebung zwischen Hamburg und Vancouver.

Kroecher erläutert mir die Umstände seines damaligen Besuches in Stammheim. »Ich dachte, wo ich eh in Deutschland bin, dass ich einmal vorbeischaue und gucke, wie es ihm geht. Andreas Baader war ja immerhin mein Vetter. Ich war damals mit meiner Familie ein knappes Jahr in Augsburg. Es gab die Möglichkeit, sich bei 75 Prozent Gehalt für ein Studienjahr an einer ausländischen Universität beurlauben zu lassen.« Dem Besuch sei ein ziemlicher Papierkrieg vorausgegangen. »Ich kam dann ins Gefängnis. Dort wurde ich in einem Vorzimmer überprüft. Danach habe ich über eine halbe Stunde gewartet, und nichts passierte. Ein Beamter hat zu mir gesagt, Andreas wüsste, dass er Besuch hat. Er hat gesagt: ›Er will Sie nicht sehen.‹ Dann bin ich in ein weiteres Zimmer geführt worden, Tisch, Stuhl. Dann ist Andreas hereingekommen und hat gefragt: ›Wer sind Sie?‹ ›Ich bin Reimar‹, habe ich gesagt. Dann ist er aufgestanden und hat mich umarmt. ›Schön, dass du mich besuchst. Diese Schweine haben mir nicht gesagt, dass ich Besuch habe. Weißt du, diese Kleingeister in Uniform haben ihre Freude daran, uns zu schikanieren.‹ Andreas sah nicht gut aus, heruntergekommen, blass, nervös.« Die Stammheimer Besuchsüberwachung verzeichnet den Besuch zwischen 10.45 und 11.00 Uhr. »Zum Schluss habe ich Andreas gefragt: ›Denkst du, du hast die seelische Kraft, das hier für den Rest deines Lebens auszuhalten?‹ Darauf hat er gelacht und gesagt: ›Reimar, das brauche ich nicht, die bringen mich vorher um.‹ Und als ich ging, rief er mir noch einmal nach: ›Und wenn jemand sagt, ich hätte Selbstmord begangen, glaube ihnen das nie.‹« Und was glaubt Kroecher heute? »Wenn der Staat sich bedroht fühlt, ist er zu allem fähig. Ich habe starke Zweifel an der offiziellen Selbstmord-Version.«

Wenig Vertrauen in den Staat hatte auch Baaders Anwalt Siegfried Haag. Er war am selben Tag wie Reimar Kroecher in Stammheim, von 14.10 bis 16.00 Uhr, fast zwei Stunden. Siegfried Haag und Andreas Baader hatten offenbar eine ganze Menge zu besprechen, als ob sie wüssten, dass sie sich länger nicht sehen würden. Dass dies ihr definitiv letztes Gespräch sein würde, konnten sie nicht ahnen. Seitdem er seinen Mandanten Holger Meins hatte sterben sehen, war Haag immer mehr auf die RAF-Seite übergewechselt. Im Frühjahr 1975 arbeitet der 30-jährige Anwalt mit Marieluise Becker zusammen in einer Kanzlei in Heidelberg. Eberhard Becker, der Ehemann von Marieluise Becker, saß seit einem guten Jahr in Haft. Haag, der schlanke Mann mit der Halbglatze, APO-sozialisiert und gegenwärtig schon mit einem Bein im Untergrund, hat wie die Beckers auch schon zwei Kinder. Seine letzte Ausbildungsstation war die Beckersche Kanzlei gewesen. Als Haag im Herbst 1973, gerade 28 Jahre alt, seine Zulassung als Anwalt erhielt, ging Eberhard Becker in den Untergrund. Haag nahm seine Stelle ein. Im Mai 1975 gerät er ins Visier der Fahndung. Ein in der Schweiz festgenommener RAF-Unterstützer sagt aus, dass Haag für die Stockholmer Botschaftsbesetzer Waffen besorgt habe. Am 9. Mai, wenige Tage nach seinem Besuch bei Baader, wird er festgenommen, jedoch schon am folgenden Tag aus Mangel an Haftgründen wieder frei gelassen. Einen Tag später taucht Siegfried Haag ab. Seine Motive erläutert er in einer Presseerklärung: »In einem Staat, der die Vernichtung von Revolutionären durch Gleichschaltung von Gesetzgebung, Verwaltung und Justiz zu seinem Programm erhoben hat, der politische Gefangene durch systematische Langzeitisolation foltert und der Gehirnwäsche in toten Gefängnistrakten unterzieht, in einem Staat, dessen Funktionsträger Holger Meins und Siegfried Hausner hingerichtet haben, in einem Staat, der Verteidiger mit dem gesamten Arsenal der psychologischen Kriegsführung durch die Massenmedien in Hetzkampagnen diffamiert, ausschließt, kriminalisiert und schließlich zu verhaften sucht, werde ich meine Freiheit nicht bedrohen lassen, meinen Beruf als Rechtsanwalt nicht länger ausüben. Es ist an der Zeit, im Kampf gegen den Imperialismus wichtigere Aufgaben zu übernehmen.«[363]

Die Aufgaben, denen Haag sich in der Folge widmet, laufen, wie sich zeigen wird, unter den Tarnbezeichnungen »Margarine«, »Big Money« und »Big Raushole«. Es sind Aufgaben, die Andreas Baader ihm stellt und über die sie vermutlich am 5. Mai gesprochen haben. Haag reist dafür bald in den Nahen Osten. Im Südjemen, zwei Autostunden von Aden, absolviert er 1976 zusammen mit Peter-Jürgen Boock, Rolf Heißler, Verena Becker, Sieglinde Hofmann, Stefan Wisniewski und Rolf Clemens Wagner eine militärische Ausbildung in einem Camp der PFLP-SC (Popular Front for the Liberation of Palestine – Special Command). Gemeinsames Feindbild der Revolutionäre aus Deutschland und Palästina: der amerikanische Imperialismus. Peter-Jürgen Boock, einer der späteren Schleyer-Entführer, schrieb: »Dass die Splittergruppen, die sich nach dem gescheiterten Anschlag in Stockholm in Norddeutschland, im Rhein-Main-Gebiet, im Raum Heidelberg und in Karlsruhe gebildet hatten, trotzdem in Aden zusammengekommen waren, war von den in Stammheim inhaftierten Gründungsmitgliedern der RAF initiiert worden. Sie hatten einen Anwalt aus Heidelberg davon überzeugt, die verstreuten Grüppchen zu sammeln und zu einer neuen, handlungsfähigen Stadtguerilla zu formieren.«[364] Genauer: Andreas Baader hatte Siegfried Haag davon überzeugt, dass er rausgeholt werden müsse. Knapp zwei Wochen nach Haags Abtauchen beginnt der Stammheimer Prozess. Und Andreas Baader ist ohne Wahlverteidiger, denn der ist ja abgetaucht, »um wichtigere Aufgaben zu übernehmen«.

Wie wird der Prozess laufen? Wird es dem Rechtsstaat gelingen, sich liberal und souverän zu zeigen? Nach den Eskalationen der Vergangenheit war davon nicht unbedingt auszugehen. Welche Rolle werden die Verteidiger spielen? Für die Angeklagten ist ihre Rolle klar. Andreas Baader hatte schon ein Jahr zuvor erklärt: »Die Gefangenen bestimmen, und zwar kollektiv (…) über die Prozessstrategie. (…) Wenn die Gefangenen es für richtig halten, legen die Verteidiger demonstrativ die Verteidigung im Prozess nieder, auch wenn das bedeutet, dass ihnen die Kosten aufgehängt werden.«[365] Man sei entschlossen, so die Gefangenen später im Prozess, »alle rauszuschmeißen, die sich weigern, den kampf zu führen«.[366] Werden sich die Anwälte das gefallen lassen? Und welche Rolle wird der Angeklagte Baader im Besonderen spielen? Er ist jedenfalls nicht bereit, sich an die Regeln eines Strafverfahrens zu halten. »Revolutionäre Politik« sei »nicht justiziabel«, wird er am 29. Verhandlungstag erklären.[367] Sein Interesse: den Prozess »umdrehen« und ihn zu seiner Bühne machen.[368] Der Guerillakrieg soll im Gerichtssaal weitergeführt werden: als Krieg der Worte. »Der schlüssel ist krieg – nicht die freuden des guerilladaseins«, schreibt er am Tag vor dem Beginn der Hauptverhandlung in seiner Zelle. Dieser Kampf sei auch Leiden, »zu dem man fähig wird«. Es geht schließlich um eine neue Gesellschaft. In demselben Kassiber heißt es: »Wir haben gesagt, im langdauernden krieg bildet sich die neue gesellschaft (um die guerillaarmee + schliesslich die reguläre armee) um die revolutionäre partei, ihre werte, ihren neuen menschen – während der das alte (…) zerrüttet + schliesslich zerstört, besiegt, schlägt, aufhebt. nichts sonst.«[369]

Vor Gericht

Andreas Baader vor Gericht

Es ist ein sonniger Morgen. Um halb sieben warten schon 30 Schaulustige vor den Toren des Geländes. Das Gebäude ist von einem zweieinhalb Meter hohen Stacheldrahtzaun umgeben. Über das flache Dach ist ein Stahlnetz gespannt, das vor Sprengkörpern aus der Luft schützen soll. Der Luftraum über dem Areal ist gesperrt. Reiter der Polizei patrouillieren, mehrere hundert Polizisten säumen den 150 Meter langen Weg vom Gefängnis zu der für den Prozess erbauten Mehrzweckhalle.

An diesem 21. Mai 1975 beginnt das Verfahren gegen Andreas Baader, Gudrun Ensslin, Ulrike Meinhof und Jan-Carl Raspe. Die Anklageschrift umfasst 354 Seiten. Es geht um Mord, versuchten Mord, Sprengstoffanschläge, Bildung einer kriminellen Vereinigung, Bankraub. Im Zentrum der Anklage stehen die sechs Bombenanschläge im Mai 1972. Das von der Anklage vorgelegte Material füllt 160 Leitz-Ordner, die Richter und Anwälte bis zu diesem Tag durchzuarbeiten hatten. Die fünf Richter stehen seit Monaten unter Polizeischutz. Es wird ein Prozess der Superlative: 997 Zeugen und 80 Sachverständige werden gehört werden, rund 40 000 sogenannte Asservate (Schlüssel, Papiere, Waffen etc.) untermauern die Anklage. Der Prozess wird sich über fast zwei Jahre hinziehen und ein Wortprotokoll hinterlassen, das 13 939 Seiten füllt.

Am Eingang des Gebäudes werden Anwälte, Journalisten und Zuschauer einer Leibesvisitation unterzogen. Selbst Kugelschreiber müssen abgegeben werden. Der Gerichtssaal hat die Atmosphäre einer Gesamtschulaula: gelbe Plastikschalensitze für das Publikum, weiße Resopaltische, Neonlicht – Funktionalität pur. Hinter dem Richtertisch prangt das Baden-Württembergische Landeswappen. Kurz nach neun werden die Angeklagten hereingeführt. Andreas Baader (32) sieht blass aus. Er trägt einen dunkelgrünen Pullover, eine braune Cordhose und Turnschuhe. »Die Sitzung ist eröffnet«, verkündet der Vorsitzende Richter Dr. Theo Prinzing. Er nennt die Namen der anwesenden Verteidiger. Zusätzlich zu den Wahlverteidigern hat das Gericht eine Reihe von Pflichtverteidigern aufgeboten, die im Falle des Ausscheidens eines Wahlverteidigers den Fortgang des Prozesses gewährleisten sollen.

Protest. Ulrike Meinhof meldet sich zu Wort: »Sie sind uns aufgezwungen worden, Staatsschutzverteidiger, die sich in einem Abhängigkeitsverhältnis von der Bundesanwaltschaft befinden.«[370] Wenig später moniert sie die Schaltung der Mikrofonanlage. Baader springt ihr bei: »Es ist festzustellen, dass die Mikrofone so geschaltet sind, dass sie auch die Kommunikation zwischen den Verteidigern und den Gefangenen aufnehmen, sozusagen die nicht öffentliche.« Prinzing will davon nichts wissen. Baader insistiert. Die Schalter der Mikrofone auf der Anklagebank seien zugeklebt worden. »Die Einrichtung ist wirklich perfekt.« Im Übrigen habe jemand »Kopf ab« neben sein Mikrofon geschrieben. »Was war mit dem Kopf?«, fragt Prinzing. »Ich habe gerade entdeckt, dass jemand neben das Mikrofon geschrieben hat ›Kopf ab‹. Was fällt Ihnen dazu ein?« »Das ist mir zu dunkel, dieser Sinn, ich weiß nicht, was Sie damit wollen«, entgegnet der Vorsitzende.

Ein ehrgeiziger Richter und ein respektloser Angeklagter

Dass ausgerechnet Dr. Theo Prinzing den Vorsitz hat, ist ein Problem. Denn Prinzing war für die Haftbedingungen von Holger Meins verantwortlich gewesen. Für den ausgeschlossenen Klaus Croissant und das Stuttgarter Folterkomitee war Prinzing ein Mörder. Sein Image in der linken Szene war denkbar schlecht. Der Name Prinzing war darum von Anfang an eine ideale Projektionsfläche für jede Art von Faschismusverdacht. Dabei hatte sich Theo Prinzing in zwei großen NS-Verfahren als kompetenter Richter profiliert. Werner Birkenmaier, der damals für die ›Stuttgarter Zeitung‹ über das Verfahren berichtete, charakterisiert Prinzing als »durch und durch redlichen Mann«.[371] Aber zugleich eben auch als »der Typ des Richters einer früheren Generation«. Birkenmaier im Rückblick: »Der Prozess lief nicht sehr gut, weil der Vorsitzende meinte, er müsste da eine bestimmte Rolle spielen. Seine Auffassung war: Was diesen Richtern in Berlin [im Zusammenhang mit dem Prozess gegen Horst Mahler, Anm. d. Verf.] nicht gelingt, die mit so einem Mann wie Schily nicht fertig werden, das werden wir hier schon schaffen. Er meinte, er könnte diesen Herren mal beibringen, was eine ordentliche württembergische Justiz ist. Und diese Rechnung ist nicht aufgegangen.« Damit habe sich Prinzing gründlich verkalkuliert. Denn solchen Angeklagten wie Andreas Baader und solchen Verteidigern wie Otto Schily war Prinzing in seinem bisherigen Richterleben noch nicht begegnet. Wenn man Birkenmaier zuhört, gewinnt man den Eindruck, dass der Prozess in juristischer Hinsicht vor allem ein Duell zwischen Schily und Prinzing war. »Schily ist der ganz wunde Punkt in den Erinnerungen des Herrn Prinzing. Nur hatte der Schily natürlich eine Fähigkeit, die ich an ihm in Berlin schon sehr bewunderte, eine ruhige, schneidende Art, die Fähigkeit, die Dinge auf den Punkt zu bringen. Er gehörte ja auch nicht zu denen, die wie Ströbele und Croissant über die Linie gegangen waren.«

Schily ging es vor allem um ein faires Verfahren. Er erklärt gleich am ersten Tag, sich an die Prozessordnung halten zu wollen. Schily ist derjenige, der die Rechtsstaatlichkeit seiner Position am stärksten betont und damit auch in der größten Spannung zu den Interessen der Angeklagten steht, die vom Rechtsstaat nichts halten und von den Anwälten verlangen, den Gerichtssaal zur Propagandabühne für ihren Kampf zu machen. Schützenhilfe erhalten sie dabei von den Anti-Folter-Komitees und der »Roten Hilfe«. In dieser Szene wartete man nur darauf, der »Klassenjustiz« die Maske vom Gesicht reißen zu können. Der Prozess sollte zu einem öffentlichen Showdown zwischen der radikalen Linken und dem Staat gemacht werden. Der Staat hatte seinerseits polizeilich und juristisch aufgerüstet und wollte schnell zu einem möglichst revisionssicheren Urteil kommen. Für die radikale Linke hatte er durch seine im Dezember beschlossenen Gesetzesänderungen (bald nur »Lex RAF« genannt) und die darauf basierende Suspendierung von Croissant, Ströbele und Groenewold seinen faschistoiden Charakter erneut unter Beweis gestellt. Die

Medien blickten mit kritischen Augen auf das Verfahren. Denn das Misstrauen im Blick auf Kontinuitäten zwischen NS-Vergangenheit und bundesrepublikanischer Gegenwart war damals gerade gegenüber der Justiz groß. Wie würde eine Justiz mit dieser Vergangenheit mit linken Terroristen umgehen? Wenn man sich diese Konstellationen vor Augen hält, wird schnell deutlich: der Prozess stand unter Hochspannung. Hinzu kam die Volksmeinung, die sich zum Teil auf drastische Weise artikulierte: so erhielten die Angeklagten im Verlauf des Prozesses anonyme Briefe mit beigelegten Kälberstricken und der Aufforderung, sich umzubringen.

Doch der Angeklagte Baader ist alles andere als lebensmüde. Einen ersten Vorgeschmack auf seine Art und Weise, im Prozess aufzutreten, erhält das Publikum am dritten Verhandlungstag, dem 10. Juni 1975. Andreas Baader hatte immer noch keinen Verteidiger seiner Wahl. Das Gericht wies ihn auf die Pflichtverteidiger hin. Baader darauf: »Dazu habe ich festzustellen und nochmals festzustellen, dass diese Verteidiger dort drüben mich nicht verteidigen können. Mich nicht vertreten, mit mir nie gesprochen haben und mich auch nie sprechen werden.«[372] Marieluise Becker stellt einen Antrag auf Entpflichtung der »Zwangsverteidiger«. Prinzing fordert den Pflichtverteidiger Karl-Heinz Linke zu einer Stellungnahme auf. Baader fällt ihm ins Wort, schreit ihn an: »Halt die Schnauze, Linke!«[373] Prinzing: »Herr Baader, noch ein paar solche Bemerkungen, und das würde zu Maßnahmen zwingen, die wir gar nicht wünschen. Wir wollen ja, dass Sie hier bei der Verhandlung dabei sind.« Nun eskaliert ein Wortwechsel zwischen Gudrun Ensslin und ihrem Pflichtverteidiger Manfred Künzel. Baader brüllt dazwischen: »Sie haben einfach die Fresse zu halten!« »Herr Baader, ich glaube nicht, dass Sie im Augenblick das Wort haben«, schaltet sich Prinzing ein. »Herr Baader, mit Ihnen unterhalte ich mich im Augenblick doch gar nicht«, ruft Künzel. Der Disput artet in ein allgemeines Durcheinanderschreien aus, an dem nun auch das Saalpublikum teilnimmt. Schily schlägt eine Pause vor, Prinzing ringt um seine Fassung. Man wird wohl sagen können: In keinem Prozess der deutschen Rechtsgeschichte bis heute wurde so viel gebrüllt wie in Stammheim.

Über seinen Eindruck von Andreas Baader schreibt Hanno Kühnert nach drei Prozesstagen in der ›Süddeutschen Zeitung‹: »immer präsent, aufmerksam und zeigt sich über den Gang des Prozesses voll informiert. (…) Ein schmaler, blasser, junger Mann, keineswegs unsympathisch aussehend, oft maliziös lächelnd. Sarkastisch ist er häufig, etwa, wenn er mit interessiertem Lächeln beobachtet, wie Gudrun Ensslins Handschelle klemmt und sich minutenlang nicht aufschließen lässt, oder wenn er zum Vorsitzenden über einen Ersatzverteidiger sagt: ›Ich stelle fest, einer dieser qualifizierten Verteidiger war wohl gerade eingeschlafen. Ja, man kann das beobachten.‹« Kühnert resümiert: »Dieser Angeklagte, der eine dünne Nickelbrille aufsetzt, wenn er Schriftstücke liest, kommt sich – das ist deutlich zu spüren – als entwaffneter Stadtguerillero vor. Der Gedanke, dass sein Leben vielleicht falsch gelaufen sein könnte, scheint ihm noch keine Sekunde gekommen zu sein.«[374]

Am vierten Verhandlungstag (11. Juni 1975) hat Andreas Baader endlich einen Verteidiger seiner Wahl in Aussicht. Der Darmstädter Anwalt Dr. Hans Heinz Heldmann (46), Vorstandsmitglied der »Humanistischen Union«, Mitarbeiter von »Amnesty International«, hatte erklärt, das Mandat übernehmen zu wollen.

Um 15.30 Uhr erklärt Schily, dass die Angeklagten nicht mehr verhandlungsfähig seien. Bundesanwalt Wunder unterstellt Schily Prozessverschleppung. Heldmann: »Sehen Sie sich die Angeklagten doch bitte einmal etwas näher an, in welchem erbarmungswürdigen Zustand sie sich befinden nach drei Jahren Isolierungshaft.«[375] Als das Gericht die Unterbrechung ablehnt, packen Schily und von Plottnitz ihre Sachen und verlassen demonstrativ den Saal.

Der Zustand des Angeklagten

Die Frage der Verhandlungsfähigkeit und der Haftbedingungen wird von nun an bis in den Herbst hinein zum bestimmenden Thema des Prozesses werden. Am fünften Verhandlungstag versucht Prinzing, die Frage mit Hilfe des Gefängnisarztes

Dr. Henck zu klären. Er wird extra aus dem Urlaub mit einem Hubschrauber eingeflogen. Als Henck am Ende einer langwierigen Befragung die Verhandlungsfähigkeit der Angeklagten feststellt, wollen Baader und Raspe den Gerichtssaal verlassen. Darauf Prinzing: »Herr Baader und Herr Raspe, ob Sie rausgehen, können Sie nicht bestimmen. Sie wissen ganz genau, wie die Mittel sind, Sie müssen halt entsprechend gestört haben.«[376] Andreas Baader: »Was wollen Sie denn, dass wir hier Krach machen sollen?« Baader steht auf. »Es stört mich nicht, wenn Sie hier stehen«, sagt Prinzing. Baader wirft krachend einen Gegenstand auf sein Sprechpult. Dann schreit er: »Verdammt noch mal, ich will raus hier!« Bundesanwalt Widera fragt: »Herr Baader, gefallen Sie sich in dieser Rolle?« Die Angeklagten schreien unverständlich durcheinander und bezeichnen die Pflichtverteidiger als »Arschlöcher«, als sich einer von ihnen einmischen will. Baader: »Sie sind doch wirklich ein Schwein, Prinzing, Sie sehen doch, in was für einem Zustand wir hier sind.« Wenig später werden die Angeklagten abgeführt.

Verantwortlich für ihren Zustand, so die Angeklagten, sei die Isolationsfolter der Haftbedingungen. Von Isolation, so die Bundesanwaltschaft im Gegenzug, könne keine Rede sein. Jedenfalls nicht untereinander. Von den übrigen Insassen der Haftanstalt müssten die Angeklagten jedoch aufgrund ihrer Gefährlichkeit nach wie vor isoliert werden. Andreas Baader antwortet am 17. Verhandlungstag auf diese Argumentation der Bundesanwaltschaft: »Wir waren bis auf einen kurzen Zeitraum während des Hungerstreiks, in dem je zwei von uns ein paar Stunden am Tag miteinander sprechen konnten, in den letzten drei Jahren vollständig innerhalb des Gefängnisses isoliert. Ulrike fast ein Jahr in einem toten Trakt, also einem schalltoten Trakt innerhalb des Gefängnisses. (…) Wenn Zeis dagegen anbringt, wir könnten – zum Beispiel Jan und ich – durch einen ein Zentimeter breiten Schlitz oben in der Tür Sprechkontakt haben, also in einem geschlossenen System als einzige soziale Interaktion, als einzige soziale Wahrnehmung überhaupt über Monate nur eine Stimme, dann sagt er doch wirklich alles über sich. Immer wenn da gesprochen wird, steht jemand vor der Tür und schreibt mit, oder die Gespräche werden aufgenommen und ausgewertet. Ich will sagen, das sind Haftbedingungen, wie sie in dieser Dauer und Härte nicht mal der Staatsschutz des Dritten Reiches, in dessen Tradition die Bundesanwaltschaft hier sitzt und argumentiert, verfügen konnte.«[377] »Herr Baader, das geht eindeutig zu weit.« Prinzing entzieht Baader das Wort, wegen mangelnden Respekts gegenüber dem Gericht.

Am 23. Verhandlungstag war das Verfahren immer noch nicht zur Vernehmung zur Person vorgedrungen. Andreas Baader holt zu einem neuen Ablehnungsantrag gegenüber dem Richtersenat aus.[378] Er zitiert den Innenminister von Rheinland-Pfalz. Der hatte gesagt: »Die Grundregel des Terrorismus ist, möglichst viele Menschen zu töten. Lähmendes Entsetzen, das ist der Gefühlszustand, den Terroristen offenbar bei immer mehr Menschen in der ganzen Welt herstellen wollen.« »Ich würde sagen«, fährt Baader fort, »das ist die präzise Definition von Israels Politik gegen die palästinensische Befreiungsbewegung, das ist die präzise Definition der Vietnam-Politik der USA bis zu ihrer Niederlage.« Baader kommt schließlich über die toten Trakts (die erste Hafterfahrung von Ulrike Meinhof war längst zum Mantra der Foltervorwürfe geworden) auf die Bundesanwaltschaft zu sprechen: »Was der Generalbundesanwalt Buback macht, ist, exakt definiert, Terrorismus, staatlicher Terrorismus. Also der Terrorist Buback ….« »Herr Baader«, interveniert Prinzing, »jetzt entziehe ich Ihnen das Wort. Wenn Sie dem Generalbundesanwalt vorwerfen wollen, er betreibe staatlichen Terrorismus, dann geht es über das hinaus, was wir….« Baader will etwas sagen, aber Prinzing stellt ihm das Mikrofon ab. Nach einem weiteren Disput stehen die Angeklagten auf und wollen den Saal verlassen. Prinzing: »Sie haben kein Recht, die Hauptverhandlung zu verlassen!« Baader: »Sie lassen uns nicht einmal die Begründung von Ablehnungsanträgen bringen, das heißt, unsere Anwesenheit ist vollkommen funktionslos. Sie berauben uns wirklich unserer elementarsten letzten Rechte.« »Du Pfeife, du!«, schreit ein Zuhörer in die Richtung des Vorsitzenden. Prinzing schaltet Baader erneut das Mikrofon ab. Der spricht ohne Verstärkung weiter: »Sie sind der Herr der Mikrofone, das mag ja sein. Aber der Herr des Verfahrens sind Sie deswegen noch lange nicht.«

Damit hatte Andreas Baader etwas Wahres gesagt. Wie wenig Prinzing das Verfahren im Griff hatte, sollte sich am folgenden 26. Verhandlungstag erneut zeigen.

»Sie sollen sich setzen und geordnet teilnehmen!«

Die von der Verteidigung in der Diskussion um die Verhandlungsfähigkeit der Angeklagten geforderte vertrauensärztliche Untersuchung hatte noch nicht stattgefunden. Bis zur Vorlage eines entsprechenden ärztlichen Gutachtens wollten die Verteidiger darum dem Verfahren fernbleiben. Das erklärten sie am 26. Verhandlungstag, packten ihre Akten zusammen und verließen den Saal.[379] Prinzing: »Herr Rechtsanwalt Heldmann verlässt den Saal. Die Angeklagten stehen. Was soll das bedeuten?« »Dass Sie uns ausschließen sollen!«, ruft Jan-Carl Raspe. »Ganz richtig, ja, ja«, fügt Andreas Baader hinzu. »Sie sollen sich setzen!«, ruft der Vorsitzende. »Nein, wir werden nicht weiter an der Verhandlung teilnehmen«, kontert Baader. Die Angeklagten bemühen sich, den Sachverhalt der Störung zu erfüllen, um ausgeschlossen zu werden. Baader drängt: »Mach schon, alter Affe!« Prinzing berät sich mit seinen Richterkollegen und schließt die Angeklagten aus. Wenig später muss er sie wieder vorführen lassen. »Notfalls mit Gewalt, das lässt sich nicht umgehen.« Die Vernehmung zur Person steht nun endgültig an. Nacheinander werden Jan-Carl Raspe und Ulrike Meinhof wieder in den Gerichtssaal gebracht und aufgrund von Beleidigungen des Gerichts sogleich wieder von der Verhandlung ausgeschlossen. Schließlich wird auch Andreas Baader hereingeführt. Er weigert sich, Platz zu nehmen. Der folgende Dialog zwischen Prinzing und Baader rechtfertigt eine etwas längere Zitation aus dem Wortprotokoll.[380]

»Herr Baader, ich bitte Sie nochmals, nehmen Sie Platz und bleiben Sie im Sitzungssaal.«

»Ich nehme nicht Platz, schließen Sie mich....«

»Dann müssen Sie eben der Verhandlung im Stehen folgen.«

»Nein, jetzt schließen Sie mich doch gefälligst aus!«

»Herr Baader, das ist doch keine Frage Ihres Wunsches.«

»Dann legen Sie doch bitte mal einen Katalog von Störungen fest. Oder muss ich Sie erst mal beschimpfen? Das fällt mir sehr schwer. (…) Das heißt, Sie wollen mich zwingen, hier zu bleiben?«

»Ich muss Sie zwingen, nicht, ich will Sie zwingen, sondern Sie sind verpflichtet, hier zu bleiben.«

»Na, was erwarten Sie, wollen Sie Beschimpfungen provozieren, oder was?«

»Ich will gar nichts provozieren. Mir ist sympathischer, wenn Sie keine Beschimpfungen aussprechen.«

»Na ja, dann schließen Sie mich doch aus. Ich sage Ihnen, ich werde ….«

»Das ist keine Frage Ihres Wunsches und keine Frage unseres Wollens.«

»Ich werde die Verhandlung stören. Das ist doch ein ganz dreckiges Manöver, was Sie hier machen.«

»Das ist kein dreckiges Manöver. Es legt mir die Prozessordnung die Pflicht auf, mich so zu verhalten, wie ich es tue.«

»Ja, was wollen Sie? Wollen Sie unbedingt, dass es hier zu physischer Gewalt kommt, oder was?«

»Sie sollen sich setzen und geordnet teilnehmen.«

»Das, was Sie provozieren …, ich werde mich nicht setzen, ich werde nicht geordnet an der Verhandlung teilnehmen.«

»Gut, dann müssen Sie eben im Stehen an der Verhandlung teilnehmen.«

»Na ja, das ist doch ein ganz dreckiger, ein ganz dreckiger Versuch hier. Sie haben die anderen beiden auch ausgeschlossen, und Sie werden mich auch ausschließen müssen.«

»Herr Baader, wenn Sie in dieser Weise fortfahren, von dreckigen Versuchen zu sprechen, außerdem durch Ihr Stehen und so weiter die Verhandlung zu stören ….«

»Es ist eine dreckige Manipulation, dass Sie mich hier zwingen, verdammt noch mal, fünf Minuten lang darauf zu beharren, dass Sie mich endlich ausschließen. Ich will hier raus, sehr einfach.«

»Es ist keine Frage Ihres persönlichen Wunsches. Sie haben die Pflicht, als Angeklagter hier zu bleiben.«

»Na schön, dann machen Sie eben diese lächerliche Prozedur. Ich werde stören, so lange ich hier drin bin.«

»Bis jetzt stören Sie noch nicht«, stellt Dr. Prinzing fest.

»Na ja, ich weise Sie darauf hin, Prinzing, dass Sie mich jetzt ausschließen werden, sonst sehe ich mich gezwungen, Sie zu beschimpfen.«

»Herr Baader«, rief der Vorsitzende.

»Ja, wollen Sie es unbedingt hören? Also, Sie können das hören, Sie können das in verschiedener Form haben.«

»Ich will es nicht hören.«

»Na ja, Sie können auch von mir hören, dass Sie ein faschistisches Arschloch sind.«

In diesem Augenblick wird Gudrun Ensslin in den Sitzungssaal geführt.

Prinzing: »Aha, ein faschistisches Arschloch.«

»Schließen Sie mich jetzt aus?«, fragt Baader.

»Und mich gleich mit, altes Schwein!«, ergänzt Gudrun Ensslin.

Der Vorsitzende will etwas sagen, doch Baader unterbricht ihn. »Ich stelle noch einmal ausdrücklich fest, Prinzing, Sie sind ein faschistisches, altes Arschloch!« Prinzing ordnet an, dass Baader das Mikrofon abgestellt wird.

»Wir sind nicht verteidigungsfähig, insofern werden wir nicht teilnehmen, alte Sau!«, sagt Gudrun Ensslin.

»Sie haben gestört. Ich habe vernommen, Sie haben mich, glaube ich, eine ›alte Sau‹ genannt, habe ich das richtig gehört? Oder täusche ich mich? Ich möchte das festgestellt haben, trifft es zu? Und, Herr Baader, Sie haben mich ein ›faschistisches Arschloch‹ geheißen.« Dann fragt Dr. Prinzing Gudrun Ensslin, ob sie sich zur Person äußern wolle. »Altes Schwein!«, lautet ihre Antwort.

Die Angeklagten werden wieder ausgeschlossen. Die Anhörung zur Person hatte sich damit erledigt. Man kam zur Verlesung der Anklage.

Ein Richter erinnert sich

Was mag Theo Prinzing heute über diesen Angeklagten denken, der ihn damals, am 19. August 1975, als »faschistisches Arschloch« beschimpfte? Wie denkt der inzwischen 79-Jährige generell über seine damalige Rolle und den Stammheimer Prozess? Würde er überhaupt bereit sein, mit mir zu sprechen? Ich treffe ihn an einem Freitagvormittag in der Cafeteria der Württembergischen Landesbibliothek Stuttgart. Freitag und Mittwoch seien immer seine Bibliothekstage, hatte er mich schon am Telefon wissen lassen. Er treibt dann archäologische Studien. Sein besonderes Interesse gilt der Römerzeit. Die Landesbibliothek ist in einem Beton-Glas-Bau untergebracht, Baujahr 1970. Prinzing sitzt ganz hinten vor der gläsernen Fensterfront der Cafeteria allein an einem Tisch, ein freundlicher älterer Herr, recht klein und schmal. Auf den zweiten Blick vermitteln die Gesichtszüge eine gewisse Strenge, etwas Soldatisches. Oder sind das Projektionen, genährt von den Medienbildern eines Mannes, der während des Verfahrens als der Freissler Stammheims bezeichnet worden war und den linke Medien ganz ähnlich beurteilten wie Andreas Baader, ohne es jedoch in Baaders Worten zum Ausdruck zu bringen?

Prinzing hat sich erst vor kurzem dazu durchgerungen, noch einmal über Stammheim zu reden. Seine Erinnerungen an Baader scheinen frei von Ressentiments. »Ich glaube«, sagt Prinzing, »Andreas Baader war viel intelligenter, als es sein Werdegang ausdrückt. Im Blick auf den Prozess in Stammheim kann ich sagen: Es gab keine Zweifel an seiner Führungsrolle in der Gruppe. Er war eindeutig derjenige, der das letzte Wort hatte. Zusammen mit Gudrun Ensslin gab er die Richtung vor. Dabei hat sich die Ensslin dem Baader untergeordnet. Ich glaube übrigens, der Baader wäre ein guter Soldat geworden. Ich glaube nicht, dass er feige war. Sein Lebensweg erinnert ein wenig an den Hitlers: die Erfolglosigkeit, die Kunst und dann die Möglichkeit, innerhalb einer Bewegung eine Rolle zu spielen.«[381] Und in dieser seiner speziellen Rolle sei Baader dann aufgegangen, darin habe er für sich einen Sinn und eine Identität finden können. Für den Prozess wählt Prinzing ein sprechendes Bild: »Die ersten Tage der Verhandlung begannen mit einem Geplänkel wie bei einem Boxkampf, bei dem man sich austestet.« Prinzing, der Richtersenat und die Bundesanwaltschaft gegen Baader, seine Führungscrew und ihre Verteidigung. Ring frei für 192 Verhandlungstage in wechselnder Besetzung. Das Bild des Boxkampfes scheint mir sowohl seine eigene Herangehensweise wie auch den Fortgang des Prozesses gut zu charakterisieren. Der Hauptgegner für Prinzing war dabei die Verteidigung. Aber er nahm auch wahr, dass Baader im Hintergrund die Fäden zog. »Die Verteidiger verfolgten das Konzept der politischen Verteidigung. Das entsprach Baaders Forderung.« Schily habe sich jedoch nicht zu Baaders Lakaien machen lassen, habe immer Grenzen gezogen. Schily, so wird deutlich, war Prinzings Hauptgegner – ganz so, wie der Journalist Werner Birkenmaier es mir gegenüber schon dargestellt hatte. »Ich habe von ihm die meisten Gemeinheiten hinnehmen müssen. Aber er gehörte zum Prozess. Deswegen habe ich den von der Bundesanwaltschaft gestellten Ausschlussanträgen nie stattgegeben.«

So musste Theo Prinzing weiterhin mit Otto Schily leben, bis zu seinem eigenen Knock-out durch einen von Heldmann und Schily gestellten Befangenheitsantrag, der ihn am 174. Verhandlungstag den Vorsitz kosten wird. Prinzing schreibt diesen »linken Haken« in seiner Erinnerung allein Schily zu – was in gewisser Weise auch zutrifft. Denn es war Schily gewesen, der Prinzing mit seinen zahllosen Anträgen und Interventionen an den Rand seiner Kräfte gebracht hatte. »Wenn mir damals jemand gesagt hätte«, fügt Prinzing hinzu, »dass Schily Innenminister und von Plottnitz einmal Justizminister werden würden, hätte ich ihn für verrückt erklärt.«

Doch zurück zu Baader und den Angeklagten. Warum, will ich wissen, hat man dem Vorwurf der Isolationsfolter damals von Seiten des Staates und der Justiz nicht mehr entgegengesetzt? »Man hat wohl weder in der Politik noch in der Justiz geglaubt, dass der Terrorismus sich so fortpflanzen würde. Man konnte sich nicht vorstellen, dass die Kampagnen zu den Haftbedingungen derart erfolgreich sein würden. Das war ja ein abgekartetes und professionelles Spiel. Dahinter stand Baaders planende Intelligenz. In Wahrheit haben wir am Ende Haftbedingungen geschaffen, die überstiegen jedes zuvor gesehene Maß an Liberalität – die Mediziner haben uns dazu gezwungen.« Der Prozess insgesamt sei eine »ununterbrochene Belastung« gewesen. Besonders problematisch sei die mediale Begleitung des Prozesses gewesen. »Das war furchtbar, zu erleben, wie ein Verfahren derart niedergeschrieben wird. Dabei haben wir uns mit allen Kräften darum bemüht, dass ja nichts schiefgeht.« Prinzing, seine vier Richterkollegen im Senat und die fünf Bundesanwälte. Darüber hinaus hätten um die 30 Rechtsanwälte innerhalb und außerhalb des Gerichtssaales bereitgestanden, »jeden aus Sicht der Angeklagten vorstellbaren Verstoß gegen ihre tatsächlichen, vermeintlichen oder behaupteten Rechte zu rügen«.

Mittags essen wir noch zusammen. Prinzing hat sich eine Hühnersuppe und ein Croissant zum Nachtisch geholt. Selbstbedienung. Ich kehre mit Maultaschen an den Tisch zurück. Das Gespräch nimmt alltägliche Wendungen. Seit einiger Zeit darf hier in der Cafeteria nicht mehr geraucht werden. Das stört Prinzing ein wenig. Die Zigarre nach dem Essen fehlt ihm schon. Er raucht seit seinem 16. Lebensjahr. Ihm selbst habe das Rauchen jedoch bis heute nicht geschadet. Aber er achte auch darauf, in Bewegung zu bleiben. Zwei Mal in der Woche unternimmt er mit seiner Frau zusammen ausgedehnte Wanderungen. Immer montags und donnerstags. Das sind die Wandertage der Woche. Ordnung hatte Prinzing schon in Stammheim großgeschrieben.

»Nur bedingt verhandlungsfähig«

Am 39. Prozesstag, dem 23. September 1975, lagen schließlich die Gutachten von vier medizinischen Sachverständigen vor, die das Gericht auf Druck der Verteidigung hatte anfertigen lassen. Die Gutachten der Medizinprofessoren Müller, Schröder, Mende und Rasch kamen zu dem übereinstimmenden Ergebnis, dass die Angeklagten nur bedingt verhandlungsfähig seien, nämlich höchstens drei bzw. vier Stunden täglich an nicht mehr als drei Tagen in der Woche. Ihr Allgemeinzustand sei »deutlich herabgesetzt« – so die Internisten Müller und Schröder. Über Andreas Baader schreibt der Berliner Psychiater Wilfried Rasch: »Im Gespräch am aktivsten von allen Angeklagten, wird im Verlauf des Gespräches zunehmend unkonzentriert, unpräziser im Ausdruck, zeigt Artikulationsstörungen.«[382] Die Internisten attestieren Baader etwa 23 Kilo Untergewicht als Folge des letzten Hungerstreiks und schätzen einen täglichen Zigarettenkonsum von zehn Zigaretten (bei Ulrike Meinhof 25).[383] Zur Verbesserung des Allgemeinzustandes der Angeklagten schlagen die Mediziner eine weitere Lockerung der Haftbedingungen vor.

Die hygienischen Bedingungen in Baaders Zelle verschlechtern sich derweil drastisch. In einer Mitteilung an seinen Vorgesetzten vom 26. September 1975 schreibt Horst Bubeck: »Die Zelle des Obengenannten [Baader] befindet sich in den letzten Tagen in einem unbeschreiblichen Zustand. Der gesamte Fußboden ist mit Lebensmitteln und sonstigen Gegenständen belegt. Von den diensthabenden Beamten wird zunehmend festgestellt, dass die zum Teil schon verdorbenen Lebensmittel von Eintagsfliegen befallen sind. Vorhalte von Aufsichtsbeamten werden nicht beachtet. Die Bediensteten haben gebeten, der Herr Anstaltsarzt möge bei nächster Gelegenheit den Gefangenen Baader auf diesen Zustand ansprechen.«[384]

Mit dem Ergebnis der Gutachten hatten Verteidiger und Angeklagte einen Etappensieg errungen. Aber die Antwort des Gerichts kam schon am 40. Verhandlungstag.[385] Prinzing verkündet gleich zum Auftakt: »Die Hauptverhandlung wird in Abwesenheit der Angeklagten fortgesetzt. Die Begründung: Die Angeklagten sind....« Doch der Richter kommt nicht weiter. »Ich stelle den Antrag, mir das Wort zu erteilen«, empört sich von Plottnitz. »Ich bitte, das Wort abzustellen. Hier hat niemand das Wort. Herr Rechtsanwalt, Sie haben, Sie haben jetzt nicht das Wort.« »Wir haben jetzt rechtliches Gehör«, schaltet sich Dr. Heldmann ein. »Sie haben kein rechtliches Gehör, denn Sie hatten es bereits, Sie hatten es bereits.« »Ich habe nicht einmal die Stellungnahme gehabt, du Schwein«, schimpft Andreas Baader. Prinzing verwarnt den Angeklagten und droht ihm mit Ausschluss. »Verwarn mich doch, altes Arschloch!«, brüllt Baader. Als der Disput weiter eskaliert und in ein allgemeines Durcheinanderschreien ausartet, läutet Prinzing zur Pause. Aber auch nach einer zehnminütigen Unterbrechung geht es gleich wieder hoch her. Der Vorsitzende wird beschimpft und schließt die Angeklagten nacheinander von der Verhandlung aus. Gudrun Ensslin: »Ich stelle fest, dass das hier ein Richter ist, dessen Beschäftigung es ist, die Reihen hier zu lichten.« Vor leerer Anklagebank verliest Theo

Prinzing schließlich die Begründung für den Ausschluss der Angeklagten. Er wendet dabei erstmals den neu geschaffenen Paragraphen 231a an, der es erlaubt, Angeklagte vom Prozess auszuschließen, wenn sie ihre Verhandlungsunfähigkeit selbst herbeigeführt haben. Er wertet den im Februar des Jahres beendeten Hungerstreik in diesem Sinne. Eine beschränkte Verhandlung komme nicht in Betracht, weil sie die Abwicklung des Prozesses in angemessener Zeit verhindere, allein die Vernehmung der Zeugen würde sich in diesem Fall über acht Jahre hinziehen. Prinzing schließt mit den Worten: »Der Senat hält die weitere Anwesenheit der Angeklagten nach dem derzeitigen Erkenntnisstand nicht für unerlässlich. Sie werden zur Hauptverhandlung wieder zugezogen, sobald sie verhandlungsfähig sind.« »Heil, Dr. Prinzing«, ruft daraufhin Rupert von Plottnitz in den Saal. Der Vorsitzende fragt nach: »Ist das zu Protokoll genommen, dass Herr von Plottnitz im Augenblick bemerkte ›Heil, Dr. Prinzing‹? Ich bitte, das zu protokollieren.«[386] »Das ist doch unglaublich, unglaublich«, empört sich Schily, »da haben Sie den Rechtsstaat wirklich ruiniert.«[387]

Prinzings Entscheidung wird später vom Bundesgerichtshof und vom Bundesverfassungsgericht bestätigt werden. Wie immer man diese Entscheidung beurteilt, zur Entspannung trägt Prinzings »Putsch« (Stefan Reinecke) jedenfalls nicht bei. Das Klima zwischen den Kontrahenten wird noch eisiger. Gerhard Mauz schrieb später im ›Spiegel‹: »Das Klima der Erbitterung und endlich des Hasses lässt sich nicht schildern. Die Atmosphäre war beispiellos. Zuletzt litten alle Verfahrensbeteiligten, den Eindruck musste man gewinnen, an der ›Stammheimer Krankheit‹, an dem Zwang, alles für möglich zu halten, sogar Gift im Kaffee.«[388]

Andreas Baader zieht aus der bisherigen Prozesserfahrung einmal mehr die Konsequenz: »die lösung ist – das muss ganz klar sein –, diese ganze scheisse, die formen nicht zu beachten (…) und die konfrontation nach deinem begriff der widersprüche zu entwickeln. es gibt hier keinen anwalt, der gegen das gericht ne dramaturgie entwickeln könnte, sie sind immer und ausschließlich (…) auf die verhandlung, die entscheidung, diese pappfiguren da oben bezogen.«[389] Baaders Missachtung der Formen führt schon im Kleinen zum permanenten Streit mit dem Vorsitzenden und beständig zu Szenen wie der folgenden:

Baader: »Ja, wir haben also da gehört vom Widera ….«

Prinzing: »Ich habe also das Wort ›Herr‹ auch bemerkt, das fehlt, aber wir sagten, in der direkten Ansprache, es ist die Ausdrucksweise.«

Baader: »Das fehlt hier seit jeher, und ich könnte auch wirklich mich nicht entschließen, Widera mit ›Herr‹ anzusprechen.«

Prinzing: »Herr Baader ….«

Baader: »… das ist eine Unzumutbarkeit.«

Prinzing: »… ab jetzt sage ich Ihnen, noch eine solche Ungehörigkeit, und Sie werden das Wort nicht weiter haben. Ich habe Ihnen gesagt, dass hier in diesem Gerichtssaal wird in der direkten Anrede das Wort ›Herr‹ verwendet. Im Übrigen …«

Baader: »Ich habe ihn doch nicht direkt angesprochen.«

Prinzing: »Brauchen Sie jetzt aus medizinischen Gründen einen Schluck Wasser, oder was ist das für ein Grund, das Glas zu heben?«

Von Plottnitz: »Was wäre dabei?«[390]

Der Starangeklagte, seine Verteidiger und seine Botschaften

Im Prozess war viel und wenig zugleich geschehen. Eigentlich hatte er noch gar nicht richtig begonnen. Am Anfang steht nämlich in der Regel die Erklärung der Angeklagten zur Sache. Dann folgt die Vernehmung der Zeugen. Beides geschah erst Anfang 1976, knapp acht Monate nach Verfahrensbeginn. Baaders neuer Anwalt Hans Heinz Heldmann hatte sich mittlerweile gut eingearbeitet und verstand sich prächtig mit seinem Mandanten. Ganz im Geiste Baaders und der RAF analysierte Heldmann das Verhalten von Staat und Justiz als »neuen Faschismus« und sprach im Blick auf Meins und Hausner von Hinrichtung bzw. Exekution.[391] Die Tatsache, dass das Gericht die Rede von »menschenvernichtender Isolationsfolter« als »agitatorische Verleumdung« bezeichnet hatte, wertete Heldmann als Eingeständnis dafür, »dass politische Gefangene in der BRD, die gegen die Gewalt des imperialistischen Staates revolutionäre Gegengewalt anwenden, durch Isolationsfolter als politische Subjekte vernichtet werden dürfen«.[392] Die Bundesrepublik sei damit der erste Staat, der Folter für rechtmäßig erkläre. Heldmann war den RAF-Positionen ohne Zweifel näher als von Plottnitz und Schily, die Raspe und Ensslin vertraten. Zu dritt dominierten sie das Stammheimer Verteidigungsgeschehen: Heldmann, der Intellektuelle, der mit leiser Stimme sprach, von Plottnitz, der in italienischen Anzügen mit selbstbewusster Eleganz Daherkommende und Schily, der immer einen kühlen Kopf behielt und Prinzing mit seiner messerscharfen Argumentation zur Weißglut trieb. Das Verhältnis zwischen dem Staranwalt Schily und dem Starangeklagten Baader illustriert eine Episode aus dem Gerichtssaal. Schily steht in einer Verhandlungspause mit seiner Mandantin Gudrun Ensslin zusammen. Andreas Baader ruft: »Ey, Schily!« Nichts geschieht. Baader ruft ein zweites Mal: »Ey, Schily!« Daraufhin dreht sich der Anwalt langsam um, fixiert Baader mit stechendem Blick und sagt: »Herr Schily.«

Am 13. Januar 1976, dem 63. Verhandlungstag, können die Angeklagten nun endlich ihre Erklärung zur Sache abgeben. Sie umfasst 248 Seiten, eine Art gemeinschaftlicher Dissertationsarbeit zur Weltlage. Raspe betont allerdings, »dass die wesentlichen Bestimmungen von Andreas stammen, also ganz und gar nicht etwa von mir«.[393] Das Opus magnum gliedert sich in vier Kapitel, die von der globalen Perspektive (»Entwicklung des Weltsystems«) zum »Wir« des bewaffneten Kampfes voranschreiten. Der Text beginnt mit Che-Guevara-Zitaten über die Notwendigkeit der Zerstörung des Imperialismus. Man befinde sich in einem revolutionären Krieg des Weltproletariats gegen das imperialistische Kapital. »Wir haben uns entschlossen, diesen revolutionären Krieg in der Metropole des Imperialismus zu beginnen.«[394] Die politische Verantwortung für die Sprengstoffanschläge vom Mai 1972 wird übernommen, darüber hinaus aber nichts Konkretes zu den Vorwürfen der Anklage gesagt. Jegliche Gerichtsbarkeit wird abgelehnt. Man sei allein dem weltweiten antiimperialistischen Kampf verantwortlich. Es gehe bei der abgegebenen Erklärung nur darum, zu zeigen, dass das Stammheimer Verfahren selbst ein Teil dieses weltweiten Klassenkrieges ist. Sein erstes Opfer sei Holger Meins, und auch Andreas Baader habe die Bundesanwaltschaft schon versucht umzubringen. »Wir wissen, dass der Staatsschutz, Buback, diese Pläne, Andreas zu ermorden und Ulrike zu psychiatrisieren und durch einen Gehirneingriff zu kretinisieren – absolut nicht aufgegeben hat, sondern sie vom staatlichen Vernichtungsinteresse bestimmt und mit dem konzentrierten Hass der faschistischen Bourgeoisie entschlossen weiter verfolgt: die Realisierung ist für ihn lediglich eine Frage der politischen Opportunität.«[395]

Die der militärischen vorausgehende psychologische Kriegsführung habe aber nur erreicht, »dass der Name Baader heute für Rebellion, Insurrektion steht, dass die Propaganda des Staatsschutzes gegen uns diesen Namen für viele zu dem Beispiel gemacht hat, das Andreas für uns ist: Beispiel für – wie Mao sagt – ›die Politik ist der Kommandeur‹ und meint: proletarische Politik, die Politik der Besitzlosen, der Klasse«.[396] Freiheit sei nur im revolutionären Kampf möglich: »Außerhalb des Kampfes gibt es nichts – nur Entfremdung, Unterdrückung, Zerstörung, Tod. Nicht kämpfen (…) bedeutet, von der Gewalt dieses absolut destruktiven Systems niedergemacht, in die faschistische Hölle der Bourgeoisie geworfen zu werden, die die kapitalistische Welt nur noch ist. Sie interessiert uns nur als Ziel der revolutionären Gewalt, als Objekt der Zerstörung.«[397] Der Hass der Imperialisten sei so grenzenlos, weil sie die Entschlossenheit der Guerillakämpfer fürchteten und ihre Niederlage nur noch eine Frage der Zeit sei, eine Folge der Praxis, die da heißt: »revolutionäre Gewalt als die einzige Arbeit, der 24-Stunden-Job, die absolute Praxis. Weil wir zur Revolution entschlossen sind – zum Kampf, revolutionären Krieg und zum Sieg, der dem System von Ausbeutung und Unterdrückung, Folter und Terror, Faschismus, Barbarei und Vernichtung seine historische Grenze setzt.«[398] Die Angeklagten sehen sich ganz als aufrechte Kämpfer im Krieg gegen Faschismus und Barbarei. Die Verlesung ihrer Erklärung nimmt zwei volle Prozesstage in Anspruch. Eine Geduldsprobe, die schon am folgenden Tag eine professorale Fortsetzung findet.

An diesem 65. Prozesstag stellt der Düsseldorfer Rechtsprofessor Axel Azzola – er hat ein Mandat von Ulrike Meinhof –

einen Antrag, der an die Erklärung der Angeklagten anknüpft. »Die Erklärung meiner Mandantin zur Sache hat ergeben«, führt Azzola aus, »dass, selbst wenn man die Anklageschrift in allen Punkten als bewiesen annehmen würde, hieraus nichts anderes als ein Freispruch folgen kann, weil die in der Anklageschrift bezeichneten Taten im Kriege nicht strafbare Handlungen sind. Die Angeklagten befanden sich im Kriegszustand.«[399] Es handele sich um einen Krieg an der Seite weltweiter Befreiungsbewegungen gegen den weltweiten Imperialismus. Die Angeklagten sollten darum unverzüglich in die Kriegsgefangenschaft überführt werden. Als Azzola nach fast 40-minütigem Vortrag (»Herr Professor, ich bitte Sie, aber jetzt doch die Sache abzukürzen und nicht mehr so viele Zitate zu bringen«) zum Ende gekommen ist, verzeichnet das Protokoll (5685): »Gelächter auf der Bank der Bundesanwaltschaft.«

Schily und Heldmann kündigen gleichwohl an, ähnliche Anträge stellen zu wollen – sie kommen allerdings nie. Dass die beiden nicht gleich mitziehen und auch später nicht nachziehen, ist vor dem Hintergrund der generell geltenden Geschlossenheitsstrategie bemerkenswert und weist darauf hin, dass sie Azzolas Antrag nicht besonders überzeugend finden. Die Richter haben Azzola von Anfang an nicht ganz ernst genommen. Eberhard Foth, der zweite Vorsitzende des Richtersenats und Kollege von Theo Prinzing, erinnert sich: »Als der Azzola sich das erste Mal vorstellte, da habe ich zu Prinzing gesagt, wir müssen gleich mal in Düsseldorf nachfragen, ob das stimmt, ob der von dort kommt. Es gab ja auch mal den Hauptmann von Köpenick. So machte mir der doch einen etwas schillernden Eindruck, aber es hat sich bestätigt. Ich will ihm nichts Übles nachsagen, ich habe mich später auch mit ihm unterhalten. Aber er war schon eine bunte Blüte unter den Verteidigern.«[400] Azzolas Antrag wird noch am gleichen Tag abgelehnt. Er war von Azzola sicher ernst gemeint. Aber er war zugleich ein Instrument der politischen PR, ganz im Sinne der von den Gefangenen formulierten Strategie: »der versuch ist, anträge, weil die strafprozessordnung ihre Begründung erlaubt, zum vehikel politischer argumentation zu machen.«[401]

An den folgenden Verhandlungstagen können die ersten Zeugen vernommen werden, darunter der Metallbildner Dierk Hoff, der, angeblich für die Dreharbeiten zu einem Revolutionsfilm, Bombengehäuse für Baader und seine Leute gefertigt hatte. Die Angeklagten sind weitgehend abwesend, es interessiert sie nicht, die Aussagen der Zeugen zu hören, die die Leichenteile des in Heidelberg getöteten Clyde R. Bonner von einem Baum sammelten, die den in Frankfurt von Metallsplittern zersiebten Paul A. Bloomquist fanden und die seine vor Schmerzen schreienden Kollegen verarzten mussten. Der entwaffnete Guerillero wirft derweil mit Kaffeetassen und Plastiktellern nach den Vollzugsbeamten. So vermerkt der Beamte Waldemar Knebel am 9. Februar, dass Baader nach der Überreichung einer Verfügung geschrien habe: »›Wo ist das Schwein Nusser, diese Ratte!‹ Er nahm seine Kaffeetasse und warf sie in die Richtung, wo Herr VA Herrmann und ich saßen.«[402] Und in einer Stammheimer »Meldung« vom 6. April 1976 heißt es: »Bei der heutigen Mittagessen-Ausgabe im Mehrzweckgebäude an den Untersuchungsgefangenen Baader nahm dieser den mit Reis, Soße und Schaschlik gefüllten Plastikteller von mir entgegen und warf diesen unmittelbar neben mich an die Zellenwand. Durch herumspritzende Essensreste wurden mein Diensthemd und Diensthose ziemlich stark beschmutzt.«

Ulrike Meinhof erhängt sich

Am 106. Verhandlungstag, dem 4. Mai 1976, treten die Angeklagten nach einer längeren Pause zum ersten Mal wieder gemeinsam im Gerichtssaal auf. Ulrike Meinhof bleibt nur 15 Minuten. Dann geht sie und betritt den Saal nie wieder. Otto Schily, Heldmann und die übrigen Verteidiger hatten einen ganzen Stapel von Beweisanträgen mitgebracht. Im Mittelpunkt stand das Thema Vietnam. Schily beantragte, den früheren US-Präsidenten Nixon, den früheren US-Verteidigungsminister und den früheren Oberbefehlshaber der US-Streitkräfte in Vietnam als Zeugen vorzuladen und zu vernehmen.[403] Es sollte deutlich gemacht werden, dass der Vietnamkrieg ein Völkerrechtsverbrechen war und die RAF-Anschläge auf die in logistischer Hinsicht kriegswichtigen US-Stützpunkte in Frankfurt und Heidelberg im Rahmen des Nothilferechtes gesehen werden müssten. Die Angeklagten schließen sich den Anträgen an. Gudrun Ensslin übernimmt in ihrer Stellungnahme ausdrücklich die Verantwortung für drei Anschläge auf US-Einrichtungen, distanziert sich aber von dem Anschlag auf das Springer-Haus in Hamburg. Nach allem, was später ermittelt werden konnte, war Ulrike Meinhof federführend an dem Hamburger Anschlag beteiligt. Ensslins Distanzierung vom Hamburger Anschlag war zugleich eine öffentliche Distanzierung von Ulrike Meinhof.

Fünf Tage später, am 9. Mai 1976, öffnen die Beamten um 7.34 Uhr die Tür der Zelle 719. Am Gitter des linken Zellenfensters hängt Ulrike Marie Meinhof. Tot, erhängt mit einem Strick, den sie aus Streifen eines der blauweißen Anstaltshandtücher geknüpft hatte. Horst Bubeck erinnert sich: »Ich bin dann zu Raspe und zu Ensslin und zu Baader und hab denen das gesagt. Bei Raspe und Ensslin hat man gemerkt, dass sie betroffen waren. Als ich dann zu Baader kam, hat der noch geschlafen, hat dann so verschlafen aufgeschaut. Ich habe ihm gesagt: ›Heute Nacht hat sich die Frau Meinhof erhängt. Sie ist tot.‹ Da hat er mich nur angeschaut, hat nichts gesagt. Ist wieder runter und hat dann gleich wieder weitergepennt. Ich kann nicht sagen, der hat menschliche Regungen gezeigt.«[404] Die gerichtsmedizinische Untersuchung ergibt: Suizid durch Strangulierung, keine Fremdeinwirkung. Der Tod sei kurz nach zwei Uhr morgens eingetreten. Einen Tag später, am 10. Mai, kommt es zu Solidaritäts-Demonstrationen. Viele glauben, Ulrike Meinhof sei umgebracht worden. Zumindest: vom Staat in den Tod getrieben worden. Die Frankfurter Demonstration, an der auch der spätere Außenminister Joseph Martin Fischer (28) teilnimmt, eskaliert. Ein Molotow-Cocktail fliegt durch das offene Fenster eines Polizeiwagens, der sofort in Flammen aufgeht. Der 23-jährige Polizeiobermeister Jürgen Weber überlebt mit schweren Brandverletzungen.

Fast 25 Jahre später, im Januar 2001, will eine Journalistin beweisen, dass der Demonstrant Fischer etwas mit dem Molotow-Cocktail zu tun gehabt hat, der Jürgen Weber fast umgebracht hätte. Es ist Bettina Röhl, eine der beiden Zwillingstöchter von Ulrike Meinhof. Ihre Anschuldigungen in Verbindung mit dem Brandanschlag auf Jürgen Weber haben jedoch keine Konsequenzen. Bettina Röhl kann ihr Ziel, den Außenminister aus dem Amt zu jagen, nicht erreichen. Aber sie hat eine Menge Staub aufgewirbelt. Weil sie alles hasst, was mit 1968 zu tun hat. Und das hat wiederum mit ihrer Mutter zu tun. Mit Ulrike Marie Meinhof, die ihre Kinder verließ, um gegen den Staat zu kämpfen. Dass ihr dieses Verlassen der Kinder schwer auf der Seele gelastet hat, kann man vermuten, zumal, wenn man das Datum ihres Suizids bedenkt: Muttertag.

Am 11. Mai wird der Stammheimer Prozess fortgesetzt.[405] Prinzing verkündet die Einstellung des Verfahrens gegen Frau Meinhof infolge ihres Todes. »Die Verteidigeraufträge sind damit erledigt. Ich darf mich für Ihre Mitwirkung bedanken.« Heldmann beantragt eine zehntägige Unterbrechung der Verhandlung. Raspe sagt: »Wir glauben, dass Ulrike hingerichtet worden ist.« Prinzing rügt die Äußerung, Raspe darf dennoch fortfahren: »Hätte sich Ulrike entschlossen zu sterben, weil sie das als letzte Möglichkeit sah, sich revolutionäre Identität gegen die langsame Zerstörung des Willens in der Agonie der Isolation zu behaupten, hätte sie es uns gesagt, auf jeden Fall Andreas. So war diese Beziehung.« Später äußert sich auch Andreas Baader: »Es fällt mir ziemlich schwer, hier überhaupt noch etwas zu sagen.« Prinzing sind die dann folgenden Äußerungen zu allgemein, er erteile das Wort nur für einen Antrag. Baader: »Das ist nicht die Ebene vor diesem Gericht, vor diesem Rattenhaufen hier Anträge zu stellen.« Wegen Beleidigung des Gerichts wird Baader das Wort entzogen. Die Anträge auf Unterbrechung der Verhandlung werden abgelehnt.

Ulrike Meinhofs Selbstmord kam überraschend. Im Rückblick lassen sich jedoch eine ganze Reihe möglicher Motive benennen. Neben der Vermutung, dass Ulrike Meinhof zunehmend unter dem Irrsinn ihres Weges, dem Verlassen ihrer Töchter und möglicherweise auch unter einer fortbestehenden Hirnerkrankung gelitten hat, wird vor allem auf einen schon länger schwelenden Konflikt zwischen Gudrun Ensslin und Ulrike Meinhof verwiesen, der sich in diesem Frühjahr zugespitzt hatte und von dem verschiedene später aufgefundene Kassiber zeugen.[406] Andreas Baader kann die »wirre[n] schlachten« der beiden Frauen schon im Winter 1974 nicht nachvollziehen.[407] Ulrike Meinhof schreibt kurz vor ihrem Tod über Gudrun Ensslin: »Das ist nicht mystisch, wenn ich sage, ich halte das nicht mehr aus. Was ich nicht aushalte, ist, dass ich mich nicht wehren kann. Also, es laufen einfach ein Haufen Sachen durch, ich sage nichts, aber ich knalle an die Decke, über ihre Gemeinheit und Hinterhältigkeit.«[408]

Ulrike Meinhof wird am 15. Mai 1976 beerdigt.[409] Auf dem Friedhof der evangelischen Dreifaltigkeitskirchengemeinde in Berlin-Mariendorf sind über 4000 Menschen versammelt. Rote und schwarze Fahnen ragen aus der Menge. Auf Spruchbändern und Plakaten ist von »Mord« die Rede. Auch Gudrun Ensslin bemüht sich, den Tod Ulrike Meinhofs als Mord darzustellen. Sie schickt »briefe von u.« an Hans Heinz Heldmann.[410] Der soll ihren Inhalt in den Prozess einspeisen, soll alle psychologischen Erklärungen als Strategien entlarven, den staatlichen Mord an Ulrike Meinhof zu vertuschen.[411]

Am 121. Verhandlungstag hat die Verteidigung fünf Amerikaner mitgebracht, die über ihre frühere Tätigkeit für das amerikanische Militär aussagen sollen. Doch nachdem die Verteidigung die Beweisthemen erläutert hat, beantragt die Bundesanwaltschaft eine Ablehnung der Vernehmung. Sie könne nichts beitragen und diene allein der agitatorischen Selbstdarstellung der Angeklagten. Hans Heinz Heldmann protestiert: Es gehe um die Feststellung von Kriegsverbrechen, die vom Territorium der BRD ausgegangen seien und die ein Nothilfe- oder Widerstandsrecht rechtfertigten. Nach einigem Hin und Her versucht Otto Schily, es noch einmal auf den Punkt zu bringen: »Ich finde, es ist notwendig, noch einmal klar zu sagen, um was es geht: Dass mittels militärischer Einrichtungen hier auf dem Boden der Bundesrepublik Deutschland Völkermord vollzogen worden ist. Dieser Frage werden Sie nicht ausweichen können (…) Vielleicht ist es notwendig, einmal an Bilder zu erinnern, die hier über das Fernsehen gegangen sind, von den durch Napalm verbrannten Kindern, um auch sinnlich wahrnehmbar zu haben, um was es geht. Das sind die gleichen Bilder: das jüdische Kind im Ghetto, das mit erhobenen Händen auf SS-Leute zugeht, und die vietnamesischen Kinder, die schreiend, napalmverbrannt dem Fotografen entgegenlaufen nach den Flächenbombardements. Und um diese Frage geht die Beweisaufnahme: Ob man solche Mordaktionen dulden oder verschweigen durfte oder ob es gerechtfertigt war, gegen die Mechanismen und gegen die Apparatur, mit der solche Mordaktionen durchgeführt wurden, vorzugehen. Darum geht es.«[412] Bei diesem Thema kann Schily der RAF noch am ehesten folgen: beim Protest gegen den Vietnam-Krieg und den Anschlägen auf die US-Armee. Das Gericht zieht sich zur Beratung zurück. Ergebnis: Alle Anträge werden abgelehnt. »Der Vietnam-Krieg ist nicht Gegenstand dieses Verfahrens.«

Am 2. Juli 1976 schickt Hans Heinz Heldmann ein Telegramm an die Staatskanzlei Rheinland-Pfalz. »Die Zeitung Welt vom 2. Juli 1976 berichtet über Äußerungen eines Herrn Kohl: es ›könne eine Begnadigung dieser Mörder und Schwerstverbrecher nicht ins Auge gefasst werden‹. Danach bitte ich als Verteidiger von Andreas Baader: Erklären Sie Ihrem Landeskretin, dass er sich an Verfassungsrecht zu halten hat, auch wenn er es nicht versteht.«[413]

Ein »Kronzeuge« und die Bilder von »a.«

Am 124. Tag, dem 8. Juli 1976, wird der Zeuge Gerhard Müller (27) vernommen, der am 15. Juni 1972 mit Ulrike Meinhof zusammen festgenommen worden war und der später ausgesagt hatte, Andreas Baader habe die 24-jährige Ingeborg Barz Anfang des Jahres 1972 in einem Waldstück am Rhein exekutiert. Die von der Bundesanwaltschaft initiierte Vernehmung Müllers zieht sich über vier Tage hin. Er ist ein wichtiger Zeuge, denn die Anklage basiert bisher weitgehend auf Indizien. Für den individuellen Tatnachweis ist jemand wie Müller, der aussagt, wer welchen Anschlag geplant und ausgeführt hat, wer genau die Sprengsätze deponiert und gezündet hat, Gold wert. Müller ist, wie immer deutlicher wird, etwas, was es nach deutschem Recht eigentlich gar nicht geben darf: ein Kronzeuge, jemand, der geschont wird, weil er aussagt. Erst befragt ihn das Gericht, später die Verteidigung. Müller hat viel zu erzählen. Das Wortprotokoll seiner Aussagen umfasst über

400 Seiten.[414] Zunächst bittet Prinzing ihn, die Praxis der RAF ein wenig zu erläutern. »Ja, was das Organisatorische angeht, ist es so, dass Baader den Anspruch erhob, dass dort, wo er ist, quasi die Front, die vorderste Front der RAF ist.«[415] »Baader glaubte, immer dort sein zu sollen, wo es um die bedeutendsten Angelegenheiten gegangen ist, oder ist das jetzt falsch verstanden?«, fragt Prinzing nach. »Den Anspruch erhob er. Und natürlich wurde unter anderem daraus auch seine Autorität innerhalb der Gruppe abgeleitet.« »Gab es hier eine Art Rangordnung oder sonst irgend so was, was man im Tierreich als die natürliche Hackordnung bezeichnet, die sich zwangsläufig durch besondere Kenntnisse, größere Kräfte und dergleichen ergeben könnte? Gab es Kernmitglieder und Randmitglieder und so weiter und so weiter?« »Ja, das gab es. Für mich ist Andreas Baader der führende Kopf. Dann gab es diese Kernmitglieder, also Ulrike Meinhof, Meins, Raspe, Ensslin. Dann gab es einfache Mitglieder, dann eben noch Randmitglieder.«

Müller kam aus Hochdorf in Südwürttemberg. Er hatte eine Ausbildung als Posttechniker absolviert und war dann nach Heidelberg gegangen. Dort war er mit dem Sozialistischen Patientenkollektiv in Kontakt gekommen, später mit dem harten Kern der RAF. Eines Tages habe Gudrun Ensslin seinen Personalausweis zerrissen und gesagt: »Ab jetzt bist du illegal!«[416] Müller war dann vor allem als eine Art Techniker für die Gruppe tätig. Nach seiner Verhaftung kam er ins Hamburger Untersuchungsgefängnis. Er und Irmgard Möller wurden verdächtigt, am 22. Oktober 1971 in Hamburg den Polizisten Norbert Schmid erschossen und einen Kollegen von ihm schwer verletzt zu haben. Die Hamburger Staatsanwaltschaft übernimmt die Ermittlungen. Hans-Christian Ströbele wird sein Anwalt. Müller schildert Ströbele immer wieder, wie die Ermittler versuchen, ihn nach allen Regeln der Kunst mit Drohungen oder Versprechungen weich zu klopfen (»hier kärgliches Sträflingsdasein, ein Nichts, verraten und verkauft, und da halbe Strafe und Geld«).[417] Müller taumelt, fängt sich wieder: »Besonderen Auftrieb erhielt ich, als nicht weniger als drei Texte von mir in das Kursbuch 32 aufgenommen wurden. Dieses Kursbuch wurde übrigens auch unter Umgehung der richterlichen Zensur von Baader hauptsächlich über Becker projektiert und verwirklicht«, erläutert Müller später gegenüber dem ›Spiegel‹.[418]

Im Herbst 1974 bricht Müller den Hungerstreik der Gefangenen ab und teilt Ströbele mit, dass er sich von der RAF losgesagt habe. Ströbele berichtet von einem zunehmenden Hass auf Baader in der Folge dieser Wendung vom Saulus zum Paulus. Sie war, wie Müller gegenüber dem ›Stern‹ bekennt, auch von vielen Ängsten begleitet, Ängste vor der Rache seiner ehemaligen Kampfgenossen, »dass sie bei meinem Hofgang mal reinhalten mit dem Gewehr oder so«. In einer Presseerklärung vom 10. Februar 1975 sagt sich Müller auch öffentlich von der RAF los. Bald danach erzählt er den Hamburger Vernehmungsbeamten die Geschichte über die Ermordung von Ingeborg Barz durch Andreas Baader. Am 8. Juni 1975 schreibt er an seine Mitgefangene Brigitte Asdonk: »Weiter denke ich, dass man, egal, welche position man einnimmt, sei's ne konservative, sei's ne reformistische, sei's ne revisionistische und so weiter, man baader nur bekämpfen kann und zwar auf die knochen: so wie er das auch macht.«[419]

Als die Verteidigung mit der Vernehmung des Zeugen an der Reihe ist, hat zunächst Otto Schily das Wort. Seine scharfe Befragung zielt darauf, die Glaubwürdigkeit Müllers in Frage zu stellen. »Sagen Sie, Herr Müller«, fragt Schily, »haben Sie sich mal für Geld verkauft?«[420] Prinzing greift ein: »Herr Rechtsanwalt Schily, ich bitte Sie, diese Frage möglichst nicht auszuführen.« »Ich bestehe auf der Frage«, sagt Schily, »der Zusammenhang ist in diesem Verfahren ja nun sehr deutlich: Inwieweit ist der Zeuge bereit, gegen bestimmte finanzielle Leistungen, sich zu einem bestimmten Verhalten herzugeben. In den Akten gibt es da einen bestimmten Anhaltspunkt, so dass diese Tatsache hier eingeführt werden muss, so leid es mir tut.« Nachdem auch der Zeuge selbst nicht bereit ist, die Frage zu beantworten und die Bundesanwaltschaft zudem Bedenken anmeldet, wird die Frage als ungeeignet zurückgewiesen. Nun ist Heldmann an der Reihe. »Haben Sie einen Hass auf Herrn Baader?«, will er wissen. »In keiner Weise«, antwortet Müller.[421] Zur Barz-Geschichte fragt Schily dann ganz gezielt: »Haben Sie da vielleicht noch mehr gesagt, als Sie hier bisher gesagt haben?« »Ja, das ist richtig.« »Und was war das?« »Dazu verweigere ich die Aussage.«[422] Heldmann startet am folgenden Tag einen zweiten Versuch: »Haben Sie damals unter anderem ausgesagt, Baader hätte Ingeborg Barz durch einen Genickschuss ermordet?« Müllers Antwort: »Dazu verweigere ich die Aussage.«[423]

Warum mauert Müller auf einmal? Hatte er gelogen? Was ist von seinen Aussagen vom April 1975 zu halten? Warum ist Ingeborg Barz nie mehr aufgetaucht? Am 165. Verhandlungstag, dem 1. Dezember 1976, vernimmt das Gericht die Zeugin Inga Hochstein (30). Sie gehörte ebenfalls zur linksterroristischen Szene und war im Februar 1975 verhaftet worden. Gleich zu Beginn ihrer Vernehmung sagt sie: »Ich werde aussagen, dass Ingeborg Barz lebt, weil ich sie zwei Mal getroffen habe.«[424] Beide Male habe sie Ingeborg Barz in Hamburg getroffen, beide Treffen hätten also nach dem von Müller genannten Hinrichtungstermin im Frühjahr 1972 stattgefunden. Das erste Mal Ende 1973 sei es um die Möglichkeit gegangen, sich ins Ausland abzusetzen. Das zweite Mal hätten sie sich im Januar 1975 in einem Lokal getroffen. Ingeborg Barz sei krank gewesen und habe um ein bestimmtes Medikament gebeten. Prinzing will es genauer wissen, weist darauf hin, dass die Mutter von Ingeborg Barz seit 1972 nichts mehr von ihrer Tochter gehört hat. Er fragt: »Hat Ihnen die Tochter bei diesen Treffen einen Auftrag gegeben, der Mutter eine Nachricht zu überbringen: Mach dir keine Sorgen, ich bin noch am Leben. Ist das geschehen?«

»Dazu kann ich sagen, dass Ingeborg es als Fehler erkannt hat, früher ihre Mutter anzurufen.« »Warum? Was hat sie für eine Begründung dafür, dass sie eine Mutter in der Sorge lässt, die Tochter sei tot?« »Mein Name ist Inga Hochstein und nicht Ingeborg Barz. Ich habe meine Aussage abgeschlossen.« So steht Aussage gegen Aussage. Ingeborg Barz ist bis heute nicht wieder aufgetaucht. Sie ist nach wie vor zur Personenfahndung ausgeschrieben. Es gibt, so die Staatsanwaltschaft Kaiserslautern, »keinerlei Hinweise auf ihren Verbleib.«[425] Es findet sich in den Akten der Staatsanwaltschaft »lediglich eine Mitteilung des Bundeskriminalamtes aus dem Jahr 1997, wonach Peter-Jürgen Boock im Jahr 1992 in einem gegen ihn selbst gerichteten Verfahren ausgesagt habe, er habe ›zu einem unbestimmten Zeitpunkt‹ von einer nicht genannten Person ›erzählt bekommen‹, eine Frau, die der RAF angehört habe, sei ›bei einem Bombenanschlag in Süddeutschland schwer verletzt … und anschließend auf eigenen Wunsch hin erschossen‹ worden. Um wen es sich bei der Frau gehandelt habe, wisse er nicht. Nach Mitteilung des Bundeskriminalamts verlief ›die Recherche nach einem solchen Ereignis … ergebnislos‹.«

Die Frage, ob Andreas Baader Ingeborg Barz erschossen hat, bleibt offen. »Ich glaube das nicht, so, wie ich ihn einschätze«, meint der Journalist Jürgen Busche, »Andreas Baader war kein Killer.«[426] Unzweifelhaft ist für Busche allerdings, dass die Aussagen Müllers unter fragwürdigen Umständen zustande gekommen waren.[427] Unterlagen darüber würden bis heute mit einem Sperrvermerk der Bundesregierung zurückgehalten. Busche in einem Zeitungsartikel im Mai 2005: »Es gibt immer noch den Verdacht, dass von Seiten staatlicher Ermittler die Aufklärung eines Mordes an einem Polizeibeamten durch ein Hamburger Gericht verhindert wurde, um den Zeugen vereinbarungsgemäß zu decken.«[428] Die Anklage wegen Polizistenmord war fallengelassen worden. Müller war 1975 zu zehn Jahren verurteilt worden. Er kam nach fünf Jahren frei. War hier vorsätzlich Recht gebrochen worden, um die Verurteilung der RAF durch Müllers Aussagen sicher und wasserdicht zu machen?

Der »Verräter« Müller wird auch von den Gefangenen scharf angegriffen. Insbesondere Müllers Aussagen über den Charakter der Gruppenhierarchie will man nicht stehen lassen. Ensslin schreibt an Heldmann, er solle »unsere erfahrungen mit a. und die tatsachen gegen ihre [der Bundesanwaltschaft, des Gerichtes, Müllers, Anm. d. Verf.] karikatur« stellen.[429] Dabei solle er auch »u's [Ulrike Meinhofs, Anm. d. Verf.] texte zu a.« benutzen: »lass sie verlesen.« »Hier noch mal briefe von u.«, schreibt sie in der gleichen Post. »Über einen ganzen zeitraum – sommer 74 bis märz 76 – zeigen sie genau das: dass es – wie wir am 11. mai da unten gesagt haben gegen den dreck der baw, ›differenzen‹ – einen rekonstruktionsprozess gab, und nicht nur das.« Ulrike Meinhofs Bild von Andreas Baader, das diese Texte zeigen, ist mehr als positiv. »Er ist die führung der raf«, schreibt sie, »weil er von anfang an das war, was die guerilla am meisten braucht: wille, entschlossenheit, kollektivität.« An anderer Stelle heißt es, Andreas Baader sei »das beispiel (…), einer, von dem man lernen kann – kämpfen, noch mal kämpfen und wieder kämpfen. (…) einer der gründe, warum die baw andreas am meisten hasst, ist, dass er tatsächlich mit allen waffen kämpft – dass wir durch ihn gelernt haben, dass es keine waffe der bourgeoisie gibt, die sich nicht umdrehen und gegen sie wenden ließe, und so ist andreas der guerilla, von dem che sagt, dass er die gruppe ist, er ist derjenige von uns, der schon lange und schon immer die funktion der besitzlosigkeit an sich gebracht hat.«

Dass Baader »die funktion der besitzlosigkeit« leichter realisieren konnte als die anderen, leuchtet ein: Er hatte ja auch so gut wie nichts zu verlieren, keinen Beruf, kein Vermögen, kein Image, kein selbst erarbeitetes Leben. Er war sozusagen ein an Naturtalenten wie Intelligenz, ansprechendem Äußeren, Kommunikationsfähigkeit und Inszenierungstalent reicher Jüngling ohne Besitzstand, der dem Kampfesruf nur zu gern folgte. Denn auf diesem Wege konnte noch etwas aus ihm werden: ein Staatsfeind par excellence; auf diesem Weg hat er seine zweifellos vorhandenen Talente voll eingesetzt. Gewisse reale Anhaltspunkte für die Hymnen von Ulrike Meinhof, für ihren verklärten Blick auf Baader wird es wohl gegeben haben.

Auf jeden Fall unterstreicht ihre Andacht Andreas Baaders Bedeutung für die Gruppe: »es ist so, dass wir den zusammenhalt der gruppe im gefängnis, in der isolation andreas verdanken. er ist das beispiel. er hat uns zum beispiel gezeigt, was möglich, sozusagen menschenmöglich ist, auszuhalten – eine curare narkose, 7 stunden blutend im polizeikeller in frankfurt, ohne schmerzmittel, während die bullen an seiner verletzung zerren und versuchen, ihn zu vernehmen, während der arzt darauf wartet zur narkose zu kommen, um den bullen die narkoanalyse zu ermöglichen. 6 monate ohne bücher und zeitungen und in einer zelle mit 16 grad, wo er nachmittags um 3 seine kleidung abgeben musste. und 6 monate in gips bei totaler sozialer isolation (…), der wasserentzug 73 über 9 tage – zu dem wir wissen, was das heißt, denn wasserentzug bei hungerstreiks über drei und vier tage kennt fast jeder von uns – die agonie durch wasserentzug. (…) andreas ist der wichtigste typ in der raf für uns, weil wir von ihm lernen konnten und können, wie das zu machen ist, was wir wollen, wie das bedürfnis zu realisieren ist, von dem wir ausgehen: widerstand zu leisten, um frei zu werden – das bedürfnis nach subjektivität und herrschaftsfreier menschlicher beziehung – das bedürfnis nach proletarischer politik, deren ziel der kommunismus ist, das heißt der nicht durch geld vermittelte verkehr zwischen menschen, sondern die unmittelbarkeit der produktion. er ist in der guerilla antizipiert und muss es sein – er ist das zentrale moment ihrer kraft – für ihn ist andreas das beispiel in der raf und deswegen führung.«[430]

Ganz ähnlich sieht Gudrun Ensslin ihren Freund. In einem am 22. Januar 1975 in Stammheim aufgefundenen Kassiber schreibt sie: »der rivale, absolute feind, staatsfeind: das produktive bewußtsein, die moral der erniedrigten und beleidigten, des metropolen-proletariats – das ist andreas, daher der hass der bourgeoisie, presse, bürgerlichen linken auf ihn konzentriert. weil er das ist. weil sich schon der 14. mai als genau das vermittelt hat – machtkampf. der erste, den wir gewonnen haben, ne bewaffnete befreiungsaktion, das beispiel. an andreas, über das, was er ist, konnten wir uns bestimmen, weil er das alte (erpressbar, korrupt usw.) nicht mehr war, sondern das neue: klar, stark, unversöhnlich, entschlossen. weil er wusste, was er wollte, weil er weiß, was er will, weil er sich über die ziele bestimmt. (…) andreas in der raf – orientierung, kollektive führung.«[431]

Die Besonderheit seiner messianischen Führungsrolle kann Ensslin auch so umschreiben: »er ›setzt sich‹ z. B. auch nicht durch. das ist dummes zeug, lächerlich, ich habe es jedenfalls nie erlebt. es läuft anders. es war auch nie notwendig. er insistiert nicht. seine methode zu untersuchen, zu verstehen, zu handeln überzeugt und ich finde es ganz wichtig, gegen die totale verzerrung der rezeption seiner persönlichkeit in der hetze durch die psychologische kriegsführung mal festzustellen, dass er in der kämpfenden gruppe und in dem, was wir das zelt nennen, die intimität des illegalen kollektivs, durch seine sensibilität und seine präzise abneigung gegen jede form von herrschaft uns eine struktur gezeigt hat, die frei ist und dadurch diszipliniert. es ist schwer darüber zu reden, weil es für einen, der legal lebt und politisch organisiert ist, nicht nachzuvollziehen ist.« Baader habe schon etwas von der politisch angestrebten Befreiung durch seine Art der Kommunikation realisiert.

Sehr wichtig ist es Gudrun Ensslin auch, Hans Heinz Heldmann davon zu überzeugen, dass Andreas Baader kein Feigling ist: »gerade bei a. unsere erfahrung ist – und wir haben mit ihm 2 jahre lang gekämpft – dass es keine situation gab (und davon waren eine menge ziemlich heiß), in der er sich nicht furchtlos – das ist das wort – verhalten hat. es ist nicht nur so, dass er keine angst hatte, sondern dass die, die mit ihm zusammen in der aktion sind, ihre angst verlieren.« Die Texte der beiden Frauen machen erneut deutlich: Andreas Baader war der Chef. Auch wenn seine Führungsrolle mehr in einem charismatischen als im autoritären Sinne beschrieben wird. Dabei finden ohne Zweifel massive Idealisierungen und Projektionen statt. Man kann vermuten, dass sie durch einen gehörigen Schuss Selbstrechtfertigungsbedürfnis angetrieben waren. Ulrike Meinhof und Gudrun Ensslin müssen sich selbst erklären, warum sie diesem »Tatmensch mit dem Tigergang« (Christiane Ensslin) so bedingungslos auf dem schmalen Pfad seiner Revolutionsfantasien bis nach Stammheim gefolgt sind. Der Sinn des Ganzen hängt nicht zuletzt am Bild von »a.« als einem vorbildhaften Freiheitskämpfer.

Was immer man von ihm halten mag, eines verstand »a.« meisterhaft: sich als beispielhafter Kämpfer und Märtyrer des neuen Faschismus zu inszenieren und seine Anwälte für die Öffentlichkeitswirksamkeit dieser Inszenierung einzuspannen. Der »wasserentzug«, den Ulrike Meinhof erwähnt hatte, kommt auch im Stammheimer Gerichtssaal noch einmal zur Sprache. Er ist Gegenstand eines Beweisantrags, den Hans Heinz Heldmann am 142. Verhandlungstag stellt.[432] Der Kasseler Anstaltsarzt Dr. Degenhardt soll geladen werden, um zu beweisen, dass man Baader über acht Tage das Trinkwasser entzogen habe, um seinen Hungerstreik zu brechen. Auf den ersten Blick entstand dadurch der Eindruck, der Staat habe auf seinen Feind Andreas Baader eine Art Mordanschlag durch Flüssigkeitsentzug verübt. Verschwiegen wurde von Heldmann, dass seinem Mandanten ausreichend Flüssigkeit in Form von Tee, Fruchtsäften und Milch zur Verfügung gestanden hatte. Darüber hinaus hatte der ganze Vorgang keinerlei Zusammenhang mit der in Stammheim zur Debatte stehenden Schuld- oder Straffrage. Man wird dem Urteil der juristischen Dissertation von Hannes Breucker zustimmen müssen: »Mit dem Antrag konnte nichts bewiesen werden. Er diente allein der Agitation.« Heldmann habe damit nicht verteidigen, sondern nur die »Propagandabemühungen« seines Mandanten unterstützen wollen.[433]

Die Gegenseite, also das Gericht, war in Sachen Medienwirkung schlechter positioniert als das Gespann aus Angeklagten und Anwälten, die in jeder geeigneten Verhandlungspause mit antifaschistischem Pathos in die Mikrofone sprachen. Beide Parteien hatten ihre Hausmedien, und natürlich gab es auch Medieninszenierungen zuungunsten der Angeklagten, etwa die zitierte ›Bild‹-Berichterstattung mit den Aussagen Gerhard Müllers über die angebliche Ermordung der Ingeborg Barz. Mit den Wortgefechten im Gerichtssaal korrespondierte eine Propagandaschlacht in der Medienöffentlichkeit. Die Aussagen des Zeugen Müller haben dabei vielfältige Auswirkungen. Am 131. Verhandlungstag lädt die Verteidigung den in Kaiserslautern angeklagten Klaus Jünschke als Zeugen vor. Er soll Aussagen von Müller über die Gruppenstruktur widerlegen. Gleich zu Beginn seines Auftritts beschimpft er die Bundesanwälte als »dreckige Faschisten« und kassiert eine Woche Ordnungshaft.[434] Im weiteren Verlauf der Befragung verhaken sich Prinzing und Jünschke ineinander. Prinzing: »Sie haben hier nicht mit Vorschlägen zu kommen, sondern Fragen zu beantworten.« Jünschke: »Ja, dann machen wir Schluss, würde ich sagen.« Wenig später heißt es im Prozessprotokoll: »Daraufhin steht der Zeuge Jünschke von seinem Stuhl auf, rennt um den Zeugentisch herum und ruft: ›Wart, ich komm!‹ Mit zwei, drei schnellen Schritten springt er auf den Richtertisch hinauf und stürzt sich mit beiden Händen voraus auf den Vorsitzenden. Beide fallen dadurch hinter dem Richtertisch zu Boden. Mehrere Richter, Vollzugs- und Polizeibeamte überwältigen den Zeugen Jünschke. Noch am Boden liegend schreit Jünschke: ›Für Ulrike, du Schwein!‹«[435] Beamte fesseln ihn an Händen und Füßen und tragen ihn aus dem Saal.

»Big Raushole« wird vorbereitet

Einige Wochen nach Jünschkes Attacke auf Prinzing sitzen Siegfried Haag, Peter-Jürgen Boock und noch einige weitere RAF-Kämpfer in einem Camp der PFLP-SC (Popular Front for the Liberation of Palestine – Special Command) in der Nähe von Aden zusammen und beraten darüber, wie die von den Stammheimern geforderte Befreiungsaktion aussehen könnte. Ziemlich bald ist klar, dass nur eine Geiselnahme in Frage kommt. Boock schreibt später: »An diesem Spätnachmittag auf dem Dach des palästinensischen Camps im Jemen fiel das erste Mal der Name des Vorsitzenden des Bundes Deutscher Industrieller und des Bundesverbandes der Arbeitgeber, Hanns-Martin Schleyer. Er war zu diesem Zeitpunkt nicht der einzige Wirtschaftsboss auf der Liste möglicher Ziele. Auch die Vorstandsvorsitzenden der drei größten deutschen Banken, der amtierende Generalbundesanwalt Buback, zwei amerikanische Generäle und einige Politiker wurden als potentielle Ziele benannt. Wir kamen überein, nach Rückkehr in die Bundesrepublik sofort abzuklären, bei welcher der genannten Personen ein Zugriff durchführbar sein könnte.«[436]

Siegfried Haag und andere kehren im Herbst nach Deutschland zurück, um die in Aden beschlossene Aktion vorzubereiten. Zunächst besorgen sie sich mit Banküberfällen in Köln und Hamburg das nötige Kleingeld. Am 30. November 1976 ist Siegfried Haag zusammen mit Roland Mayer in einem Opel Admiral auf der A 5 zwischen Kassel und Frankfurt unterwegs. Auf einmal erscheint eine Polizeikelle vor ihrer Nase. Sie versuchen zu entkommen, werden aber schnell gestoppt und festgenommen.[437] Im Kofferraum des Opel finden die Ermittler eine Umhängetasche mit Strategiepapieren. Darin lesen sie von geplanten »Operationen« unter den Tarnbezeichnungen »Margarine«, »Big Money« und »Big Raushole – Rache!«.

Den Ermittlern ist klar, dass eine Befreiungsaktion vorbereitet wurde und offenbar weiterhin vorbereitet wird. Der Fahndungs- und Ermittlungsdruck wird erhöht. Polizeibeamte durchsuchen unter anderem die Wohnung von Elisabeth von Dycks, die mit Volker Speitel zusammen als Hilfskraft im Stuttgarter Rechtsanwaltsbüro von Klaus Croissant arbeitet.

Dabei finden sie Erstaunliches: Fotos aus dem siebten Stock von Stammheim. Die dortigen Gefangenen hatten sich gegenseitig aufgenommen. Aber wo war die Kamera? In den Zellen der Stammheimer fand sich nichts. Ingrid Schubert, die unlängst nach Stammheim verlegt worden war, erklärte, sie habe die Kamera, eine Minox, bei ihrer Verlegung nach Stammheim mitgebracht und von Besuchern aus der Haftanstalt befördern lassen.

Der Bilder-Fund war ein weiterer Hinweis auf die große Nähe des Croissant-Büros zu den Angeklagten. Die war allerdings nicht über Nacht zustande gekommen. Bis zur Vertretung von RAF-Angeklagten war das Büro Croissant eine ganz normale Stuttgarter Kanzlei gewesen. Mit der Übernahme des Mandats für Andreas Baader vollzog sich eine immer weitere Annährung an ihn und seine Truppe. Croissant verstand sich nun als politischer Verteidiger. Das bedeutete für ihn, »sich in die Situation des Angeklagten zu versetzen, ihn vollständig zu verstehen, ihm nahe zu sein«.[438] Der Stuttgarter Journalist Werner Birkenmaier nennt Croissant den »Propagandaminister« der RAF. »Ich habe zu ihm gesagt, ›Sie sind der Goebbels dieser Vereinigung‹. Da hat er gelacht. Der konnte ja nicht böse sein, komischerweise war das ein netter Kerl. Da wir uns von früher her schon kannten, konnte ich ihm das schon so sagen.«[439] Croissant gründete 1973 zusammen mit seinem Kollegen Jörg Lang das Stuttgarter »Komitee gegen Isolationsfolter«. 1974 stieß der Grafiker Volker Speitel über die »Rote Hilfe« hinzu. Er und seine Frau Angelika wurden Mitarbeiter im Büro Croissant. Sie organisierten den »Info«-Dienst des Büros und kümmerten sich zusammen mit einer ganzen Reihe von weiteren freien Mitarbeiterinnen und Mitarbeitern um die vielfältigen nicht direkt juristischen Belange der Inhaftierten. Als Holger Meins am 8. November 1974 starb, ging Volker Speitel vorübergehend in den Untergrund, tauchte aber nach kurzer Zeit wieder auf und war wieder im Büro Croissant tätig.[440]

Das Büro Croissant, so zeigte sich später, war über lange Zeit ein Interface zwischen Legalität und Illegalität, zwischen Normalität und Untergrund. Kassiber wurden überbracht, später auch Gegenstände. Im Herbst 1976 hätten die Gefangenen, so Speitel später gegenüber dem Bundesgerichtshof, um eine Minox-Kamera für PR-Fotos gebeten. Speitel überredet den Anwalt Arndt Müller, den Fotoapparat zu transportieren. »Nach endlosen Bemühungen und unter dem angedeuteten, aber nie so ausgesprochenen Druck, dass er ein Schwein ist und rausfliegt, wenn er nichts ›bringt‹ – ging dann die Kamera (...) in den Knast.«[441] Speitel schneidet einen Hohlraum in das Papier eines Aktenordners, legt die Kamera hinein und bestreicht die Schnittkanten des Lochs mit Klebstoff, so dass das Versteck beim oberflächlichen Durchblättern der Akte nicht auffällt. Für den Fall von Schwierigkeiten bei der Kontrolle soll Müller das Prozessgebäude unter einem Vorwand wieder verlassen. Die Angeklagten gehen davon aus, den präparierten Ordner ohne Probleme aus der Mehrzweckhalle in den siebten Stock mitnehmen zu können. Auf dem Rückweg vom Gerichtssaal ins Gefängnis werden sie nicht mehr kontrolliert. Und der Trick funktioniert. Bald nach diesem erfolgreichen Probelauf fordern Baader, Ensslin und Raspe den Transport einer »Knarre«. In einer »Meldung« vom 16. Dezember 1976 über einen Umschluss von 9.10 bis 10.20 Uhr heißt es: »Zehn Minuten überzogen. Aufsicht Wagner II und Kautny. Baader beleidigt den Kollegen Kautny: ›Ratte, habt bloß Scheiße im Kopf.‹ Sonst keine Vorkommnisse.«[442]

Stammheim-Boulevard

In der nun folgenden Zeit der Jahreswende von 1976 auf 1977 hatte Andreas Baader einige Male Besuch von einer jungen Anwältin. »Ich war damals im Büro Croissant tätig. Ich war gerade Anfang 1976 als Anwältin zugelassen worden. Vorher war ich schon einmal als Referendarin im Büro Croissant gewesen. Man suchte noch einen Anwalt für den Stammheimer Prozess. Es ging um die Betreuung von Randfragen«, erzählt mir eben jene Anwältin dreißig Jahre später. Sie ist nach wie vor als Strafverteidigerin in Stuttgart tätig. Ihr Name, den der Vollzugsbeamte Horst Bubeck in seinem langen Gespräch mit dem Autor Kurt Oesterle nicht nennen wollte, ist im Februar 2006 durch einen Bericht von ›Spiegel Online‹ dann doch publik geworden.[443] Sie heißt Brigitte Tilgner. Der ›Spiegel-Online‹-Artikel berichtet über eine juristische Auseinandersetzung. Ihr Hintergrund: Horst Bubeck hatte gegenüber Kurt Oesterle behauptet, Andreas Baader habe mit einer Anwältin in der Stammheimer Zelle für Verteidigergespräche ein Kind gezeugt. Das sei, so Bubeck, »ziemlich sicher«.[444] Er erzähle diese Geschichte nicht, um seine Stammheim-Erinnerungen mit ein wenig Sex aufzupeppen, sondern um deutlich zu machen, dass die Festung Stammheim, der berühmte Hochsicherheitstrakt, in Wirklichkeit ziemlich durchlässig gewesen sei. Die »junge hübsche Anwältin« sei häufiger mit gerötetem Gesicht und zerwühlter Frisur aus der Besprechungszelle gekommen. Kollegen hätten Bubeck davon unterrichtet, auch von auffälligen und für Verteidigergespräche untypischen Geräuschen. Den empörten Kollegen habe Bubeck geraten, die Affäre einfach hinzunehmen. Doch Bubecks Kollegen hätten die Sache nicht so schnell auf sich beruhen lassen wollen. Nach einem weiteren Besuch der Anwältin hätten sie Haare vom Resopaltisch des Besprechungszimmers gesammelt. Bubeck sei daraufhin ein Briefumschlag mit vermeintlichen Schamhaaren überreicht worden. Beim nächsten Besuch hätten sich Baader und die Anwältin gestritten. Baader habe das Mandat unmittelbar nach dem Besuch beendet. Die Anwältin sei danach nie wieder bei Andreas Baader gewesen, wohl aber in Stammheim, denn sie hatte dort noch andere Mandanten. Sie sei bald sichtbar schwanger gewesen, im Herbst habe sie ein Kind zur Welt gebracht. Bubeck vermutet, dass es bei dem Streit während ihres letzten Besuchs bei Baader um diese Schwangerschaft gegangen sei. Baader habe das Kind nicht haben wollen – wie überhaupt die RAF-Revolutionäre ihre Kinder verstoßen hätten. »Andreas Baader«, schreibt Oesterle resümierend, »sollte es vorbehalten bleiben, selbst ein Ungeborenes zu verstoßen.«[445]

Nüchtern betrachtet verwundert zunächst einmal, wie Bubeck darauf kommt, die Beobachtungen seiner Kollegen und die offenbar zweifelsfreie Schwangerschaft der Anwältin miteinander zu verknüpfen. Selbst wenn es zutreffen sollte, dass es im Hochsicherheitsgefängnis zwischen Andreas Baader und seiner Anwältin zum Geschlechtsverkehr gekommen war, musste die Schwangerschaft damit überhaupt nichts zu tun haben. Gleichwohl, was ist dran an der Geschichte? Lässt sie sich überhaupt weiter aufklären? In der Liste der Stammheimer Besuchsüberwachung sind nur drei Besuche einer Anwältin in dem fraglichen Zeitraum verzeichnet, der letzte am 7. Januar 1977 von 14.50 bis 16.00 Uhr. Der Nachname der Besucherin ist mit Tilgner angegeben. Eine Anwältin mit diesem Nachnamen ist mit Hilfe des Internet schnell gefunden. Ich schreibe und bitte um ein Interview – unter dem Vorbehalt natürlich, dass mein Brief die Richtige erreicht. Eine Woche später ruft die Angeschriebene an, sagt, dass sie nicht viel zum Bild Baaders beitragen könne, weil sie nur wenige Male bei ihm gewesen sei. Das Telefonat ist eigentlich schon so gut wie beendet, da sagt sie, dass sie auch an mich noch eine Frage habe. Ob ich das Buch von Kurt Oesterle kennen würde, die Geschichte über Sex in der Stammheimer Besucherzelle? Mit der Anwältin, deren Name nicht genannt würde, sei sie gemeint. Sie habe zwar einen Sohn, der in dieser Zeit geboren sei, der sei aber nicht von Baader. Die Geschichte, die Bubeck erzähle, sei blanker Unfug und eine Beleidigung. Sie wolle den Verlag verklagen. Ob sie sich in diesem Zusammenhang auf meinen Brief beziehen könne? Selbstverständlich. Schließlich lässt sie sich sogar auf einen Interviewtermin ein.

Die Kanzlei ist in einem Altbau in der Stuttgarter Innenstadt untergebracht. Ansonsten scheint das Haus ein Mekka alternativer Therapiekultur. Brigitte Tilgner holt mich aus dem Wartezimmer ab, eine relativ große, blonde Frau mit freundlichen Augen. In ihrem Büro stapeln sich die Aktenberge. Ein wenig erinnert sie mich an Bilder von Baaders Mutter aus den Fernsehdokumentationen von Stefan Aust. Über Andreas Baader sagt sie: »Ich habe ihn nicht unangenehm in Erinnerung. Er war ein freundlicher Mensch, nicht unhöflich.« Die gerichtliche Auseinandersetzung über die von Kurt Oesterle zitierten Bubeck-Äußerungen sei gestern mit einem Vergleich zu Ende gegangen. Die Anwältin hatte eine Schmerzensgeldklage gegen Horst Bubeck, Kurt Oesterle und den Geschäftsführer des Verlages Klöpfer & Meyer eingereicht. Für die Pressekammer war die Sache eindeutig: »Das Buch ist in diesem Kapitel falsch und objektiv unrichtig«, hatte Richter Ruf am Vortage festgestellt. In dem Vergleich, den der Verlag später annimmt, waren der Anwältin 8000 Euro Schmerzensgeld zugesprochen worden. Der Verlag darf den fraglichen Textabschnitt in Zukunft nicht mehr abdrucken. »Die Sache ist eindeutig«, betont auch Brigitte Tilgner in unserem Gespräch. »Mein Sohn ist im Dezember 1977 geboren, und da eine Schwangerschaft bekanntlich neun Monate dauert, kann sie nicht im Januar begonnen haben.« Stuttgart ist ein Dorf. Theo Prinzing, den ich am nächsten Morgen in der Landesbibliothek treffe, ist schon über alles informiert. Der Vater des besagten Sohnes sei, so habe Prinzing gehört, Klaus Croissant. Das Dorf Stuttgart hält noch weitere Spekulationen bereit: Die Affäre mit Baader sei damals bewusst inszeniert worden, um von den Waffentransporten ins Gefängnis abzulenken.

Prinzing tritt ab

Um die Jahreswende herum, als sich die Geschichte zutrug, die die Pressekammer des Stuttgarter Landesgerichtes noch 30 Jahre später beschäftigen sollte, war Theo Prinzing an einem Tiefpunkt angekommen. »Ich war nach 19 Monaten Prozess mit den Nerven am Ende«, bekennt er in unserem Gespräch. Es waren mittlerweile schon über 60 Ablehnungsanträge gegen ihn gestellt worden. Bisher ohne Erfolg. Am 171. Verhandlungstag, es war der 10. Januar 1977, stellt Otto Schily einen weiteren Befangenheitsantrag gegen Theo Prinzing. Schily hatte erfahren, dass Prinzing seinem Freund Albrecht Mayer Auszüge aus dem Wortprotokoll hatte zukommen lassen und auch mit ihm telefoniert hatte. Mayer war Richter am Bundesgerichtshof, der Revisionsinstanz des Stammheimer Verfahrens. Er hatte die zugesandten Kopien an seinen »lieben Kartellbruder« Herbert Kremp weitergeleitet, den damaligen Chefredakteur der ›Welt‹. Dieser Brief war auf Umwegen in der ›Spiegel‹-Redaktion gelandet. Mayers Anliegen: Die ›Welt‹ sollte Schilys Rolle in der Ensslin-Kassiber-Affäre von 1972 noch einmal unter die Lupe nehmen.[446] Mayer sann offenbar auf Rache. Er, der Schilys Verfahrensausschluss wegen der Kassiber-Affäre zunächst erfolgreich betrieben hatte, wollte nicht hinnehmen, dass das Bundesverfassungsgericht sein Urteil gegen Schily kassiert hatte. Bei den Kopien handelte es sich um Protokollauszüge der Vernehmung des Zeugen Gerhard Müller. Müller hatte nämlich ausgesagt, dass Otto Schily der Bote des bei Ulrike Meinhof aufgefundenen Kassibers von Gudrun Ensslin gewesen sei. Und Prinzing hatte am Rand des Wortprotokolls notiert, dass Schily immer dann im Prozess gefehlt hatte, wenn es um den Ensslin-Kassiber gegangen war. Der Verdacht, dass Prinzing mit der Revisionsinstanz gekungelt hatte und sich zudem an einer Aktion gegen einen Verteidiger des Verfahrens beteiligt hatte, lag also nahe.

Doch der Antrag wurde noch am gleichen Tag zurückgewiesen. Prinzing habe die Protokollkopien auf Mayers Bitte hin übersandt. Es gebe nichts zu beanstanden. Eine von Schily ebenfalls eingereichte Dienstaufsichtsbeschwerde gegen Richter Mayer, gegen den Richter also, dem es 1972 fast gelungen wäre, seine Karriere zu zerstören, hatte bald mehr Erfolg. Mayer wurde versetzt.

In Stammheim bleibt nach der Zurückweisung des Ablehnungsantrags gegen Prinzing Unmut im Raum. Am nächsten Verhandlungstag, dem 13. Januar, greift der Pflichtverteidiger Manfred Künzel den Vorgang noch einmal auf und setzt mit einem weiteren Ablehnungsantrag nach. Schilys Ablehnungsgründe müssten erneut geprüft werden. Am Abend des 13. Januar greift Theo Prinzing zum Telefonhörer und wählt Künzels Nummer. Manfred Künzel war Referendar bei ihm gewesen. Prinzing beklagt sich über Künzels Verhalten im Prozess, darüber, dass nun auch noch er als Pflichtverteidiger Schily habe beispringen müssen. Nun werde die Presse wieder über ihn herfallen. Doch Künzel verteidigt seine Sicht. Gespräche mit der Revisionsinstanz seien ein Problem. Für Manfred Künzel zählt die Stimme seines Gewissens mehr als die seines früheren Ausbilders. Auch wenn sie ein gutes Verhältnis hatten. Er berichtet Hans Heinz Heldmann von dem Telefonat mit Prinzing. Der macht daraus mit Schily zusammen einen weiteren Ablehnungsantrag. Am 174. Verhandlungstag wird er vorgetragen. Dr. Eberhard Foth war damals noch zweiter Vorsitzender. Heute ist er längst pensioniert und lebt in der Nähe von Waldbronn bei Karlsruhe.

Ich will wissen, wie er die Dinge heute sieht, und nehme am Karlsruher Hauptbahnhof die S-Bahn Nummer 11 in Richtung Ittersbach. Foth hatte versprochen, mich in »Reichenbach Bahnhof« abzuholen. Dass wir kein Erkennungszeichen verabredet hatten, erweist sich als unproblematisch. Als die S-Bahn wieder anfährt, bleibt auf dem Bahnsteig außer mir nur noch ein älterer Herr zurück, vielleicht Anfang siebzig, mittelgroß und unauffällig gekleidet. Er kommt gleich auf mich zu und gibt sich als Herr Foth zu erkennen. Wir steigen in einen silbernen Passat und fahren einige Minuten bis zu seinem Haus in Hanglage. Bei Foths im Wohnzimmer ist es warm, Kaffee und Kartoffelchips stehen bereit.

»Ich weiß noch«, erinnert sich Foth, »wie ich morgens ins Gericht kam und erfuhr von diesem Telefongespräch, das der Prinzing mit Künzel geführt hatte. Da war mir klar, wenn daraus ein Ablehnungsantrag formuliert wird, dass der mit höchster Wahrscheinlichkeit durchgreift. Bis dahin waren die meisten Befangenheitsanträge ja dummes Zeug, oder es war jedenfalls viel dummes Zeug dabei.«[447] Und der Antrag griff durch, laut Foth der 69. Ablehnungsantrag gegen den Vorsitzenden. Das mit dem Antrag formulierte Misstrauen gegenüber seiner Unparteilichkeit wurde von seinen Kollegen als begründet angesehen. Prinzing musste seinen Stuhl räumen. Eberhard Foth trat nun an seine Stelle – nachdem er selbst dem Ablehnungsantrag stattgegeben hatte. »Wenn von einem Fünfersenat ein oder zwei Richter abgelehnt werden, dann entscheiden die drei übrigen. Und bei Prinzing entschieden von den vier Verbliebenen die drei Dienstältesten. Ich war als Zweitältester der Vorsitzende dieses Beschlusssenates. Ich war also an dem Ablehnungsbeschluss beteiligt. Ich wusste natürlich, wenn ich diesem Antrag stattgebe, bin ich der nächste Vorsitzende.« Das waren für Foth damals nicht unbedingt rosige Aussichten. »Ich wusste nicht, wie ich der Belastung als Vorsitzender begegnen könnte, weil ich gedacht habe, alles was bisher gegen den Prinzing geschossen wurde, das richtet sich jetzt gegen mich, und ob ich dem rein gesundheitlich standhalte, da war ich mir nicht so sicher.«

Foth wird standhalten, nicht zuletzt, weil er nur noch 18 Verhandlungstage vor sich hat. Werner Birkenmaier von der

›Stuttgarter Zeitung‹ meint: »Der Herr Foth hat den Prozess gerettet.« Foth hatte offenbar mehr professionelle Distanz zu dem höchst aufgeladenen Geschehen und konnte gelassener damit umgehen. »Nur, was ich zu Prinzing immer gesagt habe«, beschreibt Foth die Differenz ihrer Grundeinstellungen, »Herr Prinzing, Sie glauben zu sehr an das Gute oder an das Vernünftige im Menschen. Der Prinzing wollte ein Argument nicht auf sich beruhen lassen, ein Argument, das er glaubte, mit Vernunftgründen bekämpfen zu können. Oft hat er gesagt: ›Diese Äußerung können wir nicht im Raum stehen lassen. Ich habe dann oft zu ihm gesagt: ›Lassen Sie es im Raum stehen, morgen ist es weg‹«.

Im Protokoll bleibt hingegen alles stehen, jedes Wort, schwarz auf weiß, auf 13 939 Seiten. Eberhard Foth hat das Wortprotokoll im Keller. Wir steigen hinunter. Foth führt mich in einen kleinen Raum neben der Heizung. Dort lagern um die 20 Leitzordner auf einem Kellerregal. Neben dem Stahlbord hängen ein Weihnachtsstern und eine Kinderlaterne. Foth sucht nach dem Ordner mit der Nummer 19, er müsste das Protokoll der Vernehmung des Zeugen Gerhard Müller im Juli 1976 enthalten. Es ist hier alles ein wenig durcheinandergekommen mit den Jahren. Schließlich findet er den Ordner mit der Müller-Vernehmung, 406 Seiten. Auf Blatt 10 220 fragt Prinzing, ob es innerhalb der RAF eine Rangordnung gegeben habe. »Ja«, antwortet Müller, »das gab es. Für mich ist Andreas Baader der führende Kopf.« Manche nannten ihn den »Generaldirektor«. Gegenüber den Vollzugsbeamten benahm er sich, als seien sie seine Angestellten. Der Beamte Grossman schreibt in einer Meldung vom 3. Februar 1977: »Beim Umschluss am 3.2.1977 gegen 14.15 Uhr ging der Gefangene Baader in die Zelle 713 zu Ensslin hinein. Nachdem ich einige Schritte in Richtung Zelle kam, kam Baader wieder aus der Zelle heraus und schrie: ›Was wollen Sie hier, Sie Arschloch, bleiben Sie draußen an Ihrem Arbeitsplatz sitzen!‹ (Stuhl).«[448]

Aufbruch zu einem neuen Waffengang und Wanzen

Andreas Baader hatte die Fäden in der Hand. Daran hatte die Haftsituation nichts geändert. Und um die Entwicklungen außerhalb des Gefängnisses noch besser steuern zu können, baute er in Stammheim eine Art Stellvertreterin auf: Brigitte Mohnhaupt. Die frühere Philosophiestudentin aus München war 1971 zur RAF gestoßen, hatte die Logistik von Berlin aus maßgeblich mit aufgebaut und war am 9. Juni 1972 in Berlin verhaftet worden. Wegen unerlaubten Waffenbesitzes, Urkundenfälschung und vor allem der Mitgliedschaft in einer kriminellen Vereinigung war sie zu vier Jahren und sechs Monaten Haft verurteilt worden. Sie kam im Juni 1976, einen knappen Monat nach Ulrike Meinhofs Tod, nach Stammheim, zusammen mit Irmgard Möller und Ingrid Schubert. Die Vergrößerung der Stammheimer Gruppe sollte den Vorwurf der Isolationsfolter weiter entkräften. Mohnhaupts Haft endet am 8. Februar 1977. Andreas Baader hatte acht Monate Zeit, sie zu instruieren. Die letzten zwei Wochen vor ihrer Entlassung wird sie in ein Gefängnis im badischen Bühl verlegt, ein hilfloser Versuch der Dekontamination von Baaderschem Gedankengut. Als sich dort am 8. Februar das Gefängnistor öffnet, wird Brigitte Mohnhaupt von den Croissant-Mitarbeitern Volker Speitel und Elisabeth von Dyck abgeholt.[449] Die Croissant-Mannschaft war von den Stammheimern per Kassiber schon auf ihre Ankunft vorbereitet worden. Sie solle einiges neu organisieren. Man lässt sie gewähren, ihr Aufenthalt im siebten Stock hatte ihr Autorität verliehen. In kurzer Zeit gelingt es ihr, die Logistik der Nachrichtenübermittlung zwischen den Stammheimern und den Legalen und Illegalen außerhalb des Gefängnisses erheblich zu verbessern. Wenig später trifft sie Peter-Jürgen Boock in Amsterdam. Sie berichtet ihm, dass die Gefangenen planten, Generalbundesanwalt Siegfried Buback im Stammheimer Gerichtssaal als Geisel zu nehmen. Dazu bräuchten sie Waffen. Beim Scheitern eines weiteren Befreiungsversuches würden sie sich das Leben nehmen. »Was auch immer passiert«, soll Brigitte Monhaupt Peter-Jürgen Boock jedoch eingeschärft haben, »die Geschichte ist, es war Mord.«[450] Boock erhält den Auftrag, drei Waffen und

Sprengstoff zu besorgen. Er kümmert sich darum. Brigitte Mohnhaupt bringt die durch die Haag-Verhaftung geschwächten Guerilleros der zweiten Generation wieder auf Trab. Die »Offensive 77« wird vorbereitet.[451]

Dass da etwas im Kommen ist, wissen auch die Ermittler. Mit allen Mitteln versuchen sie, den RAF-Leuten auf die Spur zu kommen. Dabei wird der Rechtsstaat arg strapaziert. Der Verdacht, dass in Stammheim abgehört wurde, bestand schon lange. Andreas Baader hatte schon am 15. Prozesstag von Abhörmikrofonen sowohl in den Zellen als auch den Räumen für Verteidigerbesuche gesprochen.[452] Sein Vorwurf hatte damals nur Kopfschütteln ausgelöst. Im Frühjahr 1977 war das Thema Wanzen auf einmal in aller Munde. Der ›Spiegel‹ hatte Ende Februar einen Lauschangriff auf den Atommanager Klaus Traube aufgedeckt.[453] Der Verfassungsschutz hatte ein Auge auf Traube geworfen, weil er Umgang mit Leuten aus der linken Szene hatte. Am 184. Verhandlungstag beantragt Otto Schily, Bundesinnenminister Maihofer zu der Frage zu vernehmen, ob in Stammheim Gespräche zwischen den Angeklagten oder auch zwischen den Angeklagten und ihren Verteidigern abgehört worden waren.[454] Als Begründung verweist Schily auf die Traube-Affäre und auf Äußerungen Herbert Wehners, der im Bundestag gefordert hatte, dass solche Abhörmaßnahmen in Zukunft unterbleiben müssten, auch in Haftanstalten. Diese ausdrückliche Erwähnung von Haftanstalten lege den Verdacht nahe, so Schily, dass Wehner Unterlagen über Abhörungen in Gefängnissen vorlägen. Oberstaatsanwalt Zeis spricht von einem »haltlosen Antrag«. Das Gericht weist ihn zurück.

Zwei Tage später treten in Stuttgart Innenminister Karl Schiess und Justizminister Traugott Bender vor die Presse. Sie teilen den Journalisten mit, dass Gespräche zwischen den Stammheimer Angeklagten und ihren Anwälten abgehört und aufgezeichnet worden seien. Zehn Tage nach dem Anschlag auf die Deutsche Botschaft in Stockholm am 24. April 1975 und zwölf Tage nach der Festnahme von Rechtsanwalt Siegfried Haag am 30. November seien die Wanzen in Betrieb gewesen. Die Minister berufen sich auf den »rechtfertigenden Notstand«. Es habe die abzuwehrende Gefahr von Geiselnahmen und Terroranschlägen bestanden. Wie sich herausstellt, waren die Wanzen schon Anfang März in Stammheim installiert worden. Robert Leicht schreibt daraufhin am 18. März 1977 in der ›Süddeutschen Zeitung‹: »Sodann wirkt es wenig glaubwürdig, dass eine im Frühjahr 1975 installierte ›Wanze‹ bis jetzt ausschließlich zweimal in Betrieb gewesen sein sollte.« Die Bänder seien gelöscht worden, hieß es.

Horst Bubeck wusste von der Abhörung. »In der Anstalt wussten nur drei Personen davon: der Anstaltsleiter, der Vollzugsdienstleiter und ich als sein Stellvertreter und Verantwortlicher für den siebten Stock. Irgendwann kam Baader auf mich zu und fragte, ob die Gespräche mit den Verteidigern abgehört würden. Ich antwortete ›Nein‹. Er quittierte das mit seinem üblichen zynischen Grinsen. Immer wieder kam er auf mich zu und fragte nach. Als die Abhöraktion Wochen später doch bekannt wurde, war ich gerade im Urlaub und habe davon gelesen. Da habe ich mir schon meine Gedanken gemacht, was wohl passieren würde, wenn ich zurückkäme. Am ersten Tag nach meiner Rückkehr, als ich im siebten Stock war, wurde Baader gerade in den Besucherraum geführt. Beim Vorübergehen im Flur würdigte er mich keines Blickes. Als er zehn Meter vorbei war, blieb er plötzlich stehen. Er lief zurück, auf mich zu und sagte mir, ohne dass es die anderen hören konnten: ›Du bist doch das allergrößte Schwein hier drin.‹ Das hat mich unheimlich getroffen. Es hat mir auch nicht gefallen, dass ich ihn belügen musste. Das ist meine unangenehmste persönliche Erinnerung.«[455]

Am 185. Verhandlungstag wird die Abhöraktion im Gerichtssaal verhandelt. »Die Bundesanwaltschaft hat hier die Stirn gehabt, von einem Propaganda-Antrag zu sprechen«, sagt Schily und erinnert an seinen Antrag, Maihofer zu vernehmen. »Was hier in diesem Verfahren stattfindet«, fährt er fort, »kann man nicht anders benennen als die systematische Zerstörung aller rechtsstaatlichen Garantien. Insofern hat das Verfahren für den Zustand dieser Republik seine exemplarische Bedeutung. Die Verteidigung kann es unter keinen Umständen verantworten, hier auch nur eine Minute länger in diesem Verfahren mitzuwirken, um hier noch vielleicht als eine Art Alibi aufzutreten.«[456] Oberstaatsanwalt Zeis versichert nun etwas kleinlauter, dass die Bundesanwaltschaft nichts von der Abhörung gewusst habe. »Mich hat das maßlos geärgert«, sagt Eberhard Foth im Rückblick. Damals wollte er gleichwohl mit dem Prozess fortfahren und zur Vernehmung des nächsten Zeugen übergehen. Schily verlässt daraufhin unter Protest den Gerichtssaal. Als auch der Pflichtverteidiger Künzel gegen eine weitere Zeugenvernehmung ist, schließt Foth die Verhandlung an diesem 17. März 1977.

Andreas Baader betritt den Stammheimer Gerichtssaal am 29. März 1977 um 10 Uhr zum letzten Mal. Er hebt seine Hand. »Wollen Sie etwas erklären, Herr Baader, zu den Dingen, die wir jetzt verhandelt haben?«, fragt Eberhard Foth.[457] »Ich weiß nicht, was Sie verhandelt haben, wollen Sie mich nicht unterrichten, erst mal?«, fragt Baader. »Jetzt unmittelbar haben wir verhandelt über diese Abhörungen, (...) die in der Vollzugsanstalt Stuttgart-Stammheim stattgefunden haben. Also, wenn Sie was erklären wollen, dann haben Sie jetzt Gelegenheit dazu.« »Na gut, dann....« »Ich bin ganz Ohr«, sagt Foth. »Dann habe ich vor, einen Antrag zu stellen.« »Bitte.« »Und zwar – zum ersten Mal übrigens – Brandt und Schmidt als Regierungschef (...) zu laden zum Beweis...« »Also die Herren Brandt und Schmidt«, wiederholt der Vorsitzende. Baader erklärt, dass Kanzler und Exkanzler geladen werden sollten, um deutlich zu machen, dass sich der Staat in einem Krieg mit der RAF befunden habe und nach wie vor befände. Auch die beiden Minister der Abhöraffäre sollten geladen werden. Nach dem Vortrag seiner Beweisanträge verlässt Andreas Baader den Gerichtssaal. Sein Krieg gegen den Staat geht von nun an im siebten Stock weiter. Einer seiner Hauptfeinde ist Siegfried Buback. Er hat die Anklageschrift unterschrieben, er verkörpert den »postfaschistischen Polizeistaat Bundesrepublik« (Gudrun Ensslin), er soll das Ende des Stammheimer Verfahrens nicht mehr erleben.

45 + 46 Andreas Baader und Gudrun Ensslin albern am Fenster der Wohngemeinschaft Grafenstraße, Frankfurt, Sommer 1969

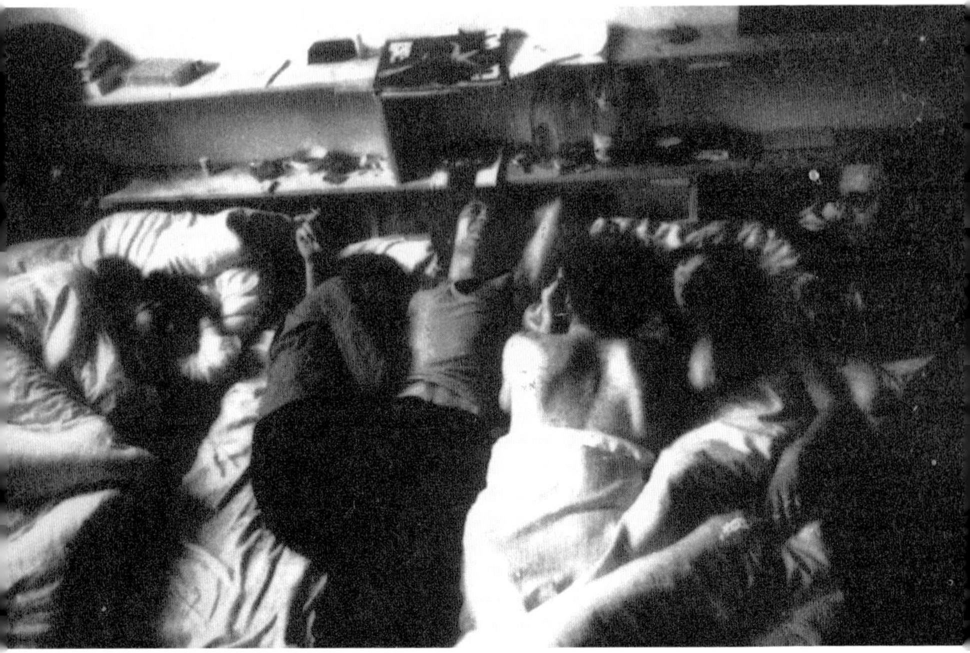

47 Andreas Baader (Mitte) im Atelier des Zeichners Alfred von Meysenbug, kurz nach seiner Freilassung im Juni 1969 in Frankfurt

48 Andreas Baader (links) mit »seiner« weißen Mercedes Heckflosse. Rechts Gudrun Ensslin.

49 APO-Protestaktion vor dem mittelhessischen Erziehungsheim Staffelberg: Andreas Baader (rechts mit Sonnenbrille, links daneben Gudrun Ensslin), 28. Juni 1969

50 Protestaktion im Jugendamt Frankfurt, November 1969: Andreas Baader (dritter von links), links sitzend Leiter Herbert Faller.

51 *Andreas Baader (rechts) beim Frühstück mit »befreiten« Heimzöglingen, Sommer 1969*

52 *Andreas Baader und Gudrun Ensslin in Paris, 1969, fotografiert von Astrid Proll*

53 Andreas Baader (Mitte) mit Heimzöglingen vor unbekanntem Kriegerdenkmal, November 1969

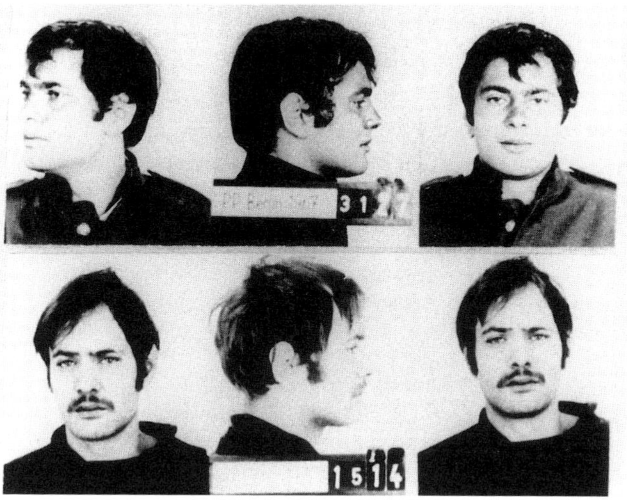

54 Polizeifotos von Andreas Baader. Oben: Bei einer Festnahme 1967. Unten: Bei seiner Verhaftung im April 1970

Erklärung

Der bewaffnete Kampf hat begonnen Kein Ausbeuter wird mehr ungestraft bleiben! Wir werden den Kampf gegen Imperialismus und Kapitalismus bis zur entgültigen befreiung des Proletariats unterstützen! Springer Lügt, er wurde rechtzeitig informiert am 2. Juni folgen weitere Aktionen in den Metropolen der Bundesrepublik

"Es hilft nur Gewalt, wo Gewalt herrscht und
Es helfen nur Menschen, wo Menschen sind."

Nieder mit dem US-Imperialismus
Sieg im Volkskrieg - Klassenkampf im eigenen Land

Habt Mut zu siegen ! Hier scheidet sich wirkliche Solidarätät von scheinheiligem Bedauern. Das bedeutet für uns dem Wunsche Ho-Tschi-Minhs nachzukommen : Wollt ihr die indochinesische Revolution unterstützen, so macht Klassenkampf im eigenen Land ! Lernen wir von der indochinesischen Revolution, wie man die Freunde von den Feinden unterscheidet, wie sich das Volk im Kampfe vereinen kann ! Trennen wir bei uns klar zwischen denen, die wirkliche revolutionäre Solidarität ausüben, und denen, die ein friedliches Engelsgesicht machen, in Wirklichkeit aber die Mörder in Indochina unterstützen , wie die SPD-Regierung.

Hierzu ist zu sagen: Wenn der Imperialismus ein weltweites System ist, und das ist er, dann muß der Kampf gegen ihn auch weltweit geführt werden. Er wird und muß gewaltsam und bewaffnet geführt werden, oder er wird nicht geführt.

DIE ROTE ARMEE AUFBAUEN!!

RAF-Frankfurt kommando Thomas Weißbecker

55 *RAF-Schreiben, 25. Mai 1972*

Raspe
Jan-Carl (Tarnnamen: PETER und FRED)
24. 7. 1944 Seefeld/Tirol

ca. 1,85 m, schlk., mittelblond, graue Augen (Bartwuchs u. Haarfarbe vermtl. wechselnd).

Gefangenenbefreiung, Ausweisfälschungen und andere Straftaten.
Mitglied einer kriminellen Vereinigung.

Haftbefehl: AG Berlin/Tiergarten 349 Gs 488/71

Bemerkungen:
Begleitpersonen (auch weiblich) können als Mitglieder der BAADER-MEINHOF-Gruppe angesehen werden.
Benutzer schneller Pkw (überwiegend BMW) mit gestohlenen oder falschen Kennzeichen.

Bei Festnahme: BKA - III (SG) -
Bonn-Bad Godesberg - 02229/53001

VORSICHT! SCHUSSWAFFE!

Baader
Andreas Bernd (Tarnname: Hans)
6. 5. 1943 München

1,76 m, schlk., braunes Haar, blaue Augen, Zähne lückenhaft, Bartwuchs u. Haarfarbe wechselnd.

Banküberfälle, Ausweisfälschung und andere Straftaten,
Mitglied einer kriminellen Vereinigung.

Haftbefehl: StA Frankfurt/Main 4 KLs 1/68

Bemerkungen:
Begleitpersonen - auch weibl. - häufig wechselnd, die als Mitglieder der BAADER-MEINHOF-Gruppe zu betrachten sind.
Benutzer schneller Pkw (überwiegend BMW) mit gestohlenen oder falschen Kennzeichen.

Bei Festnahme: BKA - III (SG) -
Bonn - Bad Godesberg - 02229/53001

VORSICHT! SCHUSSWAFFE!

56 Fahndungsmäppchen des BKA für Streifenpolizisten

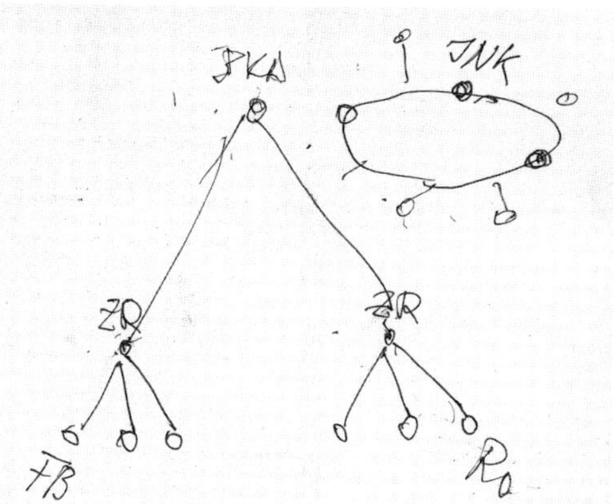

57 Organisations- und Funktionsdiagramm der Rasterfahndung und des BKA, aufgezeichnet von Horst Herold; November 2001

58 Broschüre des BKA, verfasst von Alfred Klaus, 1970

59 Gudrun Ensslin kurz nach ihrer Festnahme am 7. Juni 1972

60 *Festnahme 1. Juni 1972. Amateurfoto eines 14-jährigen Mädchens von Holger Meins, der sich auf Geheiß der Polizei während der Festnahme bis auf die Unterhose entkleiden mußte. Aufgenommen vom Balkon einer gegenüberliegenden Wohnung. Der »Stern« kaufte die Rechte für 1000 DM.*

61 *Amateurfoto vom 1. Juni 1972. Während der Polizeibelagerung steht Andreas Baader mit übereinandergeschlagenen Beinen, rauchend, in der offenen Garage. Abgedruckt in der Illustrierten ›Quick‹.*

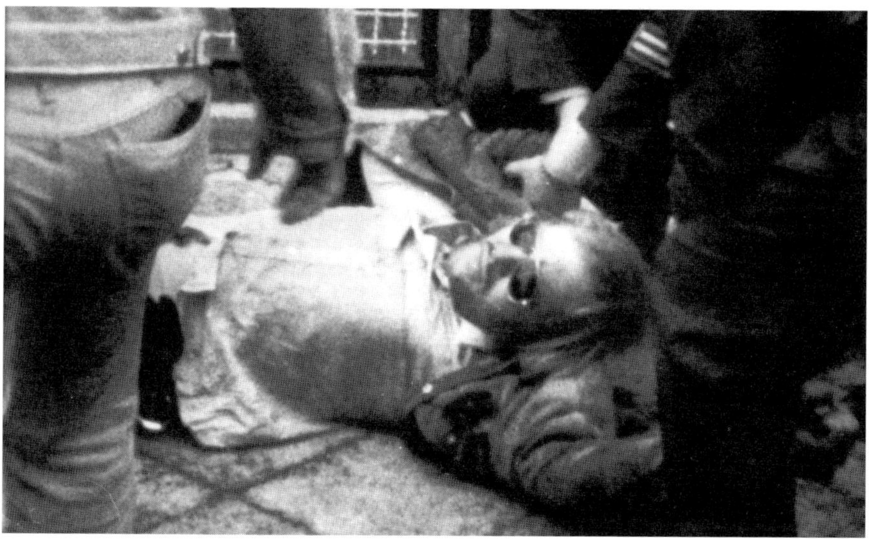

62 *Der angeschossene Andreas Baader nach der Festnahme*

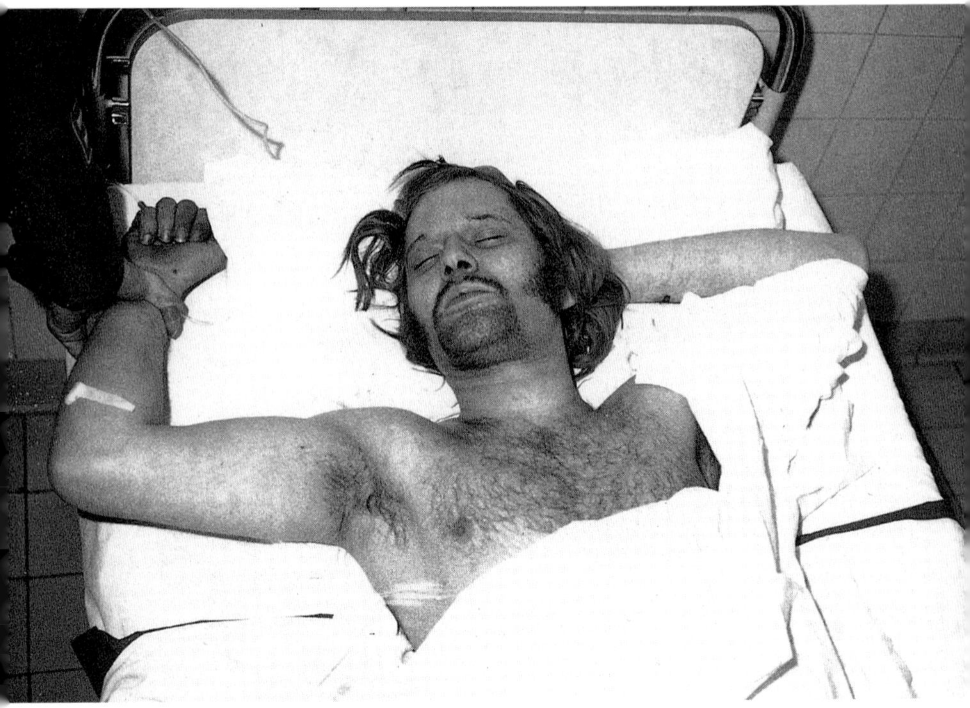

63 *Polizeifoto vom verletzten Andreas Baader im Operationssaal, 1. Juni 1972*

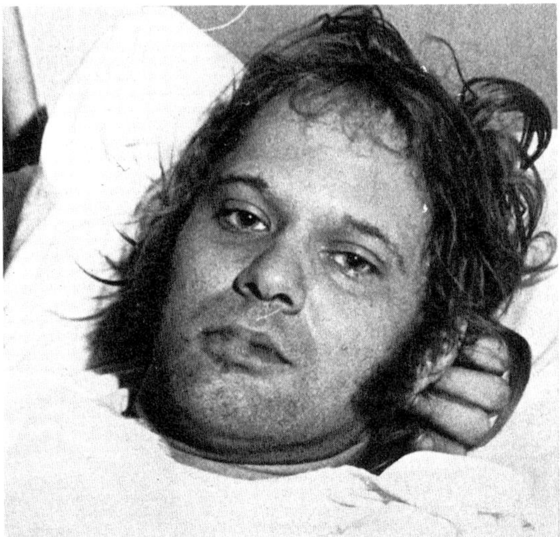

64 *Nach der Operation*

65 *Baaders Smith&Wesson, die er am 1. Juni bei sich trug*

66 *September 1972: Rainer Schlegelmilch nimmt im BKA-Depot seinen Porsche 911 Targa in Empfang, der von der RAF neun Monate zuvor gestohlen wurde.*

67 *Andreas Baader steigt aus dem Gefängnisbus in Stammheim.*

68 *Andreas Baader auf dem Weg zum Prozessgebäude, 26. Januar 1976*

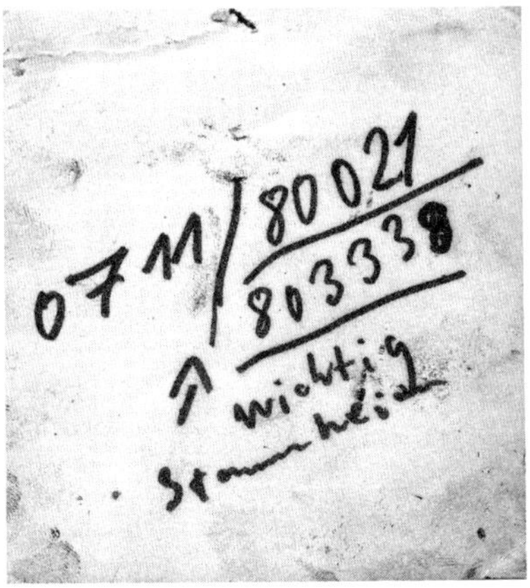

69 *Notiz von Baaders ehemaliger Lebensgefährtin Ello Michel, auf der Rückseite eines Fotos von Andreas Baader*

70–72 Andreas Baader, Brigitte Mohnhaupt und Gudrun Ensslin (im Hintergrund). Aufnahmen des BKA in Stammheim vom 5. Juli 1976

73 Andreas Baader, 1977

74 Andreas Baader, mit einer eingeschmuggelten Minox-Kamera von einem RAF-Mitglied im Stammheimer Gefängnis fotografiert.

75 Andreas Baader in der Zelle, Fotografie unbekannten Datums

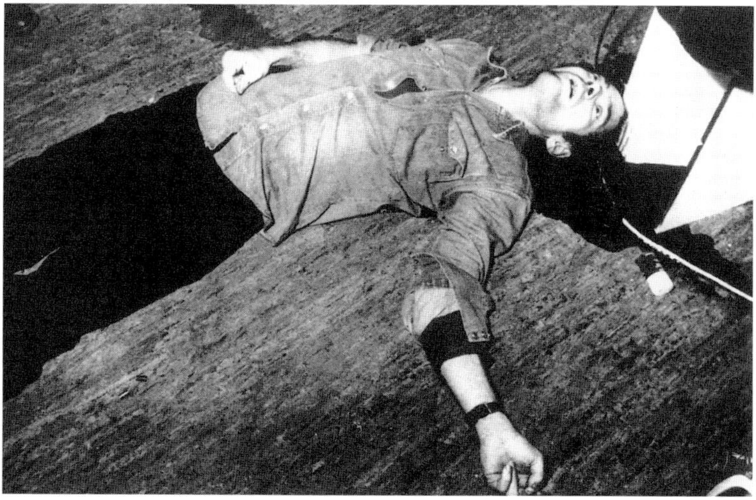

76 Andreas Baader, am Morgen des 18. Oktober 1977

77 Baaders Zelle in Stammheim mit Bücherwand, aufgenommen nach seinem Tod

78 Baaders Plattenspieler, in dem die Waffe versteckt war.

79 ›There's one in every crowd‹ von Eric Clapton war wohl die letzte LP, die Andreas Baader hörte.

80 *Am Grab von Andreas Baader, vorgebeugt Anneliese Baader*

81

Die Ermordung Siegfried Bubacks

Am Morgen des 7. April 1977 ist Generalbundesanwalt Siegfried Buback auf dem Weg zu seiner Dienststelle. An einer roten Ampel schließt ein schweres Motorrad der Marke Suzuki 750 GS auf. Fahrer und Beifahrer tragen Motorradanzüge und Helme. Als Bubacks Mercedes anfährt, feuert der Beifahrer mit einer automatischen Waffe auf den Mercedes. Der Fahrer Wolfgang Göbel (30) ist sofort tot, Siegfried Buback (57) stirbt wenig später am Tatort und der Beamte Georg Wurster (33) im Krankenhaus. Die Suzuki-Maschine rast davon. Die Fahndung bleibt erfolglos. Einige Tage später findet sich ein Bekennerbrief im Briefkasten der Deutschen Presseagentur in Frankfurt. »Am 7.4.1977 hat das Kommando Ulrike Meinhof Generalbundesanwalt Siegfried Buback hingerichtet. Buback war direkt verantwortlich für die Ermordung von Holger Meins, Siegfried Hausner und Ulrike Meinhof. (...) Unter Bubacks Regie wurde Holger Meins am 9.11.74 durch systematische Unterernährung und bewusste Manipulation des Transportzeitpunkts von Wittlich nach Stammheim gezielt ermordet. Das Kalkül der Bundesanwaltschaft war, durch die Exekution eines Kaders den kollektiven Hungerstreik der Gefangenen gegen die Vernichtungshaft zu brechen, nachdem der Versuch, Andreas durch Einstellung der Zwangsernährung umzubringen, durch die Mobilisierung der Öffentlichkeit gescheitert war. (...) Unter Bubacks Regie wurde Ulrike am 9. 5. 76 in einer Aktion des Staatsschutzes exekutiert. Ihr Tod wurde als Selbstmord inszeniert, um die Politik, für die Ulrike gekämpft hat, als sinnlos darzustellen. (...) Wir werden verhindern, dass unsere Fighter in westdeutschen Gefängnissen ermordet werden, weil die Bundesanwaltschaft das Problem, dass die Gefangenen nicht aufhören zu kämpfen, nicht anders als durch ihre Liquidierung lösen kann.«[458]

Autorin der Erklärung war Brigitte Mohnhaupt.[459] Die Tat war von Christian Klar (Student der Philosophie und Geschichte), Knut Folkerts (ebenfalls Student der Philosophie und Geschichte) und Günter Sonnenberg (Taxifahrer) ausgeführt worden, wer auf dem Motorrad gesessen hatte und wer der Schütze war, konnte allerdings nie aufgeklärt werden.[460]

Doch die Täter wurden festgenommen und verurteilt, und Horst Herold konnte wahr machen, was er Siegfried Buback am Grab nachgerufen hatte: »Ich bringe sie dir alle!« Die drei Tatbeteiligten waren durch das »Komitee gegen Folter an politischen Gefangenen in der BRD« zur RAF gekommen. Sie hatten zu denen gehört, die im Oktober 1974 ein Büro von Amnesty International in Hamburg besetzt hatten, um gegen die Isolationshaft zu protestieren. Auf ihrem Weg in den Untergrund war, so ließ sich rekonstruieren, der Ende November 1976 verhaftete Siegfried Haag eine Schlüsselfigur gewesen. Hier schließen sich die Kreise. Auch den Ermittlern wird nun manches klarer, zum Beispiel, was sich hinter der Tarnbezeichnung »Margarine« verbarg: Es war ein Codewort für die Initialen von Siegfried Buback, S. B., zugleich das Kürzel der Margarinemarke »SB«. Was mit »Big Raushole« gemeint war, wird in wenigen Monaten ebenfalls sichtbar werden.

Andreas Baader, so wird man sagen können, hatte den Buback-Mord von langer Hand vorbereitet. Aus dem Gefängnis heraus. Er hatte schon in einem am 4. Februar 1974 aufgefundenen Kassiber verlangt, dass man »oben« bei der »baw« (Bundesanwaltschaft) angreifen solle.[461] Die Ausführenden waren durch die Folterkampagne mobilisiert worden, also, wenn man so will, durch Baaders PR-Strategie. Er hatte es geschafft, seinen Krieg gegen den Staat aus seinem Stammheimer »Führerbunker« heraus auf verschiedenen Ebenen fortzusetzen.

Das Urteil

Am vorletzten Prozesstag sind weder die Wahlverteidiger noch die Angeklagten im Gerichtssaal. Nur die Pflichtverteidiger plädieren. Mehrheitlich beantragen sie, das Verfahren aufgrund von Mängeln einzustellen. Ein Justizbeamter wird zu den Angeklagten geschickt. Er fragt unter Zeugen, ob die Angeklagten ihr Recht auf ein Schlusswort wahrnehmen wollen. Sie wollen nicht. Die Wahlverteidiger inszenieren ihr Schlusswort als Pressekonferenz in einem Stuttgarter Hotel. Hans Heinz Heldmann hatte zuvor schon zwei Anträge auf

Verfahrenseinstellung vorgelegt. Seine Hauptbegründungen: der Ausschluss der Angeklagten und die Abhörungen. Am 27. April erklärt er: »Dieses Verfahren, von seinen Anfängen an rechtsbrüchig, (...) ist von denen, die es betrieben haben, zu seinem eigenen Phantom malträtiert worden. Den Fangschuss haben ihm die kraft Amtes berufenen Hüter von Justiz und Verfassung gegeben [damit spielt Heldmann auf die Abhörungen an, Anm. d. Verf.]. Danach war für die Verteidiger der Stammheimer Gefangenen innerhalb der Justizfestung nichts mehr zu sagen. Darum sprechen wir heute und in den nächsten Tagen zu einer Öffentlichkeit außerhalb des Kriegsschauplatzes Stammheim.«[462] Heldmann präsentiert eine Liste von acht Rechtsbrüchen (Vorverurteilung, Gesetzesänderungen, Ausnahmegericht, befangene Richter, Verhandlung trotz Verhandlungsunfähigkeit der Angeklagten, Zerstörung der Verteidigung, fragwürdige Beweisaufnahme). Heldmanns »erste Nachrede auf das Justizverfahren von Stammheim« endet mit dem Satz: »Bis zum Beweis des Gegenteils müssen wir davon ausgehen, dass Haftrichter Foth weiß, was er tut: Mit seiner haftrichterlichen Verfügung vom 14. April 1977 [Foth hatte Anträge auf weitere Lockerungen der Haftbedingungen abgelehnt, Anm. d. Verf.] gegen die einhelligen Forderungen der Ärzte hat er Andreas Baader, Gudrun Ensslin und Jan Carl Raspe zum Tod verurteilt.« So weit will und kann Schily nicht gehen. Doch auch sein Urteil über den Prozess ist hart. Zunächst prangert er noch einmal an, dass es im Verfahren nicht möglich gewesen sei, die politischen Motive der Angeklagten darzulegen, zu zeigen, dass es sich bei ihren Taten um Widerstandsaktionen gegen den Völkermord in Vietnam gehandelt habe. Aufs Ganze gesehen, so bringt Schily sein Urteil auf den Punkt, sei von der »rechtsstaatlichen Fassade nichts, aber auch nichts übrig geblieben«.

Am 28. April 1977, dem 192. Verhandlungstag, wird das Urteil verkündet. Eberhard Foth erinnert sich: »Man wusste nicht, was geschehen würde, dieser Tag war schon mit erheblicher Spannung behaftet. Man hatte ja den Eindruck, dieser Prozess geht gar nicht mehr zu Ende. So nach dem Grundsatz: Der Krieg ernährt den Krieg. Mir war nicht klar, wie das eigentlich zu Ende gehen sollte. Deswegen war die Möglichkeit der Urteilsverkündung etwas ganz Besonderes. Ich weiß noch, ich bin da ins Gericht gefahren worden von der Polizei. Unterwegs schlossen sich noch zwei Motorräder an. Dann habe ich also das Urteil verkündet. Ich hatte mir handschriftlich etwas vorbereitet, das gedruckte Urteil lag ja noch nicht vor. Aber das war schon eine erhebliche Anspannung, das weiß ich noch. Wie mich das angespannt hat, wurde mir deutlich, als ich so nach einer Stunde gemerkt habe, dass ich plötzlich angefangen habe, die Kommata mitzulesen. Da habe ich gedacht, jetzt ist es an der Zeit, dass du eine Pause machst. Aber dann ist es ja gut zu Ende gegangen.« Das schriftliche Urteil umfasst 319 Seiten. Sein Tenor: »1. Die Angeklagten Andreas Baader, Gudrun Ensslin und Jan-Carl Raspe sind schuldig, folgende Taten jeweils gemeinschaftlich begangen zu haben: a) 3 tateinheitliche Morde in Tateinheit mit 6 versuchten Morden, b) einen weiteren Mord in Tateinheit mit einem versuchten Mord, c) in einem Fall 2 tateinheitliche versuchte Morde, e) in einem weiteren Fall 23 tateinheitliche versuchte Morde, f) in sämtlichen Fällen zugleich eine tateinheitlich herbeigeführte Sprengstoff-Explosion. 2. Außerdem sind schuldig: a) der Angeklagte Baader zweier versuchter Morde (…). 3. Jeweils in Tateinheit mit den unter 1.) und 2.) ausgeführten Taten sind die Angeklagten schuldig, eine kriminelle Vereinigung gebildet zu haben. 4. Jeder der drei Angeklagten wird zu einer lebenslangen Freiheitsstrafe verurteilt.« Andreas Baader hat sich für den Inhalt des Urteils nicht sonderlich interessiert. Horst Bubeck: »Als wir dann das Urteil berichtet haben, hat er es nur beiläufig zur Kenntnis genommen. So, wie wenn Sie zu jemand sagen: Fahren Sie mit Ihrem Auto doch mal weg, Sie behindern da vorne jemanden. Ja, gut. So.«

Darüber, wie das Verfahren zu beurteilen ist, gehen die Meinungen auseinander. Für Andreas Baader und seine Getreuen hat sein Verlauf nur das Bild eines faschistischen Staates bestätigt, der seine Gegner mit allen Mitteln, mit Sondergesetzen, Rechtsbrüchen (Abhörungen) und »Vernichtungshaft« bekämpft. Sein Verteidiger Hans Heinz Heldmann hatte das Verfahren als »von seinen Anfängen an rechtsbrüchig« ge-

geißelt. Prinzing ist im Rückblick vor allem auf die Presse wütend. Er schreibt im Januar 2006 über die Rolle der Medien: »Sie bestand im Niederschreiben eines Gerichts, das seine Aufgabe unter widrigsten Bedingungen nach Recht und Gesetz erfüllt hat, und der Glorifizierung einer Verteidigung, die sich ihrer eigentlichen Aufgabe nahezu vollkommen verweigert hat. Schon bald nach Beginn der Hauptverhandlung titelte ein überregionales Wochenblatt: ›An Stammheim leidet der Rechtsstaat‹ und stellte die Richter mit Bezeichnungen aus der NS-Zeit (Sonderrichter, Sondergericht) genau in die Ecke, wo sie linke Agitatoren haben wollten.«[463] Prinzing zitiert weitere Medienberichte und resümiert: »Wer aus eigener Erfahrung weiß, was den Richtern damals abverlangt wurde, kann sich angesichts solcher Medienstimmen nur wie in einer verkehrten Welt vorkommen und so empfinden, wie mir das ein bekannter Stuttgarter Rechtsanwalt, früher sogar einmal KPD-Mitglied, schilderte, nachdem er seine Kollegen Verteidiger als Zuhörer in Stammheim erlebt hatte: ›Man möchte seinen Hut auf den Boden knallen und darauf herumtrampeln!‹«

Misst man das Ergebnis an den Intentionen, so haben alle Seiten etwas erreicht: Das Gericht hat immerhin ein Urteil gefällt, die Verteidiger haben den Standpunkt der Angeklagten öffentlichkeitswirksam dargelegt, und den Angeklagten, allen voran Andreas Baader, ist es gelungen, den Prozess zu einer Propagandabühne für die eigenen Ideen des Guerillakampfes und vor allem für das eigene Leiden unter der »Vernichtungshaft« zu machen und dadurch Rache- und Befreiungsaktionen zu initiieren. Die Anwälte haben sich mehrheitlich auf die damit verbundene Linie der »politischen Verteidigung« eingelassen und die Kampagnen zu den Haftbedingungen mehr oder weniger mitbetrieben. »Das nehme ich den Verteidigern bis heute übel«, sagt Eberhard Foth, »dass sie da mitgemacht haben. Denn diese Kampagnen waren wesentliche Gründe für die zweite und dritte Generation. Schon der Anschlag in Stockholm entstammt ja aus einem solchen »Anti-Folter-Komitee«. Und dass die Anwälte das unterstützt haben, von Croissant bis Schily, das finde ich eine schlimme Sache. Die mussten es besser gewusst haben. Man kann es ja bei einigen jungen Leuten verfolgen. Da gab es zum Beispiel irgendwann eine Besetzung von einem Amnesty-International-Büro, und wenn man die Namen liest, so kann man verfolgen, wie die sich dann später in »Anti-Folter-Komitees« finden, und noch später sind sie dann Täter von mörderischen Anschlägen [Foth meint u. a. die Mörder von Siegfried Buback Christian Klar, Knut Folkerts und Günter Sonnenberg, Anm. d. Verf.]. Diese Kampagne war eine schlimme Geschichte. Die wurde ja sehr professionell gemacht. Der Staat hat den Angeklagten jedenfalls nicht nach dem Leben getrachtet und wir vom Gericht schon gar nicht.«

Mit Abstand betrachtet erscheint das Verfahren in vieler Hinsicht als eine Groteske, ein Verfahren, in dem Verteidiger und Angeklagte aufgrund maßgeschneiderter Gesetze im Handumdrehen ausgeschlossen werden, in dem ein endloser und letztlich sinnloser Reigen von Ablehnungsanträgen und Zurückweisungsbeschlüssen aufgeführt wird, mit Zeugen, die auf Wegen zu Aussagen gebracht werden, die bis heute als Staatsgeheimnis behandelt werden (Müller), mit einem Justizminister im Hintergrund, der Verteidigergespräche abhören lässt. Ein Prozess, in dem Verteidiger eine sofortige Überführung ihrer Mandanten in den Kriegsgefangenenstatus (Azzola) verlangen, die Begründung eines Gerichtsbeschlusses mit »Heil, Dr. Prinzing« (von Plottnitz) quittieren, dem Staat Legalisierung der Folter (Heldmann) und Hinrichtung von Angeklagten (Heldmann) vorwerfen. Ein Verfahren, in dem Angeklagte zur Sache eine 250seitige hermetische Erklärung zum weltweiten Guerillakrieg verlesen und Richter und Anwälte je nach Gusto so lange als faschistische Arschlöcher oder Rattenhaufen (Baader) beschimpfen, bis sie von der Verhandlung ausgeschlossen werden. Nicht zu vergessen Jünschkes Sprung auf den Richtertisch. Das Ganze zieht sich über einen Zeitraum von knapp zwei Jahren hin, verschlingt Abermillionen an Steuergeldern für Personalkosten (Polizei, Justiz, Verteidigung, Vollzug) und Baumaßnahmen und hinterlässt Aktenberge, die alle Maßstäbe sprengen. Und doch gelingt es nicht, die zentrale Frage zu klären, warum eigentlich die Angeklagten den Weg des bewaffneten Kampfes für den einzig richtigen hielten. Eine wirkliche Auseinandersetzung mit den

Tatmotiven der Angeklagten hatte nicht stattgefunden, ebenso wenig wie eine Auseinandersetzung der Angeklagten mit dem Rechtsstaat. Baader und seine RAF haben den Rechtsstaat vielmehr ignoriert, weil »revolutionäre Politik« eben nicht »justiziabel« sei, wie Andreas Baader schon am 29. Verhandlungstag erklärt hatte.

Aber der Stammheimer Prozess war nicht nur eine Groteske und ein Strafverfahren mit Defiziten, er war zugleich auch eine Tragödie mit zwei Toten, Ulrike Meinhof und Siegfried Buback. Am 28. Juni 1977 veröffentlichte der evangelische Theologe Helmut Gollwitzer unter dem Eindruck des Buback-Mordes eine Erklärung im ›Berliner Extradienst‹. Die Rede von der »Hinrichtung« Bubacks in dem Bekennerschreiben der RAF gleiche, so Gollwitzer, einer Wiedereinführung der Todesstrafe. »Nihilistischer Wahnsinn« sei an die Stelle des antiimperialistischen Kampfes getreten. Damit hätten die selbsternannten Guerilleros aufgehört, Genossen zu sein. Sie seien vielmehr »Werkzeuge der Reaktion« geworden. Das sei es, was sie endlich einsehen müssten. Ihre »pseudo-revolutionären« Aktionen dienten nur noch der Selbst-Reproduktion. »Nie«, so Gollwitzer, »wurde etwas im Interesse der von dieser Gesellschaft Unterdrückten unternommen.« Die Stammheimer hätten von uns jetzt vor allem dies eine zu hören: »Schluss mit der blödsinnigen Parole: ›Den Widerstand bewaffnen!‹, die sie vor kurzem noch herausgegeben haben! Statt dessen sollen sie endlich alle ihre Sympathisanten innerhalb und außerhalb der Gefängnisse auffordern, mit der heimtückischen Morderei und dem kindischen Basteln von Sprengsätzen aufzuhören und die Mühe politischer Arbeit auf sich zu nehmen. Das ist der einzige Beitrag zum anti-imperialistischen Kampf, den sie nach dem Schaden, den sie angerichtet haben, jetzt von der Zelle aus leisten können.«[464] Doch diese Wende war längst nicht mehr denkbar. Die »Selbst-Reproduktion der Gruppe«, die Gollwitzer treffend kritisiert hatte, lief auf Hochtouren in den »Deutschen Herbst« hinein. War Ende der 60er Jahre ein erfolgreiches Vermitteln zwischen protestierenden Studenten und Staatsorganen in einigen Situationen noch möglich gewesen, so ließ die polarisierende Dynamik des RAF-Konfliktes dafür keine Spielräume mehr.

Letzte Machtprobe
Die Baader-Befreiungsarmee in der Offensive

In den am 30. November 1976 bei Siegfried Haag gefundenen Papieren war von drei Vorhaben die Rede: »Margarine«, »Big Money« und »Big Rausholе«. Andreas Baader liegt vor allem an »Big Rausholе«, an seiner Befreiung. Zwei Getreue sind schon mitten in den Vorbereitungen: Brigitte Mohnhaupt und Baaders »Lieblings-Lehrling« Peter-Jürgen Boock aus Frankfurter Staffelberg-Zeiten. Brigitte Mohnhaupt, Mitbegründerin der »Tupamaros München«, hatte fast ein dreiviertel Jahr mit Baader im siebten Stock in Stammheim gesessen. Sie war nun die treibende Kraft. Die Chefin der zweiten RAF-Generation.

Am 30. Juli ist sie zusammen mit Peter-Jürgen Boock, Willy-Peter Stoll, Christian Klar und Susanne Albrecht auf dem Weg in die Oberhöchstädter Straße 69 in Oberursel bei Frankfurt. Dort wohnt Jürgen Ponto, Vorstandssprecher der Dresdner Bank, der damals zweitgrößten Bank der Republik. Ponto soll entführt werden, die fünf haben einen VW-Bus dabei. Doch die Sache geht schief und Ponto wird erschossen. Im Zusammenhang mit der Fahndung nach seinen Mördern strahlt die ›Tagesschau‹ auch ein Foto von Willy-Peter Stoll aus, demjenigen der fünf, der den VW-Bus bereit hielt – ehemals Gehilfe im Büro Croissant. Eine Mitarbeiterin des Hamburger Welt-Wirtschafts-Archivs erkennt Stoll wieder. Er hatte am 6. Juli bei ihr die Akte »Ponto« ausgeliehen und kopiert. Ein Blick in die Kartei zeigt: Der Mann, der sich als mit einer Doktorarbeit über »führende Persönlichkeiten in der Wirtschaft« befasster Student ausgab, kopierte noch eine weitere Akte: die von Arbeitgeberpräsident Hanns-Martin Schleyer. Der Schutz für Schleyer wird umgehend verstärkt (Gefährdungsstufe 1). Die Vorbereitungen für seine Entführung waren zu diesem Zeitpunkt schon in vollem Gange. Doch zunächst wird ein anderes Ziel ins Visier genommen: die Bundesanwaltschaft in Karlsruhe. Am 25. August fesselt ein junges

Paar den Kunstmaler Sand und seine Frau in deren Wohnzimmer. Danach werden Kisten aus einem vor dem Haus geparkten Renault 4 in die Wohnung geschleppt. Peter-Jürgen Boock packt sie aus und baut ihren Inhalt auf einem Eichentisch in Sands Atelier zusammen. Nach drei Stunden steht ein 150 Kilo schwerer Raketenwerfer auf Sands Eichentisch. Seine 42 Abschussrohre sind auf die Fenster der Bundesanwaltschaft gerichtet. Boock öffnet das Atelierfenster, und die drei Guerilleros verschwinden. Doch nichts passiert. Sieben Stunden später gelingt es den Rentnern, sich zu befreien. Die Polizeiexperten stellen fest, dass der Wecker der Zündvorrichtung nicht aufgezogen worden war. Darum war die Raketenbatterie nicht losgegangen. Hatte Boock vergessen, den Wecker aufzuziehen? Oder hatte er Skrupel bekommen und es absichtlich nicht getan, wie er später angab? In einer neun Tage später eingegangenen Erklärung heißt es, die Maschine im Atelier von Sand sei eine Warnung gewesen.

Die Schleyer-Entführung

Mit dem Ponto-Mord war »Big Raushole« im ersten Anlauf gescheitert. Der zweite Anlauf gilt Schleyer. Der 62-jährige Schleyer ist Präsident der Bundesvereinigung der Deutschen Arbeitgeberverbände und des Bundesverbandes der Deutschen Industrie, dazu Vorstandsmitglied von Daimler-Benz. Der ›Stern‹ nennt ihn den »Boss der Bosse«. Er ist ein Bilderbuch-Kapitalist nach dem Geschmack der RAF, ausgestattet mit wirtschaftlicher Machtfülle und bulliger Korpulenz, mit Härte gegenüber den Gewerkschaften und einer ambivalenten Vergangenheit. Denn Schleyer war Mitglied der SS und der NSDAP gewesen. 1943 wurde er Leiter des Präsidialbüros des »Zentralverbandes der Industrie für Böhmen und Mähren«. Nach dem Krieg stufte man ihn als »Mitläufer ohne Sühnemaßnahmen« ein.[465] 1951 fing er bei Daimler-Benz in Stuttgart an. 1963 wurde er ordentliches Vorstandsmitglied.

Um die 20 Stadtguerilleros arbeiten an der Vorbereitung seiner Entführung, alle im Untergrund befindlichen RAF-Mitglieder. Es ist die aufwendigste Aktion in der Geschichte der

RAF. Die Führungscrew um Andreas Baader ist schon ungeduldig und drängt per Kassiber auf Aktionen. Am Montag, dem 5. September 1977, ist es so weit. Hanns-Martin Schleyer steht gegen fünf in Stuttgart auf, allein. Die übrige Schleyer-Familie schläft noch, als der Daimler-Benz-Werksfahrer Erich Meyer ihn gegen sechs abholt und zum Stuttgarter Flughafen bringt. Von dort geht es mit dem Firmenjet nach Köln, wo Schleyer regelmäßig als Arbeitgeberpräsident zu tun hat. Nach einem vollen Tag will er an diesem Montag noch zu einer Abendveranstaltung nach Düsseldorf.

Doch seine Entführer erwarten ihn schon. Sie observieren die Fahrstrecke von seinem Kölner Büro zu seiner Wohnung in der Raschdorffstraße 10. Der zweite Posten hat den Auftrag, das Überfallkommando in einem Café anzurufen, sobald Schleyers Wagen passiert. Das Kennwort lautet »Mendocino«. Es geht zurück auf den Schlager ›Sie war das Girl in Mendocino‹ von Michael Holm. Die Kommandomitglieder Willy-Peter Stoll und Stefan Wisniewski sollen den schmalzigen Hit gelegentlich im Duett vor sich hin geträllert haben. Schleyer wird kurz nach 17 Uhr von seinem Fahrer Heinz Marcisz im Oberländer Ufer abgeholt. In einem weißen Mercedes 280 E folgen vier Polizeibeamte. Um 17.18 Uhr klingelt im Café »Stass« nahe der Vincenz-Statz-Straße das Telefon. Der Wirt nimmt ab und fragt nach einem Herrn Müller. Stefan Wisniewski steht auf, nimmt den Hörer, meldet sich. »Mendocino«, sagt eine Stimme am anderen Ende der Leitung. »Mendocino«, antwortet Wisniewski – was so viel bedeutet wie: es geht los. Wisniewski, Stoll, Boock und Hofmann brechen auf, postieren einen gelben Mercedes' in der Vincenz-Statz-Straße und einen VW-Bus unweit des Mercedes in der Friedrich-Schmidt-Straße auf dem Gehweg. Peter-Jürgen Boock und Sieglinde Hofmann heben einen blauen Kinderwagen aus dem Bus. Sie schieben ihn zur Ecke der Vincenz-Statz-Straße und mimen ein junges Elternpaar. In dem Kinderwagen liegen zwei Schnellfeuergewehre. Als sie die Schleyer-Kolonne herannahen sehen, nehmen sie die Waffen aus dem Kinderwagen. Stefan Wisniewski sitzt auf der anderen Straßenseite am Steuer des gelben Mercedes, der rechtwinklig mit dem Heck zur Fahrbahn steht. Auf dem Beifahrersitz liegt ein Repetiergewehr. Unweit des Wagens Willy-Peter Stoll. Er hat eine Tennisschlägertasche bei sich, in der sich ein polnisches Maschinengewehr befindet. Der Motor läuft.

Marcisz fährt mit Schleyer voraus. Am Steuer des Begleitfahrzeuges sitzt Reinhold Brändle (41). Hinter ihm Helmut Ulmer (24). Seine Pistole hat er griffbereit auf dem Schoß, das Maschinengewehr liegt vor ihm auf dem Fahrzeugboden. Neben ihm sitzt Roland Pieler (20). Gleich sind sie am Ziel. Als sie sich im letzten Stück der Vincenz-Statz-Straße befinden, schießt der gelbe Mercedes plötzlich rückwärts auf die Straße. Von der anderen Straßenseite rollt ein blauer Kinderwagen auf die Fahrbahn. Es ist 17.28 Uhr. Marcisz kann nicht ausweichen, macht eine Vollbremsung. Brändle fährt auf. In diesem Moment eröffnen die Angreifer das Feuer. Helmut Ulmer gelingt es noch, seine Maschinenpistole aufzunehmen, die Tür zu öffnen und zurückzufeuern. Acht Schüsse kann er abgeben, bevor er von Kugeln durchsiebt zusammenbricht. Auch Roland Pieler kann noch aussteigen und drei Schüsse aus seiner Pistole abgeben. Sekunden später sind die drei Polizisten tot. Schleyers Fahrer verblutet. Schleyer selbst wird aus dem Wagen gezogen und in den bereitstehenden VW-Bus gebracht. Dann geht es in eine Hochhauswohnung im Stadtteil Erftstadt-Liblar. Helmut Schmidt erfährt kurz nach 18 Uhr von der Entführung. Noch am gleichen Abend berät er sich mit Horst Herold. Der schlägt vor, die Entführer durch Verzögerungstaktiken hinzuhalten, um so viel wie möglich mit ihnen zu kommunizieren und hieraus Hinweise zu erhalten, die mit Hilfe des Computers ausgewertet werden und zur Entdeckung des Schleyer-Verstecks führen. Schmidt ist einverstanden.

Andreas Baader und seine Stammheimer Mitgefangenen erfahren zunächst aus dem Radio von der Entführung. Seit die erste AP-Meldung über das Ereignis um 18.11 Uhr über die Ticker ging, ist die Nachricht in der Medienwelt. Die Stammheimer können auch den ersten Fernsehbericht über den Überfall noch sehen: um 19.23 Uhr in der ZDF-Sendung ›heute‹. Danach werden ihnen die Radio- und Fernsehgeräte abgenommen. Eine Stunde später werden sie in andere Zellen verlegt, um ihre Zellen ungestört durchsuchen zu können. Drei Beamte des Landeskriminalamtes nehmen Baaders Zelle unter die Lupe, drehen alles um, bauen das Bett auseinander und wieder zusammen. Sie inspizieren 974 Bücher (bei der Studienstiftlerin Gudrun Ensslin fanden sich nur 450 Bücher), 75 Langspielplatten, eine Mundharmonika, eine »Olivetti«-Schreibmaschine, einen »Pelikan«-Tuschkasten, einen Elektrowecker. Ohne Ergebnis. Auch die Hilfsmittel der narzisstischen Selbstinszenierungsbedürfnisse von »a.« – zwei Sonnenbrillen, Haarspray, Lidschatten, zwei Pelzmäntel – sind unauffällig. Baaders Plattenspieler nehmen die Beamten mit. Die Anstaltsleitung soll ihn sich einmal genau ansehen. Die Durchsuchung endet um 2.45 Uhr. Einige Stunden zuvor hatte Generalbundesanwalt Kurt Rebmann, der Nachfolger des ermordeten Siegfried Buback, die Innenminister schon gebeten, die sofortige Isolation der RAF-Häftlinge anzuordnen. Keine Besuche, keine Kontakte, keine Informationen mehr. Sämtliche Privilegien wurden auf einen Schlag zurückgenommen. Der vermutete Kontakt von Entführern und Stammheimern sollte unterbrochen werden. Diese Maßnahme wird am folgenden Dienstag mit dem »rechtfertigenden Notstand« juristisch begründet und umgehend mit dem sogenannten »Kontaktsperregesetz« gesetzlich legitimiert.[466]

Schon am nächsten Tag nach der Entführung, am 6. September, bittet Andreas Baader Horst Bubeck, ihm seinen Plattenspieler zurückzugeben. Man könne damit ja weder funken noch Radio hören. Das leuchtet Bubeck ein, und er redet mit dem Gericht. Schon am 7. September haben alle RAF-Häftlinge ihre Plattenspieler zurück. Baaders Gerät war zuvor von einem Ingenieur untersucht und freigegeben worden. Die Geräte werden dann noch einmal vom 11. bis zum 21. September konfisziert. Grund ist nicht Schleyer, sondern eine Hausstrafe, die wegen einer Schlägerei erlassen worden war. Am 22. September hat Baader seinen Plattenspieler dann endgültig wieder: sein mobiles und schnell zugängliches Waffenversteck, wie sich später zeigen wird. An der gedrückten und nervösen Stimmung der Gefangenen änderte auch die Rückgabe der Plattenspieler nichts. Keine Spur von der Aufbruchstimmung, wie sie Bubeck im Frühjahr 1975 vor und zu Beginn der Botschaftsbesetzung in Stockholm noch hatte beobachten können. Andreas Baader sei »fahrig und noch aggressiver als sonst« gewesen, erinnert sich Bubeck. Raspe habe depressiv gewirkt und Gudrun Ensslin »gereizt und flatterhaft«.[467] Baader habe seinem Eindruck nach »keine besonders großen Hoffnungen« gehabt, dass die Freipressung gelingt.[468]

Am Nachmittag fand ein Mainzer Pfarrer ein Kuvert der Entführer in seinem Briefkasten. Darin war ein Polaroid-Foto von Schleyer und ein Schreiben, in dem es hieß: »sobald die fahndung gestoppt ist, läuft schleyers freilassung unter folgenden bedingungen: 1. Die gefangenen aus der raf: andreas baader, gudrun ensslin, jan-carl raspe, verena becker, werner hoppe, karl-heinz dellwo, hanna krabbe, bernd rösner, ingrid schubert, irmgard möller werden im austausch gegen schleyer freigelassen und reisen in ein Land ihrer wahl.«[469] Unterschrift: »Kommando Siegfried Hausner RAF.« In Bonn verständigen sich Helmut Schmidt und Helmut Kohl schnell auf eine harte Linie. Ihre möglichen Konsequenzen werden in einem Interview deutlich, das der SPD-Abgeordnete Peter Corterier dem britischen Rundfunksender BBC noch am gleichen Abend gibt. Der Reporter fragt: »Glauben Sie, dass Herr Schmidt sich einem Erpressungsversuch der Terroristen beugen wird?« »Es wird für ihn eine sehr schwere Entscheidung sein«, antwortet Corterier. »Ich bin wie die meisten von uns der Meinung, dass er sich auf keinerlei Erpressung einlassen kann.« »Selbst, wenn das bedeutet, dass Herr Schleyer getötet wird?« »Ja, ich glaube, ein Nachgeben ist unmöglich.«[470]

Die größte Fahndungsaktion in der Geschichte der Bundesrepublik rollt nun an. Aber die emsige Geschäftigkeit hat sogleich auch das Chaos im Schlepptau: Die Kommunikation zwischen Kölner Kripo, BKA und dem federführenden Generalbundesanwalt funktioniert zunächst nicht, es gibt jede Menge Verzögerungen und Wiederholungsschleifen bei der Klärung von Zuständigkeiten, der Bearbeitung von Hinweisen und der Erfassung von Daten. Die gravierendste Panne nimmt schon am zweiten Tag nach der Entführung ihren Lauf. Die Erftstädter Polizei wird auf die Wohnung aufmerksam, in der Schleyer festgehalten wird. Sie passt genau in das Fahndungsraster: Anonymität, Tiefgarage, gute Verkehrsanbindung. Doch das Fernschreiben mit dem Hinweis auf die Wohnung landet in einer Ablage und bleibt dort unbeachtet liegen. Die Panne wird systematisch vertuscht. Ihre ganzen Ausmaße kommen erst 20 Jahre später ans Tageslicht. BKA-Präsident Herold verfolgt die Hinhaltetaktik. Dabei wird auch die Befragung der Stammheimer Gefangenen nach möglichen Aufnahmeländern als Verzögerungsmoment eingesetzt. Der Mittelsmann heißt Alfred Klaus. Er fliegt am 13. September zum ersten Mal mit Fragebögen in der Aktentasche nach Stammheim.

Besuch vom BKA

»Er war ein einziges Nervenbündel«, erinnert sich Alfred Klaus an seine Besuche bei Andreas Baader. Seit der Nacht vom 10. auf den 11. September verlangt er regelmäßig nach Schmerz- und Schlafmitteln.

Klaus, Chef der Terrorismusabteilung im Bundeskriminalamt, war seit Jahren mit den Gefangenen persönlich bekannt. Er hatte die RAF-Geschichte von Anfang an verfolgt, seit der Baader-Befreiungsaktion am 14. Mai 1970. Er hatte die Familien aufgesucht, Dossiers angelegt, die Gefangenen besucht. Die RAF-Leute nannten ihn den »Familienbullen«. Am 13. September trifft Klaus in Stammheim zunächst mit Bundesanwalt Löchner zusammen. Gegen 9 Uhr sitzen sie Andreas Baader in der Besucherzelle gegenüber. Baader ergreift das Wort. Er möchte zunächst wissen, was mit den Entführern verhandelt worden ist. Klaus schweigt. Baader zieht an seiner selbstgedrehten Zigarette. Schließlich erklärt er den beiden Besuchern: »Wenn ein Austausch erfolgt, dann kann die Bundesregierung damit rechnen, dass die Gefangenen nicht in die Bundesrepublik zurückkehren. Es ist nicht beabsichtigt, das Potential der RAF danach wieder aufzufüllen, um den bewaffneten Kampf fortzuführen. Ich kann hier allerdings nur für diejenigen sprechen, die hier in Stammheim inhaftiert sind oder hier inhaftiert gewesen sind. Diese Versicherung an die Bundesregierung, nicht in die Bundesrepublik zurückzukehren, gilt auch für den Fall, dass das Urteil im Stammheimer

Prozess aufgehoben werden sollte, oder sonst eine signifikante politische Veränderung eintreten sollte. Die Bundesrepublik hat nur die Wahl, die Gefangenen umzubringen oder sie irgendwann wegen Haftunfähigkeit zu entlassen. Wenn die Regierung uns ausfliegen lässt, wird das für längere Zeit eine Entspannung bedeuten. Es liegt also im Interesse der Bundesregierung, eine weitere Eskalation zu vermeiden. Die Bundesregierung muss sich also um ein Aufnahmeland für diejenigen Gefangenen bemühen, deren Freilassung gefordert wird.«[471] Als Baader geendet hat, legt Klaus einen Fragebogen auf den Tisch. Unter der Frage: »Sind Sie bereit, sich ausfliegen zu lassen?«, schreibt Baader: »Ja.« Nach einigem Drängen von Klaus ist Baader auch bereit, Länder zu benennen. Zunächst »Algerien/Vietnam«, später auch noch »Libyen/VR Jemen/Irak«. Horst Herold ist mit dem Ergebnis des Gespräches zufrieden. Andreas Baader hatte ihm Verzögerungsgründe geliefert, denn das Abarbeiten dieser Länderliste würde Zeit brauchen.

Klaus, der auch Ensslin und Raspe besucht und ihnen den gleichen Fragebogen wie Baader vorgelegt hatte, hatte aus den Antworten geschlossen, dass die Gefangenen untereinander Kontakt gehabt haben mussten. Aber wie? Eine Kommunikationspraxis hatten die Vollzugsbeamten schon des Öfteren beobachten können: Die Gefangenen nahmen nachts Rufkontakt durch die Luftschlitze in den Zellentüren auf. Die Beamten begannen, diese Gespräche zu protokollieren. Bubeck sandte die Mitschriften an das Justizministerium. Er hatte die Hoffnung, dass die Kenntnis der beträchtlichen Schwierigkeiten, die interne Kontaktsperre zu realisieren, zu ihrer Aufhebung beitragen könnte. Das Gegenteil trat ein: Man verlangte, alles für die Umsetzung der Sperre zu tun. Also klebten Bubeck und seine Kollegen Schaumstoff auf Spanplatten, die nachts von außen an die Zellentüren gelehnt wurden. Sie sollten die Stimmen dämmen. Die Gefangenen brüllten nun umso lauter. Später stellte man fest, dass diese Unterhaltungen vermutlich nur Ablenkungsmanöver waren. Denn die Häftlinge hatten sich eine Wechselsprechanlage gebaut, die unbemerkt geblieben war. Dafür nutzten sie die Hörfunkkabel und die nur zeitweise stromführenden Wechselstromleitungen für den

Sanitärbereich. Als Verstärker, Mikrofone und Lautsprecher verwendeten sie, wie später festgestellt wurde, ihre entsprechend manipulierten Stereoanlagen.

»Bleierne Zeit«

Die Grundstimmung in Stammheim ist düster. Die Gefangenen haben ihre Fenster mit Decken verhängt. Am 27. Oktober hatte Jan-Carl Raspe Alfred Klaus gegenüber davon gesprochen, dass eine polizeiliche Lösung der Schleyer-Entführung »tote Gefangene« zur Folge haben würde.[472] Am 6. Oktober klagt er gegenüber dem Gefängnisarzt über Schlafstörungen, spricht von Selbstmord. Der Arzt informiert die Anstaltsleitung über »eine echte suizidale Handlungsbereitschaft« bei Raspe. Am Abend des 7. Oktober schreibt Andreas Baader an das Oberlandesgericht: »Aus dem Zusammenhang aller Maßnahmen seit sechs Wochen und ein paar Bemerkungen der Beamten lässt sich der Schluss ziehen, dass die Administration oder der Staatsschutz, der – wie ein Beamter sagt – jetzt permanent im siebten Stock ist, die Hoffnung haben, hier einen oder mehrere Selbstmorde zu provozieren, sie jedenfalls plausibel erscheinen zu lassen. Ich stelle dazu fest: keiner von uns – das war in den paar Worten, die wir vor zwei Wochen an der Tür wechseln konnten und der Diskussion seit Jahren klar – hat die Absicht, sich umzubringen. Sollten wir – wieder ein Beamter – hier ›tot aufgefunden werden‹, sind wir in der guten Tradition justizieller und politischer Maßnahmen dieses Verfahrens getötet worden. Andreas Baader, 7.10., 19 Uhr.«[473]

Am folgenden Tag erhält Alfred Klaus einen Anruf aus Stammheim. Baader wolle ihn sprechen. Als Klaus um kurz vor sechs im Besucherzimmer mit Baader zusammentrifft, fragt der: »Haben Sie mir etwas zu sagen?« Klaus verneint. Baader setzt zu einer Erklärung an. Er wirkt nervös, spricht hektisch: »Wenn das jämmerliche Spiel und die Potenzierung der Isolation seit sechs Wochen nicht bald ein Ende findet, werden die Gefangenen entscheiden. Das polizeiliche Kalkül wird nicht aufgehen. Dann werden die Sicherheitsorgane mit einer Dialektik der politischen Entwicklung konfrontiert, die sie zu betrogenen Betrügern macht. Die Gefangenen haben nicht die Absicht, die gegenwärtige Situation länger hinzunehmen. Die Bundesregierung wird in Zukunft nicht mehr über die Gefangenen verfügen können.«[474] »In welcher Welt leben Sie eigentlich?«, fragt Klaus. »Finden Sie nicht auch, dass das irreale Vorstellungen sind?« »Das ist eine Drohung«, sagt Baader. »Es wird sich um eine irreversible Entscheidung der Gefangenen in Stunden oder Tagen handeln.« Nach sieben Minuten steht Baader auf und verlässt den Raum. Auf dem Flur bleibt er noch einmal stehen und wendet sich um: »Falls die Bundesregierung die Gefangenen auszutauschen beabsichtigt, dann wollen wir nicht irgendwohin gebracht werden, sondern an den Verhandlungen über Zielort und Modalitäten beteiligt werden.« Klaus kehrt zurück nach Bonn und schreibt einen Vermerk: »Ich gewann bei dem etwa sieben Minuten dauernden Gespräch den Eindruck, dass Baader infolge der Isolation und der Ungewissheit mit den Nerven am Ende ist. Mit der von ihm genannten Entscheidung der Gefangenen kann nach Sachlage nur ihre Selbsttötung gemeint sein. Ob dies ernst gemeint ist und ob die Gefangenen sich darüber haben verständigen können, ist nicht sicher.« Er informiert Nusser und Herold über den Inhalt des Gespräches.

Schon am nächsten Tag muss Klaus wieder nach Stammheim. Dieses Mal will Gudrun Ensslin ihn sprechen. Als er sie am Nachmittag in der Besucherzelle trifft, hat sie Notizen dabei. Klaus soll mitschreiben, was sie zu sagen hat: »Wenn diese Bestialität hier, die ja auch mit Schleyers Tod nicht beendet sein wird, andauert – die Repressalien im sechsten Jahr der Untersuchungshaft und Isolation – und da geht es um Stunden, Tage, das heißt nicht mal eine Woche –, dann werden wir, die Gefangenen in Stammheim, Schmidt die Entscheidung aus der Hand nehmen, indem wir entscheiden, und zwar wie es jetzt noch möglich ist, die Entscheidung über uns. Das ist eine Tatsache, die die Regierung angeht, weil sie verantwortlich ist für die Tatsache, die sie begründen – die fünfeinhalb Jahre Folter und Mord, den Schauprozess, die totale elektronische Überwachung, die Tortur durch Drogen und Isolation –, dieses ganze jämmerliche Ritual, um unseren Willen und Bewusstsein zu brechen. Verantwortlich auch für den Exzess dieser unmenschlichen Konzeption seit sechs Wochen: die perfekte soziale und Geräuschisolation und die Masse der Schikanen und Quälereien, die uns fertigmachen sollen.«[475]

Im Falle eines Austausches gegen Schleyer werde man nicht in die Bundesrepublik zurückkommen, weder legal noch illegal. Klaus fragt, ob sie von dem Gespräch mit Baader am Vortag erfahren habe. Ensslin bejaht. Klaus wundert sich. Wenig später wird Jan-Carl Raspe in den Besucherraum geführt. Er hatte ebenfalls um den Besuch von Klaus gebeten. »Ich will«, sagt Raspe, »an meine Warnung vom 27. September erinnern. Die politische Katastrophe sind die toten Gefangenen und nicht die befreiten. Das geht die Bundesregierung insofern an, als sie für die jetzigen Haftbedingungen verantwortlich ist, die darauf abzielen, die Gefangenen als verschiebbare Figuren zu behandeln. Die Gefangenen werden der Bundesregierung, wenn dort keine fällt, die Entscheidung abnehmen.« »Wollen Sie sich selbst töten, so wie es Ulrike Meinhof getan hat?«, will Klaus wissen. »Ich weiß nicht«, sagt Raspe. »Es gibt ja auch das Mittel des Hungerstreiks und des Durststreiks. Nach sieben Tagen Durststreik ist der Tod unausweichlich. Da nützen auch keine medizinischen Mätzchen mehr.«[476]

Nach seinem Besuch in Stammheim ruft Klaus Horst Herold an und berichtet ihm von den Selbstmorddrohungen der Gefangenen. Horst Bubeck, der den Gesprächen beigewohnt hatte, informiert seinen Chef über deren Inhalt. Nusser schreibt am folgenden Tag an das Justizministerium.[477] In dem durch einen Sonderboten überbrachten Brief heißt es: »Die Erklärungen der Gefangenen können als Androhung von Hunger- und Durststreiks, aber auch als Selbstmord-Drohung ausgelegt werden. Für den letzteren Fall ist darauf hinzuweisen, dass eine wirksame Selbstmord-Verhinderung der völlig isolierten Gefangenen nicht möglich ist.« Justizminister Bender antwortet, Nusser möge doch »alles Vertretbare« tun, um mögliche Suizide zu verhindern.

LH 181

Der Lufthansa-Flug LH 181 startet am Donnerstag, 13. Oktober, gegen 13 Uhr in Palma de Mallorca. Für die meisten Passagiere ist es die Heimreise aus dem Urlaub. Im Cockpit der »Landshut« sitzen Flugkapitän Jürgen Schuhmann und sein Kopilot Jürgen Vietor. Ihr Ziel ist Frankfurt. Als Schuhmann auf der Höhe von Marseille ist, fliegt plötzlich die Tür des Cockpit auf. Zwei Männer mit Pistolen stehen hinter ihm. Einer schreit: »Raus, raus!« Vietor muss aufstehen, wird in die Kabine gestoßen. Im Mittelgang stehen zwei Mädchen. Die eine ruft: »You are kidnapped, don't move!« Aus dem Lautsprecher dringt eine Männerstimme. In gebrochenem Englisch heißt es: »Hier spricht Kapitän Mahmud. Ich habe das Kommando übernommen. Sie tun ab jetzt, was ich sage. Sonst sprenge ich das Flugzeug.« Er weist Jürgen Vietor an, Kurs auf Rom zu nehmen. Die Flugzeugentführung nimmt ihren Lauf. Sie war kurz zuvor von Brigitte Mohnhaupt und Peter-Jürgen Boock mit Wadi Haddad in Bagdad verabredet worden. Der Chef der PFLP-SC hatte den RAF-Leuten angeboten, die Schleyer-Entführung mit einer von seinen Leuten durchgeführten Aktion zu unterstützen. Kurz vor der Landung in Rom fällt der Stewardess Gaby Dillmann auf, dass sich die vier Hijacker umgezogen haben: Sie tragen jetzt alle rote T-Shirts mit Che-Guevara-Porträts.[478] Als die »Landshut« auf dem Flughafen Fiumicino zum Stehen gekommen ist, gibt Mahmud eine Erklärung ab. Die römischen Fluglotsen notieren: »Die Gruppe, die ich vertrete, fordert die Freilassung unserer Genossen, die in den deutschen Gefängnissen in Haft sind. Wir kämpfen gegen die imperialistischen Organisationen dieser Welt.«[479]

Die Italiener informieren den Bundesinnenminister. Der spricht umgehend mit seinem italienischen Amtskollegen und beschwört ihn, die Maschine nicht vom Boden zu lassen. Doch die Italiener erfüllen seine Bitte nicht. Um Viertel vor sechs startet die Boeing wieder. In Bonn tagt der »Kleine Krisenstab«. Man beschließt, bei der harten Linie zu bleiben und der »Landshut« ein Flugzeug mit der Grenzschutzgruppe 9 (GSG 9) hinterherzuschicken. Die GSG-9-Leute brennen schon lange darauf, zu zeigen, was sie können. Fünf Jahre waren sie nun schon eine »Feuerwehr auf der Reservebank« (›Stern‹), eine Feuerwehr mit einer sehr guten Ausbildung allerdings. Die Spezialeinheit war nach dem Münchner Anschlag auf die israelische Olympiamannschaft 1972 gegründet worden. Ein zweites Fürstenfeldbruck wollte niemand mehr erleben. Sofort werden 60 Männer zum Flughafen nach Bonn gebracht. Jeder musste damit rechnen, dass es seine letzte Dienstreise sein würde. Ulrich Wegener, der Kommandant, hatte daraus kein Hehl gemacht. Dennoch will niemand zu Hause bleiben. Alle wollen sie Helden sein. Wegener und seine Leute starten Richtung Zypern, der nächsten Station des fast 100-stündigen Irrfluges der »Landshut«.

Für die Schleyers bedeutete die Flugzeugentführung neue Hoffnung. Waltrude Schleyer erinnert sich: »Wir haben gesagt: Da können sie nicht hundert Leute opfern. Da müssen sie irgendetwas tun.«[480] Wann Andreas Baader von der Entführung erfahren hat, ist nicht überliefert. Im Stammheimer Protokoll der Nacht vom 14. auf den 15. Oktober heißt es: »Baader wollte aufgrund der angespannten Lage Lichtverlängerung!!!!!«[481] Die fünf Ausrufungszeichen hinter dem handschriftlichen Eintrag zeigen Verwunderung an. Als wolle ihr Autor fragen: Woher bloß hat Andreas Baader trotz der Kontaktsperre von der »Landshut«-Entführung erfahren? Anders als die Schleyers haben sich die Gefangenen in Stammheim aber offenbar keine großen Hoffnungen gemacht, dass ihre Freipressung nun doch noch gelingen könnte. Im Gegenteil. »Ich glaube«, erinnert sich Bubeck, »die Geschichte mit der Flugzeugentführung lief ihnen völlig gegen den Strich. Von diesem Zeitpunkt an war ihnen klar, dass es aus war. Bei Schleyer konnten sie noch hoffen und fragen, ob das Volk hinter dem Schleyer steht. Mit dem Urlauberjet aber war es aus. Das hat man am Verhalten der RAF-Gefangenen gespürt. Das war eine Endzeitstimmung. Sie hatten keine große Hoffnung mehr.«[482]

Die »Landshut« war noch am Abend des 13. Oktober in Larnaka auf Zypern gelandet. Von dort ging es nach Bahrain und schließlich nach Dubai. Dort steht die Maschine 56 Stunden, tagsüber in sengender Sonne. Die Klimaanlage ist ausgefallen, und die Passagiere dürfen ihre Plätze nicht verlassen. »Viele waren alsbald gezwungen, ihre Notdurft auf ihrem Sitzplatz zu verrichten und dort in eingenässter und stinkender Kleidung auf nassen und stinkenden Sitzen zu verharren«, heißt es später im Urteil des Frankfurter Oberlandesgerichtes.[483]

Während die »Landshut« noch in Dubai steht, hat Andreas Baader Besuch von Nusser und Bubeck. Sie wollen wissen, welchen Zweck das Gespräch mit Kanzleramtschef Schüler haben soll, das Gudrun Ensslin am Mittwoch vor der Flugzeugentführung erbeten hatte. Doch Andreas Baader sagt nichts dazu, lacht nur und bemerkt zum Abschied: »Wenn Schüler nicht bald kommt, muss er unter Umständen sehr weit reisen, um mit mir zu sprechen.«[484]

In der Nacht zum Sonntag (16. Oktober) lehnt das Bundesverfassungsgericht eine von dem Schleyer-Sohn Eberhard beantragte Anordnung zur Freilassung der RAF-Gefangenen ab. Der Regierung könne kein Verhalten gegenüber den Entführern vorgeschrieben werden. Sie müsse in eigener Verantwortung entscheiden. Am Sonntag spitzt sich das »Landshut«-Drama zu. Der Flughafen Aden verweigert die Landung (das Flugfeld war mit Fahrzeugen blockiert), und Kopilot Vietor muss auf einer Sandfläche neben dem Rollfeld notlanden. Die Piloten dürfen das Flugzeug zu einem »Out Check« verlassen. Vietor ist schnell zurück, Schuhmann bleibt länger aus. Als Schuhmann schließlich zurückkehrt, ist Mahmud außer sich, brüllt etwas von einem Revolutionsgericht. Dann fällt ein Schuss. Die Kugel trifft den Flugkapitän ins Gesicht. Er muss sofort tot gewesen sein. Ein Passagier legt eine Decke über den Toten. Zehn Stunden nach der Landung lässt Mahmud Vietor wieder starten. Dieses Mal kann er die Startbahn benutzen. Vietor steuert die »Landshut« durch eine Gewitterfront und landet sie am Montagmorgen in Mogadischu in Somalia.

Letzte Gespräche, »Feuerzauber«

An diesem Montag, dem 17. Oktober 1977, wird Helmut Schmidt von einem frühen Telefonanruf geweckt. Wischnewski teilt ihm mit, dass die »Landshut« um 4.34 Uhr deutscher Zeit in Mogadischu gelandet ist. Der Kanzler geht an die Arbeit. Somalias Botschafter und dann vor allem Somalias Präsident Siad Barre müssen für einen Zugriff der GSG 9 gewonnen werden. Mahmud droht, das Flugzeug um 15 Uhr GMT zu sprengen, falls die Forderungen bis dahin nicht erfüllt werden. Die Zeit verstreicht, und das Ultimatum rückt näher.

Während sich das Drama in Mogadischu weiter zuspitzt, sind BKA-Mann Alfred Klaus und Ministerialdirigent Hans Joachim Hegelau auf dem Weg zu Andreas Baader. Am Vorabend war im »Kleinen Krisenstab« entschieden worden, Hegelau und nicht Staatssekretär Schüler zu dem von Baader und Ensslin gewünschten Gespräch nach Stammheim zu schicken. Hegelau gab später zu Protokoll: »Ich hatte Baader niemals vorher persönlich gesehen und war auch nicht über nähere Einzelheiten seines Lebenslaufs und der ihm vorgeworfenen Straftaten unterrichtet. Auf meine Bitte hat mich daher der begleitende Beamte des Bundeskriminalamtes während der Fahrt nach Stammheim näher informiert und darauf vorbereitet, dass Baader zur Zeit nervös und etwas konfus sei.«[485]

Horst Bubeck lässt Baaders Zelle aufschließen und teilt ihm mit, dass die Herren Hegelau und Klaus auf ihn warten. Baader wirkt enttäuscht, sagt: »Machen Sie noch einmal zu, ich muss schiffen.«[486] Bubeck schließt die Tür. Baader lässt sich auffällig viel Zeit, etwa fünf Minuten. »Aller Wahrscheinlichkeit nach«, vermutet Bubeck, »hat Baader in den fünf Minuten seine Waffe wieder versteckt, mit der er Staatssekretär Schüler als Geisel nehmen wollte. Der Ministerialdirigent Hegelau dagegen schien ihm keine so wertvolle Geisel zu sein, also hat er es gelassen.« Später denkt Bubeck noch weiter: Er selbst habe vielleicht Glück gehabt, dass Hegelau und nicht Schüler gekommen war. Baader hätte ihn möglicherweise vor Schülers Augen einfach niedergeschossen, um zu beweisen, wie ernst es ihm ist. Er hätte ihm das jedenfalls zugetraut. Während Bubeck an diesem 17. Oktober noch auf Baader wartet, sieht er ein Signal über der Zellentür von Gudrun Ensslin. Ein Beamter öffnet. Gudrun Ensslin kommt heraus, wendet sich an Bubeck und verlangt einen Besuch der beiden Anstaltsgeistlichen. Bubeck verspricht, das Anliegen weiterzugeben, und Ensslin kehrt in ihre Zelle zurück. Nun leuchtet es bei Baader über der Tür. Er wird zum Besucherzimmer geführt.

Hegelau erinnert sich: »Baader war blass und schien gegenüber Fotografien, die mir in Erinnerung waren, sehr gealtert. (...) Während des ganzen Gesprächs war Baader mir gegenüber weitgehend sachlich und höflich, kurze Einwürfe des Beamten des Bundeskriminalamtes hat er relativ barsch und kurz abgetan. (...) Eine von dem Beamten des Bundeskriminalamtes angebotene Zigarette lehnte er ab. Er drehte sich selbst während des Gesprächs nach meiner Erinnerung mehrere Zigaretten. Er schien mir innerlich erregt, nervös und war akustisch zum Teil schlecht zu verstehen, weil er nach meinem Eindruck physische Artikulationsschwierigkeiten hatte. (...) Ich hatte während des Gesprächs den persönlichen Eindruck, dass ihm vor allem die wochenlange Ungewissheit über seine Freilassung und der Wechsel der Hoffnung und Enttäuschung innerlich sehr zu schaffen machte. Diese meine Annahme stützte sich vor allem darauf, dass alle seine Ausführungen letztlich immer um seine Freilassung kreisten.«[487]

Baader betont zu Beginn noch einmal, dass er eigentlich habe Schüler sprechen wollen und dass es im Grunde zu spät für dieses Gespräch sei. Im Blick auf die Entführung der »Landshut« betont er, dass die RAF diese Form des Terrorismus bis jetzt abgelehnt habe. Man habe Aktionen gegen unbeteiligte Zivilisten nie gebilligt. Man müsse aber mit einer zunehmenden Brutalität künftiger RAF-Generationen rechnen. Durch ihren harten Kurs habe die Bundesregierung der extremen Form des Kampfes gegen den Staat zum Durchbruch verholfen. »Wo fängt denn Ihrer Meinung nach der Terrorismus an?«, will Hegelau wissen. »Eben bei dieser Form terroristischer Gewalt gegen Zivilisten«, antwortet Baader. »Das ist nicht Sache der RAF. Die RAF hat langfristig eine gewisse Form politischer Organisation angestrebt. Das können Sie in unseren Schriften nachlesen. Demgegenüber, was jetzt läuft, hat die RAF eine gemäßigte Politik verfolgt.« Die zunehmende Brutalität sei vom Staat provoziert worden. Zu den jüngsten Angriffen (u. a. mit dem Raketenwerfer in Karlsruhe) sagt er: »Die Maschine ist von Leuten der zweiten, dritten oder vierten Generation installiert worden. Auch die Schleyer-Entführer sind uns, den Gefangenen hier, gar nicht persönlich bekannt. Wenn das BKA behauptet, die Aktionen sind hier aus dem Gefängnis gesteuert, dann trifft das allenfalls im ideologischen Bereich zu.« Hegelau will wissen, welchen Einfluss er, Baader, als Symbolfigur noch habe. Baader mutmaßt, dass er zu einer Verhinderung einer weiteren Brutalisierung beitragen könne. Zum Schluss gibt er Hegelau mit auf den Weg: »Sagen Sie Schmidt: Im Fall einer Freilassung werden wir nicht in die Bundesrepublik zurückkehren. Wir werden unsere Zusage, keine Anschläge mehr zu verüben, einhalten.« Diesem Versprechen fügt er jedoch gleich noch eine Drohung hinzu: »Freigelassene Häftlinge sind im Vergleich zu toten Gefangenen auch für die Bundesrepublik das kleinere Übel.«[488]

Das Gespräch dauerte über eine Stunde. Andreas Baader hatte dem bewaffneten Kampf abgeschworen. Für die Freilassung war er offenbar bereit, von der Verwirklichung seiner Guerilla-Ideen und der so lange und so hoch bewerteten Konsequenz und Radikalität Abstand zu nehmen. Hans-Joachim Hegelau telefonierte im Anschluss an das Gespräch mit Andreas Baader mit dem Bundeskanzleramt. Alfred Klaus schrieb später in seinem Aktenvermerk über das Gespräch: »Dass Baader zu diesem Zeitpunkt ernsthaft an eine Selbsttötung dachte, war nicht im Mindesten erkennbar.«[489]

Noch am selben Nachmittag hat auch Gudrun Ensslin Besuch. Horst Bubeck hatte ihren Gesprächswunsch an die beiden Pfarrer weitergegeben. Nun sitzen sie im Besucherzimmer und warten. Kurz vor 16 Uhr wird Gudrun Ensslin hereingeführt. »Ich habe ein Anliegen, das ich Ihnen mitteilen möchte«, sagt sie. »Ich gehe davon aus, dass Sie mir dabei helfen können. Auf meiner Zelle in einer Mappe mit der Aufschrift ›Anwalt‹ befinden sich drei lose eingelegte beschriebene Blätter, die dem Chef des Bundeskanzleramtes zugestellt werden sollen, wenn ich vernichtet oder hingerichtet sein werde. Sorgen Sie bitte dafür, dass diese Schriftstücke dorthin gelangen. Ich habe die Befürchtung, dass sonst die Bundesanwaltschaft die Schriftstücke unterschlägt oder gar vernichtet.«

Pfarrer Kurmann fragt: »Aber Frau Ensslin, sind Sie denn wirklich der Meinung, dass jemand Sie vernichten oder hinrichten will?« »Nicht irgendwie von hier aus dem Haus. Die Aktion kommt von außerhalb. Wenn wir hier nicht rauskommen, dann geschehen schreckliche Dinge.« Pfarrer Dr. Rieder:

»Meinen Sie damit, dann ist der Teufel los?« »Ja, das kann man so sagen.« »Wen wollen Sie eigentlich befreien?«, möchte der Katholik Rieder wissen. Gudrun Ensslin verweist in ihrer Antwort auf den Vietnamkrieg, der millionenfaches Leid mit sich gebracht habe. Gegen diesen Krieg und einen drohenden Atomkrieg, gegen Unterdrückung generell, könne nur mit Gewalt vorgegangen werden. Zum Schluss erinnert sie die beiden Pfarrer noch einmal an die drei genannten Schriftstücke. Im Fall ihres Todes sollen auch ihre Eltern und ihr Anwalt von den Papieren unterrichtet werden. Zum Schluss gibt sie den Pfarrern die Hand. »Ich hoffe, wir können das Gespräch fortsetzen«, sagt der evangelische Kurmann. »Theologen hoffen«, erwidert Gudrun Ensslin, lächelt und geht zurück in ihre Zelle.[490] Die drei Schriftstücke wurden nie gefunden.

In Mogadischu haben die Passagiere die Hoffnung aufgegeben. Im Cockpit hat die Stewardess Gaby Dillmann das Bordmikrofon in die Hand genommen und wendet sich mit einem letzten dramatischen Appell an die Bundesregierung. Dann werden alle Passagiere mit Nylonstrümpfen gefesselt und mit Alkohol und Parfum übergossen (»Dann brennt ihr besser!«). Zehn Minuten vor dem Ablauf des Ultimatums auf einmal ein Funksignal. Ein deutscher Diplomat erklärt Mahmud: »Wir haben gerade die Nachricht bekommen, dass die Häftlinge in den deutschen Gefängnissen, die Sie befreit haben wollen, hier nach Mogadischu geflogen werden sollen. Aber wegen der großen Entfernung zwischen der Bundesrepublik und Mogadischu können sie nicht vor morgen hier landen.«[491] Mahmud ist zunächst misstrauisch, lässt die Flugentfernung von Vietor nachrechnen. Doch schließlich lässt er sich überzeugen und wendet sich an die Passagiere: »Es ist okay. Sie werden austauschen!« Das Flugzeug mit Andreas Baader und seiner Truppe werde nach Mitternacht in Mogadischu landen. Die Fesseln werden gelöst, die Drähte aus den vorbereiteten Sprengladungen gezogen. Von einem Moment zum anderen wird der Schalter von Tod auf Leben umgestellt. Ein Ruck geht durch die Maschine. Unendliche Erleichterung. Erlösung.

Kurz nach Einbruch der Dunkelheit landet, unbemerkt für die Entführer und ihre Geiseln, eine Boeing 707 in Mogadischu. Sie hat die GSG 9 an Bord. In der Folge entsteht noch einmal eine ziemlich prekäre Situation. Deutsche Journalisten hatten die Landung der Boeing nämlich nach Deutschland vermeldet. Dort war in den 21-Uhr-Nachrichten von einem in Mogadischu gelandeten Flugzeug die Rede, das ein Sonderkommando befördert haben könnte. Das Bundeskanzleramt bemühte sich mit allen Mitteln, die weitere Verbreitung der Nachricht zu unterbinden. Hätte die PFLP davon erfahren und die Information an die Entführer weitergegeben, hätte die Befreiungsaktion schon im Vorfeld scheitern können.

Nun kann sie beginnen. Zum Auftakt flackert ein Feuer vor der Nase des Flugzeuges. Es lockt die Entführer ins Cockpit. Dann detonieren Blendgranaten, die sie für Sekunden handlungsunfähig machen. In diesem Moment knacken die GSG-9-Männer die sechs Flugzeugtüren und dringen in die Kabine ein. »Köppe runter!« -Rufe fliegen durch die Maschine. Schüsse fallen. Mahmud und eine der beiden Frauen des Entführungskommandos sterben in der Pilotenkanzel, der zweite Mann der Entführergruppe in der ersten Klasse. Die GSG 9-Männer beginnen sofort damit, die Passagiere über Ausgänge und Notausgänge zu evakuieren. Die Aktion, die um 1.05 Uhr Ortszeit begonnen hatte, war schon um 1.12 Uhr abgeschlossen. Der »Feuerzauber« hatte nur sieben Minuten gedauert. Ein GSG-9-Mann hatte eine Schussverletzung erlitten, die Geiseln waren alle unversehrt. Von den Entführern hatte nur Souhaila Andrawes Sayeh die Aktion schwer verletzt überlebt.

In Bonn ist es kurz nach Mitternacht, als Helmut Schmidt ans Telefon geholt wird. Wischnewski übermittelt ihm die erlösende Nachricht. Schmidt teilt sie der Runde mit, dann verlässt er, den Tränen nahe, den Raum. Der Deutschlandfunk unterbricht sein Programm und meldet um 0.38 Uhr: »Die von den Terroristen in einer Lufthansa-Boeing entführten 86 Geiseln sind alle glücklich befreit worden.«[492] Die Nachricht von der geglückten Befreiungsaktion geht um die Welt. Sie erreicht noch in dieser Nacht auch die RAF-Leute in Bagdad, die Schleyer-Bewacher in Brüssel und die Gefangenen in Stammheim.[493]

Suicide Action/Murder Action

Die Zelle von Jan-Carl Raspe wird am Morgen des 18. Oktober als erste geöffnet. Raspe sitzt auf seiner Schaumstoffmatratze. Er lehnt an die Wand, aus seiner Schläfe läuft Blut, in seiner rechten Hand eine Pistole. Raspe ist ohne Bewusstsein, lebt aber noch. Um 8.00 Uhr trifft ein Notarztwagen ein, der den schwer verletzten Gefangenen ins Stuttgarter Katharinenhospital bringt. Dort stirbt Jan-Carl Raspe um 9.40 Uhr. Nach seinem Abtransport, öffnen die Beamten um 8.07 Uhr die Zelle 719. Ungefähr in der Mitte des Raumes liegt Andreas Baader auf dem Boden. Er liegt auf dem Rücken, seine Augen sind weit geöffnet. Im Bereich des Kopfes breitet sich eine Blutlache aus. Links neben ihm liegt eine Pistole auf dem Zellenboden. In der Nähe des Kopfes eine Sonnenbrille mit blauen Gläsern. Auf dem Teller seines Plattenspielers liegt das Clapton-Album ›There's One In Every Crowd‹. In dem Song ›Pretty Blue Eyes‹ heißt es: »Life don't seem worth living. I stand to say goodbye.«

Andreas Baader ist tot, erschossen. An den Fingern der rechten Hand finden sich »zehn deutlich sichtbare Blutspritzer«.[494] Sanitäter Soukop stellt fest, dass die Leichenstarre schon eingetreten ist. Wenige Minuten später trifft der stellvertretende Gefängnisarzt Wladislaw Majerowicz ein. Der 60-jährige Majerowicz, der als polnischer Militärarzt Erfahrungen mit Leichen gesammelt hat, befindet, Baader müsse zwischen sechs und sieben Uhr gestorben sein.[495] Anschließend öffnen die Beamten Gudrun Ensslins Zelle (720) direkt gegenüber von Baader. Unter einer Decke, die vor dem Fenster hängt, ragen zwei Turnschuhe hervor. Gudrun Ensslin hat sich am Fenstergitter erhängt. Irmgard Möller wird um kurz nach acht zusammengekrümmt auf ihrer Matratze aufgefunden. An ihren Händen klebt Blut. Der Sanitäter stellt Stichverletzungen in der Herzgegend fest, beigebracht mit einem Anstalts-Besteckmesser. Irmgard Möller ist nicht bewusstlos. Der Sanitäter gibt später zu Protokoll, dass sie bei seinem Versuch, mit der Taschenlampe in ihre Augen zu leuchten, diese zugekniffen habe. Möller wird umgehend ins Robert-Bosch-Krankenhaus gebracht. Sie überlebt. Die Messerstiche waren nicht lebensbedrohlich.

Horst Bubeck saß an diesem Morgen schon um 7.00 Uhr an seinem Schreibtisch in seinem Büro im Erdgeschoss der Haftanstalt. Um 8.00 Uhr wollte er wie üblich mit seinem Unterricht an der Strafvollzugsschule nebenan beginnen. Kurz bevor er aufbrechen wollte, klingelte das Telefon. Es war der Beamte Stoll, der gerade den schwer verwundeten Jan-Carl Raspe aufgefunden hatte. Horst Bubeck erinnert sich, dass er in den Hörer rief: »Was? Erschossen?« Er traute seinen Ohren nicht. »Es drang einfach nicht gleich in mein Bewusstsein, dass Waffen in den siebten Stock gelangt sein sollten.«[496] Bubeck rief Eberhard Foth an. Kaum hatte Bubeck aufgelegt, kam der nächste Anruf aus dem siebten Stock. Sie hatten Andreas Baader gefunden. Wieder wählte Bubeck die Nummer von Foth. Später hat man Bubeck gefragt, ob er sich über das Ende der RAF-Gefangenen nicht gefreut habe. »Ich weiß nicht mehr, was ich an diesem Morgen alles gedacht und gefühlt habe – Freude war gewiss nicht dabei!«

Helmut Schmidt erhielt die Nachricht, noch bevor die Sondersitzung des Kabinetts um kurz nach neun begann. »Ich war wie von einer Keule getroffen, empört, entsetzt.«[497] Wenige Stunden zuvor die Erleichterung der geglückten Befreiungsaktion in Mogadischu, nun drei tote RAF-Gefangene. Es war, als hätten Baader, Ensslin und Raspe selbst im Tod noch das letzte Wort behalten, und der Erfolg von Mogadischu begann, augenblicklich im Schatten der Stammheimer Ereignisse zu verschwinden. Um Verdächtigungen auch und vor allem im Ausland (aus den deutschen Helden drohten schon wieder die Barbaren zu werden) vorzubeugen, schlug Justizminister Vogel vor, internationale Gutachter zur Obduktion der toten Häftlinge einzuladen. Aufgrund der langen Anreisewege konnte die Untersuchung der drei Leichen darum erst am Nachmittag beginnen, zu spät, um den exakten Todeszeitpunkt noch bestimmen zu können. Die deutschen Gutachter wurden, trotz erregter Diskussionen, vorher nicht zu den Toten vorgelassen.

Was war in dieser Nacht in Stammheim geschehen? Gegen 23 Uhr erhielten Raspe und Baader ihre üblichen Medikamente. Durch die Klappe in der Zellentür konnten die Beamten Andreas Baader sehen. Er saß auf dem Boden und aß ein Ei.

Als der Sanitäter sich meldete, erhob er sich, ließ einen Becher voll Wasser laufen, kam zur Türöffnung und verlangte seine Medikamente, »im Kasernenhofton«.[498] Der Sanitäter händigte ihm die Medikamente aus: eine Dolviran-Tablette und eine Tablette des Schlafmittels Adalin. Baader schluckte die Tabletten hinunter und trank aus dem Becher. »Es war das erste Mal«, so Nachtsanitäter Wilhelm Kölz, »dass er ohne zu mucken die Tabletten geschluckt hat.«[499] Ursprünglich sollten die Häftlinge ihre Tabletten nur in aufgelöster Form erhalten, damit sie keine horten konnten. Aber seitdem Baader den Sanitätern das Glas mit den aufgelösten Tabletten dreimal nacheinander ins Gesicht geschüttet hatte, war man von dieser Regel abgekommen. Baader habe keineswegs nervös gewirkt. »Mir ist vorgekommen«, erinnert sich Kölz, der Letzte, der ihn lebend sah, »er hat sich gefreut, er war ausgeglichen.«

Dann wurde die Essenklappe geschlossen und die Dämmplatte wieder vor die Tür gestellt. In seiner Meldung schrieb der Justizsassistent Springer: »Medikamentenausgabe an Baader und Raspe. Sonst keine Vorkommnisse!« Springer, nun im Wachraum, hörte die Meldung von der erfolgreichen Geiselbefreiung in Mogadischu um 0.38 Uhr. Er stand auf und ging herum, um zu hören, ob sich die Gefangenen vielleicht etwas zurufen. Nichts. Die nun folgenden sieben Stunden bis zur Entdeckung der Toten am Morgen des 18. Oktober gaben Anlass für wildeste Spekulationen, sie lieferten den Stoff für den bis heute in manchen Köpfen fortlebenden Mythos vom staatlichen Mord in Stammheim. Nahrung erhielt dieser Mythos nicht zuletzt durch die Berichterstattung in einigen Zeitungen. So titelte das ›Ekstra-Bladet‹, die auflagenstärkste Tageszeitung Dänemarks: »Baader, Ensslin und Raspe wurden ermordet.« Auch für die linken Kreise in Paris, Madrid und Rom gab es zunächst keine Zweifel: es war Mord. Die Vorstellung, dass die Staatsfeinde Andreas Baader, Gudrun Ensslin und Jan-Carl Raspe von einem staatlichen Mordkommando hingerichtet worden waren, avancierte zu einer Art Glaubensbekenntnis in der linken Szene. Im Ausland hält sie sich besonders hartnäckig. Eberhard Foth berichtet: »Später habe ich dann einmal eine italienische Journalistin getroffen, die war davon überzeugt, dass der Staat die Gefangenen ermordet hat, und hat mir gesagt: ›Da habt ihr ja gute Arbeit geleistet.‹ Ich halte es schon darum für unmöglich, weil bei uns so etwas über kurz oder lang immer herauskommt. Das ist der Vorteil der Presse. Verborgen bleibt bei uns nichts.«[500]

Doch was genau geschah in diesen knapp neun Stunden zwischen 23.00 Uhr am 17. Oktober und 7.41 Uhr am 18. Oktober? Klar ist: es fielen vier Schüsse in dieser Nacht im siebten Stock der JVA Stuttgart-Stammheim, drei in Baaders Zelle, einer in Raspes. Außer dem tödlichen Kopfschuss waren in Baaders Zelle noch zwei weitere Schüsse abgegeben worden: einer war in die Zellenmauer neben dem Fenster gegangen, der andere in die Schaumstoffmatratze. Zwei Stammheimer Beamte erklärten später, dass sie gegen 1.30 Uhr einen »dumpfen Knall« vernommen hätten. Sie vermuteten, dass ein Fenster zugeschlagen worden war.[501] Justizassistent Springer, der den RAF-Gefangenen am nächsten war, hörte nichts. Später ergaben Versuche, dass Schüsse in den Zellen im Wachraum der Beamten nicht zu hören waren. Zwischen 2.00 Uhr und 2.30 Uhr will der Gefangene Wegmann in der Zelle direkt unter Baader das mehrmalige Betätigen der Toilettenspülung wahrgenommen haben.[502] Gegen 6.55 Uhr vernahm Oberwachtmeister Lödel, seit 6.30 Uhr im Frühdienst, einen »Knall«, der sich wie ein Schuss angehört habe. Lödel dachte an einen versehentlichen Schuss aus einer der Maschinenpistolen der vor der Anstalt patrouillierenden Polizeibeamten und sah keinen Anlass, dem Geräusch weiter nachzugehen. Wer konnte sich schon vorstellen, dass die Gefangenen im siebten Stock über Waffen verfügten? In der Zelle direkt unter der von Baader schliefen in dieser Nacht fünf Häftlinge. Keiner will einen Schuss gehört haben.

Die Ermittlungen kamen zu folgendem Schluss: Nachdem Jan-Carl Raspe die Nachricht von der geglückten Befreiungsaktion in Mogadischu in seinem kleinen Transistorradio gehört hatte (vermutlich im ARD-Nachtprogramm), informierte er die anderen mit der schon einige Zeit bestehenden Wechselsprechanlage.[503] In den Stunden nach 0.38 Uhr bzw. 1.00 Uhr (vorausgesetzt, Raspe hat die Meldung erst in den 1.00-Uhr-Nachrichten gehört) verständigten sich Andreas Baader, Gudrun Ensslin, Jan-Carl Raspe und Irmgard Möller über einen kollektiven Selbstmord. Die Reihenfolge der Selbsttötungen ließ sich nicht mehr genau rekonstruieren. Irgendwann nach 0.38 Uhr muss Andreas Baader den ungarischen Revolver vom Typ FEG, Kaliber 7.65, (die Griffschalen fehlten) aus der mit Hilfe von Büroklammern zurechtgebogenen Halterung im Inneren seines Plattenspielers genommen haben.[504] Er feuerte zunächst, um, so muss man wohl interpretieren, einen Angriff vorzutäuschen, zwei Mal in den Raum, ein Vorgang, den der Journalist Karl-Heinz Janssen als »ein Zeichen außergewöhnlicher Kaltblütigkeit und Nervenstärke« wertete, zumal »für einen Mann wie Andreas Baader, dem von Dissidenten der Rote-Armee-Fraktion Feigheit nachgesagt wurde«. Auch Bubeck hätte Baader diesen Mut nicht zugetraut. »Ich habe während meiner Dienstzeit verhältnismäßig viele Gefangene erlebt, die sich umgebracht haben. Wenn man sich umbringt, gehört da ein gewisser Mut dazu, Sie wissen ja nie, wie das ausgeht. Ich behaupte, dass jeder, der sich das Leben nimmt, dass da eine gewisse Portion Mut dazugehört. Ich wurde auch im Untersuchungsausschuss gefragt, ob ich Andreas Baader das zugetraut hätte. Ich habe diese Frage mit einem klaren Nein beantwortet. Ich hätte ihm diesen Mut nie zugesprochen.«[505] Das ändert für Bubeck jedoch nichts an seiner Gesamteinschätzung Baaders: »Für mich bleibt er ein Mensch, den ich ein zweites Mal nicht erleben möchte.« Vor allem seine menschenverachtende Art habe ihn abgestoßen.

In diesem Leben wird Horst Bubeck Andreas Baader nicht wiedersehen. Denn nachdem er die beiden Schüsse in die Zelle abgegeben hatte, brachte er sich um. Er trug dabei seine blaue Sonnenbrille, hockte sich, so die Vermutung, auf den Zellenboden, nahm den Lauf der Waffe in die eine Hand, setzte die Mündung im Nacken auf und drückte mit dem Daumen der anderen Hand ab. Die Kugel durchquerte seinen Schädel und trat an der Stirn wieder aus. Baader war sofort tot. Blut- und Schmauchspuren an der rechten Hand gaben später Anlass zu allerhand Spekulationen. Baader war ja Linkshänder. Hatte ihm gar jemand die Pistole geführt? Man musste jedoch keineswegs so weit gehen. Auf der Basis der Annahme, dass der Schuss mit beiden Händen ausgeführt worden war, waren Blutspritzer und Schmauchspuren ebenso an der Hand wahrscheinlich, die den Lauf der Waffe geführt hatte. Die fünf obduzierenden Ärzte probierten am Tag nach der Obduktion jedenfalls alle Varianten der Selbstbeibringung mit ungeladenen Pistolen an sich selbst aus (was für eine Vorstellung!).[506]

Gaben die Todesumstände von Andreas Baader Anlass für vielfältige Spekulationen, so war die Sachlage im Fall von Gudrun Ensslin und Jan-Carl Raspe eindeutiger. Gudrun Ensslin schnitt die Stecker vom Lautsprecherkabel ihrer Stereoanlage ab, schlang sich das Kabel um den Hals, stellte einen Stuhl vor das Zellenfenster, befestigte das Kabel am Fenstergitter und sprang. Jan-Carl Raspe nahm eine Pistole vom Typ Heckler und Koch aus einem Versteck hinter der Fußleiste in seiner Zelle. Er setzte sich aufs Bett, hielt sich den Lauf an die rechte Schläfe und drückte ab. Irmgard Möller nahm ein Besteckmesser und rammte es sich vier Mal in die linke Brust. Die Stiche berührten den Herzbeutel, konnten ihn aber nicht ernsthaft verletzten. Irmgard Möller hält heute noch an der Mordversion fest. In einem Gespräch mit dem Journalisten Oliver Tolmein sagte sie 1997 über die Todesnacht von Stammheim: »Ich war und bin überzeugt davon, dass es eine Geheimdienstaktion war. Der BND konnte in Stammheim ein- und ausgehen und hatte nachweislich auch Abhöreinrichtungen bei uns installiert. Und es war bekannt, dass das Knastpersonal für so was nicht vertrauenswürdig genug erschien. (...) Und ich gehe davon aus, dass das auch innerhalb der NATO irgendwie abgesprochen war. Es gab damals auch einen Krisenstab in den USA, der ständig Verbindung mit Bonn hielt. Und die USA hatten ein massives Interesse daran, dass es uns nicht mehr gibt. Gerade von der CIA ist die Methode bekannt, Morde als Selbstmorde darzustellen.«[507]

Das ist schon ein starkes Stück, die Selbstmordnacht von Stammheim entgegen allen Ermittlungsergebnissen und wider besseres eigenes Wissen noch zwanzig Jahre später als eine mit der NATO abgesprochene Geheimdienstaktion zu verkaufen, bei der die Mörder mit einem Besteckmesser gegen sie vorgegangen sein sollen. Unmittelbar nach den damaligen Ereignissen erklärte sie gegenüber dem Untersuchungsausschuss, dass sie in dieser Nacht noch lange wach gelegen und bei Kerzenschein gelesen habe. Etwa um 5.00 Uhr habe sie Geräusche gehört. Dann sei sie eingeschlafen. »Mein letzter Eindruck, an den ich mich erinnere, war ein sehr starkes Rauschen im Kopf. Ich hatte keine Person gesehen und keine Zellenöffnung bemerkt. Ich bin dann erst auf dem Flur auf einer Bahre aufgewacht, als zusammengekrümmtes, wimmerndes Häufchen, furchtbar frierend, voll von Blut, und habe Stimmen – befriedigt, gehässig – gehört: Baader und Ensslin sind kalt.« Möller versicherte: »Ich habe weder einen Selbstmordversuch begangen noch intendiert, noch war eine Absprache da gewesen.«[508]

Die gerichtsmedizinischen Untersuchungen kamen zu einem ganz anderen Ergebnis. In einem Bericht der Landesregierung heißt es dazu: »Nach der übereinstimmenden vorläufigen mündlichen Stellungnahme aller fünf beteiligten Gerichtsmediziner wie auch nach der vorläufigen schriftlichen Stellungnahme der Professoren Dr. Rauschke und Dr. Mallach haben die gerichtsmedizinischen Untersuchungen keine Anhaltspunkte erbracht, die gegen einen Freitod der Gefangenen Baader, Ensslin und Raspe sprechen.«[509] Und in dem Abschlussbericht des Untersuchungsausschusses heißt es einige Monate später: »Aufgrund der Ergebnisse der Beweisaufnahme ist der Untersuchungsausschuss zu der Überzeugung gelangt, dass sich die Gefangenen Baader, Ensslin und Raspe selbst getötet haben und die Gefangene Möller sich selbst verletzt hat.«[510]

Der genaue Hergang ist allerdings bis heute im Dunkeln geblieben. So konnte zum Beispiel der Todeszeitpunkt in keinem der drei Fälle näher bestimmt werden. Die Mediziner wurden einfach zu spät zu den Leichen vorgelassen. Aussagekräftige Temperaturmessungen waren da schon nicht mehr möglich. Die Aussagen der Stammheimer Beamten, die gegen 1.30 Uhr einen »dumpfen Knall« und gegen 6.55 Uhr einen weiteren Knall gehört hatten, liefern immerhin Indizien. Der zweite Knall wurde dabei auch eindeutig als Schuss qualifiziert – jedoch als versehentlicher Schuss den draußen patrouillierenden Polizisten zugeschrieben. Man kann daraus folgern: Einer von beiden, Raspe oder Baader, schoss um 6.55 Uhr. Zwei Argumente sprechen dafür, dass es – ungeachtet der differenten Schätzungen des Gefängnisarztes – Jan-Carl Raspe war. Zum einen hatte Baader drei Schüsse abgegeben und nicht einen. Die Abstände zwischen ihnen dürften nicht allzu groß gewesen sein. Die zweite Begründung ist komplizierter und ein wenig abenteuerlich. Sie führt in eine Stadt in Schleswig-Holstein. Dort klingelt – so berichtet es jedenfalls der Journalist Karl-Heinz Janssen in der ›Zeit‹ vom 6. Januar 1978 – in der Todesnacht von Stammheim bei einem Redakteur der Deutschen Presse Agentur das Telefon. Eine männliche Stimme verlangt, der Redakteur solle sofort über das ZDF mitteilen lassen, »dass Andreas Baader und Gudrun Ensslin tot sind«. Ehe der Journalist Fragen stellen kann, hat der Mann schon wieder aufgelegt. Der Redakteur hält den Anrufer für einen Spinner und legt sich wieder schlafen. Es ist mitten in der Nacht und noch stockdunkel. Die DPA-Meldung vom Tod der RAF-Gefangenen geht um 8.58 Uhr über den Nachrichtenticker. Die Geschichte ist, wie gesagt, ein wenig abenteuerlich. Sie würde voraussetzen, dass Jan-Carl Raspe die Nachricht vom Tod Baaders und Ensslins irgendwie nach draußen kommuniziert hat (nicht, dass er selbst beim DPA-Mann angerufen hat!), bevor er sich selbst den schließlich tödlichen Schuss beibrachte.

Die Rekonstruktionen basieren auf Spuren, Indizien und Wahrscheinlichkeiten. Es könnte allerdings sein, dass einige es genauer wissen. Es gibt nämlich den durchaus begründeten Verdacht, dass die Zellen der RAF-Gefangenen während der Schleyer-Entführung abgehört worden sind – wie schon zwei Mal zuvor.[511] Die zuständigen Behörden haben auf derartige Anfragen eher vage geantwortet.[512] Wer weiß, vielleicht taucht eines Tages doch noch ein Tonband von der Todesnacht in Stammheim auf.

In Bagdad (dorthin hatte sich ein Teil der Schleyer-Entführer zurückgezogen) erfahren die RAF-Leute um Brigitte Mohnhaupt und Peter-Jürgen Boock durch das Radio von der erfolgreichen Geiselbefreiung und dann auch von den Toten in Stammheim. »Die Leute saßen da wie betäubt«, erinnert sich Peter-Jürgen Boock, »einige haben geweint. Die anderen gaben dem Staat die Schuld.«[513] Der Staat habe die Gefangenen umgebracht. Irgendwann sei Brigitte Mohnhaupt der Kragen geplatzt. Sie habe gesagt: »Ihr könnt euch wohl nur vorstellen, dass die Opfer gewesen sind. Ihr habt die Leute nie gekannt. Sie sind keine Opfer, und sie sind es nie gewesen. Zum Opfer wird man nicht gemacht, sondern zum Opfer muss man sich selber machen. Sie haben ihre Situation bis zum letzten Augenblick selbst bestimmt. Ja, was heißt das denn? Ja, das heißt, dass sie das gemacht haben, und nicht, dass es mit ihnen gemacht worden ist.« Im Klartext: Die Gefangenen haben sich selbst getötet. Mohnhaupts Worte sind ein Schock. Doch an ihrer Wahrheit zweifelt in Bagdad am Ende niemand.

Später werden mehrere Gruppenmitglieder aussagen, dass sie an diesem Tag von Brigitte Mohnhaupt die Wahrheit über die mysteriöse Todesnacht von Stammheim erfuhren. Die Gefangenen hätten, so Mohnhaupt, keinen anderen Weg gesehen, um den Kampf der RAF fortzusetzen. Ihr Tod sei das Ergebnis einer geplanten »Suicide Action« gewesen. Susanne Albrecht, die erst 1990 in Ost-Berlin festgenommen werden konnte, berichtete den Ermittlern: »Aus den Gesprächen der Mohnhaupt habe ich entnommen, dass die Stammheimer Gefangenen vorhatten, Selbstmord zu begehen, wenn die Freipressungsaktion nicht klappt. Es sollte dann aber so aussehen, als habe der Staat die Gefangenen ermordet.« Die Selbstmorde der Stammheimer, so Susanne Albrecht, seien das größte Tabu-Thema innerhalb der RAF gewesen. Man habe die Mobilisierungswirkung der Mordinszenierung nicht untergraben wollen.[514] Die Geschichte von der Hinrichtung der Stammheimer Gefangenen durch ein staatliches Mordkommando passte einfach zu gut in das RAF-Bild der Bundesrepublik als einem faschistischen Polizeistaat. Der Mythos von der Mordnacht trieb dabei auch skurrile Blüten. Eine knüpfte an Beobachtungen des Gerichtsmediziners Holczabek an. Der Wiener Professor hatte die Beamten und Anwälte bei der Zellenschau auf Anhaftungen an Baaders Schuhsohlen aufmerksam gemacht, die man untersuchen solle. Holczabek sprach von Sandkörnern. Heldmann war sich danach ganz sicher, an beiden Sohlen »einen sehr intensiven Belag mit einem hellen, feinkörnigen Sand« gesehen zu haben.[515]

Bald kursierte das Gerücht, man habe Wüstensand an Baaders Schuhen gefunden, und der maoistische »Arbeiterkampf« spekulierte, Andreas Baader sei womöglich in der Nacht nach

Mogadischu geflogen worden. Dort habe man einen Austausch vorgegaukelt, Baader daraufhin in der Wüste erschossen und nach Stammheim zurückgebracht. Wegen der Probleme mit den Flugzeiten – eine Boeing 707 bräuchte allein für die einfache Entfernung Stuttgart-Mogadischu um die acht Stunden – hatte der »Arbeiterkampf« einen Transport mit dem Düsenjäger angenommen. Im Leichenschauprotokoll hat der vermeintliche Sand, dessen Kunde in kürzester Zeit bis ins ferne New York drang, allerdings keine Spuren hinterlassen. Dort ist nur von »körnigem Schmutz« am rechten Hosenbein die Rede.

Im Blick auf Schleyer wird schnell beschlossen: er wird getötet. Zwanzig Jahre später fragen die ›taz‹-Journalisten Petra Groll und Jürgen Gottschlich Stefan Wisniewski: »Warum habt ihr Schleyer nicht nach Hause geschickt?« »Das hätte«, erwidert Wisniewski, »aus unserer damaligen Sicht bedeutet, dass wir die Politik des Krisenstabes bestätigen und legitimieren. Eine Freilassung ohne politische Gegenleistung wäre nicht als eine menschliche Geste verstanden worden, sondern als Eingeständnis der Niederlage, als voller Erfolg für den Krisenstab, nach dem Motto: Härte zahlt sich aus.«[516] So muss Schleyer am 19. Oktober 1977 ein zweites Mal in den Kofferraum steigen. Man sagt ihm, dass er nun freikomme. Wisniewski und ein weiteres RAF-Mitglied fahren ihn über die belgisch-französische Grenze und lassen ihn in einem Waldstück aussteigen. Schleyer geht, stolpert ein paar Schritte, dann fallen drei Schüsse. Sie treffen Hanns-Martin Schleyer in den Hinterkopf. Er ist sofort tot. Wer die tödlichen Schüsse auf Schleyer abfeuerte, konnte nie aufgeklärt werden. Peter-Jürgen Boock gibt zwar vor, es zu wissen, äußert sich aber nicht. Über seine Rolle in diesem letzten Kapitel der Schleyer-Entführung sagte er 1992 in einem ›taz‹-Interview: »Meine Entscheidung, für die Tötung Schleyers zu stimmen, entsprang einem Bedürfnis nach Rache. Ich war nicht so sehr aus ideologischen Gründen in der Gruppe, sondern weil ich Andreas Baader, Gudrun Ensslin und andere kannte, weil sie mir geholfen hatten, aus einem geschlossenen Heim rauszukommen und ich mich ihnen persönlich verpflichtet gefühlt habe.«[517]

Am Tag nach der »Suicide Action« klingelt um 16.21 Uhr

das Telefon im Stuttgarter Büro der Deutschen Presseagentur. Eine Anruferin meldet sich mit »Hier RAF« und sagt: »Wir haben nach 43 Tagen Hanns-Martin Schleyers klägliche und korrupte Existenz beendet. Herr Schmidt, der in seinem Machtkalkül von Anfang an mit Schleyers Tod spekulierte, kann ihn in der Rue Charles Péguy in Mülhausen in einem grünen Audi 100 mit Bad Homburger Kennzeichen abholen. Für unseren Schmerz und unsere Wut über die Massaker von Mogadischu und Stammheim ist sein Tod bedeutungslos. Andreas, Gudrun, Jan, Irmgard und uns überrascht die faschistische Dramaturgie der Imperialisten zur Vernichtung der Befreiungsbewegungen nicht. Wir werden Schmidt und der daran beteiligten Allianz diese Blutbäder nie vergessen. Der Kampf hat erst begonnen! Freiheit durch bewaffneten antiimperialistischen Kampf! Kommando Siegfried Hausner.«[518] Der Anruf ist die 25. und letzte Nachricht des »Kommando Siegfried Hausner«.[519]

Die Trauerfeier für Hanns-Martin Schleyer findet am 25. Oktober 1977 in der Stuttgarter Stiftskirche statt. Helmut Schmidt sitzt in der ersten Reihe, neben der Witwe Waltrude Schleyer und ihrem ältesten Sohn Eberhard Schleyer. »Das war sehr schwierig für mich«, bekannte Helmut Schmidt später gegenüber dem Filmemacher Heinrich Breloer. »Auch moralisch schwierig, denn mir war völlig klar, dass im Bewusstsein von Frau Schleyer die Bundesregierung und damit ich selbst jedenfalls eine erhebliche Mitschuld hatte am Tod ihres Mannes.«[520] Bundespräsident Walter Scheel bat die Angehörigen um Vergebung.

Beerdigung

Andreas Baader tötete sich im Alter von 34 Jahren, Gudrun Ensslin mit 37 und Jan-Carl Raspe mit 33. Die drei Toten wurden am 27. Oktober, zwei Tage nach der Schleyer-Beerdigung, in einem Gemeinschaftsgrab auf dem Stuttgarter Dornhaldenfriedhof beerdigt. So war es der Wunsch der Familie Ensslin gewesen, dem sich Anneliese Baader angeschlossen hatte, ein Wunsch allerdings, der erst durchgefochten werden musste.

Denn im Vorfeld der Beerdigung hatte es hitzige Auseinandersetzungen gegeben. Manche befürchteten eine Wallfahrtsstätte für die RAF und ihre Sympathisanten, andere wollten die Toten lieber auf einer Müllkippe als auf einem Stuttgarter Friedhof sehen. Stuttgarts christdemokratischer Bürgermeister Manfred Rommel sprach ein Machtwort, und die drei Toten konnten auf dem Dornhaldenfriedhof ihre letzte Ruhestätte finden. Rommel – der Sohn des bekannten Generalfeldmarschalls aus dem Zweiten Weltkrieg – sagte: »Ich weigere mich zu akzeptieren, dass es Friedhöfe erster und zweiter Klasse geben soll. Alle Feindschaft sollte nach dem Tode ruhen.«[521] Wer sich in diesem aufgeladenen Feld positionierte, bekam die Konfliktdynamik zu spüren. So erging es auch Bruno Streibel, dem evangelischen Pfarrer, der die Trauerfeier hielt. Dass er derjenige sein würde, der das letzte Gebet an den Särgen von Andreas Baader, Gudrun Ensslin und Jan-Carl Raspe sprechen sollte, war zunächst überhaupt nicht klar. Es hatte auch in dieser Frage ein Tauziehen im Vorfeld gegeben. Zunächst wollte Helmut Ensslin selbst die Trauerfeier für seine Tochter, Baader und Raspe halten. Als Pfarrer im Ruhestand hätte er das tun können. Doch die Kirchenoberen drängten ihn, auf dieses Ansinnen zu verzichten. Hatten sie Angst, dass Ensslin Dinge sagen könnte, die der Landeskirche nicht ins Bild passten? Und wer könnte diese Aufgabe stattdessen übernehmen? »Niemand hat sich darum gerissen, diese Beerdigung zu machen«, erinnert sich Bruno Streibel.[522] Der 64-Jährige ist heute Krankenhausseelsorger in der Nähe von Stuttgart. Seine Telefonstimme klingt immer noch so hell und jugendlich wie damals, als ein ARD-Fernsehteam seine Traueransprache aufzeichnete. Damals, am 27. Oktober 1977, war Bruno Streibel 35 Jahre alt. »Es war meine erste Stelle. Ich war gerade vier Jahre im Dienst. Die Ensslins wohnten in meinem Gemeindebezirk im Stuttgarter Westen.« Auch Streibel hätte leicht ablehnen können, er war schon auf einer Fortbildung angemeldet. Er entscheidet sich anders. »Ich hatte den Eindruck, ich sollte mich dieser Aufgabe stellen.« So wird Streibel zuerst mit der Situation der Eltern der Toten konfrontiert, mit ihrer Trauer und ihrer Einsamkeit, aber auch mit dem Hass ihnen gegenüber und dem Druck, sich der staatlichen

Sichtweise der Ereignisse anzuschließen. Das Verhalten von Kollegen gegenüber Helmut Ensslin, die Versuche, ihn von vermeintlichen kommunistischen Irrwegen abzubringen, nennt Streibel heute »peinlich, dumm und gewalttätig«.

Dass manche seiner Kollegen sich ihm gegenüber nicht so viel besser verhalten, muss er am Morgen des 27. Oktober erfahren. Um die 1000 Menschen hatten sich auf dem Friedhofsgelände versammelt. Mehr als 1000 Polizisten bildeten einen Ring um das Gelände. In der kleinen Friedhofskapelle standen drei einfache Kiefernsärge, nur auf dem von Gudrun Ensslin lagen weiße Lilien. Streibel erinnert sich: »Kurz vor der Beerdigung, als ich mich in der Kapelle sammeln wollte, kamen zwölf Kollegen nacheinander herein, um mir ihre letzten Ratschläge mit auf den Weg zu geben. Das reichte von ›ich bete für Sie‹ bis hin zu: ›Sagen Sie diesen Schweinen, was sie verdient haben!‹ Es kam auch ein Zettel herein von einer Wehrsportgruppe. Da stand drauf: ›Herr Pfarrer, geben Sie uns ein Zeichen, dann schlagen wir die Linken nieder.‹«

Neben den engsten Angehörigen und Freunden, darunter Anneliese Baader, die Eltern und Geschwister von Gudrun Ensslin und Wienke Zitzlaff, die Schwester von Ulrike Meinhof, Schily und Heldmann, hatten auch ein Fernsehteam der ARD und einige Journalisten Zutritt zur Kapelle gefunden. Bruno Streibel hatte den Ablauf auf das Nötigste konzentriert. In seiner kurzen Ansprache zitierte er den Galaterbrief (»Einer trage des anderen Last«) und sprach von der christlichen Überwindung der Rache durch die Vergebung – ein einsames Statement an diesem Nachmittag der Racheschwüre. »Als wir dann aus der Kapelle kamen, waren viele Vermummte um mich herum. Dazwischen die Gesichter der Angehörigen, lebendige Gesichter, die Gefühle ausdrückten. Dagegen hatten viele Gesichter der Ordnungshüter einen martialischen Ausdruck. Paradoxerweise habe ich bei der Polizeipräsenz nicht Sicherheit, sondern Angst empfunden, Angst vor den vielen Maschinenpistolen und der Möglichkeit von Fehlreaktionen.«

Der Trauerzug folgte den drei Särgen zur Grabstelle am äußersten Rand des Friedhofes, dorthin, wo bisher noch kein Grab angelegt worden war. Das Gesamtbild erinnerte an die Meinhof-Beerdigung: viele Vermummte, einige hatten Spruchbänder dabei. »Gudrun, Andreas und Jan wurden in Stammheim gefoltert und ermordet« und »Der Kampf geht weiter« waren darauf zu lesen. Helmut Ensslin sah die Sache im Übrigen ähnlich. Er gab der linken italienischen Zeitung ›Lotta Continua‹ noch am selben Tag ein Interview, in dem er sagte: »Ich bin davon überzeugt, dass meine Tochter ermordet wurde.«[523]

Im Unterschied zur Meinhof-Beerdigung in Berlin stach dieses Mal die Internationalität der Versammelten ins Auge (Delegationen aus Frankreich, Irland, Griechenland, England, Österreich, Holland und der Schweiz). Manche trugen eine Nelke in der Hand, einige zogen an ihren Zigaretten. Für die Särge von Baader und Raspe war ein Doppelgrab vorbereitet, für Gudrun Ensslin eine eigene Grabstelle ausgehoben worden. Nur wenige Kränze und letzte Grüße säumten die Gräber. »Gott sei gnädig Sündern und Gerechten«, stand auf den Schleifen eines Kranzes, »ZK des KBW« auf denen eines anderen. Auch »Letzter Gruß Dein Onkel Walter« war auf einer Schleife zu lesen: Walter Kroecher hatte an seinen Neffen gedacht, an den Jungen ohne Vater, der früher so oft bei seinem Bruder Michael gewesen war und nicht zuletzt von ihm gelernt hatte, das Leben auch als eine Inszenierung zu verstehen. Am Grab sprach Bruno Streibel ein Gebet, das jedoch in den Regieanweisungen der Rundfunk- und Fernsehteams unterging: »Klappe jetzt«, »Mikrofon«, »Nimm den Ensslin im Profil«, »Die Rolle rüber«, »Langt mal die Leiter durch«. Streibel gerät heute noch in Rage, wenn er sich daran erinnert: »Das Verhalten einiger Journalisten war unmöglich, schamlos, impertinent und unwürdig. Ich erinnere mich, dass die Frau Baader sich gewehrt hat, zugeschlagen hat, mit Recht.« Als die Särge in die Gräber gesenkt wurden, gingen geballte Fäuste hoch. »Das Blut von Nazi-Schleyer ist nicht genug«, rief jemand im Namen einer irischen Gruppe.[524] Als die Mutter von Gudrun Ensslin zu weinen begann, schoss blitzschnell eine ganze Meute von Mikrofonen vor ihr Gesicht.[525] »Sie haben doch jetzt genug Bilder gemacht, gehen Sie doch jetzt weg«, appellierte der Bruder von Gudrun Ensslin ohne Erfolg an die Medienvertreter. »Weg hier, ihr Schweine!«, brüllte dann jemand aus der Menge und gab damit das Signal für einen spontanen Kollektivangriff auf die Medienleute. Stative fielen zu Boden, Journalisten ergriffen die Flucht. »Als ich zu Hause war«, erinnert sich Streibel, »zitterten mir die Knie.«[526]

Die Journalisten waren aus aller Welt gekommen, gut 250 an der Zahl, schrieb die ›Süddeutsche Zeitung‹, weit mehr jedenfalls als bei der Trauerfeier für Hanns-Martin Schleyer.[527] Andreas Baader hatte noch im Tod die denkbar größte Medienaufmerksamkeit. Auch ein Künstler hatte sich schon für seinen Leichnam interessiert: Der Tübinger Bildhauer Gerhard Halbritter hatte Totenmasken von allen drei Toten angefertigt. Elf Jahre später wird der Maler Gerhard Richter sich des Themas auf der Basis von Polizei- und Pressefotos der Stammheimer Toten, der Beerdigung, der Festnahme und verschiedener anderer Situationen annehmen und seinen berühmten 15-teiligen Zyklus ›18. Oktober 1977‹ schaffen. Was Andreas Baader betrifft, so gehört neben zwei Bildern, die ihn auf dem Zellenboden liegend zeigen, auch ein Bild von Baaders Plattenspieler zu dem Zyklus. Es ist das einzige Bild, das daran erinnert, dass das, was jetzt so düster und bleischwer zu Ende ging, einmal aus einem Aufbruch hervorgegangen war, der voller Elan und Musik begonnen hatte, voller Träume und voller Rock'n'Roll.

Die Londoner Journalistin Jillian Becker hatte während der Beerdigung beobachtet, dass einige der Anwesenden gegenüber den Polizisten mit erhobenem rechten Arm posierten und »Sieg, Heil! Sieg, Heil!« riefen.[528] Die Meinung, dass es sich bei der Bundesrepublik in Wahrheit um einen nur mühsam kaschierten faschistischen Polizeistaat in der Kontinuität des Dritten Reiches handele, war in linken Kreisen damals bekanntlich keine Seltenheit. Diese und ähnliche Ansichten waren der Nährboden, auf dem die Legende von der Ermordung Andreas Baaders und seiner engsten Verbündeten im Stammheimer Hochsicherheitsgefängnis in einigen Ausläufern bis heute überleben konnte.

Für manche Linke allerdings war schon damals ganz klar, dass es sich nicht um Mord handeln könne. Der Politikwissenschaftler Wolfgang Kraushaar sagt im Rückblick: »Für mich war die damals weit verbreitete These vom staatlichen Mord an den Gefangenen von Anfang an nicht plausibel. Warum sollten staatliche Akteure die Gefangenen in einer Situation noch umbringen, in der die Terroristen ihr letztes Erpressungsmittel, die Flugzeuginsassen, verloren hatten? Das macht logisch keinen Sinn. Es macht vor allem dann keinen Sinn, wenn sich ja jeder ausrechnen kann, dass nur staatliche Akteure zu diesem Hochsicherheitstrakt in Stuttgart-Stammheim Zutritt hätten haben können. Und es macht, das halte ich für das entscheidende Dementi, nicht zuletzt darum überhaupt keinen Sinn, weil es ja eine Überlebende gegeben hat. Warum lässt man jemanden am Leben, wenn man sie doch alle umbringen will? Das kann niemand nach logischen Kriterien darlegen. Weil ich das also so gesehen habe und insofern als Selbstinszenierung einer Hinrichtung gelesen habe, bin ich – anders als beim Tod von Holger Meins und Ulrike Meinhof – nicht zur Beerdigung nach Stuttgart gefahren. Dieser als Mord inszenierte Selbstmord hat mich einfach angewidert.«[529]

Rekonstruktionen einer Inszenierung

Eine zentrale Frage im Zusammenhang der Rekonstruktion der Ereignisse der Todesnacht von Stammheim ist die Frage, auf welchen Wegen die Waffen, mit denen sich Baader und Raspe töteten, in das Gefängnis gekommen waren. Ein erster Hinweis auf die Wege der Waffen war der Fund von Porträt-Fotos von Baader, Ensslin und Raspe aus Stammheim Ende 1976. Die Bilder wurden bei der Durchsuchung der Wohnung von Elisabeth von Dycks aufgefunden, kurz nach der Verhaftung von Siegfried Haag Ende November 1976. Eine Kamera musste in das Gefängnis und wieder heraus transportiert worden sein. Ingrid Schubert hatte damals angegeben, die Kamera vom Typ Minox bei ihrer Verlegung von Hamburg nach Stammheim mitgebracht und Besuchern dann wieder mitgegeben zu haben. Der Vorgang war der erste Hinweis auf bislang unentdeckte Transportmöglichkeiten. Wie die Minox und später die Waffen wirklich in die Zellen gelangten, wurde erst durch die Aussagen von Volker Speitel bekannt. Er war am 2. Oktober 1977 im Skandinavien-Express kurz hinter der dänisch-deutschen Grenze in Puttgarden verhaftet worden. Der

Mitarbeiter im Croissant-Büro kam von den Vorbereitungen für eine Protestaktion gegen die Kontaktsperre in Dänemark.

Im Januar 1978 teilte Generalbundesanwalt Rebmann mit, die Stammheimer Waffen seien im Frühjahr 1977 von Arndt Müller bei seinen Anwaltsbesuchen im Mehrzweckgebäude eingeschmuggelt worden. Zwei Untersuchungsgefangene, deren Namen Rebmann damals aus Sicherheitsgründen nicht nennen wollte, hätten wenige Tage zuvor in richterlichen Vernehmungen entsprechende Aussagen gemacht. Die beiden Zeugen waren Volker Speitel und Hans-Joachim Dellwo – in der Szene wurden sie in Zukunft nur die »Meistersinger« genannt. Haben sie wirklich erst im Januar, also mehrere Monate nach der Todesnacht von Stammheim, ausgesagt? Die Tatsache, dass das Anwaltsbüro von Klaus Croissant nur drei Tage nach der Verhaftung von Speitel gründlich durchsucht wurde, spricht eine andere Sprache. Anlass der Durchsuchung war nämlich ein Hinweis Speitels auf Aktenverstecke im Kopierraum der Kanzlei.[530] Hatte Speitel schon vor der Selbstmordnacht auch von den Waffentransporten berichtet? Wussten die Ermittler Bescheid? Handelte es sich bei der »Suicide Action« vom 18. Oktober 1977 also um einen staatlich geduldeten Selbstmord? Die ›Stern‹-Journalisten Günter Handlögten, Werner Mathes und Rainer Nübel halten dies aufgrund einer ganzen Reihe von Indizien für möglich.[531]

Angeblich erst im Januar 1978 sagte Speitel aus, dass die Gefangenen im Spätsommer 1976 per Kassiber um eine Minox-Kamera und später auch um Waffen gebeten hätten. Als die »da oben« eine »Knarre« wollten, habe Speitel noch einmal nachgefragt. Die Antwort sei postwendend gekommen. Die Gefangenen hätten gefragt, ob ihr [Speitels und der anderen Unterstützer, Anm. d. Verf.] Pazifismus das Hirn schon so sehr angegriffen habe, dass sie nicht mehr wüssten, was eine Knarre ist. Boock besorgte die Waffen. Speitel habe dann Hohlräume in Aktenordner geschnitten und die gewünschten Gegenstände darin verstaut. Mit der Minox habe man Fotos für eine Publikation mit RAF-Texten machen wollen.[532] Der Anwalt Arndt Müller habe die Akten bei seinen Besuchen ins Verhandlungsgebäude mitgenommen und den Gefangenen ausgehändigt. Diese wurden auf dem Rückweg ins Gefängnis nicht mehr kontrolliert. Müller sei von den Gefangenen selbst wegen seiner stoischen Ruhe für diese Transporte ausgewählt worden. Man habe ihn im Glauben gelassen, er transportiere Teile eines Kochers oder anderer harmloser Gegenstände, die von den Gefangenen gebraucht würden. »Insgesamt«, so Speitel, »gingen auf dem oben beschriebenen Weg drei Pistolen und, soweit ich mich erinnere, fünf Stangen Sprengstoff in den Knast. Dazu kam eine Unmenge von Kleinkram wie Kopfhörer, Kabel, Radios, Bügeleisen, Kochplatte. Bei den Waffen war jeweils auch Munition dabei, und zwar jeweils eine volle Füllung.«[533] Eine Pistole sei schon 1976 geordert worden. Die am 8. Februar 1977 entlassene Brigitte Mohnhaupt habe dann die Bestellung von zwei weiteren Pistolen und Sprengstoff mitgebracht.

War das möglich? Oder gab es noch andere Transportwege? Die kontrollierenden Polizeibeamten sagten später aus, sie hätten jeden Ordner eigenhändig durchgeblättert. Sie waren allerdings auch ausdrücklich zu eiligem Durchblättern ohne genaueres Hinsehen aufgefordert. Für Speitels Glaubwürdigkeit sprach zudem, dass er den Ermittlern ein Versteck zeigen konnte, in dem sich demontierte Griffschalen fanden, die auf Raspes Todeswaffe passten. Auch Sprengstoff und eine dritte Waffe, von der Speitel gesprochen hatte, wurden Monate nach der Stammheimer Todesnacht im siebten Stock der Haftanstalt gefunden. Den Sprengstoff habe er, so Volker Speitel in seiner Vernehmung, in Cellophan eingepackt und die so präparierten Portionen an Arndt Müller weitergegeben, der sie in seiner Unterhose in das Mehrzweckgebäude transportiert habe. Ein weiteres Indiz für Speitels Glaubwürdigkeit lieferte die Aussage eines Vollzugsbediensteten. Er gab zu Protokoll: »Bei den Personenkontrollen von Herrn Rechtsanwalt Arndt Müller ist mir mehrmals aufgefallen, dass seine Hose im Genitalbereich besonders abstand, und ich dachte mir, dass er ein besonders großes Geschlechtsteil haben müsste bzw. einen besonders engen Slip tragen würde, der die Genitalien stark abzeichnet.«[534] Der Sprengstoff wird erst entdeckt, als man nach dem Tod der Häftlinge alle nicht tragenden Wände im siebten Stock einreißt. Die Beamten entdecken insgesamt zehn Verstecke, darin: eine weitere Pistole, Munition, 650 Gramm

Sprengstoff, Rasierklingen und Kabel. Werkzeuge und Materialien zur Herstellung der Verstecke hatten die Gefangenen während der Umbaumaßnahmen im siebten Stock im Juni 1977 beiseite schaffen können.

Der Gefängnisdirektor Nusser und sein Stellvertreter Schreitmüller wurden am Tag nach den Ereignissen vom 18. Oktober 1977 versetzt. Sie hätten genauer hinsehen müssen. Doch sie haben sich austricksen und von Andreas Baader auch noch an der Nase herumführen lassen. Als Baader kurz nach der Schleyer-Entführung in eine andere Zelle verlegt wurde, um seinen angestammten Haftraum besser durchsuchen zu können, bat er einen Beamten, ihm seine »Kaffeesachen« aus der gerade verlassenen Zelle zu bringen. Dabei fällt eine schwarze Minox-Kamera aus einer Packung mit Kaffeefiltern. Für Schreitmüller, den Sicherheitsbeauftragten der Anstalt, ist dieser Fund kein Anlass für noch genauere Untersuchungen. Baader habe ihm schließlich versichert: »Wir sind doch nicht so dumm und bringen hier irgendwelche Waffen herein, um Sie oder Herrn Nusser als Geiseln zu nehmen. Sie sind doch viel zu klein. Sie würden von der Bundesregierung nie ausgetauscht.« Grinsend habe Baader hinzugefügt: »Wir machen euch doch nicht die Freude, dass wir hier eine Waffe haben. Der Staatsschutz wartet doch nur darauf, uns abzuknallen.«[535]

Andreas Baader hat immer wieder Spuren gelegt, die dazu dienen sollten, einen möglichen Selbstmord als Mord darzustellen. Die »Suicide Action« sollte als »Murder Action« inszeniert werden. So finden sich in seiner Biografie Hinweise auf beide Ebenen: auf die authentische Ebene und auf die Inszenierungsebene. Es findet sich der Gedanke an den Selbstmord als letzten Ausweg und letzten Akt der Autonomie im Scheitern. Und es finden sich ebenso viele Spuren für das Interesse, diesen Akt als Mord erscheinen zu lassen. Die Mordinszenierung konnte dabei an reale Hassgefühle anknüpfen, die weit verbreitet waren und zur Glaubwürdigkeit der Inszenierung beitrugen. Die Artikulation dieser Hassgefühle gegenüber dem Staatsfeind Nummer eins reichte von der Forderung »Kopf ab!«, die jemand neben Baaders Mikrofon im Gerichtssaal geschrieben hatte, über die Zusendung von Kälberstricken in Verbindung mit der Aufforderung, sich umzubringen, bis hin zu einer Diskussion um die Wiedereinführung der Todesstrafe im Zusammenhang mit der Schleyer-Entführung. Wenn Andreas Baader also davon sprach, dass der Staatsschutz nur darauf warte, ihn »abzuknallen«, so lag er mit dieser Einschätzung im Blick auf Teile der Bevölkerung sicher richtig.

Die Vorbereitung des Mythos vom Mord in Stammheim beginnt jedoch schon viel früher. So betonte Anneliese Baader, dass ihr Sohn ihr wiederholt versichert habe, dass er sich niemals selbst umbringen werde und dass sie nie glauben solle, wenn solches behauptet würde. Das berichtete mir Ashley Kroecher (der Sohn von Baaders Cousin Reimar Kroecher), der in Deutschland Musik studierte und Anneliese Baader in den 90er Jahren zwei Mal besuchte.[536] Auch gegenüber Reimar Kroecher selbst hatte sich Andreas Baader in ähnlicher Weise geäußert. Kroecher war, wie berichtet, am 5. Mai 1975, kurz vor dem Beginn des Strafverfahrens, in Stammheim gewesen. Am Ende seines Besuches habe er Andreas Baader gefragt, ob er die Kraft haben würde, eine lebenslängliche Haftstrafe abzusitzen. »Darauf hat er gelacht und gesagt: ›Reimar, das brauche ich nicht, die bringen mich vorher um.‹ Und als ich ging, rief er mir noch einmal nach: ›Und wenn jemand sagt, ich hätte Selbstmord begangen, glaube ihnen das nie.‹«[537]

In der Zeit der Schleyer-Entführung sind es vor allem drei Äußerungen Baaders, die in dieselbe Richtung weisen und die, abwechselnd, beide Aspekte enthalten: mehr oder weniger versteckte Selbstmorddrohungen und prophylaktische Mordvorwürfe im Dienste einer möglichen Mordinszenierung. Die schon zitierten Äußerungen seien noch einmal rekapituliert: Am 7. Oktober schreibt Andreas Baader an das Stuttgarter Oberlandesgericht, dass der Staatsschutz offenbar die Hoffnung habe, im siebten Stock »einen oder mehrere Selbstmorde zu provozieren. Ich stelle dazu fest: Keiner von uns – das war in den paar Worten, die wir vor zwei Wochen an der Tür wechseln konnten, und der Diskussion seit Jahren klar – hat die Absicht, sich umzubringen. Sollten wir – wieder ein Beamter – hier ›tot aufgefunden werden‹, sind wir in der guten Tradition justizieller und politischer Maßnahmen dieses Verfahrens getötet worden.«[538] Die Sätze lesen sich im Übrigen wie ein Widerhall der Erklärung, die Holger Meins bei Klaus Croissant hinterlegt hatte: »Für den Fall, dass ich in der Haft vom Leben in den Tod komme, war's Mord – gleich, was die Schweine sagen werden.«

Einen Tag nach der Abfassung des Briefes an das Stuttgarter Gericht, am 8. Oktober 1977, kommt in einem Gespräch mit dem BKA-Beamten Alfred Klaus der andere Aspekt zum Ausdruck: die Selbstmorddrohung. Wenn das »jämmerliche Spiel« und die »Potenzierung der Isolation seit sechs Wochen« nicht ein Ende finde, würden die Gefangenen entscheiden. Das »polizeiliche Kalkül« werde nicht aufgehen. Die Gefangenen beabsichtigten nicht, die gegenwärtige Situation länger hinzunehmen. Die Bundesregierung werde künftig nicht mehr über die Gefangenen verfügen können. Dies sei eine Drohung. Es werde sich um eine »irreversible Entscheidung« der Gefangenen »in Stunden oder Tagen« handeln.[539] Dass sich Gudrun Ensslin am 9. Oktober ganz ähnlich gegenüber Klaus äußert, spricht dafür, dass die »Suicide Action« zu diesem Zeitpunkt schon als eine konkrete Handlungsmöglichkeit zwischen Baader, Ensslin, Raspe und Möller abgesprochen war. Einen Tag vor seinem Tod, am 17. Oktober, äußert Baader in dem Gespräch mit Ministerialdirigent Hegelau: »Freigelassene Häftlinge sind im Vergleich zu toten Gefangenen auch für die Bundesrepublik das kleinere Übel.«[540] Am selben Nachmittag hat Gudrun Ensslin ein letztes Gespräch mit den Gefängnispfarrern. Sie spricht davon, dass die Gefangenen »vernichtet« werden sollten und dass »schreckliche Dinge« geschehen könnten. Falls ihr etwas zustoße, sollten die Pfarrer Sorge dafür tragen, dass bestimmte Briefe in einer roten Mappe ihr Ziel erreichen. Die Mappe wird später gefunden, von den besagten Briefen keine Spur: Sie haben nie existiert. Ensslin unterstützt die Mordinszenierung also nach Kräften.

Vermutlich haben sich Andreas Baader und Gudrun Ensslin schon sehr früh im Blick auf die Idee und den Plan einer »Suicide Action« gegenseitig bestärkt. Gudrun Ensslin schrieb bereits Anfang 1973, noch in Essen, über den Selbstmörder, dessen Tod »ausdruck der rebellion der zertrümmerten subjekte gegen ihre zertrümmerung« sei.[541] Suizid als Akt der Rebellion, einer letzten Freiheit des unterdrückten Subjekts. Gudrun Ensslin scheint auch diese letzte Tat ideologisch vorgedacht zu haben. Da Andreas Baader in Stammheim das Sagen hatte, kann man vermuten, dass der konkrete Plan einer als Mord dargestellten »Suicide Action« jedoch von ihm stammt. Die biografischen Indizien und die von Boock berichteten Äußerungen von Brigitte Mohnhaupt deuten darauf hin, dass dieser Plan schon viel früher als erst in den letzten Wochen der Schleyer-Entführung im Kopf von Andreas Baader vorhanden war. Er hat ihn am Ende konsequent umgesetzt und hat seine Mannschaft, jedenfalls die engsten Verbündeten, wie Ahab aus ›Moby Dick‹ dabei mit in den Tod gerissen. Den Mut, so zu handeln, hätten viele ihm nicht zugetraut. Am Ende starb Andreas Baader, wie er gelebt hatte: mit viel Sinn für brutale Inszenierungen. Der Traum von der Revolution war zum Albtraum geworden, zu einem Albtraum mit 47 Toten seit der Befreiung Andreas Baaders im Mai 1970. An die Stelle der Revolutionsträume war, wenn man so will, der Mythos vom Mord in Stammheim getreten. Und der wirkte weiter: Nicht wenige schlossen sich der RAF an, jetzt erst recht. Es war derselbe Mobilisierungseffekt, den man schon nach dem Tod von Holger Meins und Ulrike Meinhof hatte beobachten können.

Baaders Tochter Suse ist zum Zeitpunkt des Todes ihres Vaters zwölf Jahre alt. Heute lebt sie in Paris. Im Jahr 2007 ist sie 42 Jahre alt. Ihr Vater hat sich aus dem Staub gemacht, als sie noch ein kleines Kind war. Er hat ihr nichts hinterlassen, außer seiner tragischen Geschichte: eine Hypothek.

Der Nachlass von Andreas Baader kam in den Keller von Stammheim. Im Sommer 1978 entlud sich über der Vollzugsanstalt ein Unwetter mit einem sintflutartigen Regen. Dabei wurde der Keller überflutet. Als das Wasser abgeflossen war, war der Kellerraum mit den RAF-Nachlässen eine einzige Hügellandschaft aus Matsch und stinkenden Klamotten: ein Fall für die Müllabfuhr. Was dort unten von Baader bis zu diesem Sommer lagerte, weiß man allerdings noch ganz genau. Das Landeskriminalamt Baden-Württemberg hat alle in der Zelle 719 aufgefundenen Gegenstände aufgelistet, darunter 974 Bücher, 75 Langspielplatten, eine »Olivetti«-Schreibmaschine, eine Mundharmonika, eine Nagelschere, einen Kasten Wasserfarben »Pelikan«, ein Fläschchen »Salviathymol« und zwei Sonnenbrillen.[542]

In diesem Sommer des Jahres 1978, in dem Baaders Nachlass notgedrungen auf den Müll wanderte, kehrte eine ungeklärte Geschichte noch einmal in das Blickfeld der Öffentlichkeit zurück. Wieder ausgegraben hatte sie die ›Bild‹-Zeitung. Am 9. August 1978 vermeldet sie auf ihrer ersten Seite: »Genickschuss! Baader ermordete Geliebte.« Gemeint waren Ingeborg Barz und die Geschichte ihrer angeblichen Ermordung, die Gerhard Müller schon 1975 den Ermittlern erzählt hatte und die die ›Bild‹-Zeitung schon einmal am 29. April 1975 veröffentlicht hatte. Anneliese Baader ist erbost und versucht, juristisch gegen die Veröffentlichung vorzugehen. »Das Ganze ist eine ungeheuerliche Schweinerei«, schreibt sie am 30. August 1978 an Hans Heinz Heldmann.

In der Folge beantragt sie eine einstweilige Verfügung gegen den Axel-Springer-Verlag. In der geforderten Gegendarstellung soll es heißen: »Andreas Baader hat Ingeborg Barz nicht getötet. Ingeborg Barz war nicht die Geliebte von Andreas Baader.« Doch das Landgericht will den letzten Satz der Gegendarstellung nicht gelten lassen. Die Gegendarstellungsfrist erlaubt aber keine Neufassung, so dass Anneliese Baader keinen Erfolg mit ihrer Intervention hat und zudem noch 848 Mark für einen erfolglosen Schriftsatz bezahlen muss – »eine für mich schwer zu erübrigende Summe«. »Herzlichen Dank für die ausgezeichnete juristische Beratung«, schreibt sie an die Hamburger Anwälte in der Schlüterstrasse 6.[543] Damals lebte Anneliese Baader in Grassau am Chiemsee, später kommt sie in ein Hamburger Altenheim. Dort stirbt sie im August 2005 im Alter von 88 Jahren. Sie wird auf dem Ohlsdorfer Friedhof begraben. Es soll, so berichtete mir Thorwald Proll, ein schöner Tag gewesen sein. Und eine schöne Beerdigung.

Epilog

Wer also war Andreas Baader?

»Baader ist eben doch eine interessantere Figur, als er bisher dargestellt worden ist.«[544] Die Arbeit an seiner Biografie unterstreicht dieses Urteil von Kurt Groenewold. Viele Darstellungen sind einseitig. Das Bemühen um Differenzierung hat dabei keine Rechtfertigung im Sinn – Baaders Weg in den Terror ist zu verurteilen, keine Frage. Es geht hier jedoch nicht um Urteile, sondern darum, das Leben Baaders und damit auch ein Kapitel der deutschen Nachkriegsgeschichte besser zu verstehen. Am Ende richtet sich der Blick noch einmal zurück. Denn manches sieht man erst, wenn man das fertige Bild betrachtet. Oft zeigt sich das Typische dann deutlicher.

Wer also war Andreas Baader? Und wie war es möglich, dass Baader innerhalb von vier Jahren von einer Randexistenz der Studentenbewegung zum Staatsfeind Nummer eins werden konnte? Wie konnte der Schulabbrecher Baader zur Führungsfigur einer Gruppe werden, die aus der Studentenbewegung hervorgegangen war? Worauf gründete sich seine unangefochtene Autorität gegenüber so intellektuellen Frauen wie Gudrun Ensslin und Ulrike Meinhof? Woher rührt die Faszination, die bis heute von seiner Person ausgeht und ihn gerade in letzter Zeit zum zentralen Anknüpfungspunkt populärkultureller Bilder- und Mythenproduktionen werden ließ?

Die Baader-Bilder-Konjunktur steht dabei im Kontext einer pop-ästhetischen und kulturellen Renaissance des RAF-Themas, die nach der Medienfeier des »Deutschen Herbstes« 1997 mit Büchern, Moden, Filmen und Theaterstücken langsam Fahrt aufnahm. Reinhard Mohr hat diese Renaissance schon 2002 als »Reflex auf die große gesellschaftliche Leere nach dem Bankrott der geschichtsoptimistischen Utopien und Visionen« gedeutet.[545] Vor dem Hintergrund der Erfahrung von Komplexität und Ohnmacht suche man wieder Anschluss an Zeiten, in denen man Geschichte noch für machbar hielt und in der die RAF die Revolution durch den Volkskrieg verkündete. Es scheint bei dieser Erinnerung allerdings weniger um Ideen oder Strategien zu gehen, sondern vor allem um Intensität. Man weiß, dass man die Probleme des Rentensystems nicht durch den bewaffneten Kampf oder die Sprengung der Gedächtniskirche lösen kann, aber man sehnt sich gleichwohl nach Leidenschaft. Die »befreiende Tathandlung« wäre zwar, so räsoniert Ijoma Mangold über seine Generation der Dreißigjährigen, »nur um den Preis der Komplexitätsignoranz, das heißt der Dummheit, zu haben«, dennoch liegt in der »action immer auch das geheimnisvolle Versprechen von erhöhter Lebensintensität«.[546]

Diesen Wahlspruch könnte man auch über das Leben von Andreas Baader schreiben. »Bist du bereit zu fighten?« soll, so sein Freund und zeitweiliger Anwalt, der Schriftsteller Peter O. Chotjewitz, seine Lieblingsfrage gewesen sein.[547] Das Fighten war hier allerdings wörtlich gemeint, Knarre und Sprengstoff inbegriffen. Dieser Zug unterschied ihn grundlegend von Ulrike Meinhof und Gudrun Ensslin. Die beiden Frauen hatten demgegenüber vor allem und ganz bewusst das gesamte historische, ideologische und gesellschaftspolitische Programm ihrer Zeit im Gepäck: NS-Vergangenheit, Linksprotestantismus, Marxismus, Existentialismus, Anti-Atombewegung, SPD, KPD, SDS, APO und natürlich Vietnam und die Revolution, Imperialismus und Anti-Imperialismus. Andreas Baader war anders. »Er war«, so Robert Misik, »nur Desperado, ohne linksradikale Textbegründungen. Baader war schon Post-Politik, als die anderen noch krause Theorien wälzten.«[548]

Auch wenn dieses Urteil etwas überzogen scheint, so markiert es doch wesentliche Differenzen. Vor allem Baaders prinzipielle Gewaltbereitschaft und dann auch Gewalttätigkeit unterschieden ihn deutlich von Ensslin und Meinhof. Andreas Baader war von Anfang an umgeben von der Aura der Gewalt. Darin lag und liegt mit Sicherheit ein zentrales Moment seiner Faszination. Und dadurch, dass er weniger als Meinhof und Ensslin mit den damaligen politischen und moralischen Debatten vernetzt war, dem Bildungsbürgertum darum viel weniger als die beiden Frauen als einer »unserer Söhne und Töchter« (Heinrich Albertz) gelten konnte, war und ist er bis heute schlechter zuzuordnen. Er kann nicht so leicht als gefallener Engel dem Pantheon der Dichter und Denker schließlich doch noch zugerechnet und damit dann auch domestiziert werden.

Hinzu kommt: Baader repräsentiert das Faszinosum der Befreiung durch Gewalt auch darum so gut, weil er ein hübscher Junge war. Das verbindet ihn mit Che Guevara, dessen Konterfei Baaders Stammheimer Zelle und die T-Shirts der »Landshut«-Entführer schmückte. Was ihn von Che Guevara trennt, ist die negativere Konnotation seiner Aura von Gewalt. Baader war eben auch ein mieser Kleinkrimineller, ein Autoknacker und Parasit, ein Menschenfischer in höherer Mission, »aber auch ein großer Arsch« (Misik). Armin Golzem drückt es so aus: »Baader war ein gewissenloser Politiker. Er hatte zwar eine Philosophie, später dann auch eine politische Philosophie, aber das war etwas anderes, als eine Moral zu haben. Und diese Moral, die hat gefehlt.«[549] Bei Guevara hingegen war Moral keine Mangelware und die Gewalt ganz »fremdes Werk der Liebe« (Luther). Che Guevara war ein Heiliger mit Knarre. Was sie beide wiederum eint, ist die Radikalität, »eine Unbedingtheit«, so Misik, »die herausragt aus der Langeweile des Alltags, ein Heroismus, der bis in den Tod führt«. Aufgrund dieser Unbedingtheit konnte Andreas Baader zur glitzernden Ikone der Gewalt stilisiert werden, zur Projektionsfläche für Sehnsüchte nach Radikalität und Heroismus. Armin Golzem bestätigt genau diese Funktion, wenn er sagt, die Verunsicherten hätten Baader als Ikone gebraucht, als »Verkörperung des radikalen anderen Lebens. Radikaler ging es ja gar nicht«.[550] Und er fügt kritisch hinzu, dass dabei Radikalität nicht selten zum Selbstzweck werde, dem blind gefolgt werde. Radikalität war im Übrigen keineswegs von Anfang an Baaders Markenzeichen. Andreas Baader war auch ein Faulpelz und vergnügungssüchtiger Flaneur, ein Dandy und Aufschneider.

Auffällig ist, wie sehr Andreas Baader polarisierte, wie weit die Urteile über ihn auseinander gehen. Er wurde gehasst oder geliebt, man fand ihn abstoßend oder man mochte ihn. Dazwischen scheint es kaum etwas gegeben zu haben. Auf der einen Seite stehen die Verbündeten. An erster Stelle Gudrun Ensslin, dann aber auch Ulrike Meinhof und mit mehr oder weniger Distanz die Anwälte. Für Ensslin war Baader bekanntlich »die Moral der Erniedrigten und Beleidigten«. Ulrike Meinhof verglich ihn mit Che Guevara und nannte ihn »das Beispiel«, von dem man lernen könne zu kämpfen. Sein Anwalt Armin Golzem hebt seine »besonderen Energien« und seinen »politischen Machtinstinkt« hervor. Darin sei er »allen anderen Mitgliedern deutlich überlegen« gewesen.[551] Auch für den Anwalt Kurt Groenewold war er »sehr politisch, im Gegensatz zu dem, was Aust sagt, und sehr präzise in den Dingen, die er besprechen wollte und besprochen hat. (…) Er hat auch mit seinen Gedankengängen – jedenfalls in der Zeit, in der ich ihn kannte – die Gruppe zusammengehalten, viel mehr als Ulrike Meinhof, die ja viel verstörter war«.[552]

Ganz anders Daniel Cohn-Bendit. Der 68er-Wortführer und heutige Europaabgeordnete erlebte Andreas Baader 1969 in Frankfurt als »sehr unsympathischen und widerlichen Typen«. Das Freund-Feind-Denken, das schon damals deutlich geworden sei, habe Cohn-Bendit abgestoßen.[553] Auch für Günter Amendt, den Sex- und Drogenexperten der 68er-Generation, war Baader ein unsympathischer Angeber. Besonders aufschlussreich ist das kurze Baader-Porträt, das der gelernte Betonarbeiter und Guerillero der »Bewegung 2. Juni« »Bommi« (Michael) Baumann dem Staatsschutz der DDR lieferte, an deren Grenze nach Berlin er am 9. November 1973 festgenommen worden war. Zum Preis von 94 Kurzbeschreibungen von Mitgliedern der militanten Westberliner Szene wurde er nach 43 Tagen freigelassen. Über Andreas Baader schrieb er: »Tarnname Alain Delon, Hans, Baby, ohne Beruf, geb. 1944 [hier irrte Baumann ausnahmsweise, Anm. d. Verf.], in Haft. Bekannt über APO-Zeit seit 1968, nach außen, zum Teil auch nach innen. Chef der RAF. Autoritäres Verhalten par excellence. Schaumschläger, brutales Verhalten gegenüber Gruppenmitgliedern, macht auf starken Mann, ist aber auch sehr fanatisch, daher zu Taten fähig, innerhalb der APO schon immer Befürworter von militanten Aktionen. Spinner mit völlig infantilem Verhalten. Ohne die Ensslin daher ›Baby‹. Völlig vulgäre Sprechweise. Egoist. Aktionen: siehe Westpresse.«[554] Auf Baaders Weg in die Westpresse greifen individuelle und gesellschaftliche Faktoren ineinander, Persönlichkeitsmerkmale, kulturelle Prägungen und zeitgeschichtliche Situationen.

»Andi« wurde in einem Frauenhaushalt groß, umsorgt und verwöhnt von Mutter, Großmutter und Tante. Ein Prinz mit Allüren, der keine Grenzen kannte und dem auch die Mutter keine zu setzen vermochte. Als Kleinkind lebte er zudem eine ganze Zeit lang bei der Großmutter in Thüringen, so dass auch die mütterliche Präsenz in der frühen Kindheit zwischen Abwesenheit und Überfürsorglichkeit schwankte. Die Konsequenz dieser Mischung aus Mangelerfahrungen, Verwöhnung und fehlender Grenzsetzung scheint eine narzisstische Persönlichkeitsstörung gewesen zu sein. Andreas Baader weist alle typischen Züge eines narzisstisch gestörten Charakters auf: Er war äußerst selbstbezogen, hatte ein grandioses Selbstbild, immer ein gerütteltes Maß an Wut im Bauch und hungerte zugleich beständig nach Aufmerksamkeit und Bewunderung.[555] Seine gefühlte Größe verlangte nach Spiegelung. Ein solches Selbstbild lebt fort, wenn keine realitätsgerechte Transformation des frühkindlichen Größenwahns stattgefunden hat. So kommen Narzissten zumeist mit großer Geste daher, mit einem überbordenden Selbstbewusstsein und nicht selten auch mit einem penetranten Sendungsbewusstsein. »Andreas«, so Thorwald Proll, »hat der Gedanke fasziniert, Vorhut zu sein für etwas, was noch kommt, kommen soll.«[556] Dabei sei er »zum Fürchten furchtlos« gewesen.

Der hübsche Junge mit dem südländischen Teint und den schwarzen Wimpern lernte schnell, seinen Körper im Interesse dieser narzisstischen Bedürfnisse einzusetzen – als Objekt der Bewunderung und des Begehrens, aber auch als Medium physischer Gewalt. Schon als Schüler machte er durch Prügeleien von sich reden. Später wurde er oft als gewalttätiger Macho tituliert. Diese Charakterisierung scheint mir allerdings nur bedingt zuzutreffen. Denn Andreas Baader war kein Mann, der eine typische männliche Gewaltbereitschaft ausstrahlte. Ihm fehlten die entsprechenden männlichen Vorbilder. Er kam ja aus der Welt der Frauen. »Den Schlag hat dich ein Weib gelehrt«, zitiert der Journalist Jürgen Busche das

›Hildebrandslied‹, als ich ihn bitte, Andreas Baader zu charakterisieren.[557]

Es gab allerdings in seinen Kinder- und Jugendtagen einen Mann, von dem er sicher Wichtiges lernte: seinen Onkel Michael, den schwulen Tänzer. An seiner Art zu leben konnte er sehen, was es heißt, das Leben selbst in Detailfragen noch als eine Inszenierung zu verstehen. Michael Kroecher hat Andreas Baader vermutlich angeregt, sein schon in der Welt der Frauen erprobtes Inszenierungstalent weiter auszubauen. Es passt durchaus zu diesem Talent, dass Baader später abwechselnd davon träumte, Künstler, Schriftsteller, Schauspieler oder Filmregisseur werden zu wollen. Vorerst blieb er jedoch Selbstinszenierer. »Jede Inszenierung«, so schreibt der Philosoph Martin Seel, »will etwas in seiner augenblicklichen Besonderheit hervortreten lassen.«[558] Andreas Baader wollte sich selbst hervortreten lassen. Das Bedürfnis, das ihn dabei antrieb, war der Hunger nach Aufmerksamkeit.

Das geeignete Publikum findet sich zunächst in Schwabing, später ab 1963 in Berlin. Dass in der dortigen Szene auch ein guter Schuss Intellektualität zu seiner Selbstinszenierung gehörte, macht die Charakterisierung Peter Homanns deutlich, der ihn damals in Berlin erlebte: »Baader in den 60er Jahren: ein aus München vor der Polizei nach Berlin geflüchteter jugendlicher Motorraddieb im Geschwindigkeitswahn, der sich in der Kneipenszene als kleiner Rimbaud aufführte und allerlei Legenden über sich verbreitete. Der sich Schriftsteller nannte, aber keine Zeile schrieb. Einer, der durch Prügeleien in Kneipen, frühen Drogenkonsum und durch Vorlieben für Sado-Maso-Zeitschriften und Hollywood-Filme auffiel, in denen Gangster mit dem Schießeisen auftreten und ihrem Gegenüber sagen: ›Redest du jetzt, oder soll ich meinen kleinen Freund sprechen lassen?‹ Mit Politik hatte er nie etwas zu tun.«[559] Das sollte sich bald ändern. Vorläufig war er vor allem ironischer Provokateur. Ein Marlon-Brando-Imitat mit einem Faible für schnelle Autos, falsche Wimpern, schlechte Manieren und sexuelle Tabus. Etwas freundlicher als Homann schildert ihn Peter O. Chotjewitz: »Er war voller Widersprüche. Intellektuell und spontan, sanft und zupackend, witzig und flink, ungeduldig und cool. Ziemlich sexy.«[560]

Einen prägnanten Eindruck von Baaders damaliger Ausstrahlung (jedenfalls einer Facette davon) vermittelt das bekannte Foto, das der Modefotograf Herbert Tobias, Experte für Zwitterwesen, von ihm schoss. Darauf blickt Andreas Baader den Betrachter an, den Mund leicht geöffnet, die kurzen schwarzen Haare jungenhaft zerzaust. Seine nackten Schultern sind breit, erscheinen aber nicht muskulös, sondern rund und weich. Sein Blick wirkt zugleich fordernd und gelangweilt. Pose: cool. Botschaft: eine Hauptrolle, bitte!

Dass er diese Rolle bald nicht mehr im Nachtleben oder im Filmbusiness suchte, hat viele Gründe. Einer heißt Gudrun Ensslin. »... ohne Gudrun Ensslin wäre er gar nichts gewesen«, urteilte ein Weggenosse aus der RAF, der namentlich nicht genannt werden will. Durch Gudrun Ensslin wird der Provokateur langsam politisiert. Zunächst träumt er noch ein wenig vom Kino, will einen Film über die Studenten drehen, die gegen ihre Mach-die-Negermusik-leiser-Eltern rebellieren, gegen den Vietnam-Krieg und den Springer-Verlag demonstrieren und über Gewalt als Mittel der Politik diskutieren. Doch ein anderer Streifen lässt sich bald leichter umsetzen. Auf dem Titelblatt dieses Drehbuchs prangt bekanntlich eine mit dem Kürzel »RAF« überschriebene Heckler-und-Koch-Maschinenpistole: das »Logo« der RAF. Damit war Andreas Baader bei der effektivsten Methode der Erzeugung von Aufmerksamkeit angelangt: beim Terror. Welche Ausmaße die medienbewusste Inszenierung von Terrorakten annehmen kann, wissen wir seit dem 11. September 2001.

Aber auch Baader und die RAF zielten auf Medienöffentlichkeit. Denn die Erzeugung öffentlichen Schreckens gehört zum Wesen des Terrors. Um seine Bomben ins Bewusstsein der Massen werfen zu können, um die Zündschnur am Pulverfass der Revolution sein zu können, braucht man Medienöffentlichkeit. In gewisser Weise war Andreas Baader damit in seinem Element. Zentrale Interessen und Dispositionen kamen im bewaffneten Kampf zusammen: das Anmaßende, der Hunger nach Aufmerksamkeit, der Sinn für Inszenierungen, die Anti-Haltung gegenüber bestehenden Ordnungen, die moralische Skrupellosigkeit und die Bereitschaft zur Gewalt. Und damit, wie man Medien im Interesse politischer Inszenierungen nutzen kann, hatte er im Dunstkreis der Kommune 1 und ihrer Aktionen schon erste Erfahrungen sammeln können. Diese hatten ihn auch auf die Politiklektion durch Gudrun Ensslin vorbereitet. Gudrun Ensslin wiederum war durch das starke Bedürfnis, vom Reden zum Handeln zu kommen, für seinen Aktionismus empfänglich. So bestärkten sie sich gegenseitig: Er lästerte über die »Hirnwichserei« der Studenten und drängte zur Tat. Sie verlieh dieser Bewegung die ideologische Legitimation. Zusammen bildeten sie den Motor der RAF, der in der gewaltschwangeren Atmosphäre Ende der 60er Jahre zunehmend heiß läuft. Auch hier greifen gesellschaftliche Entwicklungen und individuelle Dispositionen ineinander. Baader und Ensslin waren ja keineswegs die Erfinder des Gewaltdiskurses und des Linksterrorismus. Sie waren vielmehr selbst Teil eines ideologisch dynamisierten und zusehends eskalierenden Generationskonfliktes globalen Ausmaßes, der schon lange vor den ersten RAF-Anschlägen terroristische Blüten getrieben hatte: Die Berliner Tupamaros hatten ihre antisemitische (und vom Verfassungsschutz gelieferte) Bombe schon am 9. November 1969 im jüdischen Gemeindehaus in der Berliner Fasanenstraße deponiert, die amerikanischen Weathermen begannen, im Sommer 1970 Bomben zu legen, die britischen Angry Brigades im Frühjahr 1971.[561] Auch das »Konzept Stadtguerilla« war nur eine Adaption von Ideen Che Guevaras, die Rudi Dutschke schon 1966 aufgegriffen und 1967 im SDS zur Diskussion gestellt hatte.[562] Die Rolle Andreas Baaders in der terroristischen Eskalationsdynamik war weniger die eines Erfinders, mehr die der Bündelung und Verstärkung, die eines Verstärkermediums. André Gottschling scheint mir insofern ganz richtig zu liegen, wenn er schreibt: »Eine derartige Dimension des Terrorismus mit den Anschlägen des Jahres 1977 als Kulminationspunkt wäre ohne Andreas Baader vermutlich nie erreicht worden.«[563]

Bei allem Aktionismus war Andreas Baader jedoch keineswegs auf den Kopf gefallen. Film, Literatur, Philosophie, das hat ihn immer interessiert. Besonders der Film hatte es ihm angetan. Filmhelden wie Alain Delon, Marlon Brando und Jean-Paul Belmondo fungierten als Vorbilder seiner

Selbstinszenierungspraxis. Sein Lieblingsfilm, Pontecorvos ›Schlacht um Algier‹, lieferte ihm allen Anschein nach sogar ganz konkrete Handlungsanregungen – man denke an den »Dreierschlag« und auch an die »Suicide Action«. Der Film war wiederum eingebettet in den rebellischen Soundtrack einer erstarkenden Popkultur: zusammengenommen ein ideales Reizklima für die Entfaltung narzisstisch-anmaßender Selbstdarstellungsbedürfnisse.

Aber Andreas Baader ging nicht nur ins Kino, er las auch Bücher. An die Kommune 1 schrieb er im Juni 1968 kurz nach seiner Inhaftierung wegen der Frankfurter Kaufhausbrandstiftung: »Der Fürsorger Eiermann verweigert mir aus reiner Schinderei Theorieliteratur, die irgendwer geschickt hat und die ich brauche, die Eier sollen ihm abfaulen, ich überlege einen Hungerstreik und anderes, wenn er sich nicht besinnt, ich schicke euch Signale meines Verfalls, klar, dass diese Schinder nicht wollen, dass irgendwer liest, was sie wollen, ist, dass man mit ihren Scheißnieten verblödet, aber mir wird etwas einfallen, bis jetzt bin ich auf dem besten Weg, einen Wälzer zu schreiben, zuerst, um hier nicht draufzugehen und dann, weil es mir etwas Spaß macht.«[564]

Baader will offenbar seinem verschollenen Vater nacheifern, dem Autor einer brillanten historischen Dissertation. Doch daraus wird nichts. Sein bevorzugtes Medium ist und bleibt vorerst sein Körper. Ein beredtes Zeugnis von der Wirkung seiner Körperperformance legt Lorenz Jäger ab. Der heutige ›FAZ‹-Redakteur im Ressort Geisteswissenschaften lernte Baader 1969 kennen. »Andreas Baader«, erinnert sich der promovierte Literaturwissenschaftler beim Rotwein im Frankfurter Literaturhaus, »war ein absolutes Faszinosum für mich. Er war ein Charismatiker. Wenn er den Raum betrat, veränderte sich die Atmosphäre. Er bewegte sich mit leopardenhafter Eleganz. Raubkatzen-Eleganz. Leichtes Lispeln, graue Augen. Er war ein Typ Mensch, der eine eigene Dynamik in so eine Sache brachte. Es war eine Intensität in jeder Bewegung.«[565]

Peter-Jürgen Boock, der damals in Frankfurt als einer der befreiten Heimzöglinge ebenfalls mit von der Partie war, sagt im Rückblick: »Es war schwer, sich ihm zu entziehen. Was er sagte und wie er es sagte, hatte etwas Hypnotisches.«[566] Auch Armin Golzem und Lorenz Jäger waren fasziniert von seiner Art zu sprechen. »Er hatte«, so Golzem, »einen ganz eigenartigen Sprachduktus, einen schleppenden, etwas näselnden Sprachduktus, der auf viele Leute eine große Faszination ausübte. Man hatte immer den Eindruck, eigentlich spricht da noch jemand anderes mit, wenn er redet.« Jäger verfällt gar ins Lyrische, um Baaders Sprechweise zu beschreiben: »Andreas Baader sprach in abgerissenen Sätzen. Sätze wie Meteore. Meteorgleich. Aus dem Nichts kommend, verglühend.«[567] Gleichwohl waren diese verglühenden Sätze von nachhaltiger Wirkung. Allem Anschein nach wohl nicht zuletzt aus Gründen der Performance. Ein Absolutheitsanspruch muss darin mitgeschwungen haben, der nachwirkte und Autorität verlieh. Er spiegelt sich in den Äußerungen seiner Zuhörer wider. Armin Golzem hat keine Zweifel: »Baader war die absolute Nummer eins. Es gab niemanden, der Baader das Wasser hätte reichen können.«[568]

Seine körperliche Performance wird durch die passende Kleidung verstärkt und durch einen weißen Mercedes oder später einen auberginefarbenen Porsche Targa mit zusätzlichem Glamour aufgeladen. Während der Guerilla-Ausbildung im Al-Fatah-Wüsten-Camp soll der »Tatmensch mit dem Tigergang« (Christiane Ensslin) lieber in seinen engen Samthosen als im Kampfanzug durch das Geröll gerobbt sein, und sogar in Stammheim verfügt er noch über die Accessoires dandyhafter Selbstinszenierung: zwei Sonnenbrillen, Haarspray, Lidschatten und zwei Pelzmäntel. Karin Wieland hat Baader einen »Dandy des Bösen« genannt.[569] Jürgen Busche hat dagegengehalten: »Zum Dandy fehlte ihm die Geduld, das Pedantische des Auftritts, die Akuratesse.«[570] Dandyhaft kann sein Auftreten aber wohl genannt werden.

Hinter Gittern trat diese Dandy-Dimension naturgemäß in den Hintergrund, und die Medien gewannen zunehmend an Bedeutung. Das Zentrum der Selbstinszenierung blieb gleichwohl der Körper. Durch das Instrument des Hungerstreiks gelang es Baader, ihn auch in der Haftsituation zur Waffe zu machen, zur, wie Baader, die IRA zitierend, schrieb, »heiligsten Waffe«.[571] Die Kampagnen gegen die »Isolationsfolter« sorgten für eine wirkungsvolle Medieninszenierung. Andreas Baader konnte noch aus dem Gefängnis heraus die Medienöffentlichkeit weiterhin zu seinem Publikum machen. »An Selbstbewusstsein«, so Armin Golzem, »hat es ihm nie gemangelt. Davon hatte er reichlich. Und zwar bis zuletzt. Und ich muss auch sagen, so sehr ich das, was er gemacht hat, nicht billige, mehr und mehr hatte er zu Recht Selbstbewusstsein. Er hat an Statur gewonnen während der Jahre. Auch wenn das Ganze so schrecklich endete.«[572] Andreas Baader hatte die RAF mit allen Konsequenzen zu seiner Sache gemacht, er hatte Ernst gemacht und war in gewissem Sinne erwachsen geworden (»an Statur gewonnen«). Er hatte geackert, gelesen, sich diszipliniert, gefightet, sein »Ding« durchgezogen. Gleichwohl könnte man diese Konsequenz auch als eine an einem Identitätsgewinn starr festhaltende Selbstimmunisierung deuten: Echte Selbstkritik sucht man bis zuletzt vergebens, von Irritation oder gar Gewissen keine Spur. Das Abschwören gegenüber dem Terror im letzten Gespräch mit dem Regierungsbeamten Hegelau am 17. Oktober hatte wohl eher instrumentellen Charakter: Andreas Baader wollte ausgetauscht werden.

In einem Kassiber aus dem Juli 1973 heißt es: »Klar ist, dass ich mich erst entschließe zu fallen, wenn mein fall ein erdbeben auslöst.«[573] Dieser Zeitpunkt war in der Nacht vom 18. Oktober 1977 gekommen. Mit der Nachricht von der erfolgreichen Befreiung der »Landshut«-Maschine in Mogadischu waren die Scheinwerfer der Medienöffentlichkeit für Andreas Baader erloschen. Vor ihm lag jetzt nur noch eine lebenslange Freiheitsstrafe ohne Publikum. In dieser Situation entschied sich Andreas Baader, ein letztes »erdbeben« auszulösen. Noch im Tod suchte er das Publikum. Mit einer Körperinszenierung. Sie sollte ihn unsterblich machen. Er hatte die Sache in die Weltöffentlichkeit hochgeschaukelt. Vor ihren Augen inszenierte er sich nun mit seiner »Suicide Action« als Märtyrer eines angeblichen Faschismus. Und in gewisser, sozusagen verschobener Weise war er es auch. Denn dass der hübsche Junge mit den vielen Talenten auf diesen Irrweg des Terrors kam, hat sicher viel mit den Nachwirkungen der NS-Vergangenheit zu tun. Es ist, als ob sich der Krieg in seinem Leben fortgeschrieben habe: Baaders Vater starb in der Gefangenschaft der Roten Armee, sein Sohn gründete die »Rote-Armee-Fraktion«, führte einen Privatkrieg gegen den Staat und verlangte im Gefängnis, als Kriegsgefangener behandelt zu werden. An die Kommune 1 schrieb der Staatsfeind Nummer eins: »sonst, nur Träume (...) und natürlich eine Stinkwut.«[574]

Eine kurze Geschichte vom Ende der RAF

Die »Offensive 77« war auf der ganzen Linie gescheitert. Die Stammheimer Führungscrew um Andreas Baader war tot. Die übrig gebliebenen RAF-Mitglieder hatten sich nach Bagdad zurückgezogen. Es sah nach Auflösung aus.

Doch die sollte erst viel später kommen. Die zweite Generation unter der Führung von Brigitte Mohnhaupt wollte weiterbomben, und bald bekannte sich ein »Kommando Andreas Baader« zu einem misslungenen Anschlag auf den US-General Alexander Haig (25. Juni 1979). Verhaftungen folgen, schließlich auch die von Peter-Jürgen Boock, der in der früheren Stammheimer Zelle des von ihm bewunderten Andreas Baader landet, des Mannes, den er mit allen Mitteln dort hatte rausholen wollen. Boock wird im Übrigen erst zwölf Jahre nach seiner Verhaftung zugeben, dass er bei der Schleyer-Entführung an vorderster Front mit dabei gewesen war.

Um die Jahreswende 1979/80 herum haben Susanne Albrecht und sechs weitere RAF-Mitglieder genug vom bewaffneten Kampf. Sie wollen aussteigen. Inge Viett, der »2. Juni«-Kämpferin, die seit längerem Kontakte zum Ministerium für Staatssicherheit der DDR hat, gelingt es, eine Perspektive in der DDR zu eröffnen. Die RAF-Aussteiger werden nun nacheinander in den real existierenden Sozialismus integriert. Dort geht alles seinen sozialistischen Gang, bis kurz nach der Wende. Susanne Albrecht wird als Erste festgenommen: am 6. Juni 1990. Sie lebt mit ihrem ahnungslosen Mann und einer Tochter in Berlin-Marzahn. Innerhalb von wenigen Wochen werden auch die übrigen RAF-Aussteiger gefunden. Sie werden angeklagt und verurteilt, erhalten aber aufgrund der inzwischen existierenden Kronzeugenregelung einigen Strafrabatt. Auch gegen die Stasi-Akteure wird Anklage erhoben. Wegen der komplizierten Rechts- und Beweislage kann jedoch am Ende niemand von ihnen verurteilt werden. Im Mai 1982 taucht das erste und einzige Theoriepapier der zweiten RAF-Generation auf. Titel: »Guerilla, Widerstand und antiimperialistische Front«. »Wir haben 77 fehler gemacht«, heißt es darin im Rückblick. Am bewaffneten Kampf wird gleichwohl festgehalten. In der linken Szene kommt das Papier nicht besonders gut an. Die ›taz‹ veröffentlicht einen Leserbrief, der mit den Worten endet: »RAF – verpisst Euch!«

Dem intellektuellen Abgesang der zweiten Generation folgt die Festnahme ihres Führungspersonals. Pilzsammler entdecken am 26. Oktober 1982 in einem Wald bei Heusenstamm südlich von Frankfurt das zentrale Erddepot der RAF mit Waffen, Ausweisen, Briefen von Schleyer und Informationen über weitere zehn Depots. Die Erdlager werden ab sofort rund um die Uhr observiert. Am 11. November tauchen zwei Frauen mit einem Klappspaten beim Zentraldepot in Hessen auf: Brigitte Mohnhaupt und Adelheid Schulz. Sie werden festgenommen. Fünf Tage später geht Christian Klar der Polizei ins Netz, als er sich einem Depot im Sachsenwald bei Hamburg nähert.

Damit war die Geschichte der RAF aber immer noch nicht an ihr endgültiges Ende gekommen. Es folgte noch eine dritte Generation. Sie umfasst diejenigen, die in der Post-Mohnhaupt-Ära bis zur Auflösungserklärung im März 1998 mit dabei waren. Ihre »Kernzeit« wird ab der »Offensive 84/85« angesetzt. Über diese dritte Generation weiß man am wenigsten. Sie hinterlässt so gut wie keine Spuren. Von den zehn Morden zwischen 1985 und 1993, die auf das Konto dieser dritten RAF-Generation gehen, gilt nur einer als geklärt: der Tod des GSG-9-Kommissars Michael Newrzella durch Schüsse von Wolfgang Grams.

Die neue Offensive beginnt Ende 1984 mit einer Serie von Brand- und Sprengstoffanschlägen auf Einrichtungen des »militärisch-industriellen Komplexes«. Es folgen die Morde an dem MTU-Vorstandsvorsitzenden Ernst Zimmermann, an dem erst 20-jährigen US-Soldaten Edward Pimental (der Mord löst massive Kritik in der linken Szene aus, weil er nur dazu diente, an Pimentals Armeeausweis zu kommen). Die mit Hilfe des Ausweises auf einem Flughafen der US-Armee abgestellte Autobombe explodiert nur wenige Stunden nach dem Pimental-Mord und tötet zwei Menschen. Am 9. Juli 1986 werden das Siemens-Vorstandsmitglied Karl Heinz Beckurts und sein Fahrer Eckhard Groppler getötet, am 10. Oktober 1986 der Diplomat Gerold von Braunmühl, am 30. November 1989 der Vorstandssprecher der Deutschen Bank Alfred Herrhausen und am 1. April 1991 der Vorstandsvorsitzende der Treuhandanstalt Detlev Karsten Rohwedder. Im April 2001 gelingt es, mit der inzwischen zur Verfügung stehenden DNA-Analyse das Haar eines Täters im Fall Rohwedder zuzuordnen. Man hatte es in einem zurückgelassenen Handtuch gefunden. Es stammt von Wolfgang Grams.

Am 6. Januar 1992 macht Bundesjustizminister Klaus Kinkel in Sachen RAF von sich reden. Auf dem alljährlichen »Dreikönigstreffen« der FDP erklärt er, dass auch lebenslang verurteilte RAF-Häftlinge die Chance haben müssten, nach mindestens 15 Jahren auf Bewährung freigelassen zu werden. Der Vorschlag wird zwar heftig kritisiert, am Ende aber doch sukzessive realisiert. Die Kinkel-Initiative gibt auch den Illegalen Anlass, sich zu äußern. Am 13. April trifft ein RAF-Schreiben im Bonner AFP-Büro ein.[575] Seine selbstkritischen Überlegungen gipfeln in dem Satz: »Wir haben uns entschieden, dass wir von uns aus die Eskalation zurücknehmen: das heißt, wir werden Angriffe auf führende Repräsentanten aus Wirtschaft und Staat für den jetzt notwendigen Prozess einstellen.«[576] Mit diesem Satz aus dem April 1992 beginnt eine letzte Phase in der Geschichte der RAF. Dem fünfseitigen Papier folgt im August 1992 eine längere selbstkritische Erklärung, in der weiteren Anschlägen auf Personen erneut abgeschworen wird. Stattdessen will man »Gegenmacht von unten organisieren«.[577] Das Papier bestätigt im Übrigen die Annahme der BKA-Experten, dass es sich bei der dritten Generation um eine vollständig neue Gruppe handelt (»Niemand von uns, die heute in der RAF sind, war vor 84 schon dabei.«). Dass man keine weiteren Anschläge auf Personen verüben will, heißt jedoch nicht, dass nicht weiter gebombt wird. In der Nacht vom

26. auf den 27. März 1993 fliegt der Neubau von Deutschlands modernster Haftanstalt in Weiterstadt bei Darmstadt in die Luft, fünf Tage vor der Einweihung.

Ein Jahr vor Weiterstadt war es dem rheinländischen Verfassungsschutz gelungen, einen V-Mann in die RAF-Kommandoebene einzuschleusen. Er heißt Klaus Steinmetz und lernt Birgit Hogefeld und Wolfgang Grams kennen. Nach einem Kurzurlaub in Mecklenburg-Vorpommern sollen Hogefeld und Grams festgenommen werden. Doch der Zugriff am 27. Juni 1993 auf dem Bahnhof von Bad Kleinen endet mit zwei Toten und zehn Rücktritten (darunter denen von Innenminister Rudolf Seiters und Generalbundesanwalt Alexander von Stahl). Wolfgang Grams rennt die Treppe zu den Gleisen hoch, zieht seine Pistole und feuert auf seine Verfolger. Er trifft den 25-jährigen GSG-9-Polizeikommissar Michael Newrzella. Dessen Kollegen erwidern das Feuer, und Grams stürzt auf das Gleis von Bahnsteig vier. Er stirbt in der Notaufnahme der Lübecker Universitätsklinik, Michael Newrzella wenig später im Klinikum Schwerin. Nach dem Desaster macht bald ein böser Verdacht die Runde: GSG-9-Beamte haben den verletzt auf den Gleisen liegenden Wolfgang Grams mit einem Kopfschuss hingerichtet. Am Ende kommt die Staatsanwaltschaft Schwerin jedoch zu dem nicht unumstrittenen Ergebnis, dass Grams sich selbst in den Kopf schoss.

Im Herbst 1993 kommt es in der RAF selbst zu harten Auseinandersetzungen und schließlich zur Spaltung: Den Hardlinern um Brigitte Mohnhaupt stehen andere Gefangene und die illegale Szene gegenüber, die sich vom bewaffneten Kampf distanziert haben. In den folgenden Jahren ist es ziemlich ruhig um die RAF. Das Thema macht erst 1997 wieder Schlagzeilen, zu Pfingsten – dieses Mal nicht durch Anschläge, sondern durch ein Ehemaligentreffen in Zürich. Inzwischen wieder freigelassene RAF-Mitglieder wie Karl-Heinz Dellwo (»Ich habe dieses Land gehasst.«) und Knut Folkerts versuchen, den über 500 Zuhörern zu erklären, warum sie zur RAF kamen und wie sie heute darüber denken. Ehemalige blicken zurück auf ihre eigene Geschichte – ein Indiz dafür, dass die RAF beginnt, Geschichte zu werden. Die Auflösungserklärung folgt ein knappes Jahr später. Am 20. April 1998 geht sie bei der Nachrichtenagentur Reuters ein. Das achtseitige Schreiben beginnt mit den Sätzen: »Vor fast 28 Jahren am 14. Mai 1970 entstand in einer Befreiungsaktion die RAF. Heute beenden wir das Projekt. Die Stadtguerilla in der Form der RAF ist nun Geschichte. Wir, das sind alle, die bis zuletzt in der RAF organisiert gewesen sind. Wir tragen diesen Schritt gemeinsam. Ab jetzt sind wir – wie alle anderen aus diesem Zusammenhang – ehemalige Militante der RAF. Wir stehen zu unserer Geschichte. Die RAF war der revolutionäre Versuch einer Minderheit – entgegen der Tendenz dieser Gesellschaft –, zur Umwälzung der kapitalistischen Verhältnisse beizutragen. Wir sind froh, Teil dieses Versuchs gewesen zu sein. Das Ende dieses Projekts zeigt, dass wir auf diesem Weg nicht durchkommen konnten. Aber es spricht nicht gegen die Notwendigkeit und Legitimation der Revolte.«[578] Die Gewalt wird nach wie vor als Gegengewalt gerechtfertigt. Der entscheidende Fehler wird darin gesehen, keine »politisch-soziale Organisation« aufgebaut zu haben. Am Ende der Erklärung wird der 26 Toten aus den eigenen Reihen gedacht. Bis hin zu den 34 Toten der anderen Seite, den Ermordeten, reicht die Selbstkritik jedoch nicht. Die RAF war am Ende, so sehr sie sich auch als Befreiungsprojekt für andere zu definieren versuchte, ein sehr selbstbezogenes Unternehmen und darin ein Spross ihres Mitbegründers Andreas Baader.

Vier lebenslänglich Verurteilte RAF-Mitglieder befinden sich noch in Haft: Brigitte Mohnhaupt, Christian Klar, Eva Haule und Birgit Hogefeld. Drei Verdächtige werden nach wie vor mit Haftbefehl gesucht. Wer Edward Pimental, Ernst Zimmermann, Karl Heinz Beckurts, Eckhard Groppler, Gerold von Braunmühl, Alfred Herrhausen und Detlev Rohwedder ermordet hat, wird möglicherweise nie aufgeklärt werden. Im Dunkeln ist auch, wie viele Personen zuletzt zum harten Kern der RAF gehörten. Dass es mindestens fünf gewesen sein müssen, geht aus der Gefängnissprengung in Weiterstadt hervor. Sie wurde von fünf Tätern ausgeführt. Doch wo sie sind, ob in Deutschland oder im Ausland, wie sie leben, im Untergrund oder in der Legalität, weiß bis heute niemand außer ihnen selbst. Erstaunlich ist, wie lange die RAF existiert hat, vor allem: wie lange sie noch aktiv war, nachdem sich längst gezeigt hatte, dass mit Bomben keine Revolution in Deutschland herbeizuführen war.

Anmerkungen

1 Auskunft Günther Zimmermann, 30.10.2005
2 Vgl. Der Stern, 11.6.1972, S. 26
3 Interview Karl-Heinz Fischer mit Klaus Stern, 3.11.2005
4 Interview Dieter Jirik mit Klaus Stern, 4.11.2005
5 Vgl. Interview Bernd Schäfer mit Klaus Stern, 4.11.2005
6 Interview mit Gerhard Schleicher mit Klaus Stern, 2.11.2005
7 Rohmaterial des Kameramanns Klaus Baum, 1.6.1972. Darauf sind sehr deutlich die Lautsprecherdurchsagen von Günther Scheicher zu hören. Nach Angaben von Zeitzeugen soll Baum sein Aufnahmemikrofon an der Hausmauer vom Hofeckweg 2–4 heruntergelassen haben, um bessere »Atmo-Töne« zu haben.
8 Interview Karl Heinz Fischer mit Klaus Stern, 13.10.2005
9 Süddeutsche Zeitung, Der Prozess soll zum Forum werden, Olaf Ihlau, 11.7.1972, S. 3
10 Interview Günther Scheicher mit Klaus Stern, 12.4.2002
11 Noch heute befindet sich Baaders Smith & Wesson (Nummer A 129368) beim BKA in Wiesbaden. Dort findet die Pistole Verwendung bei Vergleichsschießen, was dem Verfasser anlässlich eines Besuches im Bundeskriminalamt gezeigt wurde.
12 Interview Frau Mauerkirchner mit Klaus Stern, 11.4.2002
13 Vernehmung Bernhard Honke, 12.7.1972, in: Akten des Stammheim-Prozesses. Archiv des Hamburger Instituts für Sozialforschung, HIS
14 Der Stern, Die Baader Story, Heinrich Jaenecke, 11.6.1972
15 Interview Günther Scheicher mit Klaus Stern, 12.4.2002
16 Rohmaterial des HR-Kameramanns Klaus Baum, Archiv Hessischer Rundfunk, Frankfurt
17 Interview Günther Scheicher mit Klaus Stern, 12.4.2002
18 Claudia von Alemann, in: Gerd Conradt, Starbuck Holger Meins. Ein Porträt als Zeitbild, Berlin 2001, S. 63
19 Auskunft Heide Schlegelmilch, 5.1.2006
20 Vgl. Otto Schily, Schriftsatz für Revisionsverhandlung, in: Akten zum Frankfurter Kaufhausbrandstifter-Prozess, Bestand Sozialistisches Anwalts-Kollektiv (RAe Mahler, Eschen, Ströbele) (Anm. 13), HIS
21 Interview Armin Golzem mit Klaus Stern, 12.4.2002
22 Vgl. Kurt Oesterle, Stammheim. Die Geschichte des Vollzugsbeamten Horst Bubeck, Tübingen 2003
23 BStU 77, MfS 73/044, Personenporträt von Michael »Bommi« Baumann, das er nach seiner Festnahme in der DDR 1973 für die Staatssicherheit gefertigt hat.

24 Andreas Baader an Dr. Petzsche vom 27.12.1966, in: Akten zum Frankfurter Kaufhausbrandprozess, HIS.
25 Vgl. Bayerisches Hauptstaatsarchiv, Personalakte Dr. Berndt Baader, Eidesstattliche Erklärung Anneliese Baader, MK 45417
26 Er erhält am 29.9.1939 die Erkennungsmarke 190–Fspr.Betr.Kp.f. 9/644 zugeteilt.
27 Auskunft Dr. Müller, Militärgeschichtliches Forschungsamt Potsdam, 31.8.2006
28 Vgl. Auskunft Deutsche Dienststelle, Berlin (WASt), 20.1.2006
29 Berndt Philipp Baader, Der bayerische Renaissancehof – Herzog Wilhelm V, (1568–1579), Leipzig 1943
30 Dorothea Hauser, Baader und Herold. Beschreibung eines Kampfes, Berlin 1997, S. 38
31 a. a. O.
32 Vgl. Bayerisches Hauptstaatsarchiv, Personalakte Dr. Berndt Baader, MK 45 417
33 Vgl. Bayerisches Hauptstaatsarchiv, Personalakte Dr. Berndt Baader, Niederschrift über die Vereidigung des Archivreferendars, MK 45417
34 Bayerisches Hauptstaatsarchiv, Personalakte Dr. Berndt Baader, MK 45417
35 Vgl. Stefan Aust, a. a. O., Der Baader-Meinhof-Komplex, erw. akt. Ausg. Hamburg 2005, S. 24
36 Jedenfalls findet sich kein Widerspruch gegen die Streichung in den Akten.
37 Bayerisches Hauptstaatsarchiv, Abschrift des Briefes von Anneliese Baader an den Generaldirektor der staatl. Archive Bayerns, MK 45417
38 Ebd.
39 Vgl. Dorothea Hauser, Baader und Herold 1997, S. 47 – 57
40 Ebd, S. 54
41 Vgl. Stefan Aust, a. a. O., S. 55
42 Hermann Schreiber, in: Der Spiegel. 19.5.1975, S. 38 f.
43 Interview Reimar Kroecher mit Jörg Herrmann, 16.12.2005
44 Personagramm für Andreas Baader, Stammheim-Verfahren, Band 6, Bundesarchiv Koblenz
45 Besondere Schulzensur, Realgymnasium, (Anm. 44)
46 Vgl. Befragung der Mutter, (Anm. 44)
47 Vgl. Interview Harald Maier-Metz mit Klaus Stern, 2.3.2006
48 Besonderer Beurteilungsbogen Andreas Baader, (Anm. 44)
49 Ebd.
50 Beschreibung durch Dr. Überreiter, Stammheim-Akten, Band 6, Bundesarchiv Koblenz
51 Jahreszeugnis des Andreas Baader 1958/59, Florian Überreiter Gymnasium, München
52 Vgl. Dorothea Hauser, a. a. O., S. 56
53 Hans Hederberg, Auf Leben und Tod, Dokumentarfilm, Schweden, 1977/1979

54 Bayerisches Hauptstaatsarchiv, Intendanz Bayer. Staatsoper, Personalakten 293

55 Vgl. Hans Hederberg, a. a. O.

56 Bayerisches Hauptstaatsarchiv, Intendanz Bayer. Staatsoper, Personalakten 293

57 Die Wahrheit ist aber auch: Die meisten Balletttänzer waren zu jener Zeit – kurz vor dem Russlandfeldzug 1941 – als Soldaten eingezogen. So klagt die Intendanz gegenüber der Obersten Theaterbehörde in einem Brief vom 5. Juni 1941, dass es »in letzter Zeit bei Vorstellungsänderungen mangels genügender Tänzer nicht möglich war, Ballettwerke zu geben. Von der Tanztruppe befinden sich bereits 3 männliche Kräfte: (Krüger, Lehmhaus und Rath) beim Heeresdienst. Die weitere UK-Stellung des Mittl über den 30. Juni wurde abgelehnt«. (In: Bayerisches Hauptstaatsarchiv, Intendanz Bayerische Staatsoper, Personalakten 293)

58 Vgl. Interview Michael Kroecher mit Daniel Semler, 2001, unveröffentlicht

59 Ebd.

60 Ebd.

61 Pino Mlakar an Michael Kroecher, 24. Mai 1941, in: Bayerisches Staatsarchiv, Intendanz Staatsoper, Personalakten 293

62 Intendanz an Michael Kroecher, 15. Juli 1941, in: Bayerisches Staatsarchiv, Intendanz Staatsoper, Personalakten 293

63 Brief Staatsministerium des Innern an Intendanz Bayerische Staatsoper, 6. September 1941, Bayerisches Staatsarchiv. Personalakten 293

64 Vgl. Bayerisches Staatsarchiv, Bewerbung Kroecher, 2.8.1948, Intendanz Staatsoper, Personalakten 293

65 Vgl. Unsterblicher Theatertanz – 300 Jahre Ballettgeschichte der Oper in München, Pia und Pino Mlakar, Wilhelmshaven, o. D.

66 Ebd.

67 Bewerbung um die Stelle des Ballettmeisters an der Bayerischen Staatsoper, 1.8.1948, Bayerisches Staatsarchiv, Staatsoper Personalakten 293

68 So ist auf einem Schreiben der BfA vom 30.8.1963 als Geburtsdatum nicht 1912, sondern 1917 zu lesen. Bei einer anderen Aktennotiz ist als Geburtsdatum der 31.10.1916 angegeben.

69 Vgl. Bayerisches Staatsarchiv, Intendanz Staatsoper, Personalakte 293

70 Interview Dominik Forcht mit Klaus Stern, 30.5.2006

71 So die Erinnerungen von Ello Michel, 20.4.2006

72 Deutsches Tanzarchiv, Rezension aus ›nacht-depesche Berlin‹, 5.4.1965

73 Interview Hennig von Gierke mit Klaus Stern, 18.12.2005

74 So die Erinnerungen von Henning von Gierke

75 E-mail von Werner Herzog an Klaus Stern, 7.12.2005

76 Daniel Semler, Nachruf auf Michael Kroecher, film-dienst 07/04

77 Vgl. Gerhard Fürmetz (Hg), »Schwabinger Krawalle«. Protest, Polizei, Öffentlichkeit zu Beginn der 60er Jahre, Essen 2006

78 StAM, Polizeidirektion München 11 129, Bericht des Polizeipräsidiums vom 26.6.1962, in: Fürmetz, Schwabinger Krawalle, 2006, S. 59 f.

79 Vorführungsnote, Polizeipräsidium München, 26.6.1962, Stammheim-Akten, Band 6, Bundesarchiv Koblenz

80 Ermittlungsbericht KrimAbt 2/4, 26.6.1962, in: Stammheim-Akten, Band 6, Bundesarchiv Koblenz

81 Vernehmung Andreas Baader, 26.6.1962, in: Stammheim-Akten, Band 6, Bundesarchiv Koblenz

82 Ebd.

83 Interview Holm von Czettritz mit Klaus Stern, 25.4.2002

84 Vernehmung Andreas Baader, 26.6.1962, in: Stammheim-Akten, Band 6, Bundesarchiv Koblenz

85 Ebd.

86 Vgl. Gerhard Fürmetz (Hg.), Michael Sturm, »Unruhestifter« und Polizisten vor Gericht, Essen 2006, S. 175 f.

87 Hans Hederberg, Auf Leben und Tod, Dokumentarfilm, Schweden, 1977/1979

88 Interview Holm von Czettritz mit Klaus Stern, 25.4.2002

89 Schreiben von »Kleines Privates Lehrinstitut Derksen« an das Polizeipräsidium München, 1.3.1973, in: Stammheim-Akten, Band 6, Bundesarchiv Koblenz

90 Interview Franz Josef Wagner mit Klaus Stern, 20.12.2005

91 Name geändert

92 Vgl. Nike Breyer im Gespräch mit Rolf Sachsse, Baader eine Ikone, Hitler ein Popstar, taz, 14.7.2003

93 Ebd.

94 Auch der Verfasser benutzte in der Annahme, es sei Andreas Baader, dieses Bild irrtümlicherweise für die ARD-Dokumentation ›Andreas Baader – Der Staatsfeind‹, 2002

95 Interview Ello Michel mit Klaus Stern, 29.6.2002

96 So ergaben die Recherchen der Unternehmenshistorikerin der Deutschen Bahn, Frau Dr. Kill, kein Ergebnis. Personalunterlagen von Andreas Baader befinden sich nicht im Bestand. Aber sie hätte intern gerüchteweise von »dieser Geschichte gehört«. Bei Aushilfen sei es zu jener Zeit aber auch üblich gewesen, auf eine Personalakte zu verzichten.

97 Brief Heinrich-Zernack-Schule an Finanzdienststelle München, 17.2.1964, in: Stammheim-Akten, Band 6, Bundesarchiv Koblenz

98 Beurteilungsbogen Karl Michel, 10.1.1940, Privatbesitz Udo Moser-Michel

99 Unveröffentlichte Aufzeichnungen von Elly Michel, o. O.,o. D., Privatbesitz Udo Moser-Michel

100 Interview Ello Michel mit Klaus Stern, 2.8.2005

101 Interview Udo Moser-Michel mit Klaus Stern, 3.3.2006

102 Vgl. Interview Ello Michel mit Klaus Stern, 2.8.2005

103 Interview Ello Michel mit Klaus Stern, 29.6.2002

104 Befragung der Polizei beim Springer-Verlag, in: Stammheim-Akten, Band 6, Bundesarchiv Koblenz

105 Interview Ello Michel mit Klaus Stern, 29.6.2002

106 Ello Michel hat bei den Ermittlungen zum Kaufhausbrand in Frankfurt am 10.4.1968 bereits erwähnt, Andreas Baader habe kurz für die ›Bild‹-Zeitung gearbeitet.

107 Geburtsurkunde Lydia Suse Ellinor Michel, in: Stammheim-Akten, Band 6, Bundesarchiv Koblenz

108 Vgl. Interview Robert Henkel mit Klaus Stern, 4.6.2006

109 Interview Ello Michel mit Klaus Stern, 29.6.2002

110 Andreas Baader an Ello Michel, 20.1.1969

111 Nachname geändert

112 Flugblatt vom 5.2.1966, in: Thorwald Proll/Daniel Dubbe, a.a.O., S. 31. Der omnipotente Begriff »Internationale Befreiungsfront« bestand selbstredend nur auf dem Papier.

113 Der Spiegel, Nr. 41/1966, S. 40 f.

114 Interview Markus Lüpertz mit Klaus Stern, 25.7.2006, auch alle nachfolgenden Zitate, wenn nicht anders angegeben.

115 Peter O. Chotjewitz, Andreas Baader – Nicht versöhnt, www.stern.de/politik/historie, 18.10.2002

116 Interview Volker Gebbert mit Klaus Stern, 29.4.2006

117 Diese Formulierung benutzt Ulrich Enzensberger in seinem Buch ›Die Jahre der Kommune 1‹, Köln 2004, S. 187

118 So die Erinnerung von Volker Gebbert, 29.4.2006

119 Norbert Steinborn/Hilmar Krüger, Die Berliner Polizei 1945–1992, Berlin 1993, S. 182

120 Dies teilt Rechtsanwalt Arnold Heidmann seinem Kollegen Horst Mahler in einem Schreiben am 30. Januar 1969 mit, in: Akten des Frankfurter Kaufhausprozesses, Archiv HIS

121 Zit. n.: Stefan Reinecke, Otto Schily. Vom RAF-Verteidiger zum Innenminister, Hamburg, 2003, S. 90

122 So äußert sich Lorenz-Entführer und späteres »Bewegung 2. Juni«-Mitglied Till Meyer im Interview mit dem Verfasser zu der Sinnhaftigkeit des Namens: »Immer wenn die Bewegung 2. Juni im Zusammenhang mit einer Aktion genannt wurde, sollte klar werden: Der Staat hat zuerst geschossen.« In: Der Austausch – Die vergessene Entführung des Peter Lorenz, Dokumentarfilm, ARD, Klaus Stern/Klaus Salge, 2000

123 Vgl. Voltaire Flugschrift Nr. 12, Der Kongreß in Hannover, Berlin, 1967.

124 Stefan Aust datiert das »Buchstabenballett« auf den 3. Juni, hingegen wird in dem von Christiane und Gottfried Ensslin herausgegebenen Buch mit den Briefen ihrer Schwester Gudrun wird der 10. Juni genannt.

125 Interview Rainer Langhans mit Klaus Stern, 5.5.2002

126 Zit. n. Enzensberger, Die Jahre der Kommune 1, S. 193. Büsch war damals Innensenator; Duensing der verantwortliche Polizeipräsident während des 2. Junis; Kuntze Staatsanwalt im »Teufel-Prozess«; Dehnicke Generalstaatsanwalt im »Teufel-Prozess«; Hoppe Justizsenator von West-Berlin

127 Vgl. Enzensberger, a. a. O., S. 193

128 Interview Rainer Langhans mit Klaus Stern, 5.5.2002

129 Ebd.

130 Interview Jörg Schlotterer mit Klaus Stern, 25.4.2002

131 Auf einem Foto von Michael Ruetz sieht man beide gemeinsam feiern.

132 Mehr Informationen zur Entstehung des Organisationsreferates: Wolfgang Kraushaar, Rudi Dutschke und der bewaffnete Kampf, S. 20–S. 28, in: Andreas Baader, Rudi Dutschke und die RAF, Hamburg 2005

133 Rudi Dutschke, Die Tagebücher, 2003, S. 60

134 Interview Peter Fleischmann mit Klaus Stern, 18.12.2005

135 Vgl. Der Spiegel, 40/1967

136 Vgl. Thorwald Proll/Daniel Dubbe, Wir kamen von einem anderen Stern. Über 1968, Andreas Baader und ein Kaufhaus, Hamburg 2003, S. 24

137 Vgl. Astrid Proll, Hans und Grete. Die RAF 67–77, Göttingen 1998, S. 9

138 Interview Jörg Schlotterer mit Klaus Stern, 25.4.2002

139 Interview Klaus Wagenbach mit Klaus Stern, 12.6.2006

140 Erstmals waren Ausschnitte aus ›Das Abonnement‹ in dem Dokumentarfilm ›Ich bin nicht der, der ich bin‹, 1999, Regie: Matthias Brunner, zu sehen.

141 Interview Ello Michel mit Klaus Stern 29.6.2002

142 Vgl. Enzensberger, a. a. O., S. 261

143 Andreas Baader an Ello Michel, 16.10.1968

144 Allerdings wohnte im Herbst 1967 Andreas Baader nicht mit Gudrun Ensslin zusammen, sondern noch mit Ello Michel.

145 Vgl. Enzensberger, a. a. O., S. 221

146 Gutachtliche Äußerungen zu den Flugblättern der Kommune 1, Günter Grass, Berlin, 5. Juli 1967, in: Kunzelmann, Leisten Sie keinen Widerstand, 1998, S. 81

147 Ebd.

148 Ebd.

149 Horst Herold, zitiert nach: Hauser, Baader und Herold, 1997, S. 132

150 Vgl. Enzensberger, a. a. O., S. 268

151 Interview Volker Gebbert mit Klaus Stern, 12.6.2006

152 Bommi Baumann, Wie alles anfing, 2. Auflage, S. 37, 1984

153 Proll/Dubbe, a. a. O., S. 10

154 Bernward Vesper an Helmut Ensslin, 24.3.1968, zit. n.: Gerd Koenen, Vesper, Ensslin, Baader, Urszenen des deutschen Terrorismus, Köln 2003, S. 136

155 So erinnert sich Thorwald Proll, in: Proll/Dubbe, a. a. O., S. 13

156 Jürgen Teipel, Verschwende Deine Jugend. Ein Doku-Roman über den deutschen Punk und New Wave, Frankfurt 2001, S. 13 f. Margita Haberland wird später Sängerin der Punk-Band *Abwärts*.
157 Vgl. Proll/Dubbe, a. a. O., S. 14 f.
158 Aussage Henning Rühle, in: Akten Frankfurter Kaufhausbrandprozess, Archiv HIS
159 Vgl. Anm. 154, S. 17. Ein wenig selbstmitleidig schreibt Thorwald Proll in seinem Erinnerungs-Interview-Buch: »Wir hatten ja kein Geld für ein Flugblatt. Also, wir hätten vielleicht für eine Aktion ein Flugblatt machen sollen, um der Sache einen besseren Dienst zu erweisen. ... Es war traurig, wir hungerten. Das taten wir alles für die Revolution.«
160 Interview Daniel Cohn-Bendit mit Klaus Stern, 12.4.2002
161 Vernehmung Andreas Baader, 5.4.1968, in: Akten des Frankfurter Kaufhausbrandprozesses, Archiv HIS
162 Ebd.
163 Thorwald Proll im Interview mit Jörg Herrmann, August 1997, in: Die Aktion, Heft 175/ 180
164 Interview Ralf Reinders mit Klaus Stern, 19.4.2002
165 Vgl. Aussage Ello Michel, 10.4.68, in: Akten des Frankfurter Kaufhausbrandprozesses, Archiv HIS
166 Andreas Baader an Ello Michel, 30.4.1968
167 Andreas Baader an Ello Michel, o. D., wohl Ende April/Anfang Mai 1968
168 Andreas Baader an die K 1, 17.4.1968, in: Akten des Frankfurter Kaufhausbrandprozesses, Archiv HIS
169 Vgl. Protokoll Oberstaatsanwalt Frankfurt, 16.5.1968, über die Vernehmung des Filmkaufmanns Sascha B., in: Akten des Frankfurter Kaufhausbrandprozesses, Archiv HIS
170 Vgl. unter anderem Wolfgang Kraushaar, 1968. Das Jahr, das alles verändert hat. München 1998, S. 137
171 Andreas Baader an die K1, 22. Mai 1968, in: Akten des Frankfurter Kaufhausbrandprozesses, Archiv HIS
172 Andreas Baader an Ello Michel, 15.7.1968
173 Ebd.
174 Interview Holm von Czettritz mit Klaus Stern, 24.4.2002
175 Andreas Baader an Ello Michel, 22.7.1968
176 Andreas Baader an Ello Michel, 21.8.1968
177 Vgl. Koenen, a. a. O., S. 165
178 Mit der Biografie von Bernward Vesper und der Entstehung von ›Die Reise‹ setzt sich Gerd Koenen in dem bereits mehrfach zitierten Buch kenntnisreich auseinander.
179 Andreas Baader an Ello Michel. o. D., ca. September 1968
180 Ebd.
181 Andreas Baader an Ello Michel, o. D., ca. 25. September 1968
182 Ebd.

183 Andreas Baader an Ello Michel, 16.10.1968

184 Interview Klaus Guthke mit Klaus Stern, 12.5.2006

185 Zit. n. Frankfurter Neue Presse, Junge Leute wollen den Richter ärgern: Handschellen, 15.10.1968

186 Interview Matthias Beltz mit Klaus Stern, 28.8.2001

187 Prof. Ernst Heinitz setzte sich 1965 als »Vertrauensdozent« dafür ein, dass Gudrun Ensslin ein Stipendium von der »Studienstiftung des Deutschen Volkes« erhielt.

188 Zit. n. Stefan Reinecke, Otto Schily. Vom RAF-Anwalt zum Innenminister, Hamburg 2003, S. 100

189 Andreas Baader an Klaus Guthke, 13.1.1969

190 Rehse wurde 1968 von einem Berliner Gericht freigesprochen, weil seine 231 unterschriebenen Todesurteile während der Naziherrschaft »sich im Rahmen dessen bewegten, was damals gesetzlich vertretbar war«. Vgl. Stefan Reinecke, a. a. O., S. 102

191 Vgl. Interview Daniel Cohn-Bendit mit Klaus Stern, 12.4.2002

192 Vgl. Ulrike Meinhof. Wege in den Terror, TV-Dokumentation, Unger/ Adamek, RBB, 2006

193 Interview Klaus Eschen mit Klaus Stern, 16.5.2006. Auch alle anderen Zitate von Klaus Eschen, wenn nicht anders ausgewiesen, sind hieraus.

194 Andreas Baader an Ello Michel, 6.1.1969

195 Andreas Baader an Ello Michel. o. D., wahrscheinlich Mitte/Ende Oktober 1968

196 Ebd.

197 Stefan Aust, a. a. O., S. 74

198 Siehe auch »Zieht den Trennungsstrich jede Minute.« Briefe an ihre Schwester Christiane und ihren Bruder Gottfried aus dem Gefängnis 1972–1973/ Gudrun Ensslin, hg. v. Christiane u. Gottfried Ensslin, Hamburg 2005, S. 36. Gudrun Ensslin schreibt in einem Brief vom 28.7.1972: »Bitte schick' im nächsten Brief das Titel-Foto vom ›Stern‹, auf dem Andreas ist, einfach gefaltet in 'nem großen Kuvert. Ich denke, dass, wenn Staatsanwalt und Richter damals in Frankfurt uns als ›Verlobte‹ führten (wir konnten uns sogar ab und zu besuchen), Knoblich soviel immerhin locker macht, dass er es mir lässt.«

199 So umschreibt Stefan Reinecke, a. a. O., das Verhältnis von Helga Einsele zu Gudrun Ensslin.

200 Andreas Baader an Ello Michel, 4.1.1969

201 Andreas Baader an Horst Mahler, 13.1.1969, in: Akten Frankfurter Kaufhausprozess, Archiv HIS

202 Andreas Baader an Horst Mahler, 18.12.1968, (vgl. Anm. 201)

203 Andreas Baader an Horst Mahler, 8.3.1968, (vgl. Anm. 201)

204 Ebd.

205 Andreas Baader an Ello Michel, 14.2.1969

206 Andreas Baader an Ello Michel, o. D., wohl März 1969

207 Andreas Baader an Ello Michel, 25.3.1969

208 Andreas Baader an Ello Michel, 18.4.1969

[209] Gemeint ist Nele Einsele, die Tochter der Gefängnisdirektorin Helga Einsele. Sie gab Sprachkurse im Gefängnis und hatte sich mit Gudrun Ensslin angefreundet.
[210] Interview Armin Golzem mit Klaus Stern, 12.4.2002
[211] Proll/Dubbe, a. a. O., S. 58 f., 2003
[212] Matthias Beltz im Gespräch mit Klaus Stern, 28.8.2001
[213] Fernschreiben Kriminalkommissariat Marburg, 25.6.1969, und der Kripo Frankfurt, Tagebuchnummer: 503060/69, in: Stammheim-Akten, Band 6, Bundesarchiv Koblenz
[214] Peter Wensierski, Schläge im Namen des Herren – Die verdrängte Geschichte der Heimkinder in der Bundesrepublik, München 2006
[215] Interview Armin Golzem mit Klaus Stern, 12.4.2002
[216] Herbert Marcuse, Repressive Toleranz, in: Wolff/Moore/Marcuse: Kritik der reinen Toleranz, 1966, S. 127/128
[217] Kleem, unveröffentlichtes Manuskript, 2001. H. Kleem war 1969 Erziehungsleiter im Burschenheim Beiserhaus.
[218] Gemeint ist natürlich Gudrun Ensslin.
[219] Schreiben an Minister Hemsath, 11.8.1969, im Besitz des Verfassers
[220] Interview Lorenz Jäger mit Jörg Herrmann, 20.10.1999
[221] Handschriftliche Aufzeichnungen von Herbert Faller, 13.7.1997, unveröffentlicht
[222] Vgl. Frankfurter Rundschau, Freie Wohngemeinschaften geplant, 31.10.1968
[223] Paul Lüth beschreibt den Vorfall in: Paul Lüth, Tagebuch eines Landarztes, Stuttgart 1983, S. 105 f.
[224] Interview Lorenz Jäger mit Jörg Herrmann, 20.10.1999
[225] Erika Faller erzählt die Geschichte in der TV-Dokumentation von Christian Berg und Cordt Schnibben, RAF im Fadenkreuz, 1. Teil, Die Täter, ARD, 1997
[226] Gottfried Sedlaczek, zit. n.: Wensierski, Schläge im Namen des Herrn, S. 161
[227] Interview Charly Wirczejewski mit Klaus Stern, 19.4.2002
[228] Interview Gerd Conradt mit Klaus Stern, 20.8.2006
[229] Interview Klaus Lemke mit Klaus Stern, 10.8.2006
[230] Vgl. u. a. Koenen, a. a. O., S. 217
[231] Vgl. Anm. 220
[232] Auszug Erziehungskartei, in: Stammheim-Akten, Band 6, Bundesarchiv Koblenz
[233] Amtsgericht Tiergarten, 292 Ds 50/65, in: Stammheim-Akten, Band 6, Bundesarchiv Koblenz
[234] Frankfurter Rundschau, Wohnkollektiv – die Konkurrenz des Heims, 13.11.1969
[235] Andreas Baader an die Kommune 1, o. D., in: Der Spiegel, Nr. 24, 1972
[236] Interview Armin Golzem mit Klaus Stern, 29.5.2006
[237] Name geändert
[238] Interview Michael Kandler mit Klaus Stern, 20.8.2006

239 Interview Matthias Beltz mit Klaus Stern 28.8.2001
240 Interview Jean-Marcel Bouguereau mit Klaus Stern, 4.12.2005
241 Interview Charly Wirczejewski mit Klaus Stern, 19.4.2002
242 Proll/Dubbe, a.a.O., S. 74f., 2004
243 Vgl. Enzensberger, a.a.O., S. 372f.
244 Chotjewitz, a.a.O., 2002
245 Vgl. Enzensberger, a.a.O., S. 372
246 Enzensberger, a.a.O.
247 Chotjewitz, a.a.O., 2002
248 Ulrike Edschmid, Frau mit Waffe. Zwei Geschichten aus terroristischen Zeiten, Frankfurt 2001, S. 122f.
249 Becker, Jillian, Hitlers Kinder? Der Baader-Meinhof-Terrorismus, Frankfurt 1978, S. 86
250 Ruth Walz, in: Timon Koulmasis, Ulrike Marie Meinhof, TV-Dokumentation, Arte,1994
251 Interview Jörg Schlotterer mit Klaus Stern, 25.4.2002. Auch die nachfolgenden Zitate sind, wenn nicht anders angegeben, daraus entnommen.
252 Vgl. Becker, a.a.O., S. 89
253 Klaus Wagenbach, in: Ulrike Meinhof, Wege in den Terror, Sascha Adamek und Johannes Unger, TV-Dokumentation, 2006
254 Interview Klaus Wagenbach mit Klaus Stern, 12.6.2006
255 Interview Günther Scheicher mit Klaus Stern, 29.4.2002
256 Beate Sturm, zit. n.: Der Spiegel, Man kann nur zurückbrüllen, 7/1972, S. 62
257 Ebd.
258 Interview Ralf Reinders mit Klaus Stern, 19.4.2002
259 Interview Jörg Schlotterer mit Klaus Stern, 25.4.2002
260 Aussage Kurt Sievers, SO Hamburg Band 4, Teil 1, Bl. 175–177, Stammheim-Akten, Bundesarchiv Koblenz
261 Dazu passt auch die Episode, die in Edschmids ›Frau mit Waffe‹ (erzählt wird u.a. die Lebensgeschichte von Astrid Proll) auf S. 143 erwähnt wird. »Aus Berlin bekam sie ein Paket mit einer Lederjacke, die Andreas Baader gehörte und in der er seinen schweren Autounfall überlebt hatte. Auf dem Rücken sah man noch die Abschürfungen.«
262 Vgl. Interview Jörg Schlotterer mit Klaus Stern, 25.4.2002
263 Aussage Ulrich Scholtze bei »Sonderkommission Bonn«, 20.3.1971, in Stammheim Akten, in: Archiv HIS
264 Ebd.
265 Name geändert
266 Vgl. Hauser, a.a.O., S. 177f.
267 Heribert Prantl, Vater und Mutter der Rasterfahndung, Süddeutsche Zeitung, 9.6.2006
268 Vgl. auch Dieter Schenk, Der Chef. Horst Herold und das BKA, Hamburg 1998, S. 155

[269] Andreas Baader, zit. nach: Stefan Aust, a. a. O.
[270] Interview Günther Scheicher mit Klaus Stern, 29.4.2002
[271] Interview Klaus Wagenbach mit Klaus Stern, 12.6.2006
[272] Interview Jörg Schlotterer mit Klaus Stern, 25.4.2002
[273] Vgl. Becker, a. a. O., S. 196 f.
[274] Interview Günther Scheicher mit Klaus Stern, 29.4.2002
[275] Einer packt aus. Der Terrorist Gerhard Müller schilderte dem ›Stern‹ wie die Rote-Armee-Fraktion Morde plante, Bomben legte und wen sie entführen wollte, Stern, Nr. 13, 20.3.1975, S. 166–172, 172
[276] Interview Alfred Klaus mit Klaus Stern am 25.4.2002
[277] A. a. O.
[278] Alfred Klaus zit. n. Gerd Conradt, Starbuck Holger Meins, S. 146.
[279] Holger Meins, Über Misshandlungen durch Polizeibeamte auf dem Transport zum Frankfurter Polizeipräsidium und im Präsidium am 1. Juni 1972, HIS, RA 01/007, 007
[280] Zit. n. Stefan Aust, a. a. O., S. 256
[281] Vgl. a. a. O., S. 256 f.
[282] Seine Freundin Gudrun Ensslin sitzt hingegen in Essen, Holger Meins in Wittlich und Ulrike Meinhof in Köln-Ossendorf.
[283] Rolf Dieter Hoos im Interview mit Jörg Herrmann am 21.10.1999 in Schwalmstadt. Alle folgenden Zitate vom Hoos sind, wenn nicht anders vermerkt, diesem Interview entnommen.
[284] Brief von Anneliese Baader an Klaus Croissant vom 21.11.1972, HIS, Ba, A/002, 004
[285] Vgl. den Brief von Klaus Croissant an den Buchhändler Wendelin Niedlich vom 16.10.1973, mit dem er 17 Titel für Baader bestellt, HIS, Ba, A/002, 002
[286] Andreas Baader am 28.10.1973 und im Februar 1974 an Klaus Croissant, HIS, Ba, A/003, 002
[287] Interview Armin Golzem mit Klaus Stern am 10.4.2002
[288] Interview Rolf Dieter Hoos mit Klaus Stern am 8.4.2002
[289] Zit. n. Stefan Aust, a. a. O., S. 281
[290] Während der Olympischen Sommerspiele in München hatte eine Gruppe der palästinensischen Befreiungsbewegung »Schwarzer September« neun israelische Sportler als Geiseln genommen. Sie verlangten die Freilassung von Palästinensern aus israelischen Gefängnissen. Ein Befreiungsversuch durch Scharfschützen auf dem Militärflughafen Fürstenfeldbruck scheiterte, alle Geiseln, fünf Terroristen und ein Polizist kamen dabei ums Leben. Eine Konsequenz des Desasters war der Aufbau einer Sondereinheit des Bundesgrenzschutzes: der GSG-9. Fünf Jahre später wird sie ihren spektakulärsten Einsatz haben – ebenfalls auf einem Flugfeld. Ulrike Meinhof lobte die Aktion der Palästinenser als »antiimperialistisch, antifaschistisch und internationalistisch«.
[291] Mahler, Mitbegründer des Sozialistischen Anwaltskollektivs und linker Anwalt der ersten Stunde, wird am 26. Februar 1973 zu einer

zwölfjährigen Haftstrafe wegen gemeinschaftlich begangenen schweren Raubes in Tateinheit mit der Gründung einer kriminellen Vereinigung verurteilt. Nachdem wenig später auch seine Beteiligung an der Baader-Befreiung im Frühjahr 1970 nachgewiesen werden kann, wird die Strafe noch um zwei Jahre verlängert.

292 Brief von Anneliese Baader an Klaus Croissant vom 24.1.1972, HIS, Ba, A/002, 004.

293 Zit. n. Stefan Aust, a. a. O., S. 282.

294 Hungerstreikerklärung vom 8. Mai 1973, in: ID-Verlag (Hg.), Rote-Armee-Fraktion. Texte und Materialien zur Geschichte der RAF, Berlin 1997, 187–190, S. 187

295 A. a. O., S. 189.

296 A. a. O., S. 190.

297 Aussage von Andreas Baader gegenüber Staatsanwalt Pletsch vom 31.7.1973, HIS, Ba, A/003, 003

298 Armin Golzem, a. a. O.

299 Vgl. Brief von Hans-Christian Ströbele vom 16.6.1973, »Liebe Genossen«, in: Bundesministerium des Innern, Dokumentation über Aktivitäten anarchistischer Gewalttäter in der Bundesrepublik Deutschland, Bonn, o. J. (vermutlich 1974), S. 31–33, 31.

300 Brief von Hans-Christian Ströbele, a. a. O., S. 31 f.

301 Zit. n. Butz Peters, Tödlicher Irrtum. Die Geschichte der RAF, Berlin 2004, S. 307

302 Interview Kurt Groenewold mit Jörg Herrmann am 3.3.2000

303 Schreiben vom 11.7.1973 aus der Kanzlei Groenewold/Degenhard/Reinhard, »an alle«, in: Bundesministerium des Innern, a. a. O., S. 56.

304 Ebd.

305 Zellenzirkular, gefunden im Juli 1973 in den Zellen von Baader, Müller und Braun, Verfasser: vermutlich Baader, in: Bundesministerium des Innern, a. a. O., S. 3

306 Groenewold und Ströbele werden 1978 und 1982 wegen ihrer »Info«-Aktivitäten verurteilt. Man warf ihnen vor, die kriminelle Vereinigung RAF mit Hilfe des »Info« stabilisiert und damit unterstützt zu haben. In dem 1978 gegenüber Groenewold ergangenen Hamburger Urteil wurde jedoch auch eingeräumt, dass die Mehrzahl der »Info«-Papiere auf die Verteidigung bezogen und damit legal war. Nur mit einigen Schreiben sah das Gericht die Grenze der engagierten Verteidigung überschritten – gleichwohl Grund genug für zwei Jahre mit Bewährung. Klaus Croissant wird am 16.2.1979 in Stuttgart zu einer Freiheitsstrafe von zweieinhalb Jahren sowie zu einem Berufsverbot von vier Jahren verurteilt.

307 Zit. n. Stefan Aust, a. a. O., S. 270

308 Ulrike Meinhof am 20.5.1973 an Horst Mahler, in: Pieter Bakker Schut (Hg.), das info. briefe von gefangenen aus der raf aus der diskussion 1973–1977, Hamburg 1987, S. 21

309 Zit. n. Butz Peters, a. a. O., S. 313

[310] Vgl. Zellenzirkular, aufgefunden im Juli 1973 in der Zelle von Gudrun Ensslin, Verfasser: vermutlich Ensslin, in: Bundesministerium des Innern, a. a. O., S. 19

[311] Margrit Schiller, Es war ein harter Kampf um meine Erinnerung. Ein Lebensbericht aus der RAF, hrsg. v. Jens Mecklenburg, Hamburg 1999, S. 114

[311] Andreas Baader, zit. n. Margrit Schiller, ebd.

[313] Fast die gesamte zweite RAF-Generation ist über die Komitees mobilisiert worden, so auch Marieluise Becker-Busche im Interview mit Jörg Herrmann am 13.1.2006.

[314] Margrit Schiller, a. a. O.

[315] A. a. O., S. 125

[316] Kassiber von Baader, gefunden am 4.2.1974 in einer konspirativen Wohnung in Frankfurt, in: Bundesministerium des Innern, a. a. O., S. 85–91, 86 ff.

[317] Dokument, gefunden am 4.2.1974 in konspirativen Wohnungen in Frankfurt und Hamburg, Verfasser: vermutlich Baader, in: Bundesministerium des Innern, a. a. O., S. 66–71, 70

[318] A. a. O., S. 67

[319] Dokument gefunden am 4.2.1974 in einer konspirativen Wohnung in Frankfurt, Verfasser: vermutlich Baader, in: Bundesministerium des Innern, a. a. O., S. 100

[320] Margrit Schiller, a. a. O., S. 129

[321] Zit. n. Klaus Pflieger, Die Rote-Armee-Fraktion – RAF – 14.5.1970 bis 20.4.1998, Baden-Baden, 2004, S. 48

[322] Andreas Baader, mein lieber, in: Pieter Bakker Schut (Hg.), a. a. O., 51.

[323] Andreas Baader, fragst du mich, wie der kampf enden wird, in: Pieter Bakker Schut (Hg.), a. a. O., S. 74

[324] Brief von Klaus Croissant vom 7.8.1974, HIS, Ba, A/023, 001

[325] Zit. n. dem Bericht des Kriminalhauptkommissars Pöter, Bonn-Bad-Godesberg, 10.2.1974

[326] Marieluise Becker-Busche, a. a. O.

[327] Interview Horst Bubeck mit Klaus Stern am 20.5.2002. Alle weiteren Bubeck-Zitate sind, wenn nicht anders vermerkt, diesem Interview entnommen.

[328] Gespräch Horst Bubeck mit Michael Hanfeld, Wenn ich will, legst du ein Ei für mich. Terror in der Anstalt: Andreas Baader diktierte den Alltag der RAF-Gefangenen in Stuttgart-Stammheim. Der Justizvollzugsbeamte Horst Bubeck gibt erstmals Auskunft, FAZ, 18.6.1997.

[329] Interview Horst Bubeck mit Klaus Stern, a. a. O.; vgl. auch Kurt Oesterle, Stammheim. Die Geschichte des Vollzugsbeamten Horst Bubeck, Tübingen 2003, S. 63 ff.

[330] Horst Bubeck im Gespräch mit Michael Hanfeld, a. a. O.

[331] Zellenzirkular, gefunden am 4.2.1974 in einer konspirativen Wohnung in Frankfurt, Verfasser: vermutlich Baader, in: Bundesministerium des Innern, a. a. O., S. 101

332 Hungerstreikerklärung vom 13. September 1974, in: ID-Verlag (Hg.), Rote-Armee-Fraktion, 190–192, S. 190f.

333 Andreas Baader, in: Pieter Bakker Schut (Hg.), a.a.O., S. 194

334 Holger Meins am 1.11.1974 an Manfred Grasshof, in: Pieter Bakker Schut (Hg.), a.a.O., S. 183ff.

335 Holger Meins zit. n. ebd., vgl. ebd.ff. auch für die folgende Beschreibung.

336 Siegfried Haag, zit. n. Gerd Conradt, a.a.O. (Anm. 278), S. 157

337 Zit. n. Stefan Aust, a.a.O., S. 305

338 Zit. n. a.a.O., S. 306

339 Andreas Baader am 11.11.1974, unsere emotionale reaktion allein ist keine waffe, in: Pieter Bakker Schut (Hg.), a.a.O., S. 193

340 Marieluise Becker-Busche, a.a.O.

341 Zit. n. Stefan Aust, a.a.O., S. 325

342 Andreas Baader am 20.11.1974, der ›operator‹ des streiks ist der entschluss, in: Pieter Bakker Schut (Hg.), a.a.O., S. 201f.

343 Andreas Baader am 27.11.1974, in: Pieter Bakker Schut (Hg.), a.a.O., S. 205.

344 Ulrike Meinhof zit. n. Stefan Aust, a.a.O., S. 317. Auch Baaders Anwälte sprechen in einer Pressemitteilung von der geplanten »Ermordung« ihres Mandanten durch die Staatsschutzbehörden. Die Mitteilung ist auch von einem späteren Innenminister und einem späteren Justizminister unterschrieben. Pressemitteilung der Anwälte Dr. Croissant, Lang, Eschen, Spangenberg, Ströbele, Golzem, Plottnitz, Riedel, Koch, Groenewold, Köncke, Dr. Degenhardt, Knolle, Lubscher, Becker, Haag, Prof. Dr. Preuss, Dethloff, Schily vom 7. November 1974, HIS, Ba, A/025, 007.

345 Postkarte vom 15.11.1974, An Herrn Andreas Baader, HIS, Ba, A/003, 002

346 Fernschreiben des Generalbundesanwalts an den Herrn Vorsitzenden des 2. Strafsenats des Oberlandesgerichts Stuttgart, 2.12.1975, 15.45 Uhr

347 Interview Horst Bubeck mit Klaus Stern, a.a.O.

348 Daniel Cohn-Bendit, Es war einmal Jean-Paul Sartre, taz, 11.3.2005

349 Zit. n. Der Spiegel, 50/1974, S. 27, dann auch die folgenden Äußerungen von Sartre

350 Interview Horst Bubeck mit Klaus Stern, a.a.O.

351 Andreas Baader, zit. n. Stefan Aust, a.a.O., S. 318

352 Der Spiegel, 50/1974, S. 27

353 Brief der RAF an die Gefangenen aus der RAF vom 2.2.1975, in: ID-Verlag (Hg.), Rote-Armee-Fraktion, S. 192f.

354 Interview Horst Bubeck mit Klaus Stern, a.a.O.

355 Ulrike Meinhof in einem Papier ohne Datum, HIS, Ba, A/012, 001

356 Interview Jürgen Busche mit Jörg Herrmann am 14.12.2005

357 Interview Alfred Klaus mit Klaus Stern, a.a.O.

358 Interview Karl-Heinz Dellwo mit Petra Groll, Wir haben uns die Nie-

derlage handhabbar gemacht, taz mag, 27./28. Juni 1998. Über seine Motivation führt Dellwo in dem Interview aus: »Zu dieser toten Gesellschaft aus Konsum und rechten Lebensvorstellungen hatten wir keine innere Verbindung, mit dem gewendeten Nazipack und den braven, immer in die eigene Tasche hineinwirtschaftenden Häuslebauern, die auf Bergen von Leichen ihrer Vorgesellschaft saßen, die für Imperialismus waren und für Vietnamkrieg und dafür, dass ›die Neger erst mal arbeiten lernen‹ sollten. Mit denen wollten wir nicht an einem Tisch sitzen. Mit diesem postfaschistischen Staat nicht und mit seiner politischen Klasse aus Altnazis und seinen sozialdemokratischen Amerikanern nicht. Der radikale Bruch fiel uns leicht.«

359 Helmut Henck, zit. n. Butz Peters, a. a. O., S. 364. In Baaders Zelle war schon im März Material über den Ablauf der Lorenz-Entführung gefunden worden. Da sich »die Angeklagten mit der Vorbereitung ihrer Befreiung durch Geistelnahme befassen« beantragte der Generalbundesanwalt eine Zellendurchsuchung, vgl. OLG Stuttgart, Beschluss vom 21. März 1975.

360 Vgl. Kurt Oesterle, a. a. O., S. 102

361 Zitiert aus einer von Hans Heinz Heldmann angefertigten »Gegenüberstellung von Müller-Aussagen«, HIS, Ba, 17/009, 005, S. 22 ff.

362 Das Paket enthielt drei zentrale Neuerungen: einen neuen Paragrafen, der den Verfahrensausschluss von Verteidigern ermöglichte, die unter dem dringenden Verdacht standen, an den kriminellen Machenschaften ihrer Mandanten beteiligt zu sein; die Beschränkung der Wahlverteidiger auf drei und einen Paragraphen, der es ermöglichte, auch ohne die Angeklagten zu verhandeln, wenn diese sich vorsätzlich in den Zustand der Verhandlungsunfähigkeit versetzt hatten. Auslöser für diese neuen Gesetze waren unter anderem die anlässlich des sogenannten Ensslin-Kassibers deutlich gewordenen Schwierigkeiten, einem Verteidiger beim Verdacht der Unterstützung krimineller Machenschaften seiner Mandanten das Mandat zu entziehen – hier stand der Vorgang um den Ende 1972 unter den Verdacht des Kassibertransportes für seine Mandantin Gudrun Ensslin geratenen Otto Schily im Hintergrund. Weiterhin gab das schon begonnene RAF-Verfahren in Kaiserslautern, bei dem die Angeklagten Grashof und Jünschke mit bis zu 15 Verteidigern aufgetreten waren, Anlass für die Befürchtung, dass der Prozess allein durch das hohe Aufgebot an Wahlverteidigern endlos in die Länge gezogen werden könnte. Dazu befürchtete man aufgrund der bisherigen Hungerstreikerfahrungen, dass die Angeklagten sich verhandlungsunfähig fasten und das Verfahren dadurch unmöglich machen könnten.

363 Zit. n. Klaus Pflieger, a. a. O., S. 61

364 Peter-Jürgen Boock, Die Entführung und Ermordung des Hanns-Martin Schleyer. Eine dokumentarische Fiktion, Frankfurt am Main 2002, S. 17

365 Erklärung von Andreas Baader am 16.1.1974, zit. n. Hannes Breucker,

Verteidigungsfremdes Verhalten. Anträge und Erklärungen im »Baader-Meinhof-Prozess«, Berlin 1993, S. 113

366 Internationales Komitee zur Verteidigung politischer Gefangener in Westeuropa – Sektion BRD (Hg.), Texte: RAF, Stuttgart 1977, S.543

367 Wortprotokoll des Stammheimer Verfahrens, HIS, St. V/006, 003, S. 2359; alle Zitate aus der Verhandlung sind dem Wortprotokoll entnommen, die Formulierungen sind zum Teil etwas geglättet und gestrafft, der Inhalt wurde dabei nicht verändert. Das Protokoll findet sich in der RAF-Sammlung des Hamburger Instituts für Sozialforschung (HIS) unter den Signaturen St. V/002, 001 (1. Verhandlungstag) bis St. V/0025/011 (192. Verhandlungstag).

368 Andreas Baader in einem im Juni 1974 verfassten Kassiber: »Es ist noch lange nicht klar, dass in Stuttgart verteidigt wird. Wir haben an dieser Veranstaltung nur Interesse, wenn wir sie umdrehen können.« Zit. n. Beschluss des Stuttgarter Oberlandesgerichts: Die Hauptverhandlung wird in Abwesenheit der Angeklagten fortgesetzt, zugestellt am 30.9.1975, HIS, Ba, A/003, 003, 12. Dass auch die körperliche Selbstinszenierung von Baader als ein Instrument des Umdrehens eingesetzt wird, geht ebenfalls aus diesem Papier hervor. Es heißt darin: »Die Tatsache, dass Baader bei einem Treffen aller vier Angeklagten in der vergangenen Woche zu Gehör eines Aufsichtsbeamten erklärte: ›Wir müssen krank sein, wir müssen gebrochen wirken!‹, lässt in diesem Zusammenhang aufmerken.« A. a. O., S. 16

369 Andreas Baader, zit. n. Pieter H. Bakker Schut (Hg.), a. a. O., S. 216 f.

370 HIS, St. V/002, 001, S. 81 f.

371 Interview Werner Birkenmaier mit Jörg Herrmann am 22.2.2006

372 HIS, St. V/002, 003, S. 180

373 A. a. O., S. 197

374 Hanno Kühnert, Der entwaffnete Stadtguerillero, SZ, 11.6.1975

375 HIS, St. V/002, 003, S. 327

376 HIS, St. V/002, 005, S. 525 ff.

377 HIS, St. V/004, 004, S. 1352 f.

378 HIS, St. V/005, 003, S. 1874 ff.

379 HIS, St. V/005, 006, S. 2135 ff.

380 A. a. O, S. 2150 ff.

381 Interview Theo Prinzing mit Jörg Herrmann am 24.2.2006

382 Psychiatrisches Gutachten von Prof. Dr. Wilfried Rasch vom 10.9.1975, HIS, A/006, 004, S. 3

383 Fachinternistisches Sachverständigen Gutachten von Prof. Dr. W. A. Müller und Prof. Dr. J. Schröder vom 17.9.1975, a. a. O., S. 4, 5, 7

384 HIS, TE/006, 006

385 HIS, St. V/007, 007, S. 3113 ff.

386 A. a. O., S. 3140

387 A. a. O., S. 3143

388 Gerhard Mauz, zit. n. Hellmut Brunn, Thomas Kirn, Rechtsanwälte,

Linksanwälte. 1971 bis 1981 – das Rote Jahrzehnt vor Gericht, Frankfurt am Main 2004, S. 331

389 Andreas Baader, zit. n. Pieter H. Bakker Schut (Hg.), a. a. O., S. 237 f.

390 HIS, St. V/009, 005, S. 4473 f.

391 Hans Heinz Heldmann, Über die politische Bedeutung des Verfahrens gegen die RAF, MS, ohne Jahr, HIS, RA 01/001, 008, S. 1, 5, 6

392 A. a. O., S. 14; in einem anderen Papier unter der Überschrift »Zu ein paar Rechtspositionen im Zusammenhang: völkerrechtlich begründetes Widerstandsrecht« führt der Autor (vermutlich ebenfalls Heldmann) aus: »Die Legitimation des bewaffneten Kampfes der RAF liegt materiell begründet in der Tatsache, dass die Existenz der Menschheit gerettet werden muss, indem der Imperialismus beseitigt wird: der Krieg, der er ist, der Hunger, den er produziert. Der Kampf der RAF ist als wahrhaft menschlicher die Antwort auf ein Gesellschaftssystem, dessen Inhalt aus seiner Krise die Vernichtung der Menschheit ist. Dieser Kampf ist legitim, weil er notwendig ist. Die Legitimation des Kampfes der RAF liegt materiell begründet in seiner Wirksamkeit. Der militärische Angriff auf das Hauptquartier der US-Armee in Heidelberg hat den Vietnamkrieg tatsächlich abgekürzt.« HIS, Ba, A/007, 001, S. 6

393 HIS, St. V/011, 005, S. 5639 ff.

394 Andreas Baader, Gudrun Ensslin, Ulrike Meinhof, Jan-Carl Raspe, Erklärung zur Sache, Stammheim 13.1.1976, HIS, St. V/034, 001–003, S. 3

395 A. a. O., S. 226 f.

396 A. a. O., S. 228

397 A. a. O., S. 232

398 A. a. O., S. 248

399 HIS, St. V/011, 007, S. 5673

400 Interview Eberhard Foth mit Jörg Herrmann am 23.2.2006

401 Internationales Komitee zur Verteidigung politischer Gefangener in Westeuropa – Sektion BRD (Hg.), a. a. O., S. 140

402 Meldung von Waldemar Knebel, Stuttgart-Stammheim, 9.2.1976, HIS, TE/006, 006

403 HIS, St. V/017, 003, S. 9376 ff.

404 Interview Horst Bubeck mit Klaus Stern, a. a. O.

405 HIS, St. V/017, 006, S. 9600 ff.

406 Vgl. Stefan Aust, a. a. O., 382 ff.; Butz Peters, a. a. O., 345 ff. Ulrike Meinhof war in den 60er Jahren schon einmal wegen eines Blutschwammes im Gehirn operiert worden. Die Untersuchung ihres Gehirns nach ihrem Tod soll ein Fortbestehen der Erkrankung gezeigt haben, vgl. Kurt Oesterle, a. a. O., S. 133; vgl. auch Christian Füller, Ein Gehirn auf Abwegen, taz, 13.11.2002.

407 Kassiber von Andreas Baader, HIS, Ba, A/010, 001

408 Ulrike Meinhof, zit. n. Butz Peters, a. a. O., S. 346

409 Stefan Aust irrt, wenn er den 16. März angibt, ders., a. a. O., S. 396

410 Gudrun Ensslin in einem Schreiben an Hans Heinz Heldmann vom 15.10.1976, HIS, Ba, A/025, 006

411 Die Zelle von Ulrike Meinhof im siebten Stock wird einige Wochen später wieder belegt: Brigitte Mohnhaupt, Irmgard Möller und Ingrid Schubert kommen nach Stammheim.

412 HIS, St. V/018, 010, S. 10150 f.

413 Telegramm von Dr. Hans Heinz Heldmann an die Staatskanzlei von Rheinland-Pfalz, 2.7.1976, HIS, Ba, A/012, 001.

414 HIS, St. V/018, 013, S. 10215–10621

415 A. a. O., S. 10219

416 Vgl. Anm. 275.

417 Vgl. Stefan Aust, a. a. O., S. 402 ff.

418 HIS, Ba 17/009, 005

419 Gerhard Müller an Brigitte Asdonk, 8.6.1975, HIS, RA 01/001, 009.

420 HIS, St. V/019, 003, S. 10545 ff.

421 A. a. O, S. 10561.

422 HIS, St. V/019, 002, S. 10484.

423 HIS, St. V/019, 003, S. 10566.

424 HIS, St. V/023, 004, S. 12803 ff.

425 Mail von Oberstaatsanwalt Helmut Bleh an Jörg Herrmann vom 8.9.2006

426 Interview Jürgen Busche mit Jörg Herrmann am 14.12.2005

427 Jürgen Busche, Test auf Rechtsstaatlichkeit. Vor 30 Jahren begann in Stammheim der Prozess gegen die Führer der RAF, FAS, 22.5.2005

428 A. a. O.

429 Gudrun Ensslin in einem Schreiben an Hans Heinz Heldmann (ohne exaktes Datum, möglicherweise 10.10.1976), HIS, Ba, A/025, 006

430 Welchen Stellenwert Andreas Baader für Ulrike Meinhof hatte, wird auch aus einer Äußerung zu Beginn der Hauptverhandlung deutlich: »… was Andreas für uns ist, was Fidel für Kuba, Che für Lateinamerika, Lumumba für Belgisch-Kongo, Ho für Vietnam, Marighella für Brasilien, Malcolm X für die Schwarzen in den USA, George für die Gefangenen in den USA, Holger mit Andreas für uns war: die Verkörperung von kollektiver Führung, von Orientierung im Kampf.« St. V/005, 004, S. 742 ff.

431 Gudrun Ensslin zit. n. Urteil in der Strafsache Andreas Baader u. a., Stuttgart 28.4.1977, S. 157.

432 HIS, St. V/021, 002, S. 11468 ff.

433 Hannes Breucker, Verteidigungsfremdes Verhalten, S. 212 f.; Breucker ist der Sohn des Richters Breucker, der zum Strafsenat des Stammheimer Verfahrens gehörte. Das ändert jedoch nichts an der Richtigkeit seiner Feststellung.

434 St. V/020, 001, S. 10949 ff.

435 A. a. O., S. 10957

436 Peter-Jürgen Boock, a. a. O., S. 19.

437 Siegfried Haag wird am 11. Juli 1979 wegen Rädelsführerschaft in

einer terroristischen Vereinigung zu 14 Jahren Haft verurteilt, am 19. Dezember 1979 kommen fünfzehn Jahre wegen Beihilfe zum Mord und zur Geiselnahme in Stockholm hinzu. Jahre später verabschiedet er sich von der RAF. In einem Interview mit der Frankfurter Rundschau vom 2. September 1986 sagt er: »Die Handlungsweise der RAF hat sich als falsch herausgestellt. Es hat all die Jahre gebraucht, um zu diesem Ergebnis zu kommen, diese Politik muss ich aufgeben, sie ist falsch.«

438 Klaus Croissant, Zur Sache (A), verlesen am 2.5.1978, zit. n. Pieter H. Bakker Schut, Stammheim. Der Prozess gegen die Rote-Armee-Fraktion. Die notwendige Korrektur der herrschenden Meinung, Kiel 1986, S. 518

439 Interview Werner Birkenmaier mit Jörg Herrmann, a. a. O.

440 »Der Tod von Holger Meins und der Entschluss, die Knarre in die Hand zu nehmen, waren eins.« Volker Speitel wird am 14.12.1978 wegen Unterstützung der RAF zu einer Freiheitsstrafe von drei Jahren und zwei Monaten verurteilt.

441 Zit. n. Stefan Aust, a. a. O., S. 431.

442 HIS, TE/006, 006

443 Felix Kurz, Baaders falscher Sohn, Spiegel Online, 22.2.2006

444 Kurt Oesterle, a. a. O., S. 139

445 A. a. O., S. 141

446 Otto Schily war in den Verdacht gekommen, einen von seiner Mandantin Gudrun Ensslin verfassten Kassiber transportiert zu haben, den man bei Ulrike Meinhofs Festnahme in ihrer Jackentasche gefunden hatte.

447 Interview Eberhard Foth mit Jörg Herrmann, a. a. O.

448 Obersekretär Grossmann, Meldung, Stuttgart-Stammheim, 3.2.1977, HIS: TE/006, 006

449 Stefan Aust irrt, wenn er die Entlassung auf den 27. Januar verlegt, vgl. ders., a. a. O., S. 438

450 Zit. n. ders., a. a. O., S. 439

451 Vgl. dazu Brigitte Mohnhaupt und Christian Klar, Erklärung zu ’77, 4.12.1984, in: ID-Verlag (Hg.), Rote-Armee-Fraktion, S. 307–322

452 HIS, St. V/004, 002, S. 1273

453 Der Spiegel, Nr. 10, 26.2.1977

454 HIS, St. V/025, 003, S. 13658

455 Horst Bubeck im Gespräch mit Michael Hanfeld, a. a. O.

456 HIS, St. V/025, 004, S. 13712

457 HIS, St. V/025, 006, S. 13741

458 Erschießung des Generalbundesanwalts Buback. Erklärung vom 7. April 1977, in: ID-Verlag (Hg.), Rote-Armee-Fraktion, S. 267 f.

459 Vgl. Stefan Aust, a. a. O., S. 454 f.

460 Vgl. Butz Peters, a. a. O., S. 381.

461 Butz Peters formuliert noch deutlicher: »Er [Baader, Anm. d. Verf.] gibt den Auftrag, den Generalbundesanwalt zu ermorden«, a. a. O., S. 379

462 Hans Heinz Heldmann, Eine erste Nachrede auf das Justizverfahren von Stammheim, das fortgesetzter juristischer Auszehrung erlegen ist, Stuttgart, 27.4.1977, HIS, Ba, A/025, 002

463 Theo Prinzing, Erfahrungen, unveröffentlichtes Manuskript, Stuttgart 2006, S. 18

464 Helmut Gollwitzer, Gegen falsche Solidarisierung, Berliner Extradienst, 28.6.1977

465 Vgl. Butz Peters, a. a. O., S. 400; vgl. auch Lutz Hachmeister, Schleyer. Eine deutsche Geschichte, München 2004

466 Das Gesetz, das am 11. September im Bundestag befürwortet wird, tritt am 2. Oktober in Kraft. Noch nie war ein Gesetz so schnell durch das Gesetzgebungsverfahren gepeitscht worden. Voraussetzung für seine Anwendung war eine lebensbedrohliche Gefahr im Verzug.

467 Horst Bubeck, zit. n. Kurt Oesterle, a. a. O., S. 165

468 Interview Horst Bubeck mit Klaus Stern, a. a. O.

469 Erstes Ultimatum der Entführer vom 6.9.1977, in: Presse- und Informationsamt der Bundesregierung (Hg.), Dokumentation zu den Ereignissen und Entscheidungen im Zusammenhang mit der Entführung von Hanns-Martin Schleyer und der Lufthansa-Maschine »Landshut«, Bonn 2. Aufl., 1977, S. 15

470 Peter Corterier, zit. n. Stefan Aust, a. a. O., S. 500

471 Andreas Baader, zit. n. Heinrich Breloer, Todesspiel. Von der Schleyer-Entführung bis Mogadischu. Eine dokumentarische Erzählung, Köln 3. Aufl. 1997, S. 120

472 Jan-Carl Raspe, zit. n. Presse- und Informationsamt der Bundesregierung (Hg.), Dokumentation, S. 67

473 Andreas Baader, zit. n. Stefan Aust, a. a. O., S. 583

474 Alfred Klaus, Vermerk. Betreff Entführung Hanns-Martin Schleyer; hier: Gespräch mit Andreas Baader, Bonn-Bad Godesberg, 8.10.1977, HIS, TE/002, 008

475 Gudrun Ensslin zit. n. Presse- und Informationsamt der Bundesregierung (Hg.), Dokumentation, S. 79 f.

476 Vermerk von Alfred Klaus über die Gespräche mit Jan-Carl Raspe am 9.10.1977, HIS, TE/002, 008

477 Vgl. Stefan Aust, a. a. O., S. 590 f.

478 Das berühmte Porträt stammte von dem kubanischen Fotografen Alberto Korda, der es während einer Trauerfeier am 5. März 1960 auf Kuba von Che Guevara gemacht hatte. Nachdem sich zunächst niemand für den Schnappschuss interessierte, schenkte Korda das Foto dem italienischen Verleger Gianciacomo Feltrinelli. Er machte es zu einem der bekanntesten Bildmotive des 20. Jahrhunderts. Auch Andreas Baader hatte ein Poster mit diesem Guevara-Porträt in seiner Stammheimer Zelle.

479 Zit. n. Heinrich Breloer, a. a. O., S. 193.

480 Waltraude Schleyer zit. n. Heinrich Breloer, a. a. O., S. 198 f.

481 Nacht-Protokoll der JVA Stuttgart-Stammheim, HIS, TE/001, 011.

482 Interview Horst Bubeck mit Michael Hanfeld, a. a. O.
483 OLG Frankfurt, Urteil vom 16.11.1998, S. 27
484 Andreas Baader, zit. n. Stefan Aust, a. a. O., S. 602
485 Protokoll des letzten Gesprächs mit Andreas Baader, 17. Oktober 1977, in: Presse- und Informationsamt der Bundesregierung (Hg.), Dokumentation, 109–112, S. 110
486 Die Darstellung folgt Kurt Oesterle, a. a. O., S. 169.
487 Protokoll des letzten Gesprächs mit Andreas Baader, 17. Oktober 1977, a. a. O.
488 Die Wiedergabe des Gesprächs folgt der Darstellung von Heinrich Breloer, a. a. O., S. 268 f.
489 Alfred Klaus, Bericht, Betr.: Entführung Schleyer/ LH-Flug 181, 18.10.1977, HIS, TE/ 002, 008, 8
490 Die Schilderung des Besuches folgt der Darstellung von Stefan Aust, a. a. O., S. 623 f.
491 Die Darstellung folgt Heinrich Breloer, a. a. O., S. 262
492 Zit. n. Heinrich Breloer, a. a. O., S. 284
493 Mit zunehmendem Fahndungsdruck war den Entführern die Wohnung in Erftstadt-Liblar zu unsicher geworden, und sie brachten Schleyer nach Den Haag in Holland, später nach Brüssel.
494 Landeskriminalamt Baden-Württemberg, Ermittlungsergebnis in der Leichensache Baader, Raspe und Ensslin, Az. 810–551 162/77, Stuttgart, 10.1.1978, HIS, TE/006, 006, S. 29
495 Karl-Heinz Janssen, Was geschah in Stammheim wirklich? I. Die Nacht von Mogadischu und der Morgen danach, Die Zeit, Nr. 2, 6.1.1978
496 Die Darstellung folgt Kurt Oesterle, a. a. O., S. 171
497 Helmut Schmidt, zit. n. Butz Peters, a. a. O., S. 451
498 Vgl. Karl-Heinz Janssen, a. a. O.
499 A. a. O.
500 Interview Eberhard Foth mit Jörg Herrmann, a. a. O.
501 Landeskriminalamt Baden-Württemberg, a. a. O., S. 50 f.
502 A. a. O., S. 51
503 Andreas Baader hatte nach dem Auffliegen der Abhörungen in Stammheim mit Erfolg gefordert, dass der siebte Stock vom Anstaltsnetz für die Radioprogramme getrennt wird. Nun stand der Einrichtung einer Wechselsprechanlage nichts mehr im Wege. Raspes Radio hatte man, in einen Pullover eingewickelt, später aufgefunden, vgl. Mitteilung der Landesregierung, Vorläufiger Bericht über die Ereignisse vom 18. Oktober 1977 in der Vollzugsanstalt Stuttgart-Stammheim (Drucksache 7/2500), 26.10.1977, S. 15
504 Zum Folgenden vgl. Karl-Heinz Janssen, Was geschah in Stammheim wirklich? II. Die Untersuchungen der Schusswunden und der Erhängung – das Rätsel der Todeszeiten, Die Zeit, 13. Januar 1978
505 Interview Horst Bubeck mit Klaus Stern, a. a. O.
506 Vgl. Karl-Heinz Janssen, Was geschah in Stammheim wirklich? II.,

a. a. O. Ihre Beobachtungen und Überlegungen erinnerten sie dabei an einen ungewöhnlichen Fall von Selbstmord, über den 1933 in der Deutschen Zeitschrift für die gesamte gerichtliche Medizin (20. Band) berichtet worden war. Der Kassierer eines Konsumvereins, ein von Entlassung und Verarmung bedrohter Vater einer kinderreichen Familie, hatte einen Raubmord vortäuschen wollen, um seine Familie in den Besitz einer hohen Versicherungssumme zu bringen. Man fand ihn erschossen in einem Wald, der Schuss war im Nacken ein- und an der Stirn wieder ausgetreten. Über ähnliche Fälle erschien 1963 sogar eine Dissertation: ›Über Selbstmord durch Schuss in Nacken und Hinterhaupt‹.

507 Zit. n. Oliver Tolmein, RAF – Das war für uns Befreiung. Ein Gespräch mit Irmgard Möller über bewaffneten Kampf, Knast und die Linke, Hamburg 1997, S. 134 f.

508 Irmgard Möller zit. n. Stefan Aust, a. a. O., S. 636

509 Mitteilung der Landesregierung, Vorläufiger Bericht, a. a. O., S. 12.

510 Zit. n. Heinrich Breloer, a. a. O., S. 289

511 Ob die Wanzen, die im Frühjahr 1975 in sieben Zellen des siebten Stocks installiert worden waren und deren Benutzung im Frühjahr 1977 ans Tageslicht gekommen war, jemals ausgebaut wurden, ist unbekannt. Die Begründung eines »rechtfertigenden Notstandes« hätte auch im Fall Schleyer gepasst.

512 Vgl. Stefan Aust, a. a. O., S. 658

513 Zit. n. Stefan Aust, a. a. O., 637, auch die folgende Darstellung der Situation in Bagdad orientiert sich an dieser Schilderung.

514 Vgl. Butz Peters, a. a. O., S. 452 f.

515 Vgl. Karl-Heinz Janssen, Was geschah in Stammheim wirklich? II., a. a. O.

516 Stefan Wisniewski, Wir waren so unheimlich konsequent … Ein Gespräch zur Geschichte der RAF, Berlin 3/2003, 55; erstmals am 11. Oktober 1997 in der ›taz‹ publiziert.

517 ›Ob man mir glaubt, ist mir egal‹, Peter-Jürgen Boock über sein überraschendes Geständnis, die Selbstmordnacht in Stammheim, den Mord an Schleyer, Tabu-Themen innerhalb der RAF und den Einfluss von Stasi und BND auf die Flugzeugentführung nach Mogadischu, taz, 16.6.1992, S. 18 f.

518 Zit. n. Stefan Aust, a. a. O., S. 646

519 Alle zwanzig an der Schleyer-Entführung beteiligten Personen wurden in der Folgezeit früher oder später festgenommen (bzw. bei Festnahmeversuchen erschossen) und zum Teil zu mehrfach lebenslangen Freiheitsstrafen verurteilt. Nur Friederike Krabbe konnte bis heute nicht gefasst werden. Sie blieb im Herbst 1977 im Irak. Möglicherweise lebt sie immer noch dort. Auch die Waffe, mit der Schleyer getötet worden war, konnte bis heute nicht aufgefunden werden. 1986, neun Jahre später, hinterließ sie noch einmal blutige Spuren: Ihre Kugeln töteten den Bonner Diplomaten Gerold von Braunmühl.

520 Zit. n. Heinrich Breloer, a. a. O., S. 295

521 Zit. n. Heinrich Breloer, a. a. O., S. 296

522 Interview Bruno Streibel mit Jörg Herrmann am 25.5.2006

523 Zit. n. Süddeutsche Zeitung, 28.10.1977

524 A. a. O.

525 Vgl. Claus Langkammer, Auf dem Dornhaldenfriedhof, Stuttgarter Zeitung, 28. Oktober 1977

526 Streibel berichtet, dass die Ensslins zum Teil weit fahren mussten, um Lebensmittel einzukaufen. Es habe Händler gegeben, die sich weigerten, der Familie Brot zu verkaufen. Am Tag nach der Beerdigung erhielt Helmut Ensslin einen Brief vom Oberkirchenrat. Sein Inhalt wurde auch als Pressemitteilung und daraufhin als Agenturmeldung verbreitet. Darin hieß es: »Der Evangelische Oberkirchenrat in Stuttgart hat Pfarrer i. R. Helmut Ensslin nachdrücklich aufgefordert, keine Verdächtigungen und Vermutungen über den Tod seiner Tochter zu äußern. Die württembergische Kirchenleitung hat es missbilligt, dass Ensslin, der seit 1974 im Ruhestand ist, trotz wiederholter Aufforderung von Seiten des Oberkirchenrates im Zusammenhang der Ereignisse der letzten Wochen nicht die gebotene Zurückhaltung gewahrt hat. Die Kirchenleitung hat Ermittlungen gegen Pfarrer i. R. Ensslin eingeleitet. Sie bedauert es, dass sie dies am Tag nach der Bestattung tun musste.«

527 Vgl. Theo Wurm, Verschwörung am offenen Grab. Es zeigte sich kaum Trauer um Baader, Ensslin und Raspe, sondern Hass gegen Staat und Gesellschaft, Süddeutsche Zeitung, 28.10.1977

528 Jillian Becker, Hitlers Kinder? Der Baader-Meinhof-Terrorismus, Frankfurt am Main, 2. Aufl. 1978, S. 259

529 Wolfgang Kraushaar im Gespräch mit Jörg Herrmann, Die Aura der Gewalt. Die Rote-Armee-Fraktion als Entmischungsprodukt der Studentenbewegung. Erinnerungen, Interpretationen, Hypothesen, in: Lettre International, Heft 52, 2001, S. 7–18, 14

530 Vgl. Günter Handlögten, Werner Mathes und Rainer Nübel, Die Nacht von Stammheim, stern.de, 9.10.2002, (Zugriff: 6.3.2003)

531 Volker Speitel selbst konnten sie dazu allerdings nicht befragen. Er ist untergetaucht, nach einer ziemlichen Odyssee: Im Dezember 1978 wurde er zunächst wegen Unterstützung einer kriminellen Vereinigung und Mitwirkung bei den Vorbereitungen des Überfalls auf die Stockholmer Botschaft zu einer 38-monatigen Haftstrafe verurteilt. Nach 23 Monaten wurde er von der Zeugenschutz-Abteilung des BKA übernommen und mit neuer Identität versehen als Thomas Keller nach Brasilien gebracht, wo er eine Werbefirma gründete. Bald zog es den Zeugen Speitel aber wieder zurück in die Heimat. Er wurde Werbechef des Wohnmobil-Herstellers Westfalia. 1987 wurde er durch Zufall enttarnt: Ein Kollege blätterte in einem Supermarkt in einem Magazin und stieß auf ein Foto von Speitel. Er informierte die Geschäftsleitung, und Speitel musste erneut untertauchen.

532 Die geplante Publikation inklusive Fotos ist, 600 Seiten schwer, 1977

unter dem Titel ›texte: der RAF‹ im Verlag Bo Calvers in Lund/Schweden tatsächlich erschienen.

533 Volker Speitel zit. n. Stefan Aust, a. a. O., S. 431

534 Zit. n. ders., a. a. O., S. 435

535 Andreas Baader, zit. n. Butz Peters, a. a. O., S. 457

536 So Ashley Kroecher im Interview mit Jörg Herrmann am 20.12.2005

537 Interview Reimar Kroecher mit Jörg Herrmann am 16.12.2005

538 Andreas Baader an das Stuttgarter Oberlandesgericht, zit. n. Stefan Aust, a. a. O., S. 583

539 Alfred Klaus, Vermerk. Betreff Entführung Hanns-Martin Schleyer; hier: Gespräch mit Andreas Baader, a. a. O.

540 Andreas Baader, zit. n. Heinrich Breloer, a. a. O., S. 269

541 Zit. n. Pieter Bakker Schut (Hg.), a. a. O., S. 18; eine weitere Andeutung findet sich in einem Schreiben von Gudrun Ensslin an den 2. Senat beim Stuttgarter Oberlandesgericht. Darin heißt es: »Sie werden sich darüber klar werden, dass sie menschen nicht 6 jahre lang wie tiere in kisten halten können und die haftbedingungen jetzt entsprechend der forderung der ärzte (...) ändern, oder sie werden keine gefangenen mehr haben. das ist eine endgültige entscheidung von uns, die ›medizinische maßnahmen‹ nicht mehr aufhalten werden.« HIS, RA 01/012, 002

542 Landeskriminalamt Baden-Württemberg, Verzeichnis, Stuttgart-Stammheim, 21.10.1977, HIS, TE/001, 010

543 Brief von Anneliese Baader an die Rechtsanwälte Dr. Heinrich Senfft und Joachim Kersten vom 31.10.1978, HIS, Ba, A/021, 002

544 Kurt Groenewold im Interview mit Jörg Herrmann, a. a. O.

545 Reinhard Mohr, Die Prada-Meinhof-Bande, Der Spiegel, 9/2002, S. 202–204, 204

546 Ijoma A. Mangold, Generation auf Posten, taz, 29./30. November 2003

547 Peter O. Chotjewitz, Andreas Baader. Nicht versöhnt, URL: www.stern.de/politik/historie/322600.html?eid=50109&nv=cb (Zugriff: 3.8.2005)

548 Robet Misik, Wer war, wer ist Andreas? taz, 1./2. November 2003.

549 Interview Armin Golzem mit Klaus Stern, a. a. O.

550 A. a. O.

551 A. a. O.

552 Interview Kurt Groenewold mit Jörg Herrmann, a. a. O.

553 Daniel Cohn-Bendit/Anne-Maria Siemens, in: Anne-Maria Siemens, Durch die Institutionen oder in den Terrorismus: Die Wege von Joschka Fischer, Daniel Cohn-Bendit, Armin Klein und Johannes Weinrich, Frankfurt am Main 2006, S. 177

554 Michael Baumann, zit. n. Wolfgang Kraushaar, Die Bombe im Jüdischen Gemeindehaus, Hamburg 2005, S. 228

555 Vgl. dazu auch die erhellenden Analysen von Hans-Jürgen Wirth, Narzissmus und Macht. Zur Psychoanalyse seelischer Störungen in der Politik, Gießen 2002

556 Andreas Baader. Ein Interview mit Thorwald Proll von Jörg Herrmann, in: Die Aktion, Heft 175/180, Mai 1998, S. 3–5, 5

557 Interview Jürgen Busche mit Jörg Herrmann, a. a. O.

558 Martin Seel, Inszenieren als Erscheinenlassen. Thesen über die Reichweite eines Begriffs, in: Josef Früchtl und Jörg Zimmermann (Hg.), Ästhetik der Inszenierung, Frankfurt am Main 2001, S. 48–62, 54

559 Peter Homann, Volksgericht im Wüstensand. Ein wahres deutsches Märchen aus den Anfängen der Baader-Meinhof-Gruppe, nebst ein paar Fragen an Horst Mahler, Der Spiegel, 21/1997, S. 52–57

560 Peter O. Chotjewitz, a. a. O.

561 Vgl. zum antisemitischen Auftakt des bewaffneten Kampfes Wolfgang Kraushaar, Die Bombe im Jüdischen Gemeindehaus, Hamburg 2005

562 Vgl. ders., Rudi Dutschke und der bewaffnete Kampf, in: Wolfgang Kraushaar/Jan Philipp Reemtsma/Karin Wieland, Rudi Dutschke, Andreas Baader und die RAF, Hamburg 2005, S. 13–50

563 André Gottschling, Biographisches Porträt: Andreas Baader, in: Uwe Backes/Eckhard Jesse (Hg.), Jahrbuch Extremismus & Demokratie, 16. Jg., 2004, S. 187–203, 196

564 Andreas Baader an die Kommune 1, zit. n. Dieter Kunzelmann, Leisten Sie keinen Widerstand! Bilder aus meinem Leben, Berlin 1998, S. 100

565 Interview Lorenz Jäger mit Jörg Herrmann am 20.10.1999

566 Peter-Jürgen Boock/Henning Kober, Wir verlangten Auskunft. Peter-Jürgen Boock zählte einst zu den Köpfen der zweiten RAF-Generation und ist inzwischen aus lebenslanger Haft entlassen. Ein Gespräch über Opferzahlen, unverdiente Vergebung und die Lügen der Generation – ein Vierteljahrhundert nach dem »Deutschen Herbst«, taz, 2./3. November 2002.

567 Interview Lorenz Jäger mit Jörg Herrmann, a. a. O.

568 Interview Armin Golzem mit Klaus Stern, a. a. O.

569 Karin Wieland, a., in: Wolfgang Kraushaar, Jan Philipp Reemtsma, Karin Wieland, Rudi Dutschke, Andreas Baader und die RAF, Hamburg 2005, S. 51–99, 83

570 Interview Jürgen Busche mit Jörg Herrmann, a. a. O.

571 Andreas Baader, zit. n. Pieter Bakker Schut (Hg.), a. a. O., S. 205

572 Interview Armin Golzem mit Klaus Stern, a. a. O.

573 Zellenzirkular, aufgefunden bei einer Zellendurchsuchung am 16. u. 18. Juli 1973 in Schwalmstadt, HIS, SO 09/003, 001

574 Andreas Baader an die Kommune 1, a. a. O.

575 Rote-Armee-Fraktion, An alle, die auf der Suche nach Wegen sind, wie menschenwürdiges Leben hier und weltweit an ganz konkreten Fragen organisiert und durchgesetzt werden kann. April 1992, in: ID-Verlag (Hg.), Rote-Armee-Fraktion, S. 410–414

576 A. a. O., S. 412

577 A. a. O., S. 448

578 Rote-Armee-Fraktion, Warum wir aufhören, in: taz, 22. April 1998

Klaus Stern dankt:

allen Interviewten, Ello Michel, Familie Moser-Michel, Daniel Semler, Uni Kassel Transfer, Oliver Fromm, Jörg Froharth, Holm von Czettritz, Armin Golzem, Gerhard Fürmetz, Elisabeth Niejahr, Hajo Schumacher, Christopher Roth, Dorothea Hauser, Thomas Giefer, Wolfgang Kraushaar, Alfred von Meysenbug, Gerd Koenen, Wieland Höhne, Werner Fichtl, Günther Scheicher, Andrej Angrick, Michael Wettengel, Johannes Grötecke, Peter Wensierski, meinen Eltern, allen, die nicht genannt werden wollen, und Josephine Schmücker.

Jörg Herrmann dankt:

allen Interviewten, Constanze Buss, Kurt Groenewold, Nikolaus Hansen, Lorenz Jäger, Karin König, Wolfgang Kraushaar, Reimar Kroecher, Andreas Mertin, Jörg Metelmann, Thorwald Proll, Stefan Reinecke, Andreas Schlüter, Reinhart Schwarz und nicht zuletzt Susanne Weigel.

Register

J

K

Bildnachweis

Abb. 4, 5, 11, 40, 41 © Klaus Stern; Abb. 6 © Reimar Kroecher; Abb. 7–10 © Archiv Daniel Semler, Berlin; Abb. 14 © Herbert Tobias, Berlinische Galerie; Abb. 15 © Holm von Czettritz; Abb. 16–23, 38, 39 © Ello Michel; Abb. 31, 32, 33 © Ullstein Bilderdienst; Abb. 24–30 © Thomas Giefer, Berlin; Abb. 34, 54, 55, 56, 57, 58, 63, 64, 65, 67, 68, 70, 71, 72, 73, 74, 75 © BKA Bundeskriminalamt; Abb. 35, 36, 37 © AP Images, Frankfurt am Main; Abb. 40, 41 © Sächsische Universitäts- und Landesbibliothek Dresden, Abt. Fotothek, Fotos: Klaus Eschen; Abb. 44 © Infopool Foto, Hamburg; Abb. 45, 46, 48, 51 © Loui Tratter; Abb. 47 © Alfred von Meysenbug; Abb. 49 © Inge Werth; Abb. 50, 53 © Drinkwitz, stern, Gruner & Jahr, Hamburg; Abb. 52 © Astrid Proll, stern, Gruner & Jahr, Hamburg; Abb. 60 © stern, Gruner & Jahr, Hamburg; Abb. 61 © Illustrierte Quick vom 14.6.1972; Fotografen des Beitrags: Hans Böck und Peter Kruse; Abb. 59, 62, 81 © dpa Picture-Alliance, Frankfurt am Main; Abb. 66 © Rainer Schlegelmilch; Abb. 76, 77, 78, 79 © Staatsanwaltschaft Stuttgart; Abb. 80 © Abisag Tüllmann.

Leider ist es nicht in allen Fällen gelungen, die Quellen und Rechteinhaber ausfindig zu machen. Berechtigte Ansprüche werden selbstverständlich im Rahmen der üblichen Vereinbarungen abgeglichen.